Das Große ABC des Fischens

Das Große ABC des Fischens

Ein Lehrbuch für das Angeln auf Süßwasser- und Meeresfische

Herausgegeben von

COLIN WILLOCK

Aus dem Englischen übertragen, bearbeitet
und für die deutsche Ausgabe erweitert von

HEINZ GÜNTHER JENTSCH

Fünfte Auflage,
bearbeitet und ergänzt von

GEORG PEINEMANN

Mit 225 Abbildungen, davon 40 farbig, im Text und auf 8 Farbtafeln

VERLAG PAUL PAREY · HAMBURG UND BERLIN

Die Originalausgabe des Werkes erschien unter dem Titel
The abc of Fishing
im Verlag Andre Deutsch, London

1. Auflage: September 1968
2. Auflage: August 1971
3. Auflage: Januar 1974
4. Auflage: September 1976
5. Auflage: Mai 1982
43.–57. Tausend

CIP-Kurztitelaufnahme der Deutschen Bibliothek
Das Große ABC des Fischens : e. Lehrbuch für d. Angeln auf Süsswasser- u. Meeresfische / hrsg. von Colin Willock. Aus d. Engl. übertr., bearb. u. für d. dt. Ausg. erw. von Heinz Günther Jentsch. – 5. Aufl. / bearb. u. erg. von Georg Peinemann. – Hamburg ; Berlin : Parey, 1982. – 298 S. : Ill.
Einheitssacht.: The abc of fishing ⟨dt.⟩
ISBN 3-490-46014-6
NE: Willock, Colin [Hrsg.]; Jentsch, Heinz Günther [Bearb.]; EST

Die farbigen Fischabbildungen zeichnete Erwin Staub jun., sie wurden zum Teil seinem Werk: *Farbatlas der Sportfische,* Verlag Paul Parey, Hamburg und Berlin, entnommen

 Anschriften: Spitalerstraße 12, 2000 Hamburg 1; Lindenstraße 44–47, 1000 Berlin 61. Printed in Germany by Druckerei Gebr. Rasch & Co., Bramsche. Umschlag- und Einbandgestaltung Hans Hermann Hagedorn, Hamburg

ISBN 3-490-46014-6

EIN WORT
ZU DER ÜBERSETZUNG

Ein englisches Angelbuch ist für Engländer geschrieben. Allenfalls noch für solche Angler, die Englisch verstehen und lesen können. Nun sind aber die britischen Inseln Mutterland des Angelsports, und viele Bücher, die dort seit Jahrhunderten über diese „Erholung des besinnlichen Mannes“ geschrieben werden, sind auch für kontinentale Sportfischer eine Fundgrube guter Ratschläge, nützlicher Anregungen und spannender Erlebnisse. Kein Wunder, daß sie immer wieder – zumal ins Deutsche – übersetzt wurden.

Handelt es sich dabei um ein umfassendes Hand- und Lehrbuch wie hier um das „abc of Fishing“, so schwankt der Übersetzer. Er verbeugt sich zunächst vor den fast unerschöpflichen Erfahrungen, Reflexionen und Rezepten. Dann aber denkt er an den Geschmack seiner Landsleute und läßt dies und jenes Gericht aus, weil es den meisten „zu britisch“ sein dürfte, und setzt dafür den einen oder anderen typisch deutschen Fischgang.

So erklärt es sich, daß er hier und da mit Zustimmung der englischen Autoren etwas gestrichen, dafür aber ein wenig heimische Hausmannskost und Delikatessen auf die Karte gesetzt hat. Er tat dies, um das „Große ABC“ so vollständig, aber nicht so umfangreich wie möglich zu machen.

Bei einigen Fischen hat er manche Beilage hinzugefügt, die dem deutschen Anglergaumen mundet und die der englischen Zurichtung fehlt. Die Äsche und den Zander hat er neu zubereitet und mit eigenen Erfahrungen garniert. Andere Fische wie die Aalquappe, der Aland, die Nase, der Rapfen, der Huchen, die größeren Saiblinge kommen bei WILLOCK und in den britischen Gewässern nicht vor, der Wels ist in England selten. Da mußte sich der Übersetzer etwas Eigenes einfallen lassen, wenn auf der „Speisekarte" für deutsche Angler nicht ein paar weiße Flecken bleiben sollten. Er glaubt, mit Hilfe einiger zu Rate gezogener, füglich zitierter Fachleute sowie eigener Kenntnisse diese weißen Flecken mit den richtigen Konturen und Farben versehen zu haben.

Die vorliegende Übersetzung des „abc of Fishing" ist dadurch zu einem Buch geworden, das die Originalausgabe dieses englischen Alphabets um eine ganze Anzahl deutscher Besonderheiten bereichert und alles, was darin über unsere Freunde, die Fische, und die Methoden, sie sportlich zu fangen, geschrieben steht, auf deutsche Verhältnisse abstimmt und ergänzt. Das zieht sich vom Aalpöddern zum Dorschpilken über das „Tupfen" auf Saiblinge und „Zopfen" auf Huchen bis zum Spiel zwischen „Taucher" und Zander.

Der Übersetzer freut sich, wenn die englischen Autoren seine Arbeit als Beitrag zu einem europäischen Gespräch über die große Anglerpassion anerkennen.

Ihre Namen haben Rang und Klang an britischen Gewässern und in der britischen Fachpresse. Sie heißen:

Harry Brotherton, Derek Fletcher, Clive Gammon, F. W. Holiday, William Howes, S. Norton-Bracy, Raymond Perrett und Harvey Torbett.

Im Juli 1968 H. G. Jentsch

ZUR FÜNFTEN AUFLAGE

„Das Große ABC des Fischens" bleibt ein „lebendiges" Buch. Während ich bei der Bearbeitung der vierten Auflage im Sommer 1976 u. a. den Wackelschwanz, den Flötenloch-Schwimmer und das Rapfenblei neu beschrieben habe, war es mir auch 1982 wieder eine Freude, hier und da zu ergänzen, zu verfeinern und die deutschen Fischrekordmarken zu aktualisieren. Neu eingebracht habe ich den Twister, den Dorschknaller, den Mystic-Köder und manch eine gute Anregung aus „Fisch und Fang". Das Fachwissen und die bemerkenswerte Taktik der englischen Meister sind selbstverständlich voll erhalten geblieben. Das vorliegende Buch habe ich nunmehr dreimal „dienstlich" gelesen und wieder einiges hinzugelernt. Den Lesern wünsche ich eine im besten Sinne anregende Lektüre und vielfältigen praktischen Nutzen am Fischwasser.

Im März 1982 Georg Peinemann

AUS DEM VORWORT DES HERAUSGEBERS

In England gehen am Wochenende mehr Leute zum Angeln als zu den Spielen der Berufsfußballer. Die größte Umwälzung im Bereich der Freizeitgestaltung verdankt Großbritannien dem Fischen. Das ist mindestens in einer Hinsicht seltsam; denn gerade das Fischen, so anziehend es für Hunderttausende ist, die sich ihm jedes Jahr neu zuwenden, bleibt eine schwierige Sache für den, der noch nichts davon versteht.

Der Anfänger begegnet einem verwirrenden Durcheinander von technischen Details und beinahe kultischen Geheimnissen. Und oft wird er sich fragen, wie er das alles je wird begreifen können. Dennoch strömen immer neue Petrijünger mit Rute und Rolle ans Wasser, ein Zeichen, wie verlockend dieser vielseitige Sport sein muß. Unser Buch hat die Absicht, dem Neuling das Fischen zu erleichtern.

Wer freilich einen hilfreichen Freund hat, der ihn mit ans Wasser nimmt und ihm die Anfangsgründe in der Praxis zeigt, der hat schon die Hälfte des Weges zurückgelegt. Doch habe ich leider immer wieder gesehen, daß der Geduldsfaden eines angeblich hilfsbereiten Freundes reißt, sobald sein Floß – das Floß des Lehrers – zu tanzen und zu tauchen beginnt. Es mag Ausnahmen geben, aber das müssen wahre Heilige sein, die, statt selber Fische zu fangen, es andern beibringen. Und Heilige sind, selbst unter Anglern, seltener als fünfzigpfündige Hechte.

Nach meiner Ansicht kommen eine Menge neuer Angler fast zufällig zu unserm Sport und ohne zu ahnen, daß es sie packen wird. Vielleicht war es im Sommerurlaub, wo sie aus Langeweile eine – gewöhnlich ganz ungeeignete – Rute kauften, um ein paar Barsche zu fangen. Natürlich haben sie von Gerät, Methoden, Fangzeiten und Fangplätzen keine Ahnung, und niemand sagt es ihnen.

Trotzdem bringen sie es fertig, den einen oder anderen Fisch zu haken, und mit der ersten Verbeugung ihrer Rute vor der sich wehrenden Beute hängen sie selbst ihr Leben lang am Angelhaken. Wenn ihnen das widerfährt, so sind sie glücklich zu preisen, und ihr Glück mag ihnen hold bleiben und sie veranlassen, sich ernsthafter mit dem Angeln zu beschäftigen. Dabei wird ihnen, hoffe ich, dies Buch ein Gefährte sein, der nicht versagt, der ihnen hilft, Zeit zu sparen, Fehler zu vermeiden, und der ihnen den Weg erleichtert, die Wege an den Strand des Meeres, an die Ufer gemächlicher Flüsse und zu den Kiesgründen schäumender Bäche.

Unser Buch hat eine Anzahl von Mitarbeitern. Sie alle sind bekannte, erfahrene Angler und Autoren, jeder auf seinem Spezialgebiet, und sie haben für ein gemeinsames Ziel gearbeitet, das lautet: Erzählt dem Leser, wie man Fische fängt. Erzählt es ihm so, daß auch der völlige Neuling, der unter ‚Barsch‘ nachschlägt, findet, was er anstellen muß, um diesen Fisch zu fangen. Erzählt es so, daß auch die erfahrenen Könner eure Fachkenntnisse zu würdigen wissen. Demonstriert eure Theorien, berichtet von euren Erfahrungen, analysiert sie, faßt sie zusammen, aber vergeßt nicht, daß wir vor allem wissen wollen, wie man sie fängt, die Plötze, den Brachsen, den Hecht, die Meerforelle, den Dorsch und alle übrigen Fische.

Der Leser wird bald herausfinden, daß manches hier Dargestellte subjektiv gefärbt ist. Das, glaube ich, gehört sich so, denn nur ganz wenig ist auf unserem Gebiet des Angelsports objektiv bewiesen. Es ist überall noch Raum für Gegenbeweise und Gegentheorien. Angler gedeihen gut auf dem Boden streitbarer Diskussionen. Dies und das wird strittig und herausfordernd sein für den Experten, so wie es den Neuling anregen und unterrichten kann.

Die Kapitel gliedern sich alle nach einem Grundplan, der das Buch zu einem Nachschlagewerk macht, das bequem zu nutzen ist. Die Fische sind in alphabetischer Reihenfolge behandelt, und zwar in den beiden großen Abschnitten: „Das Angeln im Süßwasser“ und „Das Angeln im Meer“. Der erste Teil wiederum zerfällt in die Kapitel: „Auf Friedfische und Raubfische“ und „Das Fischen auf Salmoniden“. Jeder Abschnitt beginnt mit einem kurzen Überblick über geeignetes Gerät und einer Liste von Fachausdrücken. Jeder Beitrag folgt dem gleichen Muster; der betreffende Fisch wird beschrieben, sein Vorkommen und seine Gewohnheiten in den verschiedenen Jahreszeiten genannt, Köder und Geräte aufgezählt, die für seinen Fang erforderlich und erfolgreich sind, Technik und Taktik des Angelns damit untersucht und eine allgemeine Schlußbetrachtung angestellt, in der vor allem die Höchstgewichte eine Rolle spielen.

Ich selbst will dem Neuling eine Frage beantworten, auf die er in den Beiträgen keine allgemeingültige Antwort findet. Zuerst wird er fragen: Welches Gerät soll ich kaufen? Ich wünschte, es gäbe darauf eine glatte Antwort, derart, daß man vielleicht eine Allerweltsrute im Laden fände, mit der man wenigstens für eines der drei genannten Gebiete des Süßwasser- und Meerwasserangelns auskäme. Leider existiert sie nicht. Ruten dienen verschiedenen Zwecken. Sie sollen gutes Werfen ermöglichen, den Köder führen, wenn er im Wasser ist, und schließlich auch den gehakten Fisch drillen. Da erhebt sich sofort die zweite Frage: was für einen Fisch? Ein Hai von 40 Kilo wird etwas ganz anderes verlangen als ein einpfündiger Barsch. Was kann eine Rute, mit der man der Forelle eine Fliege serviert, mit dem Gerät gemeinsam haben, das ein Wettfischer benutzt, um eine Hundertgrammplötze nach der andern ans Ufer zu schlenzen. Ich fürchte, die Antwort ist: *Nichts.* Damit nicht genug. Nicht nur die Größe der Beute, sondern der Charakter des Köders bedingt die Rutenwahl. Zugegeben, daß ein geschickter Angler einen dreißigpfündigen Hecht an einer Plötzenrute drillen und bei viel Glück auch landen kann, aber eine Plötzenrute könnte natürlich niemals den Köder zum Hecht hinbringen, den er bei seinem Gewicht braucht. Eine einzelne Made oder ein Stückchen Weißbrotkruste, mit denen man eine zweipfündige Plötze reizen kann, wiegen praktisch nichts. Daher belasten sie die Rute beim Wurf auch nicht. Der lebende oder tote Köderfisch dagegen, der erforderlich ist, um einen dreißigpfündigen Hecht an den Haken zu bringen, wiegt oft selbst ein halbes Pfund und mehr, und was für eine Rute braucht man, um einen solchen Brocken dreißig oder vierzig Meter weit zu schleudern!

So scheint jede Art von Fischen und jede Angelmethode in der Praxis eine verschiedene Rute zu verlangen. Dennoch brauchen wir nicht zu verzweifeln. Es gibt schon eine Reihe Fische in jeder Kategorie, die mit derselben Rute gefangen werden. Das wichtigste ist, sparsam und richtig einzukaufen. Zu Beginn schaffe man sich eine gute Rute für einen begrenzten Zweck an, und fühlt man sich so fortgeschritten, daß ein andrer Zweck reizt, dann beschaffe man sich eine zweite und wiederum gute Rute. Eine Allerweltsrute gibt es, ich wiederhole es, zum Glück nicht. Und von niemandem lasse man sich das etwa aufschwatzen. In gewissem Maße gilt das gleiche auch für die Rollen, obwohl die Auswahl hier etwas begrenzter ist.

Weil die Wahl des Geräts offenbar so schwierig ist, beginnt jeder der drei Abschnitte des Buches mit einer kurzen Betrachtung über die Ausrüstung, die angeboten wird und die erforderlich ist.

Ein weiterer Hinweis ist für den Anfänger wichtig:

Fischfang mit Rute und Schnur ist nur denen erlaubt, die eine Lizenz haben. Man braucht in Deutschland den Jahresfischereischein, den die Stadt- oder Kreisverwaltungsbehörden ausstellen, sowie den Erlaubnisschein des Fischereiberechtigten, also des Besitzers oder Pächters. Allein mit dem Jahresfischereischein dürfen, von wenigen Ausnahmen abgesehen, nur das Meer und die Küstengewässer beangelt werden. Der Zugang zu den Stränden, Häfen und Molen ist allerdings nicht überall erlaubt, und man sollte erst fragen, ehe man den Köder auswirft. Für einige Gewässer und Bundesländer ist der Nachweis erforderlich, daß man die Sportfischerprüfung bestanden hat.

Colin Willock schließt seine Einleitung mit einem Grundsatz, dem jeder Angler folgen sollte:

Eins liegt mir besonders am Herzen. Niemand wird unserer elementaren Passion gerecht, der seiner Beute nicht gerecht wird, kein Gefühl für sie hat und nichts von ihr versteht. Um dies Verständnis zu vertiefen, beginnt das ABC des Fischens mit dem Beitrag eines Biologen und Anglers über die Naturgeschichte der Fische.

INHALT

ZWEITER TEIL Das Angeln im Meer

EINFÜHRUNG IN DIE BIOLOGIE DER FISCHE

Viele Fische sehen einander sehr ähnlich, ihr Körper ist meist spindelförmig. Nur wenige weichen von dieser Grundform ab. So etwa der schlauchartige Aal oder der platte Rochen, der Butt sowie der flache Brachsen, dieser gleichsam von den Seiten, die Plattfische von oben her zusammengedrückt. Oder vergleichen wir Barbe und Ukelei. Die Barbe steht in der Strömung und nimmt ihre Nahrung vom Grunde auf. Sie hat dementsprechend einen unten abgeflachten Leib und einen keilförmigen Schädel mit verkürztem Unterkiefer, so daß das Maul nach unten weist. Der Ukelei ist ein Oberflächenfisch. Sein Rücken ist weniger gekrümmt als der Bauch, das Maul ist unterständig, d. h. der Oberkiefer ist kürzer. Auch die Färbung der Fische stimmt in Grundzügen überein. Immer ist der Rücken dunkler als der Leib, das tarnt sie gegen die Sicht von oben und von unten. Farbe und Zeichnung passen sich der jeweiligen Färbung ihrer Umwelt an. Zu diesem Zweck sind einige Arten längsgestreift wie die Meeräschen oder quer wie der Barsch. Andre wieder sind marmoriert oder gesprenkelt, wir denken an die Quappe – oder gefleckt, getupft und gepunktet wie Lachs und Forelle. Die Fische unserer Zonen prunken weit weniger mit Farben als die der Tropen. Die meisten schimmern silbern oder golden und begnügen sich mit transparenten Grün- und Brauntönen

Bei verhältnismäßig geringen Abweichungen in Form und Farbe muß der Angler auf Einzelheiten im Körperbau, auf Kopf, Maul, Augen, Flossen und Schuppen seiner Beute achten, wenn er die Fischarten unterscheiden und erkennen (ansprechen) will.

Kopf Sinnesorgane: die Augen, die Nase und das Maul mit der Hauptmenge der Geschmackszellen. Beim Ukelei und Rapfen ist das Maul oberständig, bei Plötze, Karpfen, Aland, Barsch endständig. Barbe und Nase haben im Gegensatz zum Ukelei ein unterständiges Maul, d. h., ihre Maulöffnung zeigt zum Boden. Dort finden sie auch ihre Nahrung. Die Lippen erscheinen einmal wulstig, bei

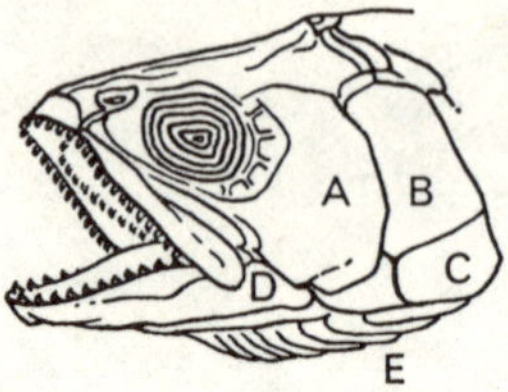

Kieferstruktur eines Raubfisches. A Vorderer Kiemendeckel, B Eigentlicher Kiemendeckel, C Unterer Kiemendeckel, D Zwischenkiemendeckel, E Kiemenstrahlen

anderen Fischen dünn, oder sie fehlen auch völlig. Manche Fische haben Tast- oder Bartfäden, auch Barteln genannt. Diese sitzen im Maulwinkel (Barbe) oder an den Kiefern (Dorsch und Wels).

Einige Fische sind bis zu den Kiemen (Barsch und Zander), andere bis über die Augen beschuppt (Meeräsche). Mühlkoppe und Wels tragen überhaupt keine Schuppen. Bei Plötze, Rotfeder, Häsling und Döbel ist der Kopf schuppenfrei. Das Maul ist entweder zahnlos wie bei allen Cypriniden (den Karpfenartigen), oder es ist mit zahlreichen borstenartigen Zähnen versehen (Barsch). Die ausgesprochenen Räuber (Hecht, Lachs, Hai u. a.) haben eine oder mehrere Reihen spitzer Zähne. Bei diesen Arten zeichnet sich auch der Unterkieferknochen deutlich ab. Die Nasenlöcher sind selten auffällig. Die Augen unterscheiden sich wieder stärker je nach Art. Sie liegen entweder seitlich oder aufwärts-vorwärts gerichtet.

Rumpf Wegen der Stromlinienform ihres Körpers haben die Fische keinen Hals. Rumpf und Kopf gehen unmittelbar ineinander über. Der Fisch ist im allgemeinen mit Schuppen bedeckt, die einander überlappen. Sie schützen ihn, ohne seine Bewegungen zu beeinträchtigen. Schuppen können glatt sein wie bei den Cypriniden oder hart und rauh. Das merkt jeder, der einen Barsch schuppt. Knochig-knorpelig vorspringend sind sie beim Stör. Nur wenige Arten sind ganz schuppenlos. Deren Haut ist dann zäh und ledern (Mühlkoppe).

Die meisten Fische haben ein Seitenlinienorgan. Es besteht aus einem schleimgefüllten Kanal in der Haut, in dem sich Sinneszellen befinden. Diese Sinneszellen registrieren Druckschwankungen und Erschütterungen. Um besseren Kontakt zum Wasser zu bekommen, mündet der Kanal durch zahlreiche Poren nach außen. Diese Poren durchbrechen die sogenannten „Seitenlinienschuppen". Anhand dieser durchlochten Schuppen, häufig auch durch eine auffallende zusätzliche Pigmentierung (Schneider), können wir leicht feststellen, daß das Seitenlinienorgan vom Kopf über beide Flanken bis zum Schwanz des Fisches läuft.

Flossen

Die paarweise an Brust und Leib stehenden Flossen sind Vorläufer der Gliedmaßen weiterentwickelter Tierstämme. Die nicht paarigen Flossen liegen in der senkrechten Mittelebene und sind Bildungen aus verknöchertem Knorpel sowie einzelnen Schuppen. Die Rückenflossen stehen wie Segel auf dem Kamm des Rückens, die Afterflosse ragt wie ein Kiel nach unten. Es gibt bis zu drei Rückenflossen

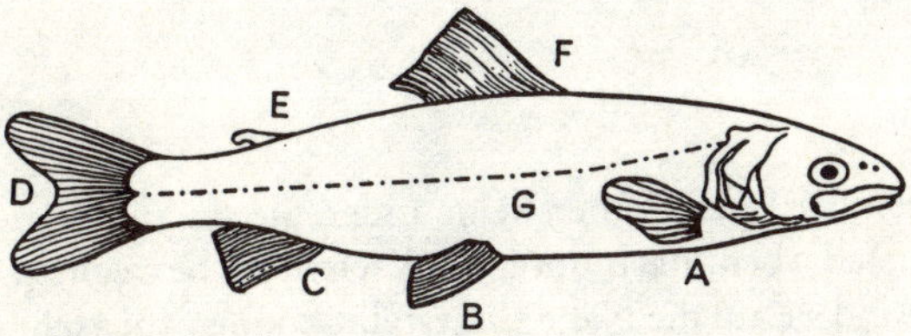

Flossenschema. A Brustflossen, B Bauchflossen, C Afterflosse, D Schwanzflosse, E Fettflosse (nur bei Salmoniden), F Rückenflosse, G Seitenlinie

(beim Dorsch), Fische wie der Barsch haben zwei, der Karpfen nur eine. Manche haben zwei Afterflossen. Sie alle wirken zusammen als Ruder- und Stabilisierungsblätter in der Strömung und beim Schwimmen.

Die paarigen Bauchflossen sitzen an der Unterseite des Rumpfes. Je nach ihrer Lage bezeichnen wir sie als „bauchständig" (Schlei), „brustständig" (Barsch) oder „kehlständig" (Quappe, Hering). Die Brustflossen setzen mehr oder weniger seitlich am Rumpf gleich hinter dem Kiemendeckel an. Die paarigen Flossen sind sehr wichtig, denn sie dienen der Steuerung.

Alle Flossen sind ziemlich dünne Häute, durch „Strahlen“ verstärkt. Beim Barsch wird die erste Rückenflosse durch harte Stachelstrahlen gestützt, die zweite mit ihren weicheren und biegsameren Strahlen ähnelt wiederum den Flossen der Cypriniden. Biegsam sind auch die Flossen der Mühlkoppe, gelenkig und ungegliedert. Eine besondere Flosse haben die Salmoniden, und nur sie. Sie wächst wie eine kleine Zunge aus dem Rücken – vor dem Schwanz – und wird Fettflosse genannt. Ihre Funktion kennen wir bisher nicht.

Die Schwanzflosse ist ein besonders gutes Erkennungsmerkmal der Fische. Bei Ukelei und Barsch ist sie symmetrisch und tief gegabelt, im unteren Lappen länger bei Brassen und gerundet bei Barben, fast senkrecht oder höchstens schwach eingebuchtet dagegen bei Schleien und erwachsenen Meerforellen.

Eine Beschreibung des Fischkörpers wäre unvollständig, erwähnte sie nicht die weiche Schleimschicht, die ihn einhüllt. Sie schützt die dünne Lage jener Hautzellen, mit denen die Schuppen überzogen sind, verhindert das Eindringen von Bakterien und Parasiten, erhöht die Gleitfähigkeit und verhütet das „Ertrinken“ des Fisches, d. h. ein Einsickern des ihn umgebenden Wassers durch Osmose (s. Seite 23).

Sinne und Sinnesorgane

Sehvermögen

Die Augen der Fische haben keine Lider. Sie sind in ihren Höhlen nach oben, nach unten und seitwärts beweglich. In Ruhe sind sie auf die Nähe eingestellt, können aber sehr wohl auch auf größere Entfernungen scharf sehen. Anhand von Dressurversuchen konnte festgestellt werden, daß Fische einen ausgeprägten Farbensinn besitzen. Die Eigenfärbung der Fische wird offensichtlich über den Gesichtssinn reguliert, sie kann aus Tarnungsgründen der Umgebung angepaßt werden. Blinde oder sehgestörte Fische passen sich in ihrer Färbung der Umwelt nicht an.

Die Augen solcher Friedfische, die in „Schulen“ (Schwärmen, Rudeln) leben, liegen seitlich im Kopf. Sie ermöglichen ihnen einen weiten Sichtradius nach beiden Seiten bei einer nur kleinen rückwärtigen blinden Zone. Wir sprechen hier von monokularer, nicht überlagernder Sicht. Die binokulare Sicht – Zusammenfallen oder Überlappen der Sehkegel beider Augen – hat für diese Arten wenig Wert und liegt vermutlich nur in einem schmalen Vorwärtsbereich. Für sie ist die Hauptsache, daß sie möglichst nach allen Seiten sehen und gegen räuberische Überfälle auf der Hut sein können.

Die Augen der Raubfische dagegen sind vorwärts-aufwärts gerichtet. Das ermöglicht einen günstigen Beobachtungsbereich der Oberfläche und einen weiten Kreis binokularer Sicht. Entfernungen lassen sich nämlich nur von einer Basis von zwei dasselbe Objekt sehenden Augen schätzen, und das ist bei Raubsprung oder Verfolgung der Beute unerläßlich. Der einäugige Sichtbereich ist dementsprechend beschränkt.

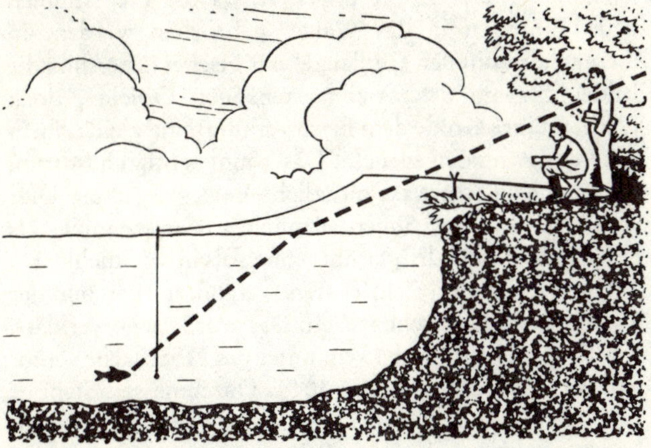

Lichtbrechung beeinträchtigt die Sicht des Fisches aus dem Wasser heraus. Die Lichtstrahlen knicken an der Oberfläche nach unten. Der stehende Angler bleibt trotz der Brechung dem Fisch noch sichtbar, der sitzende ist ihm unsichtbar. Also achte man beim Angeln darauf, sich möglichst klein zu machen.

Den Angler interessiert es vor allem, wie weit und wie gut der Fisch aus dem Wasser heraussehen kann. Sein Sehvermögen wird beeinträchtigt durch die Lichtbrechung, die auch uns Menschen irritiert, wenn wir z. B. unsern Kescher schräg ins Wasser tauchen und meinen, der Stock habe einen Knick. Hinzu kommt die Reflexion der Strahlen. Schauen wir an einem Stock mit 70 Grad Neigung hinab, so durchdringt der Blick die Oberfläche überhaupt nicht mehr. Er wird „geblendet"; und wer Fische im Wasser beobachten will, weiß, daß er nahezu senkrecht nach unten sehen muß, wenn das Bild nicht durch Blendung verzerrt werden soll.

Dasselbe gilt umgekehrt für das Sehvermögen des Fisches. Auch hier kommt ein Schnittpunkt des Sehstrahls mit der Oberfläche, wo dieser total reflektiert wird: nach unten natürlich. Dies bedeutet also, ein Fisch kann von irgendeinem Punkt aus nur durch die Oberfläche sehen, sofern sein Sehstrahl sie in einem Winkel trifft, der kleiner ist als 50 Grad zur Senkrechten im Einfallspunkt. Wir müssen uns also den Sichtbereich des Fisches nach außen vorstellen wie den Blick durch ein annähernd kreisrundes Fenster, dessen Durchmesser davon abhängt, wie tief der Fisch steht.

Denken wir uns das „Fenster“ als Grundfläche eines Kegels, dessen Spitze im Auge des Fisches liegt, dessen Öffnungswinkel etwa hundert Grad beträgt und der sich jenseits der Oberfläche erweitert, da die Lichtstrahlen beim Eintreten in das Wasser gebrochen werden. In diesem horizontalen „Bullauge“ des Fisches liegen nun die Bilder der am Sehhorizont stehenden Objekte, doch erscheint ihre Größe dem Fisch verkürzt und gleichsam in das Fenster hineingedrückt. Das könnte erklären, warum die Fische so scheu auf plötzliche Bewegungen am Ufer reagieren. Es muß ihnen nämlich so vorkommen, als geschähen sie viel dichter über ihnen als in Wirklichkeit.

Die Größe des Sichtfensters verändert sich mit der Tiefe, in der die Fische stehen. Das wurde schon erklärt. Ein Fisch, der sich nur 15 cm unter der Oberfläche sonnt, hat ein „Fenster“ von etwa 30 cm Durchmesser. Steht er drei Meter tief, so ist es sechs Meter breit. Zum Glück begrenzen hier noch andere Faktoren seinen Sichtbereich, sonst sähe ein tief stehender Fisch so viel, daß es nahezu unmöglich wäre, sich ihm zu nähern. Doch Färbung und Unklarheit des Wassers können die Bilder trüben; mit wachsender Tiefe nimmt die Helligkeit ab. Außerdem sind Fische kurzsichtig und nehmen aus drei Metern und darüber jenseits der Oberfläche wohl nur noch sich bewegende Objekte wahr. Diese aber immerhin gut genug, um davor zu erschrecken.

Gehör

Auf „abstehende Ohren“ müssen die Fische verzichten. Sie würden ihre (Strom-)Linie beeinträchtigen. Sie brauchen sie auch nicht etwa als Schalltrichter. Ihr Gehörorgan ist ja in direktem Kontakt mit dem Wasser und kann dessen Tonschwingungen dem Zentralnervensystem übermitteln. Die Gehörgänge sind mit halbringförmigen Kanälen ausgestattet, den Organen für Gleichgewichts- und Bewegungsgefühl. Diese Empfindungen werden noch durch die Funktion der bereits erwähnten Seitenlinie ergänzt. Sie registriert Druckveränderungen und ermöglicht Ortssinn und Körperkontrolle in raschen Strudeln und veränderlichen Strömungen. Außerdem spricht sie auf gewisse Schwingungsfrequenzen an und übermittelt sie dem Gehirn. Bei manchen Fischen ist auch die Schwimmblase ein Teil ihrer Höranlagen. Wie ein gespanntes Trommelfell nimmt sie besonders niedrige Frequenzen auf und überträgt sie durch eine Reihe spezieller kleiner Gelenkknöchel dem Ohr.

Zweifellos ist diese vielfältige und leistungsfähige Höranlage von außerordentlicher Bedeutung für den Fisch. Sie dient ihm, Gefahren zu erkennen und Beute zu suchen, Angreifer wahrzunehmen und sich in turbulenten Wildwassern sicher zu bewegen. Das Seitenlinienorgan erlaubt und bewirkt auch den Kontakt von Fischen untereinander, die sich in Schwärmen bewegen.

Geschmack und Geruch

Diese beiden Sinnesreize sind fast untrennbar bei Tieren, die im Wasser leben und denen die Flüssigkeit beide zuträgt. Sie müssen geringste Lösungsspuren zu erkennen vermögen. Dafür tragen Maul und Barteln besondere „Schmeckzellen“, desgleichen die Nasenlöcher, von denen jedes zwei Öffnungen hat. Ständig fließt das Wasser in die eine hinein und aus der anderen heraus. Dabei spült es an den „Riechzellen“ entlang, die in dem Verbindungskanal liegen, und gibt ihnen Impulse, wenn es „Nahrungsdüfte“ oder Spuren von Chemikalien enthalten sollte. Für den Lachs ist die „Witterung“, d. h. die Kombination von Geruch und Geschmack des Wassers, von besonderer Bedeutung. Er findet auf diese Weise vermutlich die Mündung seines Heimatgewässers wieder, wenn er aus dem Ozean kommend an der Küste entlangwandert. Fische mit Barteln, also Tast- und Schmeckfäden, sind gewöhnlich Grundnahrungssucher. Mit den Barteln spüren sie Nester von Mikroorganismen in den Schlammschichten auf, die zu dunkel und trübe sind, um die Futtersuche mit dem Auge zu erlauben.

Knochen-(Gräten-)Gerüst

Die Fische sind die ältesten Wirbeltiere. So ist zu erwarten, daß ihr Knochenbau weniger kompliziert als der bei jüngeren, den Landwirbeltieren, ist. Einige Arten wie etwa die Rochen und Haie haben bloß Knorpel statt Knochen. Die überwiegende Mehrzahl der Fische, das sind heute die

Knochenfische, haben Gräten, die Kalzium enthalten wie unsere Knochen.

Bei den meisten Tieren dient das Skelett als Stütze, Gelenk und Schutz. Als Sütze ist es den Fischen entbehrlich, denn sie werden ja von ihrem Lebenselement, dem Wasser, getragen, in dem sie praktisch ohne Gewicht schweben. Festigkeit verleihen ihnen die Gräten, einfache, nadelförmige Knochen, und Schutz für Gehirn und Nervenstränge gewähren Platten und Wirbel.

Ihre Gelenkigkeit stellt geringe Ansprüche. Die Flossen haben keine komplizierten Gelenke, und die Bewegungen des schwimmenden Körpers beschränken sich auf ein Wedeln oder Paddeln. Hinzu kommen nur noch die Bewegungen der Augen, der Kiefer und Kiemendeckel. Die einzelnen Gräten brauchen daher nicht besonders kräftig zu sein. Hauptgewicht und -masse des Körpers machen die Muskeln aus.

Blutkreislauf

Das Blut trägt Nährlösungen und Sauerstoff in die Gewebe und entfernt Rückstände, wehrt eindringende Bakterien ab und erhält die Körpertemperatur. Dies letzte ist bei den Fischen nicht nötig, denn sie sind Kaltblüter, und ihre Körperwärme entspricht bis zu Bruchteilen eines Grades der Temperatur des umgebenden Wassers. Das Herz ist ein muskulöses Organ mit zwei Kammern. Es liegt am Schlund dicht unter den Kiemen, in die es das verbrauchte Blut pumpt, das dort wieder mit Sauerstoff aufgeladen wird und weiterfließt, um sich im Verdauungsapparat mit Nährstoffen anzureichern und Schlacken über Nieren, Darm und Kiemen auszuscheiden.

Kiemen

Sie sind mit zarten Geweben und vielen Blutgefäßen versehen. Die Kiemenfasern ergeben zusammen eine große Oberfläche, die vom Wasser umspült wird, wobei sie Sauerstoff aufnehmen und Kohlendioxyd abgeben. Damit sie nicht durch Sandkörnchen verletzt werden, tragen sie kammähnliche Zähne (Kiemenreusenfortsätze), die solche Partikel aus dem Atemwasser abfiltern und auch Nahrungsstoffe sammeln, die dem Schlund zugeführt werden. Die Kiemenblättchen und -bögen werden wegen ihrer empfindlichen Struktur besonders gern von Parasiten befallen und sind sehr verletzlich.

Osmose und Schleimschutz

Es ist paradox: der Fisch, der sein Leben im Wasser zubringt, braucht eine Schleimschicht, um wasserdicht, d. h. nicht durch Osmose gefährdet zu sein. Osmose ist ein physikalisches Phänomen. Sie tritt ein, wenn zwei Flüssigkeiten verschiedener Dichte durch eine teilporöse Membran voneinander getrennt sind. Wie eine solche Membran wirkt die Haut des Fisches. Die Flüssigkeit geringerer Dichte ist bestrebt, durch die trennende Schicht zu sickern und die stärker konzentrierte zu lösen, bis das Gleichgewicht hergestellt ist. Bei Süßwasserfischen sind Blut und lebenswichtige Säfte dichter als das den Körper umgebende Wasser. Dies neigt daher dazu, die Haut zu durchdringen. Die Fische werden mit dieser gefährlichen Bedrohung dadurch fertig, daß sie kein Wasser „trinken“ und daß ihre Nieren ständig arbeiten, um das durch die Haut aufgenommene überschüssige Wasser auszuscheiden. Wichtigster Schutz gegen die Osmose aber bleibt die Schleimhülle.

Bei den Meeresfischen ist der osmotische Effekt umgekehrt. Das Salzwasser ist eine dichtere Flüssigkeit als ihre lebenswichtigen Körpersäfte. Daher sind sie nicht in der Gefahr zu „ertrinken“, sondern eher, Flüssigkeit durch die Haut zu verlieren. In beiden Fällen schadet dem Fisch eine Verletzung seiner Schleimhülle. Sie schwächt seine Widerstandskraft gegen den Druck der Osmose und gegen die Infektion durch Bakterien.

Verdauungssystem

Friedfische nähren sich überwiegend von sehr kleinen Futterpartikeln (Wasserflöhe, Insektenlarven). Auch Pflanzen (schwebende kleine Algen) gehören mit zu ihrer Diät (Rotfeder). Etwas größere Organismen, besonders Schnecken und Muscheln, werden von vielen Cypriniden mit den sog. Schlundzähnen zerkaut. Diese sitzen am fünften Kiemenbogen, d. h. hinter oder unter den Kie-

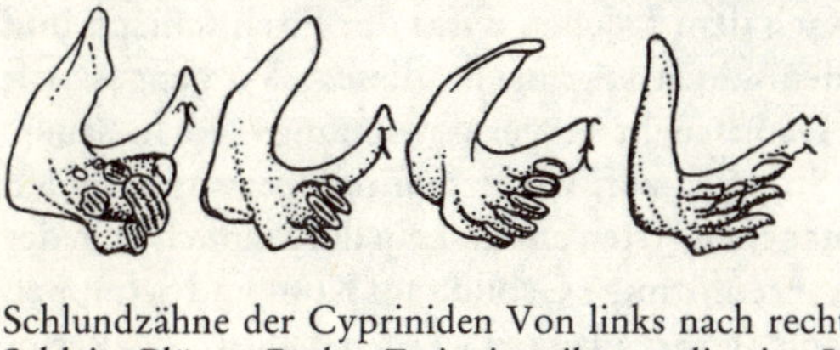

Schlundzähne der Cypriniden Von links nach rechts: Karpfen, Schleie, Plötze, Barbe. Es ist jeweils nur die eine Hälfte dieser sich bogenförmig schließenden und die Nahrung zerquetschenden „Zähne“ gezeigt

men, damit sie diese beim Atmen nicht behindern. Zahl und Anordnung der Schlundzähne dienen neben mehreren anderen Merkmalen als Bestimmungsmerkmal für mögliche Kreuzungen (Bastarde, Hybriden). Die Friedfische haben keinen besonderen Magen. Ihr Schlund geht in die Eingeweide über. Der Darm kann sich zwei- oder mehrfach in der Bauchhöhle umlegen, ehe er beim After austritt und dort seinen Inhalt entleert.

Die Verdauung erfolgt in dem ganzen Darmweg, wo Säfte und Enzyme der Nahrung die Stoffe entnehmen und abbauen, die der Körper braucht. Pflanzliche Substanzen spielen im allgemeinen eine untergeordnete Rolle. Zellulose ist zum größten Teil unverdaulich.

Die Zähne in den Kiefern der Raubfische kauen nicht, sondern dienen dazu, die Beute zu packen und festzuhalten. Ist sie verschluckt, nimmt sie ein taschen- oder schlauchförmiger Magen auf und zersetzt sie durch scharfe Verdauungssäfte. Ihre Wirkung wird durch Bewegungen des Magens unterstützt, die das Beutetier kneten und quetschen, bis seine Nährstoffe durch verschiedenartige Enzyme endgültig gelöst und in den Eingeweiden absorbiert werden. Unverdauliche Reste und manchmal auch die Abfallprodukte der Nieren werden durch den After ausgeschieden.

Fortpflanzung

Die Laichprodukte der Fische bedürfen an sich keiner ausführlichen Beschreibung. Der Rogen entwickelt sich in den weiblichen Eierstöcken, wo die Eier zur Laichzeit reifen und bereitliegen, durch den Eileiter, einen engen Kanal, zum Genitalporus geführt, um dort schließlich ausgestoßen zu werden. Die „Milch“ der männlichen Fische (Milchner) enthält zahllose reife Samenfäden und wird ebenfalls beim Laichvorgang stoßweise ausgeschieden.

Während der Laichzeit schwellen die Keimdrüsen an und füllen die Bauchhöhle aus. Der Leib ist dann stark gewölbt. Nach dem Laichen wirkt der Fisch schlapp und ist von den Anstrengungen dieses Vorganges oft erschöpft. Dann sucht er gern strömungs-, d. h. sauerstoffreiche Strecken auf, wo er sich reinigen und erholen kann. Bei manchen Arten entwickeln die Männchen in der Laichzeit warzenförmige Gebilde auf Kopf und Schuppen (Laichausschlag). Ihre Flanken werden dadurch höckerigrauh, ein sekundäres Geschlechtsmerkmal, das vielleicht den sexuellen Reiz erhöht, wenn sie die Partner aneinander reiben, und den Ausstoß der Laichprodukte fördert. Vermutlich erleichtert dieser Laichausschlag auch das Auffinden der Geschlechtspartner in einem größeren Schwarm.

Der ausgestoßene Rogen sinkt oder treibt auf Wasserpflanzen, wo er haften bleibt und wenigstens zum Teil den Nachstellungen der zahlreichen ungebetenen „Hochzeitsgäste" entgeht, die sich an den Millionen Eiern eines laichenden Schwarms gütlich tun. Einige Arten bedecken ihre Eier mit Kies, um sie zu schützen (Salmoniden). Die Mehrheit aber überläßt ihre Entwicklung dem Zufall. Die Größe der Eier schwankt beträchtlich. Hier ein paar Beispiele: Aal 0,12 mm, Zander 1–1,5 mm, Karpfen 2,0 mm, Hecht 2,5–3,0 mm, Wels 3,0 mm, Äsche 3,2–4,0 mm, Forelle 4,5–5,0 mm.

Die Brut schlüpft je nach Art des Fisches nach wenigen Tagen oder nach mehreren Wochen. Die Fischchen suchen Schutz im Kraut oder unter Steinen. Viele überstehen die beiden ersten Jahre nicht. Die Überlebenden bilden dann Schwärme (die Friedfische) und zeigen darin die ihrer Art typischen Verhaltenszüge. Die Schwärme werden in dem Maße, wie ihre einzelnen Exemplare größer werden, kleiner.

Mischformen, Hybriden, sind unter ihnen im Süßwasser nicht selten. Sie entstehen, wenn verwandte Arten in demselben Bereich zur gleichen Zeit laichen. Im Salzwasser kommen sie nicht vor. In den meisten Fällen sind die Bastarde unfruchtbar. Im Experiment hat man auch schon fruchtbare Hybriden gezüchtet.

Schwimmblase

Die Schwimmblase ermöglicht dem Fisch, sein spezifisches Gewicht zu verändern und dadurch in verschiedenen Tiefen zu schweben. Ihre Funktion als „Hörorgan" bei Karpfenfischen und Welsen wurde bereits erwähnt (Seite 21). Andererseits dient sie bei manchen Meeresfischen auch zur Lauterzeugung.

ERSTER TEIL

Das Angeln im Süßwasser

A. AUF FRIEDFISCHE UND RAUBFISCHE

Jedes Handwerk hat seine Fachausdrücke. Wir können auch jede Kunst und Wissenschaft sagen. Wenngleich die Sprache des Anglers nicht die Vielfalt und Originalität der Jägersprache aufweist, so haben sich – nicht zuletzt im angelsächsischen Raum – eine Menge Wörter entwickelt, die zum Teil ins Deutsche übernommen wurden, denen aber auch eigen-deutsche gegenüberstehen. Im einzelnen werden sie, wo es nicht in den alphabetischen Listen geschieht, im Text erläutert. Es kann sich hier nur um eine Auswahl handeln.

1. Fachausdrücke

Achsen-(Nottingham-)Rolle	Einfachste Rollenform mit drehbarer Trommel ohne Übersetzung. Heute kaum noch in Gebrauch.
Anhieb, Anschlag	Mehr oder weniger kräftiges Hochschnellen der Rutenspitze, um – bei einem Biß – den Haken ins Fischmaul zu treiben.
Aufleger	Angeln mit Floß, bei dem Köder und Bleibeschwerung (z. T.) auf dem Grund liegen. Oft beim Brassen- oder Aalfang.
Birnenblei	Grundblei in Birnenform mit eingegossener Öse oder Wirbel. Schnur läuft durch Wirbelöhr oder Öse. Auch als Endblei für Paternosterangel. Die Form gestattet besonders weite Würfe.

Bodenbleiangeln	Grundangeln ohne Pose nur mit Bleibeschwerung, dem Bodenblei. Die Schnur läuft durch das Blei oder eine Öse am Blei. Ein Stopper, ein festgeklemmtes Bleischrot oder ein zwischengeschalteter Wirbel lassen das Bleigewicht nicht bis auf den Haken rutschen. Der anbeißende Fisch zieht die Schnur durchs Blei.
Drilling	Angelhaken, meist für den Raubfischfang, mit drei Spitzen.
Elektrischer Bißanzeiger	Gerät mit Batterie, das schnarrt, manchmal obendrein aufleuchtet, wenn ein beißender Fisch die eingelegte Schnur abzieht. Oft Teil des Rutenhalters. Benutzt zum Nachtangeln auf Aal und Karpfen.
Fischtöter	Gerät (vorn mit Bleibeschwerung) zum Betäuben oder Töten gefangener Fische, die der Angler für die Küche mitnehmen will.
Flocke	Leicht an den Haken gedrückter Brotköder aus dem Inneren eines frischen Weißbrotes.
Floß	Bißanzeiger, auch Pose, Schwimmer genannt, aus Kork, Balsaholz, Federkiel, Plastik etc., verschiebbar auf die Schnur gesetzt. „Steht" oder liegt an der Oberfläche, hält Köder in eingestellter Wassertiefe, zeigt durch Bewegungen oder Untertauchen Biß eines Fisches an. Trägt in Fließgewässern Köder stromab an die gewünschte Stelle. Speziell: Gleitfloß, auf der Schnur bis zu einem „Stopper" gleitend für Tiefen über Rutenlänge.
Gaff	Großer spitzer Haken an Holz- oder Metallstiel, um schwere Fische zu landen. Überwiegend beim Meeresangeln.
Grundköder	Material zum Anfüttern (Anlokken) der Fische.
Hakenlöser	Gerät, um den Haken aus dem Maul eines Fisches zu lösen.

Heben und Senken	Technik, kleine tote Fische mit leichtem, meist im Fisch liegendem Blei nach dem Einwurf zum Grund taumeln zu lassen. Auf- und abgeführt sehr wirksam, bes. für Hecht. Ähnlich: das „Schotten“.
Hülse	Rohr und Zapfen aus Metall zum Zusammenstecken der Rutenteile.
Kescher	Auch Unterfangnetz genannt. Ein wichtiges Gerät zum Landen von Fischen, bestehend aus Stiel, Bügel und Netz.
Klein-Futterkorb	Bleibeschwerter Plastikbehälter mit Löchern. Kommt anstatt des Grundbleis an die Angel mit Grundköder gefüllt, der von der Strömung herausgespült wird und die Fische anfüttert.
Löffelblinker	Ungefähr wie ein Löffel geformter künstlicher Köder für Raubfische.
Lot	Bleigewicht zum Ausloten der Wassertiefe.
Multirolle	Achsenrolle mit Übersetzung, Freilauf, (oft) automatischer Bremse. Früher fast nur auf dem Meer gebräuchlich, heute zunehmend auch beim Süßwasserangeln.
Öhr	Öffnung am Ende des Hakenschenkels zum Anbringen der Schnur. Kleine Haken haben meist statt des Öhrs ein Plättchen.
Paternoster	Angel mit Blei am Ende der Hauptschnur und oberhalb einem oder mehreren Haken an Seitenvorfächern.
Pilot	Kleine runde Korkstücke, welche die Schnur beim Fischen mit großem Floß und lebendem Fisch schwimmend halten.
Randfischen	Beim Karpfenangeln an Seen und Teichen gewöhnlich nach Einbruch der Dunkelheit, wo Weißbrotstückchen ans Ufer getrieben sind. Rute ragt nur wenig über den Rand. Angel unbeschwert, Haken

	Nr. 8–4 durch dickes Stück Weißbrotrinde, Köder hängt frei von der Rutenspitze und berührt Oberfläche. Schnur vor der Rolle gut durchhängen lassen.
Schnapp-System	System zum Angeln auf Hecht mit lebendem Köderfisch. Besteht aus 2 Drillingen an Draht. Ein Haken läßt sich je nach Köderfischgröße verschieben. Erlaubt Anschlag gleich nach dem Anbiß.
Schnurfangbügel	Vorrichtung an der Stationärrolle. Rotiert um die Trommel und wikkelt über ein Röllchen die Schnur auf. Wird zum Wurf weggeklappt. Durch Vorwärtsdrehen der Rollenkurbel springt er zurück und fängt die Schnur.
Schrotkugeln	Gespaltene Bleischrote in verschiedenen Größen zum Anklemmen an Schnur und Vorfach.
Schwebender Brotköder	Weißbrot, das durch leichte Bleibeschwerung am Vorfach absinkt und dann „mundgerecht" über dem Grund schwebt (gut für Karpfen).
Schwimmer	Große Pose für das Hechtangeln mit lebendem Köderfisch.
Schwingspitze	Besonders empfindlicher Bißanzeiger fürs Grundangeln aus geschmeidigem, beringtem Nylonbügel, der so an der Rutenspitze befestigt wird, daß er locker herabhängt. Die Schnur läuft durch die Ringe. Beim sanftesten Anbiß schlägt der Bügel aus.
Setzkescher	Gehäuse aus Netz- oder Drahtmaschen, um die gefangenen Fische lebend zu hältern. Moderne Ausführungen bestehen aus Garn und sind geräumig. Die Fische verletzen sich darin nicht und haben Bewegungsfreiheit.
Spinnfischen	Das Auswerfen und Einholen eines künstlichen oder natürlichen (toten) Spinn-Köders, um Raubfische zu fangen.

Spinner	Raubfischköder mit rotierendem Spinnerblatt (meist Metall) auf einer Achse mit Perlen, Verdikkung und Drilling (oft von Federn verdeckt). Eine Bleibeschwerung vorn (Bleikopf-Spinner) ist gut für weite Würfe und ruhigen Lauf in größeren Wassertiefen.
Stationärrolle	Heute gebräuchlichste Rollenart mit feststehender (stationärer) Trommel und Schnurfangbügel.
System	Hakenflucht zum Spinnen mit totem Fischköder.
Tippen	Fischen aus guter Deckung, oft zwischen Büschen, mit natürlichem oder künstlichem Köder, der nur die Oberfläche berührt (tippt).
Tragkraft	Reißfestigkeit der trockenen Schnur in engl. Pfund oder Kilogramm. Verringert sich, wenn Schnur naß oder (und) geknotet.
Treibangeln	Abtreibenlassen der Floßangel mit der Strömung über eine längere Strecke.
Treibende Grundangel	Eine Technik des Angelns mit dem (leichten) Bodenblei und Floß. Schnur zwischen Floß und Rute ist angezogen. Blei und Köder liegen auf dem Grund und werden von Zeit zu Zeit durch Anheben der Schnur in der Strömung zum Treiben gebracht.
Wasserkugel	Kugelförmiges Floß aus durchsichtigem Plastik, das je nach Bedarf mit Wasser gefüllt wird. Auch wenn es fast voll ist, sinkt es nicht ab. Dient zum Fang scheuer Fische in klarem oder flachem Wasser, ermöglicht Fliegenfischen mit Spinngerät.
Wirbel	Vorrichtung aus Metall, um Schnurverdrehungen zu verhindern.
Wobbler	Kunstköder auf Hecht (u. a. Raubfische) aus Plastik oder Holz, der einen kleinen flüchtenden Fisch

oder Frosch nachahmt. Er wedelt oder hüpft beim Einholen. Je nach Gewicht schwimmt oder sinkt er nach dem Einwerfen. Vielfach mit Tauchschaufel am Kopf, die ihn je nach Einstellung beim Anziehen flach oder tief steuert.

2. Das Gerät

Beginnen wir mit einer kurzen Ruten-Betrachtung. Jeder Angler hat wohl seine Lieblingsrute, von der er sich nicht trennen möchte, auch wenn der Zahn der Zeit sie schon etwas angenagt hat. Es gibt keine Allzweckrute und auch kein Ruten-Patentrezept. Ein Angler liebt seine teure gespließte, der andere seine handfeste und doch „einfühlsame“ Karpfenrute, der nächste seine überlange Stipprute ohne Ringe mit feinster Spitze, und sein Sportfreund blinkert mit der handgerechten Spinnrute unermüdlich das Gewässer ab. Es gibt viele Angelarten und noch mehr Ruten. Ein wichtiges Merkmal beim Rutenkauf ist die Angabe des Wurfgewichtes.

In der Geräte-Industrie haben sich folgende Klassifizierungen herausgeschält (DAM):

a. Stipp- und Posenfischen: 1. Leichtes Stippfischen, Wurfgewicht 2–15 g; 2. Mittleres Stippfischen, Wurfgewicht 10–30 g; 3. Schweres Stipp- und Posenfischen, Wurfgewicht 20–70 g.

b. Grund-, Spinn-, Pilk-, Brandungsfischen: 1. Leichtes Grund- und Spinnfischen, Wurfgewicht 2–30 g; 2. Mittleres Grund- und Spinnfischen, Wurfgewicht 20–80 g; 3. Schweres Grund-, Spinn-, Pilk- und Brandungsfischen, Wurfgewicht 60–200 g.

c. Hochseefischen: 1. Leichtes Hochseeangeln, Wurfgewicht 100–200 g; 2. Mittleres Hochseeangeln, Wurfgewicht 300–600 g; 3. Schweres Hochseeangeln, Wurfgewicht 500–1000 g.

Achsenrolle

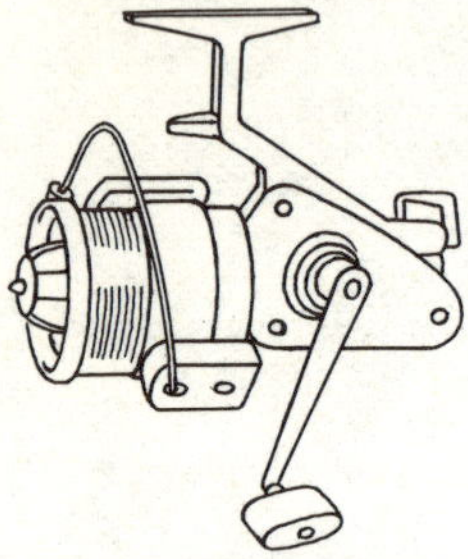

Stationärrolle

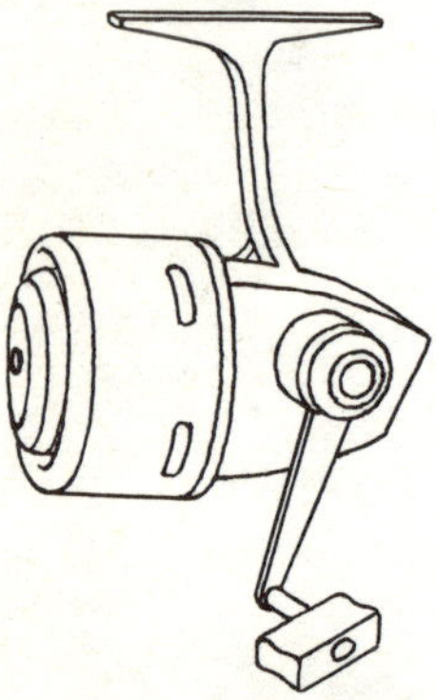

Kapselrolle

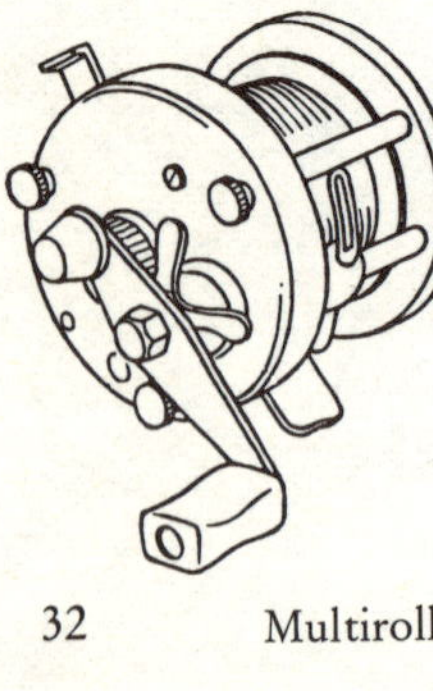

Multirolle

Befassen wir uns erst einmal mit zwei Rollen-Arten, der einfachen Achsenrolle ohne Übersetzung (nur noch selten im Gebrauch) und der Stationärrolle mit vielfältigem Anwendungsbereich. Die Achsenrolle ist eine leicht auf einer Welle rotierende Trommel in einem Gehäuse. Ihr Trommeldurchmesser beträgt zwischen 3 und 15 cm. Im Idealfall läuft sie so leicht, daß ein Hauch sie zum Rotieren bringt.

Die Stationärrolle hat eine feststehende Spule, die sich weder beim Werfen noch Einholen mitdreht. Deren Achse liegt parallel zur Wurfrichtung. Die Schnur gleitet beim Auswerfen des Köders über den freien Spulenrand. Die Reibung ist minimal. Daher eignet sich die Stationär am besten für Weitwürfe. Mit der Sternmutter an der Spule wird bei den meisten Typen die Bremse eingestellt. Der Schnurfangbügel hält die Schnur und gibt sie in heruntergeklappter Stellung frei. Eine Sonderform, ebenfalls mit feststehender Spule, ist die Kapselrolle.

Auch der Anfänger lernt mit einer Stationärrolle schnell umzugehen. Die Auswahl ist groß. Es gibt Exemplare mit auswechselbarer Kurbel für Links- und Rechtshänder. Die langsame Hin- und Herbewegung der Spule verbürgt gleichmäßige Schnuraufnahme. Empfehlenswert ist der Kauf einer Rolle mit Ersatzspule.

Ein dritter Typ ist die Multiplikator- oder Multirolle. Diese ist im Prinzip eine Trommelrolle, obwohl man besser statt Trommel von einer schmalen, leicht laufenden Spindel spricht. Die Multirolle ist so an der Rute angebracht, daß sie beim Wurf und Einholen der Schnur nach oben zeigt. Ihre Umlaufgeschwindigkeit beim Werfen wird kontrolliert durch den Daumen des Anglers und oft noch durch eine automatische Bremse, die ein Überlaufen verhüten soll. Die Kurbel ist so hoch übersetzt, daß jede Umdrehung die Spindel vier- bis fünfmal rotieren läßt. Die meisten Multirollen haben eine verstellbare Bremse, um kapitale Fische entsprechend drillen zu können. Die Multirolle, früher fast ausschließlich nur beim Hochseeangeln verwendet, wird auch zunehmend von Spezialisten für das Angeln in Seen und Flüssen benutzt.

Über Länge, Material, Rückgrat und Elastizität der zu wählenden Rute erfährt der Leser Einzelheiten in den Kapiteln über die jeweiligen Fried- und Raubfische, die er fangen möchte.

In Deutschland haben die Hohlglas-Teleskopruten viele Freunde gewonnen, zumal solche Angler, die beim Fischen auf Karpfen, Brachsen, Aal und Zander größere

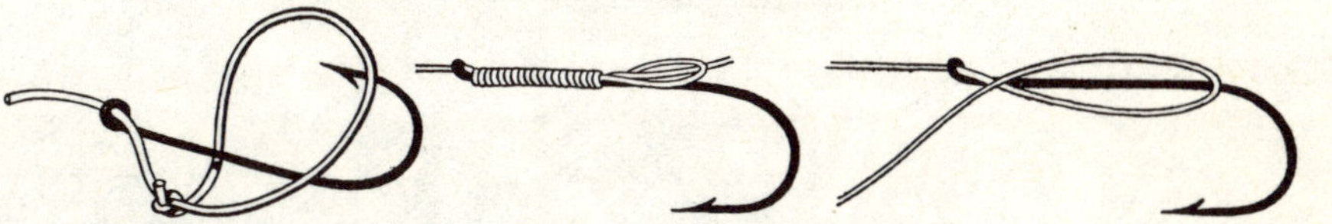

Anknüpfen von Haken. Links: Galeerenknoten für Öhrhaken. Wir fädeln den Haken auf. Dann binden wir eine Schlaufe mit Gleitknoten und stecken den Haken so hindurch, daß sich der Knoten gegen das Öhr zieht und die Schlaufe sich schließt. – Mitte: Schlußknoten, auch für Plattenhaken gut geeignet, mit mehreren Windungen kurz vor der Vollendung. – Rechts: Der Anfang. Eine offene Schnurbucht drücken wir, durch das Öhr gesteckt, oben an den Schenkel. Vom Öhr beginnend (Daumen und Zeigefinger der Linken halten Schnur und Haken) legen wir mit dem freien (hinreichend langen) Ende acht oder mehr Windungen um Bucht und Schenkel und stecken das Schnurende durch den noch freistehenden Rest der Bucht. Der Knoten schließt sich, wenn wir am anderen Schnurende ziehen. Der überschüssige Faden wird kurz abgeschnitten

Längen (über 350 cm) aus verschiedenen Gründen bevorzugen. Aber darüber später mehr.

Hier sollte ich vielleicht ein Wort über die sogenannte Testkurve sagen. Eine Rute wird so gebaut, daß sie ihren Hauptdruck auf den Fisch im Drill ausübt, wenn das Ende der gebogenen Rutenspitze im rechten Winkel zum Rutengriff steht. Den Kraftaufwand, der dafür erforderlich ist, nennen wir das Testkurvengewicht, die Rutenkrümmung, die dabei entsteht, Testkurve. Dieses Gewicht entspricht etwa einem Fünftel der Tragkraft der Schnur, die gewöhnlich mit der betreffenden Rute verwendet wird. Wenn also das Testkurvengewicht einer Rute 0,75 kg ist, so sollte die richtige Stärke der Schnur ungefähr 4 kg Tragkraft sein. In erfahrenen Händen kann eine Rute mit Schnüren von plus oder minus dreißig Prozent Tragkraft arbeiten. Also kann man damit Fische zwischen 2,5 und 6 kg fangen. Ich betone: erfahrene Hände, denn ein ungeschickter Angler kann eine leichte Schnur schon beim Wurf – zumal beim Wurf schwerer Köder – zerreißen. Verwendet er eine Schnur, die stärker ist, als die Testkurve verlangt (also von etwa 6 kg Tragkraft bei 0,75 kg Testgewicht), so kann es leicht vorkommen, daß er seine Rute damit überanstrengt oder gar zerbricht. Sind Schnur

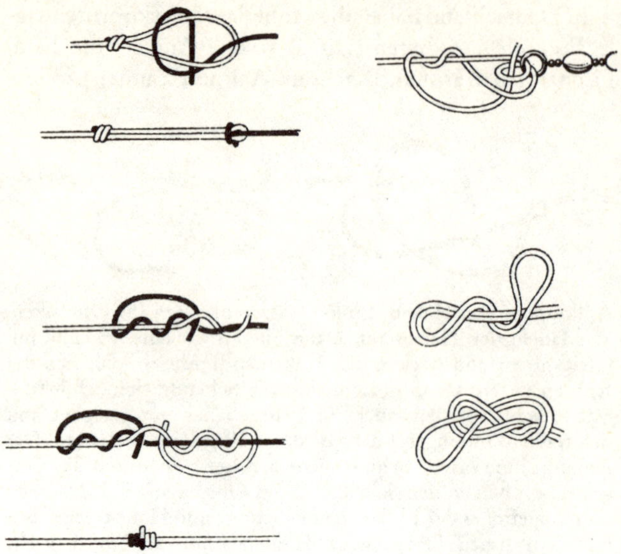

Wichtige Knoten. Oben links: Zweimal Achterknoten, um Fliegenschnur an Vorfach zu knüpfen. – Darunter: *Blood*-knoten, unerläßlich, um sich verjüngende Fliegenvorfächer aus einzelnen Schnurenden zu knüpfen, in drei Stadien. Das dritte zeigt den fertigen Knoten mit bereits gestzten Enden. – Oben rechts: Ein zuverlässiger Knoten, um die Schnur mit einem Metallwirbel zu verbinden. – Unten rechts: Rutschfester Schlaufenknoten

und Rute richtig aufeinander abgestimmt, so bricht die Schnur eher als die Rute. Das sollte freilich immer vermieden werden. Und zwar erstens durch eine leicht genug eingestellte Rollenbremse, die dem großen Fisch erlaubt, im Drill Schnur abzuziehen, und zweitens durch die Elastizität der Rute, die den Stößen und Fluchten des Fisches die Wucht nimmt.

An zweiter Stelle stehen die kürzeren, aber immer noch recht elastischen und verhältnismäßig leichten Ruten, die beim Angeln vom Boot aus bevorzugt werden.

Dann kommen kräftige Ruten für Floß- und Grundangelei auf Karpfen und Hechte. In ähnlicher Preislage werden leichte und mittelschwere gute Spinnruten angeboten. Der Neuling sollte bedenken, daß so eine Rute um so länger „in Form bleibt", je sorgfältiger sie gebaut (Hülsen!) und je haltbarer das Material, z. B. auch das der Ringe, ist. Auch sollte der Anfänger sich erst einmal mit einer Angelmethode vertraut machen.

Wer sich über Geräte – auch Schnüre und sonstiges Zubehör – im einzelnen informieren will, lasse sich von fachkundigen Händlern oder erfahrenen Freunden beraten. Zunehmend sieht man heute Kohlefaserrruten am Fischwasser, die in der Hand von Könnern in allen Angelarten neue Wurf- und Drillmöglichkeiten erschließen. Ein nützlicher Leitfaden in der Gerätekunde ist das im Verlag Paul Parey erschienene Buch von E. Wiederholz: „Die fangsichere Zusammenstellung von Angelgerät."

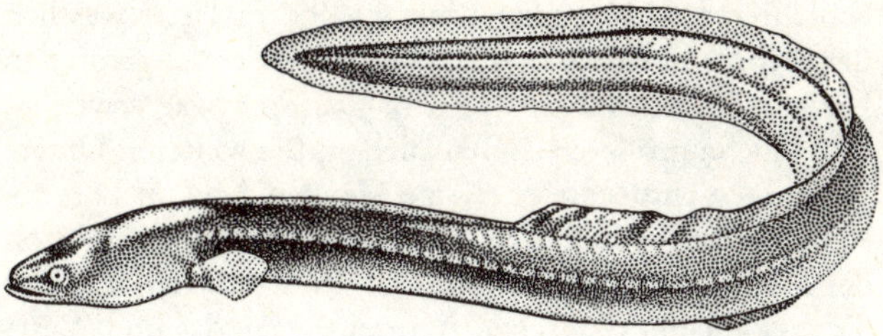

3. Das ABC der Fried- und Raubfische

Aal

Der Aal *(Anguilla anguilla)* ist trotz seiner schlangenartigen Gestalt ein richtiger Fisch, er hat Kiemen und Schuppen. Freilich sind letztere nicht leicht zu sehen, sie sind klein, länglich und in die Haut eingebettet. Dennoch kann man an ihnen das Wachstum des Aales wie an den Schuppen andrer Fische ablesen. So haben männliche Blankaale in der Länge bis zu 50 cm zwischen 4½ und 8½ Jahre im Süßwasser verbracht und weibliche Aale bis 66 cm 6 bis 8½ Jahre.

Es gibt nur eine einzige Aalart in europäischen Gewässern, Abweichungen in der Farbe und Form erklären sich aus Geschlechts-, Entwicklungs- und Nahrungsunterschieden. So frißt der breitmäulige Raubaal, der sog. Breitkopf, vorwiegend Fische, der Spitzkopfaal ist dagegen Kleintierfresser. Zwischen den Extremen breit und spitz gibt es alle Übergangsformen.

Der Aal ist ein geheimnisvoller Fisch. Erst in neuerer Zeit hat man seine Herkunft und sein Leben erforscht (F.-W. Tesch: Der Aal, Verlag Paul Parey, Hamburg und Berlin). Der gültige Nachweis für die erstaunlichen Wandlungen und Wanderungen des Aals ist nach dem Ersten Weltkrieg erbracht worden. Vor vielen Jahren entdeckte man bereits einen kleinen Fisch in der Oberflächenregion des Altlantischen Ozeans. Er war wie ein Weidenblatt geformt, durchscheinend, kleinköpfig, mit flachem Leib. Anfangs hatte man ihn überhaupt nicht mit dem Aal in Verbindung gebracht, aber im Jahre

1893 bewiesen dann zwei Meeresbiologen, die Italiener Calandruccio und Grassi, daß sich dieses „Weidenblatt" zu einem Jungaal (Glasaal) entwickelte.

Die endgültige Lösung des Geheimnisses gelang Dr. Johannes Schmidt an Bord des Forschungsschiffes „Dana". Er fand eine Entwicklungsstufe des Jungaals in der Nähe der Färöerinseln, eine zweite an der Westküste von Irland und weitere im Nordostatlantik. Diese Entdeckung veranlaßte ihn, ganz systematisch nach solchen Kleinaalen zu suchen. Schließlich fand er sie in großer Anzahl in Schichten der 500-Faden-Linie (ca. 900 m Tiefe) westlich der britischen Inseln und an dieser Linie entlang von den Färöern bis nach Nordspanien. Dadurch war erwiesen, daß Aale in größeren Tiefen laichen. Bei weiteren Untersuchungen entdeckte er riesige Mengen Aale im Larvenstadium noch weiter westlich. Die größte Konzentration der kleinsten Larven befand sich im nördlichen Teil des Sargassomeeres (zwischen Azoren, Bermudas und Westindischen Inseln). Das war im Jahr 1922.

Forschungen im Süßwasser ergaben, daß die Aale sich verfärben, sobald sie erwachsen sind. Sie werden silbern und verlassen ihre Gewässer in Europa. Sie wandern ins Meer. Das geschieht im Herbst, gelegentlich aber schon früher. Diese sog. Blankaale haben die Nahrungsaufnahme eingestellt, lassen sich also mit der Angel kaum noch fangen. Für Berufsfischer sind dagegen die herbstlichen Blankaal-Züge ein Höhepunkt der Fangsaison. Etwa im Frühling des darauf folgenden Jahres haben die Aale ihre Laichgründe im Sargassomeer erreicht. Nach Ablage und Befruchtung der Eier sterben die Aale, so nimmt man an, denn man hat noch keinen wiedergesehen.

In 180 bis 200 m Tiefe sind durchscheinende Fischeier im Sargassomeer gefunden worden, die man für Aalrogen hält. Die winzige Brut wächst langsam und wird durch Strömungen nach Norden und Osten getragen. Daraus erklärt sich auch die Verbreitung des Aales. Im zweiten Sommer haben die „Larven" eine Länge von 5 cm erreicht, im dritten nehmen sie die Aalform an und sind etwa 7 bis 8 cm lang. Jetzt sind sie auch an den europäischen Küsten angekommen. Im darauf folgenden Herbst und Winter bleiben sie als Jungaale noch im Meer, beginnen aber im Frühling in den Flüssen aufzusteigen. Die französische Bezeichnung für die riesigen Schwärme von Jung-, besser Glasaalen ist Montée. Stellenweise, in Deutschland am Unterlauf der Ems bei Herbrum, fängt man die Glasaale in großen Mengen für Besatzzwecke. Dafür eignen sie sich besser als die sog. Satzaale, da deren Anteil an kleinwüchsigen Männchen größer ist.

Der Ablauf der Aalwanderungen ist noch nicht völlig geklärt. Eine Gruppe von Gelehrten glaubt, der männliche Aal bleibe gewöhnlich in den Flußmündungen, und nur der weibliche steige in den Flüssen und Bächen auf und verteile sich auf ihm zusagende fließende und stehende Gewässer.

Es wird übrigens ernstlich bezweifelt, ob Aale aus Europa jemals an ihre westatlantischen Laichgründe gelangen. Die Strömungen, die sie als Weidenblattlarven nach Europa getragen haben, sind nun ein zu großes Hindernis für sie, an ihren Geburtsort zurückzukehren. Wenn diese Theorie stimmt, gelingt es nur den nordamerikanischen Aalen, die Laichgründe zu erreichen und dort ihre Art fortzupflanzen.

Wo finden wir Aale? Sie leben in vielen Gewässern, aber einige werden von ihnen besonders geschätzt. Besonders gut sind Flüsse von Aalen besetzt, in denen sie ungehindert aufsteigen können. Doch da sie sich bis in kleine Rinnsale und Gräben hinein verteilen, gibt es kaum ein Gewässer ohne Aale. Von Natur aus fehlt der Aal im Donaugebiet und allen Schwarzmeerflüssen. Die heute dort lebenden Aale sind ausgesetzt. Wahrscheinlich dringt die Aalbrut nicht durchs Schwarze Meer wegen Sauerstoffmangels in der Tiefe. Natürlich finden wir sie auch in Teichen, Seen und Talsperren. In Forellengewässern bedeuten sie eine Gefahr.

Am besten wachsen sie offenbar in Gewässern mit Schlammboden. Auf steinigem und kiesigem Grund bleiben sie kleiner. Auch schnelle Strömungen scheinen sie weniger zu schätzen.

Starke Anziehungskraft haben Uferverbauungen mit Steinplatten und Balken. Stillgelegte Tonkuhlen beherbergen manchmal besonders starke Exemplare, und wenn ich den bestehenden Fangrekord zu brechen hätte, so würde ich es wohl in solch einem Gewässer versuchen.

Köder

Der Speisezettel des Aals ist bunt. Ein Wissenschaftler hat eine Liste von Ködern zusammengestellt, mit denen nachweislich schon Aale gefangen wurden. Hier einige Spezialitäten aus dem reichhaltigen Menü: Garnelen, Engerlinge, Köcherfliegenlarven, Schnecken, Schlammröhrenwürmer, Käse, Muscheln, Büchsenfleisch, Knoblauchwurst, Frösche, Blutegel, Jungaale, Leber, Lunge.

Der beste Aalköder ist aber zweifellos der Tauwurm, doch zieht dieser ja auch fast alle anderen Fischarten an und sehr viel kleine Aale. Wenn man daher auf Großaale aus ist, so nimmt man lieber einen toten oder lebenden Köderfisch, wie z.B. einen laichreifen Stichling, einen Gründling, einen Stint, Schmerlen oder Mühlkoppen. Ob man den ganzen Fisch oder nur eine Hälfte verwendet, man achte darauf, daß der Haken nicht zu weit heraussteht. Mit einer Ködernadel fädele man das Vorfach durch das Fischchen hindurch und ziehe den Haken in den Maulwinkel. Nach einer langjährigen Fangstatistik für das Kurische Haff fingen Köderfische hauptsächlich Aale zwischen 54 und 59 cm. Bei der Verwendung von Würmern häufte sich der Fang 40–50 cm langer Fische. Das Angeln mit Wurm brachte, verglichen mit allen anderen, auch beruflichen Fangmethoden, den geringsten Größendurchschnitt.

Für Aal korrekt angeköderter toter Köderfisch

Rohes Fleisch oder Eingeweide haben sich ebenfalls bewährt.

Viele Aale werden am Meeresstrand oder von Molen aus geangelt. Hier ist der Wattwurm oder Sandpierer zu Hause und wird gern vom Aal gefressen. Diese Würmer leben im Sand oder im Schlick der Watten. Kleine Sandwürstchen auf dem Grunde verraten, wenn Ebbe ist, die Röhre, in der die Würmer bis zu einem halben Meter tief verborgen sind. Dort muß man sie, am besten mit schmalen Spaten, ausgraben. Sie sind wesentlich länger als Tauwürmer, haben ein borstiges Vorderteil und werden stückweise auf den Haken gesteckt. In der Ostsee schlämmt man sie aus dem Sand, und zwar mit einer „Wurmstampfe", die man wiederholt im flachen Wasser auf den Grund stößt. Das spült die Pierer frei, und man „kämmt" sie mit dem Wurmkamm heraus. Der verschiedenfarbige Seeringelwurm (Nereïs diversicolor) aus der Familie der Nereïden wird auf die gleiche Weise gesammelt. Der flache Wurm aus vielen Körperabschnitten wird 15 cm lang und kommt in allen möglichen Farben vor, mal grau, mal bräunlich, grünlich oder rötlich. Sein auffallendstes Merkmal: das kräftige Zangenpaar am Kopf. Er ist wesentlich zählebiger als der Wattwurm, übertrifft ihn sogar noch an Fängigkeit und sitzt weit fester am Haken. An der Ostseeküste findet man ihn häufiger als an der Nordsee.

Der Tauwurm, der dem Aal im Süßwasser so gut schmeckt, soll ihm allerdings auch im Meer am besten munden. Angler auf der Ostseeinsel Fehmarn fischen mit

2 Haken an einer Rute, den einen mit Wattwurm beködert, den anderen mit Tauwurm. Auf Wattwurm fangen sie hauptsächlich Plattfische und Dorsche, auf Tauwurm Aale. Jedoch geht der Tauwurm in Seewasser schnell ein und fängt dann nicht mehr. Garnelen sind ebenfalls geeignete Köder im Meer.

Zu den besten Ködern gehören auch Krebse, vorzüglich wenn sie gerade ihren Panzer abgelegt haben (Butterkrebse). Sonst muß ihr Fleisch aus Scheren und Schwanz herausgeschält werden, was möglich ist, wenn man sie kurz überbrüht. Als unübertrefflich für große Aale gilt stellenweise, vor allem an der Unterelbe, das Fleisch sich häutender Wollhandkrabben.

Beim Bestücken der Haken achten wir darauf, daß wir nicht gerade vorher unsere Pfeife gestopft oder einen Motor repariert haben. Zahn- und andere Ärzte, die sich oft desinfizieren, sollten ihre Finger gründlich mit Erde oder auch mit rohen Gurken abreiben. Der Aal ist gegen Duftstoffe, zumal gegen Nikotin, Benzin und Motorenöl, sehr empfindlich. Manche Berufsfischer sorgen sogar dafür, daß die Beschwerungssteine ihrer Aalschnüre aus dem gleichen Gewässer stammen, in das die Schnüre ausgelegt werden. Daher gibt es auch so manche Rezepte, wie man den Aal durch Fischwitterung anlockt, beispielsweise durch Krabben-, Pilchard- oder Heringsöl.

Gerät

Aalangler bevorzugen eine kräftige Grundrute, lang genug, die Beute über Hindernisse hinwegzuheben. Die Schnur sollte mindestens 5 kg Tragkraft haben. Als Haken nehmen wir langschenklige mit Öhr und engem Bogen. Der lange Schenkel erleichtert das Hakenlösen, ein enger Bogen paßt besser ins kleine Aalmaul. Da wir auf Aal gewöhnlich am Grunde fischen, brauchen wir ein Grundblei, durch dessen Bohrung die Schnur spielend läuft, und einen Einhängewirbel für das Vorfach am Ende.

Man bereite Vorfächer von ca. 25 cm Länge vor mit kaum geringerer Tragkraft als die Hauptschnur. Große Aufmerksamkeit schenken wir den Knoten. Den Haken befestigen wir mit einem halben *Bloodknoten* von mindestens sechs Windungen. Am andern Ende des Vorfachs knüpfen wir eine Schlaufe, die wir in den Wirbel hängen. Einhängewirbel erleichtern den Vorfachwechsel, was besonders bei der Nachtangelei wichtig ist.

Nun zur Rollenwahl. Natürlich kann man auch beim Aalfang eine Stationärrolle nehmen, aber ich glaube, eine Multirolle eignet sich eher, einen scharf ziehenden Aal zu halten und heranzukurbeln. Die Stationärrolle sollte einen vorderen Trommeldurchmesser von 70–80 mm haben und bei kräftigem Getriebe eine nicht zu große Übersetzung, damit sich die Kurbel noch drehen läßt, wenn ein schwerer Aal hängt.

Einhänge-Wirbel für das Nachtangeln

Wer besonders große Aale erwartet, bedarf eines sehr kräftigen Geschirrs. Die Grundrute von mindestens 300 cm Länge braucht ein erhebliches Rückgrat. 0,40–0,50 mm Durchmesser für die Schnur ist nicht zu viel. Über Haken und Vorfach ist schon gesprochen worden. Manche Angler greifen zum Drahtvorfach; ob es der Großaal auch gern tut, ist sehr fraglich.

Fangmethoden und -aussichten

Aale bis zu mittlerer Größe werden auch am Tage gefangen, besonders an brütend heißen Sommertagen um die Mittagszeit. Am Tage zieht der Aal, außer bei Gewitter, aber nicht umher, „läuft" nicht, sondern liegt ruhig in einem Versteck. Der Angler sollte daher häufiger den Platz wechseln, so daß sein Köder zu den verborgenen Aalen kommt. Richtig auf Raub geht der Fisch aber erst mit einbrechender Dunkelheit, zumal der kapitale. Allerdings zahlt es sich nicht aus, die ganze Nacht hindurch bei der Rute zu sitzen. Die besten Zeiten sind die erste und die letzte dunkle Stunde.

Ein anderer wichtiger Faktor sind die Wetterverhältnisse. Vollmondnächte sind ungeeignet, denn dann scheinen sich die Aale kaum zu rühren. Das gleiche gilt für Abende, an denen die Temperatur empfindlich absinkt und kalter Wind oder Nebel aufkommen. Vielversprechend sind dagegen schwüle, finstere Nächte, je dunkler, um so besser. Bei der Nachtangelei beschränke man sich auf das notwendigste Gerät. Man braucht eine gute Taschenlampe, ein scharfes Messer, eine Anglerschere, einen ordentlichen Jutesack und ein Stück Bindfaden zum Zuschnüren des Sackes. Am besten fischt man zu zweien. Es ist kein Kinderspiel, einen starken Aal im Finstern zu landen und zu überwältigen, wenn man keinen Gehilfen hat. Die Haken müssen vor Anbruch der Dunkelheit beködert und am besten in einer Blechbüchse aufbewahrt werden. Das ist eine weise Voraussicht, denn ich habe oft von Anglern gehört, die ihre bestückten Vorfächer nicht wiedergefunden haben, weil sie von Ratten verschleppt wurden. Versierte Aalangler ködern jedoch auch bei völliger Dunkelheit „blind" an.

Nach dem Einwerfen der Angel lege man die Rute in eine oder in zwei Rutengabeln und warte auf den ersten

Biß. Wie macht sich dieser bemerkbar? Man klemmt z. B. ein Stückchen weißes Papier auf die durchhängende Schnur vor dem Leitring; auch kann man sich auf sein Fingerspitzengefühl verlassen und die Schnur in der Hand halten. Das ist meine Methode, sie ist die einfachste und die sicherste. Sehr viele Angler benutzen eine an die Rutenspitze geklammerte kleine Glocke als Bißanzeiger. Das ist jedoch umständlich, da die Glocke vor dem Anschlag immer erst abgenommen werden muß. Auch elektrische Alarmapparate, die bei einem Biß aufleuchten und summen, sind auf dem Markt.

Beißt ein Aal, so warte man mit dem Anhieb. Gewöhnlich zieht er ein Stück Schnur ab und bleibt dann stehen. Dasselbe wiederholt sich, und nun hat er den Köder vermutlich gut gepackt und will ihn in Sicherheit bringen. Die Rolle „singt", aber immer noch beherrsche man sich. Erst wenn er nach einem erneuten Stopp loszieht, setze man den Anhieb. Beißt der Aal vorsichtig und ist reichlich Fluchtraum vorhanden, so fischt man mit heruntergeklapptem Schnurfangbügel.

Hat der Haken gefaßt, so beginnt der Kampf. Auf einen Drill lassen wir uns beim Aal nicht ein. Wir bringen ihn so schnell wie möglich aus dem Wasser. Ein dicker Aal kann überraschend stark ziehen; daher gebe man ihm möglichst keinen Spielraum, halte die Schnur straff und kurble ihn kompromißlos heran, daß er keine Gelegenheit hat, sich in ein Hindernis am Grunde zu flüchten.

Ist die Rute steif und tragfähig genug, so hole man ihn nahe genug heran und schwenke ihn aufs Ufer. Ist die Rute zu weich oder der Aal zu schwer, muß man es anders machen. Bei niedrigem oder flach auflaufendem Ufer können wir ihn aufs Trockene schleifen (stranden). Bei hohem und steilem Ufer empfiehlt sich ein Landungsnetz mit langem Stiel, weiter Öffnung und einem haltbaren engmaschigen Netzbeutel. Auch hier ist unser Begleiter nützlich.

In Deutschland verzichten viele Aalangler auf den Kescher. Einen Aal hineinzukriegen und darin zu halten, ist schwieriger, als ihn, an die Schnur fassend, aus dem Wasser zu heben. Aale entwickeln eine teuflische Geschicklichkeit, Kescher, Netz und Stiel, Schnur und Blei und was sonst noch dranhängen mag, miteinander zu verwickeln und das Vorfach zu sprengen oder sich den Haken aus dem Maul zu hebeln. Auch das Rezept, den Aal nach dem Biß dreimal abziehen zu lassen, ist bei hindernisreichem Grund oder gar Faschinenufer unbrauchbar. Am Oberrhein wird stellenweise gezielt auf Aale geangelt, die sich zwischen Steinen in Löchern und Spalten verkrochen haben. „Noddeln" nennen die einheimischen Angler ihre spezielle Methode. An 2–3 m langer fingerdicker Spitze, 0,45er bis 0,60er Schnur und starkem Haken schleift man langsam einen Tauwurm über die Steine. Faßt mit leichtem Ruck ein Aal zu, läßt man ihn erst schlucken und zerrt ihn dann mit dem überstarken Gerät gewaltsam aus dem Versteck.

Beim Nachtangeln auf große Aale sollten wir keine Zeit mit dem Hakenlösen verlieren. Hier kommen Sack und Schere zur Geltung. Gelingt es, den Aal mit der Rute aus dem Wasser zu heben, so hält der Begleiter den Sack auf, wir lassen den Fisch über der Öffnung pendeln, und während er hineingleitet, klinken wir das Vorfach aus. Der Sack wird zugeschnürt; die Beute ist in Sicherheit. Das nächste beköderte Vorfach liegt parat, wird in den Wirbel geschlauft und die Angel erneut ausgeworfen.

Es ist übrigens nicht gesagt, daß man nur im Dunkeln gute Aale fängt. Je nach Gewässer, Jahreszeit und Witterung beißen sie auch am Tage. Und für das Wetter gibt es ebenfalls keine festen Regeln. Manchmal hat man sie bei Ostwind und hellem Sonnenschein gefangen. Wie oft ist man ans Wasser gefahren, weil es schwül war und ein Gewitter drohte und ehrwürdige Fischerregeln große Beute versprachen, und gefangen hat man ein paar „Strippen", wie die fingerdicken Aale genannt werden.

Weitere Tips für den Fang

Aalspezialisten gibt es an vielen Gewässern. Der Fang des Aales mit der Rute – über Legeangeln mit einem oder mehreren Haken wird hier nicht gesprochen – kann sehr reizvoll sein. Wenn sich die Dunkelheit über das Wasser senkt, stehen die Ohren der Angler auf Empfang. Sie lauschen, ob die erregende Musik der schnarrenden Rolle ertönt, oder sie haben die Schnur zwischen den Fingern und glauben, jeden Moment ein Zucken zu spüren. Auch unsern Gaumen reizt der Aal, zumal wenn er geräuchert oder in Gelee auf dem Tische steht. Aalfleisch ist sehr nahrhaft. Es übertrifft an Kalorien noch das des Lachses. Es sind pro Pfund fast 1800 Kalorien gegenüber 1350 beim Lachs. Eins fällt aber auf. Bei andern Fischarten schleicht man wie auf Samtpfoten ans Ufer und nutzt jede Dekkung, damit kein Schatten aufs Wasser fällt. Viele Angler halten das offenbar beim Aal für überflüssig. Wie irrig diese Ansicht ist, dafür zwei Beispiele: Beim Pöddern bissen die Aale lebhaft. Dröhnend fiel ein Feuerzeug auf den Boden des Metallbootes. Fast eine halbe Stunde verging, bis das Beißen zögernd wieder einsetzte. In einem Forellenbach beobachtete ich auf einer Sandbank einen Aal. Als mein Schatten ihn nur streifte, verschwand er blitzartig im nahen Krautbett.

In rascher strömenden Flüssen angeln wir mit dem entsprechend schweren Grund-Laufblei oder dem gleitenden Senker und verzichten bei angezogener Schnur und steil gestellter oder in die Gabel gelegter Rute auf eine Pose. Die Rutenspitze arbeitet dann als Bißanzeiger. In stehenden Gewässern dagegen leistet eine Pose bei Tage gute Dienste und erhöht, wenn sie kräftig in Bewegung gerät, die optische Spannung. Nachts kann man eine Leuchtpose verwenden.

Der Aal liegt am Tage vielfach fast verborgen im Schlamm, und nur sein Kopf schaut heraus. Auch schiebt und bohrt er sich rücklings in Sand und Kies und verklüftet sich nicht selten zum Ärger der Angler unter Steinplatten. Daraus folgen zwei Praktiken. Erstens muß man, wenn kein Aal beißen will, die Stelle so lange wechseln, bis man einen hat. Dort halten sich dann oft mehrere auf, was Unterwasserfotos wunderbar demonstriert haben. Zweitens muß man, zumal bei kleinen Aalen, scharf aufpassen, daß sie den Köder nicht blitzschnell in ihr Loch oder unter ihren Stein zerren. Sie sind dann, obwohl gehakt, oft nicht mehr freizubekommen. Manchmal hat man Glück. Man wartet eine Weile und zieht erneut. Es kann sein, daß sich der Aal inzwischen herausgewagt hat. Manche schwören auf das Verfahren, mit der Faust bei gespannter Schnur auf den Rutengriff zu schlagen.

Hauptsächlich in den Flüssen, aber auch in andern Gewässern beginnt das Beißen oft schlagartig an allen Aalstellen zugleich. Dann zieht der Aal auf Futtersuche umher, er „läuft“, wie wir sagen. Wer bisher mit mehreren Ruten gefischt hat, tut gut, die Angeln bis auf eine aus dem Wasser zu nehmen. „Laufende“ Aale nehmen in Flüssen gern stärker strömende Rinnen oder ansteigende Bänke an. Es ist also nicht gesagt, daß man sie immer an den ruhigsten und tiefsten Gründen fängt. Vielfach steigt der Aal den Schwärmen kleiner Fische nach. Mit Vorliebe erscheint er auch an den Laichplätzen der Weißfische und tut sich am Laich gütlich. Ja, man hat vor Jahrzehnten, als die absterbende Maifliege bei uns noch Teppiche auf den Forellenbächen bildete, beobachtet, wie er senkrecht im Wasser stehend die treibenden Insekten aufschmatzte.

Überhaupt ist Anguilla häufig in schmalen Forellenbächen zu finden. Eine Legangel mit toter Mühlkoppe, so mit der Ködernadel aufgefädelt, daß der Haken seitwärts aus dem Maul ragt, enthüllt oft das Geheimnis seiner Existenz. Auf diese Weise sind schon Aale in Bächen gefangen worden, die kaum breiter waren als die Aale lang.

Pöddern Wo ständig mit Aalen in größerer Zahl gerechnet werden kann, also etwa in den Küstengewässern, aber auch in norddeutschen Niederungsbächen und Flüssen, ist das Pöddern zu Hause. Es ist das einzige Verfahren, einen Fisch mit Rute und Schnur, aber ohne Haken zu fangen, d. h. ohne ihn zu verletzen. Mit einer mindestens 20 cm langen stumpfen Ködernadel zieht man zwanzig und mehr Tauwürmer auf einen dicken Wollfaden, das heißt, man schiebt die Ködernadel jeweils lang durch einen Wurm und zieht den Faden hinterher. Wenn die Würmer aufgezogen sind, wickeln wir das Wurmband um die Hand und schnüren die entstandenen Ringe mit einem Ende Hanf- oder Seidenschnur so zusammen, daß man das Bündel an die Angelschnur knüpfen kann. Zuvor wird ein schweres Blei, das meist pyramidenförmige Pödderblei (bis zu 250 g), auf die Schnur gesetzt. Das Blei liegt auf dem „Pödder" auf. Dann wird der ganze Apparat vom Ufer oder vom Boot aus mit einer entsprechend langen und kräftigen Rute dort auf den Wassergrund gesenkt, wo man Aale vermutet. Durch die Würmer und ihr Aroma angelockt, verbeißen sie sich in dem Knäuel und zerren daran, was uns wiederum veranlaßt, die Rute zügig, aber nicht ruckweise anzuheben und unsern Pödder mitsamt dem Aal – oder den Aalen, die sich mit ihren feinen Zähnen in den Wollfasern verfangen haben – aufs Ufer oder in einen Behälter am Boot zu schwenken. Das will natürlich gelernt sein. Was im Grase schlängelt, muß fix gegriffen werden, sonst ist es sofort wieder in seinem Element. In Tiefen über zwei Metern empfiehlt sich das Pöddern nicht mehr, da die Aale vor Erreichen der Oberfläche loslassen. Pöddern ermöglicht Massenfänge meist kleinerer Aale.

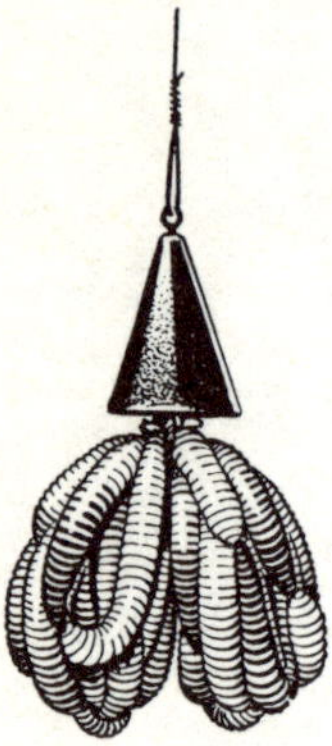

Pödder

Allgemeines Wie groß wird der Aal? Die Frage ist schwer zu beantworten. Wenn man alten Rekordberichten Glauben schenken kann, hat es damals richtige Aalungetüme gegeben, Aale von weit über 10 kg. Die Durchschnittsgröße beträgt 40–60 cm.

Der deutsche Rekordaal wurde 1969 in der Jagst gefangen, er wog 4,27 kg. In der Rekordliste (Fisch-und-Fang-Taschenkalender) folgen zwei weitere Aale über 4 kg.

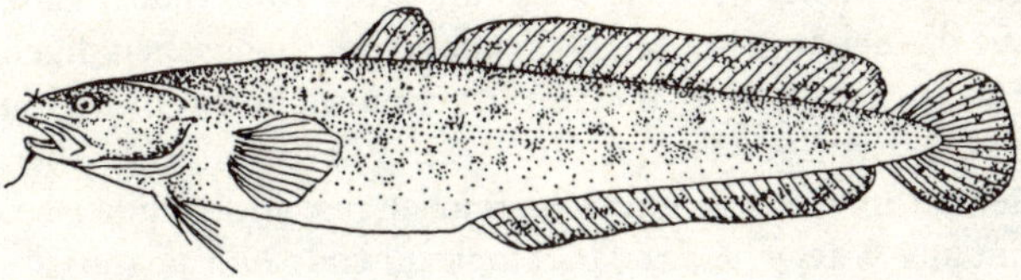

Aalquappe

Die Aalquappe *(Lota lota)*, auch Aalrutte, Aalraupe, Rutte oder Trüsche genannt. Wie der Aal ist sie ein Fisch der Finsternis, der sich am Tage nur selten sehen läßt, es sei denn in der Laichzeit. Sie ist eigentümlich keulenförmig gewachsen, verjüngt sich stark zum Schwanz hin, hat einen flachen Schädel und ein breites Maul. Darin und in der Marmorierung ähnelt sie dem Wels. Die kleinen Schuppen sind mit bloßem Auge kaum wahrnehmbar. Interessant ist der einzige Bartfaden am „Kinn", der wiederum an den Dorsch erinnert, und tatsächlich ist sie der einzige Vertreter der Familie der Schellfische, der im Süßwasser lebt. Auffallend außerdem die „kehlständigen" Bauchflossen. Rücken und Flanken sind olivgrün bis braun mit dunkler Musterung, als trüge sie eine Tarnjakke. Kein schöner, aber ein aparter Fisch.

Die Rutte frißt viel, wächst ziemlich rasch und wird gute 4 kg schwer. Sie bewohnt Fließgewässer und Seen vom Hochgebirge bis zur Meeresküste und schätzt Dekkung bietende Gründe. Sie raubt nachts und ist ein gieriger und gefährlicher Nachbar, der in Forellen- und Äschengewässern konsequent verfolgt werden sollte. Da sie ein gefräßiger Laich- und Bruträuber ist, gönnt man ihr auch keinerlei Schonzeit und Mindestmaß. Im Spätherbst zieht sie, sofern sie in Seen haust, in die einlaufenden Flüsse. Man fängt sie an der Nachtschnur mit einem oder mehreren Haken, die am Ufer befestigt wird, mit toten Mühlkoppen oder Elritzen bestückt. Der Einsatz dieses Geräts ist zwar unsportlich, aber unerläßlich, wenn man seine Salmoniden schützen will. Scheut man die Gefahr, daß Forellen an die toten Köderfischchen gehn, so bleibt das Elektrogerät. Da kann man sein helles Wunder erleben, wo es Quappen gibt.

Sie laicht im Hochwinter, doch verschiebt sie ihre Hochzeit je nach Witterung gern um ein paar Wochen. Während der Laichzeit bildet sie Schwärme und läßt sich dann am besten fangen. Aber schon mit den ersten Nachtfrösten geht sie gut an die Schnur und an die Angel. Wie schon gesagt: Der kleine tote Fisch an der Grundangel ist günstig. Man zieht ihn mit einer Ködernadel ganz auf die Schnur, bis der Hakenbogen des langschenkligen Hakens rechts oder links in der Maulspalte sitzt und die Spitze freiliegt (Haken Gr. 4–8). Wie beim Aalfischen nehme man vorbereitete Vorfächer mit Einhängewirbel mit ans Wasser. Das erspart zeitraubende und unappetitliche Operationen, denn die Quappe schluckt oft tief. Noch fängiger ist allerdings der große Tauwurm, einzeln oder gebündelt. Er empfiehlt sich jedoch nur in Gewässern ohne Salmoniden. Gute Köder für große Quappen sind lebende Köderfische. Bewährt haben sich auch deftige Heringshappen.

Das Gerät beim Angeln auf die Quappe mit der Rute entspricht dem Aalfischen. Bei schärferen Strömungen braucht man ein entsprechend schweres Grundblei. In der Laichzeit, Dezember–Januar, fängt man sie auch am Tage. Desgleichen in den Seen, dort indessen das ganze Jahr hindurch. Besonders günstige Stellen sind, wo Bäche oder Flüsse einmünden, wie etwa die Rheinmündung in der Nähe von Bregenz am Bodensee oder die Traunmündungen bei Obertraun und Ebensee. In Fließgewässern kann die Strömung über flachen Kies- oder Sandbänken gar nicht scharf genug sein, besonders im Auslauf von Wehrschüssen. Ein bekannter Fangplatz liegt beispielsweise in Norddeutschland unterhalb der Staustufe Geesthacht an der Elbe.

Die Grundrute sollte nicht zu weich sein und die Schnur stark genug, dem Fisch nach dem Anhieb keine Zeit zum Verklüften zu lassen. Vom Seeufer oder vom Boot aus sieht man, wo das Wasser nicht zu tief ist, die Trüschenfischer auch mit der Floßangel operieren. Natürlich haben Einheimische ihre Sonderrezepte, die örtlich verschieden sind. Im Bodensee fängt sich die Trüsche auch am Barschzocker, einer Art kleinem Pilker, ebenso wird sie gepilkt im Winter im Warmwasser-Auslauf eines Gaswerkes im Hamburger Hafen am Fuß einer Kaimauer. Die Angler führen mittlere Pilker zwischen 30 und 50 g von der Mauerkrone hinab. Gelegentlich lesen wir sogar von Quappenfängen mit dem Hechtblinker.

Als Speisefisch ist die Rutte recht geschätzt, zumal gibt es viele Liebhaber für ihre große Leber. In der deutschen Rekordliste steht zur Zeit ein Exemplar von 3,75 kg an der Spitze, 1970 in der Elbe gefangen. Die durchschnittliche Größe liegt zwischen 30 und 50 cm. Aber es sollen schon Rutten von 6 bis 8 kg Gewicht gefangen worden sein.

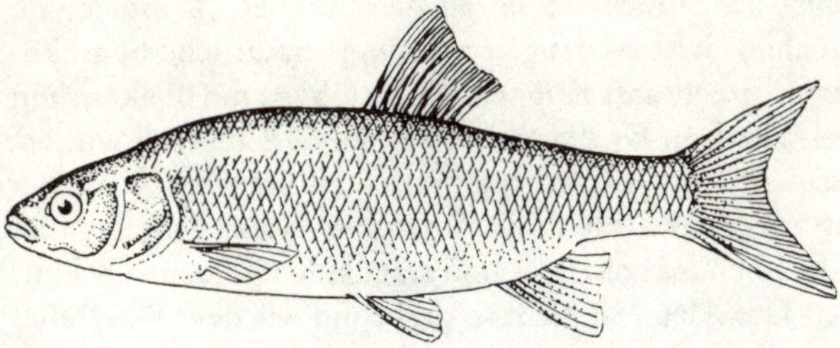

Aland

Der Aland *(Idus idus)* hat örtlich verschiedene Namen, und da er von Nordfrankreich bis weit nach Rußland hinein verbreitet ist, sind es eine ganze Reihe. Wir nennen hier nur noch zwei: Nerfling und Orfe. Den letzten, weil er wohl als Goldorfe oder Goldfisch auch jedem Nichtangler bekannt ist. Die Goldorfe ist eine Zuchtvariante. Im Wildwasser dürfte sie sich unter Raubfischen nicht lange halten.

In England und Irland ist der Aland unbekannt. Doch ist alles, was in unserm Buch über den Döbel gesagt wird (S. 77ff.), weitgehend auch für den Aland zutreffend. Es ist für den Laien nicht leicht, Aland und Döbel zu unterscheiden, wenn er nicht weiß, daß beim Döbel die hintere Kante der Afterflosse konvex ist, beim Aland dagegen eher konkav, d.h. nach innen gekrümmt (s. Abb.). Wer es ganz genau wissen will, kann die eingangs erwähnten Seitenlinienschuppen zählen: beim Aland sind es 53–60, beim Döbel hingegen nur 44–46 an der Zahl. Wie der Döbel gehört auch der Aland zu den Cypriniden, hat aber einen weniger plumpen Kopf als der Döbel.

Ihre Lebensgewohnheiten sind ebenfalls ähnlich (Auftreten in Schulen oder Rudeln, Laichzeit, Barbenregion der Flüsse, Allesfresser). Merkwürdig ist, daß die beiden Vettern nur selten in demselben Revier auftreten. Das grätenreiche, weiche Fleisch des Alands ist wenig beliebt; da er aber in der warmen Jahreszeit gern an die Oberfläche kommt, bietet er den Anglern mit dem treibenden Köder (Heuschrecken, Käfer, Brummer und anderen natürlichen und künstlichen Fliegen) guten Sport.

Versuche, ihn in Kiesteichen als „Forelle des Kleinen Mannes" auszusetzen, haben sich gelohnt. Und einen zwei- bis dreipfündigen Aland mit der leichten Flugangel zu haken und zu drillen oder im Faltboot hinter einem Rudel großer Nerflinge herzupirschen und den einen oder andern von ihnen zu überlisten – meist nur den einen –, ist guter Sport. Größere Alande jagen auch Kleinfische und gehen daher nicht selten an den Spinner, Wobbler und Taucher. Sie bevorzugen allerdings natürliche Spinnköder: Elritzen und Koppen am Dee-System (Bleikern mit drei winzigen Drillingen), die besonders reizvoll wirken, wenn sie langsam und ruckweise geführt werden. Weiter hat der Aland nicht die intensive Netzzeichnung des Döbel-Schuppenkleides und trägt einen goldenen Schimmer. Der Aland ist nicht so drehrund wie der Döbel, eher etwas hochrückig. Der kleine Aland wird auch leicht mit dem Rotauge verwechselt, hat aber nur rötliche, nicht rote Flossen. Das Fleisch des Alands ist gelblich.

Im Gebiet der mittleren Elbe ist der Aland als Liebhaber von weichen Wollhandkrabben bei Fischern und Anglern bekannt.

Mit der Grundangel ist er genau wie der Döbel vom Herbst bis zum Frühjahr in den Flüssen zu fangen. Über Köder und Methoden vergleiche S. 78. Dabei ist der Aland noch listiger und argwöhnischer als der Döbel, wenn es sich um Köder handelt, die an der Grundangel angeboten werden. Eher nimmt er den in mittleren Tiefen treibenden Rotwurm, eine Sprocklarve, Made, Weißbrotwürfel, Teig, Kartoffeln oder Käse an, zumal wenn ihn der Futterneid treibt. Das Floß sei möglichst leicht, z. B. eine Stachelschwein- oder Plastikpose, die nur am unteren Ende mit der Schnur verbunden zu werden braucht, und die Beschwerung ebenfalls schwach.

Der Aland erreicht den Döbel nicht ganz im Wachstum. Durchschnittlich ist er 30–50 cm lang. In unsern Gewässern erreicht er fünf Kilogramm, im Osten über das Doppelte. Der deutsche Rekordfisch, 1975 in der Ems bei Meppen gefangen, hatte 3,875 kg.

Aal
Anguilla anguilla
40–60 cm

Aalquappe
Lota lota
30–50 cm

Zander
Lucioperca lucioperca
40–50 cm

Hecht
Esox lucius
40–80 cm

Wels
Silurus glanis
1–2 m

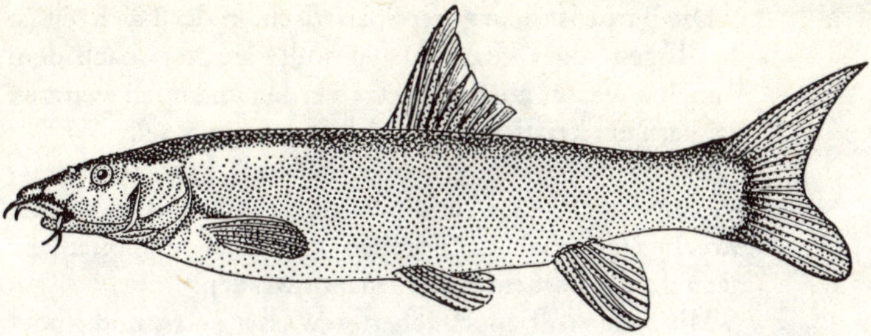

Barbe

Die Barbe *(Barbus barbus)* hat einen graubraunen oder grünbraunen Rücken, dessen Ton je nach ihrem Standgebiet wechselt. Die Flanken sind heller und glänzen metallisch bronzefarben bis gelblich. Der Leib ist hellederfarben, der metallische Glanz geht in Perlenschimmer über. Die Rückenflosse ist bräunlich, der Rückenfarbe entsprechend. Die Bauchflossen sind grau bis weißlich, gelegentlich braun gemustert. Der Hauptstrahl der Rückenflosse ist sehr fest und seine Hinterkante gezähnt. Die paarigen Flossen (Brust und Bauch) sind groß und schaufelförmig. Der Rumpf ist an der Schulter fast zylindrisch, an der Unterseite aber abgeplattet und zum Schwanz hin zusammengedrückt. Das Profil des Barbenkopfes ist keilförmig, die Augen liegen auffallend hoch. Die Nase springt weit vor, das Maul ist unterständig, mit wulstigen Lederlippen. Zwei Barteln sitzen in der Mitte der Oberlippe und eine in jedem Maulwinkel. Der Schwanz ist unsymmetrisch, der untere Lappen gerundet, der obere zugespitzt. Relativ zur Größe des Körpers sind die Schuppen klein.

Sehr junge Fische scheinen silbern und sind mit kleinen schwarzen Tupfen schwach gefleckt. Die Flossen sind es nicht – ein Mittel, kleine Barben von den ähnlichen, aber bis in die Flossen hinein gepunkteten Gründlingen zu unterscheiden.

Über das Wachstum der Barbe fehlen noch genauere Untersuchungen. In einigen Flüssen nehmen sie ziemlich rasch zu. Dort erreicht der einjährige Fisch eine Länge von 15 cm und im zweiten Jahr 25 cm bei einem Gewicht von etwa 225 g. Am Ende des dritten Jahres kann er schon über ein Pfund wiegen. Eine Barbe von fünf Pfund ist fünf bis acht Jahre alt, ein Zehnpfünder elf bis zwölf. Fische mit 14/15 Pfund, die wir zur Rekordklasse rechnen, haben zwölf bis fünfzehn Jahre auf den Schuppen, vermutlich überhaupt ihr Höchstalter, das sie in Europa erreichen. Die Durchschnittsgröße beträgt 40–60 cm.

Die Barbe ist kein guter Speisefisch, in der Laichzeit ist ihr Rogen sogar giftig. Daher sollte sie stets nach dem Fang ins Wasser zurückgesetzt werden und noch weiteren Anglern ein kräftiger und prächtiger Gegner sein.

Die Barbe bevorzugt schnellfließende, saubere Gewässer mit festem Kies- und Schottergrund, und zwar jene Strecken unterhalb der Forellen- und Äschenregionen, die nach ihr die Barbenregion genannt werden.

Mit Sauerstoff angereichertes Wasser sucht und findet sie im Auslauf von Mühlenwehren und -kolken, in raschen Strömungsrinnen und Rollen. Dort weidet sie den Grundkies nach Nahrung ab, wobei sie diese mit ihren Barteln aufspürt und mit ihrem röhrenförmigen Maul Steine ansaugt und umwälzt.

Besonders liebt sie in schnellen Strömungen wachsende Wasserpflanzen und drückt sich gern unter Krautbetten.

Die Barbe laicht im Frühsommer auf den „Rollen", wo sie in den Rogen an den Kies drückt und ihn wohl auch nach der Befruchtung durch schaufelnde Schwanzschläge damit bedeckt. Sofort nach dem Ablaichen suchen die Fische noch schärfere Strömungen auf oder stellen sich unter den Wehrschuß, um sich zu „reinigen". Oft bleiben sie dort bis zum August und wandern dann in tiefere Stellen, wo sonst Häslinge und Rotaugen stehen.

Wenn das Kraut abgefault und abgetrieben ist, finden wir sie an den Stromkanten und Rückläufen, doch immer auf Deckung bedacht. Sobald die ersten Fröste kommen, scheinen sie die Futtersuche einzustellen und fallen in eine Art Winterschlaf, der nur unterbrochen wird, wenn ein paar milde, sonnige Tage kommen.

Köder

Barben sind gierige Allesfresser wie der Döbel. Ihr Speisezettel reicht von Fadenalgen, Fliederbeeren, kleinen Insekten bis zu Elritzen, Krebsen, Fröschen. Dazwischen legen sie gern einen Gang aus der menschlichen Küche und fressen dann Brot, Speck, Wurst und Käse. Im Anfang der Saison (Mitte Juni/Mitte Juli) verraten sie eine gewisse Raublust und werden dann auch an Elritzen und andern kleinen Fischen und Krebsen gefangen. Vergessen wir nicht ihre lebhafte Zuneigung für Würmer und Maden!

Der Angler wird nicht selten den Eindruck haben, die Barbe habe nur dann und wann Appetit. Aber das ist ein Irrtum. Vermutlich beschäftigt sie sich häufig mit Leckerbissen, die zu klein sind, als daß sie der Angler an den Haken brächte.

Barben sind gesellig. Sie rotten sich in „Schulen", und

zwar meistens in Klassen gleicher Größe zusammen. Und wer sie anfüttert, bedenke, daß sie mit Riesenmengen Grundfutter fertig werden.

Am Haken ist jeder Köder für die Barbe geeignet, mit dem sonst Rotaugen gefangen werden. Wer sich aber auf Barben spezialisiert, bediene sich auch spezieller Köder. Ein wohlerprobter ist Weißbrot in mancherlei Gestalt als Fladen, Würfel, Kruste oder Paste. Am erfolgreichsten sind größere Portionen an Haken Nr. 6 bis 4.

Manchmal ist aber die Barbe sehr wählerisch, und wenn sie gerade mit Kleinkost beschäftigt ist, darf man ihr nicht zu große Brocken anbieten und sollte es mit Teigkügelchen oder Maden an kleinen Haken versuchen. Leider stürzen sich auf dergleichen winzige Leckereien die naseweisen Rotaugen und Häslinge, und die Barben haben – wie wir – das Nachsehen.

Größere Fladenköder drücken wir aus frischer Weißbrotkrume zusammen und über den Hakenbogen, bedekken die Hakenspitze aber nur durch die weicheren Ränder der Fladen, damit sie diese leichter beim Anhieb durchdringen kann.

Ein hervorragender Köder ist Käse. Seine Anziehungskraft ist der Geruch, zumal wenn er kräftig ist. Leicht krümelnde Sorten sind wenig geeignet, es sei denn, man knete den Käse mit eingeweichten Brotkrumen zu einer Paste und modelliert sie um den Haken herum. Dann verfängt sich dieser auch weniger leicht an Hindernissen im Wasser und am Grund.

Würmer sind immer und in jeder Art brauchbar, am besten aber ist der Tauwurm. Man spießt einen oder auch zwei auf den Haken und achtet darauf, daß er der Größe des Wurms entspricht. Da die Hakenspitze stets freiliegen soll, gibt es hierbei leider mehr Hänger als bei anderen Ködern, in denen sie versenkt bleibt. Einige Angler ziehen es vor, den Wurm zweimal zu durchstechen, damit er sich weniger leicht losschlängelt, andere bleiben bei dem einfachen Verfahren, weil der Wurm dann natürlicher aussieht.

Oft genug fängt man Barben an einer einzigen Made und Haken Nr. 12, wie er auf Rotaugen gefischt wird. Wer aber große Fische fangen will und derartig kleine Hakengrößen nimmt, muß mit Verlusten rechnen. Barben biegen auch stärkere Haken leicht auf.

Daher empfiehlt sich eher ein Madenbündel an Hakengröße Nr. 6. Manche nehmen sogar zwanzig oder dreißig Maden an einem besonders spitzen und dünndrahtigen Haken Nr. 4 oder gar 2. Beim Fischen mit Maden ist eine

Art Futterkorb nützlich. Es genügt, wenn die Strömung nur ein paar Maden herausspült, um den Fisch auf die Spur und an den beköderten Haken zu bringen. Wo die Angelstelle flach ist, kann man beobachten, wie die Barben den Futterkorb selbst annehmen und „schütteln", damit die Maden reichlicher herausfallen.

Wer mit kleinen Krebsen auf Barben fischt, sollte sie erst mit einem raschen Hieb auf den Köpf töten und dann

Flußkrebs *(Astacus)* kommt in klaren sauberen, fließenden und stehenden Gewässern vor. Wenn er nicht auf Nahrungssuche ist, zieht er sich in Schlupfröhren im Ufer oder unter Steinen zurück. Man fängt ihn mit sog. Krebstellern oder auch im flachen Wasser nachts bei Scheinwerferlicht mit der Hand. Er packt Wurmbündel oder Fischfetzen an der Schnur mit seinen Scheren und läßt sich an die Oberfläche ziehen, wo man ihn keschert

einen großen Haken (Nr. 4 bis 6) durch den Schwanz stechen. Die Scheren braucht man nicht auszureißen, wie es manche Angler tun. Man schlage nicht zu rasch an und warte auf ein merkliches Abziehen nach dem Biß, denn die Barbe pflegt den Krebsköder erst eine Weile zu probieren, ehe sie richtig zufaßt. Die Hakenspitze liegt gewöhnlich frei, und zwar an der Oberseite des Schwanzes, damit sie beim Anhieb ins Maul dringt.

Auch Elritzen sind gute Köder, zumal bei Beginn der Saison. Man hakt sie durch die Oberlippe und läßt sie entweder an der Floßangel die Barbenstelle hindurchtreiben oder legt sie – tot – auf Grund. In jedem Fall sollte sich die Elritze in der Strömung bewegen, d. h. verlockend im Wasser taumeln oder sich drehen, was man (auch an der Grundangel) erreicht, wenn ein Wirbel zwischen Schnur und Vorfach geschlauft wird.

Schmerlen und Schlammpeitzger, kleine Neunaugen, ja selbst Gründlinge werden ähnlich angeboten. Große Barben gehen oft auf solche meist wie Spinner geführte rote Köderfische.

Der Haken wird mit Fadenalgen beködert, indem man ihn einfach durch ein Algenpolster zieht

Manchmal neigt unser Fisch auch zu vegetarischer Kost. Er legt einen Gemüsegang ein und ist für Grünalgen (Fadenalgen) zu haben, wie sie sich z. B. an Wehrbauten finden. Die Abbildung zeigt, wie sie um einen Haken Nr. 8 gewunden werden.

Um das Angebot vollständig zu machen, sei am Ende noch eine gemischte Platte gebracht, Würstchen, Speck und Muscheln, garniert mit Hanfsamen und Sprock (Köcherfliegenlarven). Es gibt sogar Angler, die mit Leber und rohem Fleisch experimentieren. Auch sie fangen gelegentlich eine gute Barbe.

Gerät

Wer Barben fangen will, muß eins vor allem andern beachten: Entweder er kommt mit der richtigen Ausrüstung ans Wasser, oder er kann sein Gerät in Bruchstücken nach Hause tragen. Es stimmt zwar, daß Barben schon an Rotaugenruten gefangen worden sind, aber in den Berichten über solche Taten wird selten erwähnt, wie die Rute hinterher aussah. Es ist weit besser, eine richtige Barbenrute zu nehmen. Barbengewässer sind schnellfließend und die Barben selbst kräftige, hartnäckige und mächtige Kämpfer. Beides kommt zusammen, das Unternehmen Barbenfang zu erschweren, aber auch spannend zu machen.

Die Barbenrute muß eine bis in den Griff durchgehende Aktion haben. Jede Rute, die einen harten Drill in schnellfließenden Gewässern überstehen soll, muß kräftig sein. Um so mehr als es oft um einen Anhieb geht, der viele Meter Schnur gegen den Strom bewegen muß.

Eine Rute, die mit einem wirklich zäh und erbittert kämpfenden Fisch in scharfer Strömung fertig werden soll, braucht Ringe aus nichtrostendem Stahl und einen Leit- und Spitzenring mit einer nicht einschneidenden unzerbrechlichen Kunststoffeinlage.

Die Rolle muß stabil sein und bis zu hundert Meter Schnur fassen.

Wo ein Floß gebraucht wird, wie bei der Treibfischerei, sei es tragfähig für hinreichende Bleibeschwerung, die den Köder in der raschen Strömung schnell zum Grund zieht. Ich denke da an etwa ein Dutzend mittelgroße Spaltschrote oder sechs große, die von dem Floß getragen werden müssen. Die Schrote verteilt man gleichmäßig in Gruppen, um einen Schnurbauch zwischen Floß und Haken zu verhüten.

Die Schnur sollte etwa sechs Pfund Tragkraft haben. Wo schwere Fische erwartet werden oder wo das Gewässer stark verkrautet ist, kann man sie auf acht bis zehn Pfund erhöhen. Wenn eine so starke Schnur gebraucht wird, empfiehlt es sich, daß der Angler statt monofiler geflochtene Schnüre nimmt, weil sie erheblich weicher und geschmeidiger bei größerer Tragkraft und weniger dehnbar sind.

Das Blei zum Ausloten der Tiefe muß ziemlich schwer sein, damit es diese bei rasch fließendem Wasser einigermaßen genau anzeigt. 25 g sind ausreichend, aber viele Angler nehmen das Doppelte an Gewicht. Ein Hakenlöser ist unerläßlich wegen der sehr zähen Struktur des Barbenmauls. Arterienklemmen eignen sich gut dafür.

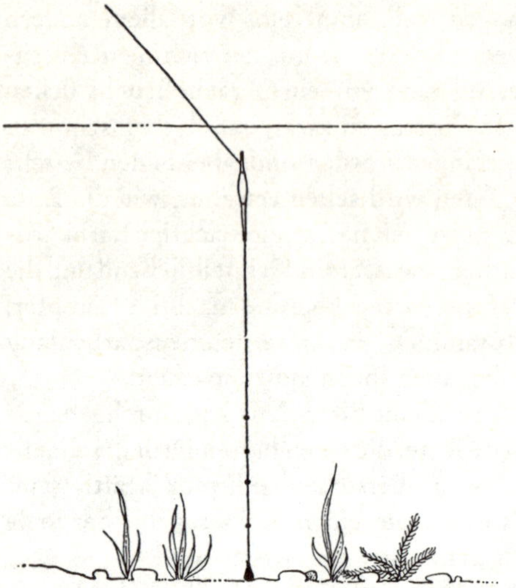

Gebrauch des Lotbleis. In diesem Fall sitzt das Floß etwas zu niedrig, wenn der Köder auf oder dicht über dem Grund liegen oder treiben soll. Das zeigt das Lot an, wenn es hier den Schwimmer unter Wasser zieht. Eine entsprechende Verschiebung nach oben wird das korrigieren

Angelmethoden

Anfüttern

Wer ernsthaft auf Barben pirscht, muß anfüttern. Das lohnt sich fast immer. Früher wurden als Grundköder Würmer, und zwar gleich eimerweise, verwendet. Sie sind auch heute noch geeignet, eine Stelle zu präparieren. Natürlich ist das eine Geld- und Zeitfrage. Leichter und billiger zu beschaffen ist Weißbrot. Man weicht es ein, knetet es zu Klumpen, denen man Maden, Würmer, Larven und dergleichen beigibt. Diese wirft man ein paar Tage lang jeden Morgen dort ein, wo Barben vermutet werden. Die letzten 24 Stunden vor dem Angelbeginn läßt man die Stelle unbeködert.

Wegen der raschen Strömung und der unterschiedlichen Bodenverhältnisse in vielen Barbengewässern ist es zweckmäßig, mehrere erfolgversprechende Stellen unterhalb der angefütterten zu versuchen. Es kann ja sein, daß die Lockspeise weiter abgetrieben ist, als beabsichtigt war.

Methoden

Die Hauptangelmethoden beim Barbenfischen sind das Angeln mit dem Bodenblei, die Langtreibangel mit Floß und das Floßfischen auf Grund. Welche man wählt, hängt von den Verhältnissen ab. In den letzten Jahren mußte man sich bei uns mehr und mehr auf das Angeln mit dem Bodenblei beschränken, denn der Andrang an unsere Gewässer an Stellen, wo Barben zu fangen sind, verbietet es dem Angler, hinter seinem Floß größere Strecken herzugehen. Unterhalb steht schon sehr bald wieder der nächste. Daher also die Grundangel, die am Ort bleibt.

Die Treibangel mit dem Floß

Der Köder wird eingeworfen und von der Strömung bis zu 50 m mitgenommen. Das Floß soll so beschaffen sein, daß es mehrere Spaltschrote trägt und noch immer hoch genug im Wasser liegt bzw. heraussteht, um auf größere Entfernung sichtbar zu bleiben. Es muß auch schwer genug sein, dem Zug der Strömung oder dem Druck des Windes Widerstand zu leisten, der unter Umständen eine lästige Schnurbucht zwischen Floß und Rutenspitze bewirkt. Zugleich muß die Beschwerung ausreichen, das Floß genügend empfindlich zu machen. Wenn Größe und Tragkraft des Floßes und die Beschwerung aufeinander abgestimmt sind, so ist der Angler auch in der Lage, den Schnur-Ablauf zu korrigieren, ohne das Stromabtreiben des Floßes zu behindern.

Dafür muß die Tiefe mit dem Lot ausgemessen sein, am besten abschnittsweise die ganze Angelstrecke hindurch. Das Floß wird dann so tief gestellt, daß es den Köder bei

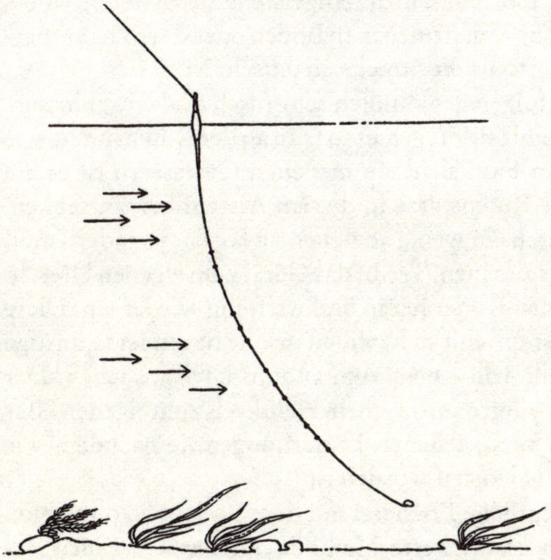

Treibangel mit Floß. Der Köder wird von der Strömung mitgenommen und wandert vor dem Floß her

tieferen Rinnen in Grundnähe hält, bei flachen über den Boden schleifen läßt. Wo es zu flach wird, oder wo der Köder über Krautbänke treibt, hält man das Floß an. Dann hebt ihn die Strömung. In jedem Fall muß er dem Floß voraufteiben, was geschieht, wenn man die Schnur von vornherein etwas bremst. Bei Stationärrollen müssen wir die Schnur mit der Hand kontrollieren. Wir legen die freie Hand an den Spulenrand oder bremsen mit dem Zeigefinger der Wurfhand. Dieser hält die Schnur vor allem beim Anhieb fest. Das muß geübt werden, denn der Anhieb von einer Stationärrolle bedarf der Vorbereitung. Er kommt nie so spontan wie von einer Achsenrolle. Da freilich die Barbe meist sehr entschlossen beißt, hakt man sie leichter als etwa das blitzartig zufassende und wieder loslassende Rotauge.

Das Floßfischen mit dem Bodenblei unterscheidet sich nicht allzusehr von der Langtreibangelei; nur wird hier das Floß zwei bis drei Handbreit höher als die wirkliche Tiefe eingestellt. Das Grundblei ist eine einzelne durchbohrte Bleikugel, zehn bis hundert Zentimter – je nach den Verhältnissen – vom Köder entfernt. Ein kleines Spaltschrot hält es in dem gewünschten Abstand vom Haken. Ein zweites verhindert, daß es an der Schnur zu hoch rutscht. Die Angel wird an einer günstigen Stelle ausgeworfen, bis sich die Schnur spannt. Nach einer Weile läßt man sie etwas locker, indem man entweder mit der Rutenspitze folgt oder etwas Schnur freigibt. Auf diese Weise gestattet man dem Floß, langsam die Angelstelle zu passieren, wobei der Köder über den unebenen Boden oder durch Krautpartien wandert, bis die Strecke abgefischt ist.

Bisse erfolgen gewöhnlich sehr rasch und entschlossen, und man fühlt sie oft genau so früh an der Rutenspitze, wie man sie am Floß sieht. In manchen Gewässern ist es am besten, die Rutenspitze in diesem Augenblick zu senken, um den Fisch ein wenig abziehen zu lassen; in andern muß man sofort anhauen. Treibt das Gerät zum eigenen Ufer, so holt man den Köder heran und wirft ihn wieder ein. Diese Methode empfiehlt sich, will man eine besonders günstige Barbenstelle von einem zum andern Ufer absuchen. Der Köder schwingt dann in einem Halbkreis zum eigenen Ufer herum, in verschiedenen Entfernungen, je nachdem wie weit er eingeworfen worden ist.

Die eigentliche Fischerei mit dem Bodenblei ohne Floß schließlich ist die beste Methode auf Barben. Einen Biß erkennt man an einem scharfen Ruck oder Schlag an der Rutenspitze.

Das Bodenblei gleitet wiederum beweglich bis zu einem Stopper auf der Schnur. Sein Gewicht ist dem Gewässer angepaßt. Will man es an einer Stelle in der Strömung halten, so eignet sich dafür der sogenannte Capta-Typ, ein kantiges Flachblei. Soll es aber über den Grund rollen, so

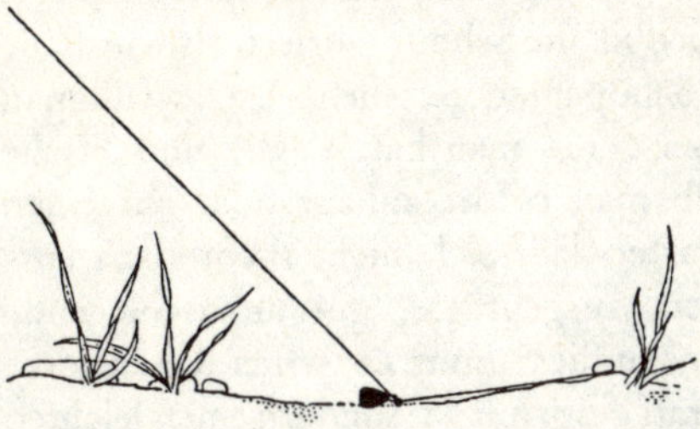

Grundangel mit einem birnenförmigen Bodenblei, das durch einen Stopper (Spaltblei) am Weiterrutschen gehindert wird. Nimmt ein Fisch den Köder auf, so kann er die Schnur leicht durch die im Blei eingeschmolzene Öse ziehen. Der Biß markiert sich an der Rutenspitze

nimmt man ein birnenförmiges mit einem eingebauten oder zwischengeschalteten Wirbel, um zu verhüten, daß sich die Schnur verdreht. Ist die Strömung zu schwach, so kann man es von Zeit zu Zeit anheben. Das Bodenblei setzt dem beißenden Fisch Widerstand entgegen. Dieser unnatürliche Widerstand könnte den Fisch vergrämen und muß daher so gering wie möglich sein. Am schwächsten ist die Reibung beim sog. gleitenden Senker (Seitenblei). Die Hauptschnur läuft hier nicht durch das Blei oder eine Öse am Blei, sondern durch einen kleinen Schlüsselring. Daran sitzt ein Ende Schnur mit geringerer Tragkraft als die Hauptschnur. Je nach Strömungsstärke wird die ca. 10 cm lange Seitenschnur mit Bleischroten beschwert. Der gleitende Senker bietet mehrere Vorzüge: Die Hauptschnur gleitet vollkommen reibungslos durch den Schlüsselring, bei Bleihängern – beim Barbenfischen sind sie häufig – reißt nur die schwächere, leicht ersetzbare Seitenschnur, das Senkergewicht läßt sich schnellstens und ohne Schwierigkeit verändern.

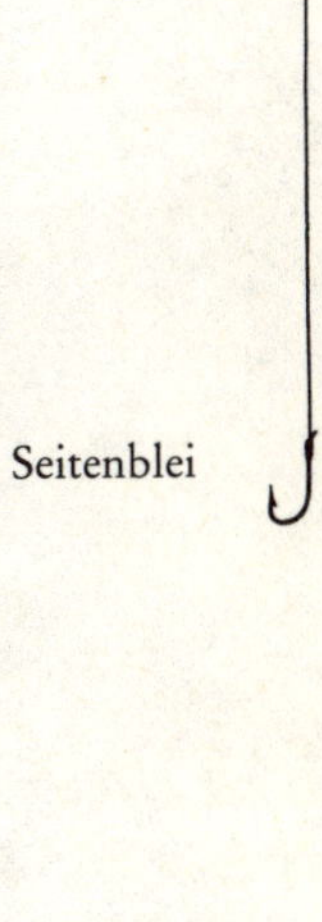

Seitenblei

Den Stopper klemmt man etwa 40 cm über dem Haken auf die Schnur. Freilich hängt die Länge des frei spielenden Vorfachs von den Verhältnissen ab und kann von 15 bis 150 cm betragen. Der Angler sollte beide Extreme versuchen, um herauszufinden, welche Länge die günstigste ist. Manchmal nehmen die Barben den Köder nur von einem kurzen Vorfach, am nächsten Tag ziehen sie an der gleichen Stelle ein besonders langes vor.

Wie schon gesagt, merkt der Angler einen Biß am Gerät mit dem Bodenblei nur an einem Ruck oder Zug. Manchmal ist es nur ein zartes Zupfen, das die Schnur heraufsignalisiert, dann wieder ein wilder Riß. Nicht selten stoßen die Fische den Köder nur ein wenig an, ehe sie ihn wirklich aufnehmen und dann kräftig rucken. Es kommt auch vor, daß bei einem Barbenbiß die Schnur vibriert, als würde sie zwischen feinem Sandpapier gerieben. Das weiß man selten vorher, es sei denn, man hat Wasser und Fische genau studiert. Ob man sofort anhaut oder auf einen stärkeren Ruck wartet, läßt sich nicht theoretisch entscheiden. Besonders ausgeprägte, gut anzuschlagende Bisse erhält man, wenn die Schnur zwischen Rutenspitze und Köder nicht straff gespannt ist, sondern einen leichten Bauch bildet.

Drill Wie immer man den Fisch auch gehakt hat – hängt er, so gibt es eine Überraschung, auch wenn man auf seine Gewalt und Ausdauer gefaßt ist. Eine kapitale Barbe hält uns schon eine Weile in Atem, bis wir sie sicher im Netz haben. Zu Beginn des Drills empfiehlt es sich, den Fisch losstürmen zu lassen. Wo aber gefährliche Hindernisse liegen oder dichte Krautdschungel drohen, kann es nötig sein, ihn sofort nach dem Anhieb kurz zu halten und heranzuziehen, ehe er noch zu sich gekommen ist und bewußten Widerstand leistet.

Bloße Bandalgen am Rande brauchen den Barbenangler nicht zu erschüttern, der sich auf sein Gerät verlassen kann. Doch Seerosen oder Röhricht sind schon etwas anderes. Steuert der Fisch auf einen solchen Zufluchtsort zu, so muß man ihn durch einen Seitenzug möglichst davon abbringen. In einem schmalen Fluß ist das natürlich nicht so leicht; denn der Angler kann stehen, wo er will: oft ist einfach kein offenes Wasser da, wohin er den Fisch führen kann. Manchmal muß er stromauf- oder stromablaufen, um ihn von dem Hindernis abzubringen. Schon in unbedeutendem Kraut läuft er sich gelegentlich fest, und nichts kriegt ihn wieder heraus. Dann sollte der Angler die Taktik der „lockeren Schnur“ anwenden, in der Hoffnung, daß der Fisch, spürt er keinen Widerstand mehr, sich selbst befreit. Sobald die Schnur wieder zu wandern beginnt, kann der Angler den Kampf erleichtert wieder aufnehmen. Haben wir unsern Fisch erst einmal gesehen, ist das Schlimmste – und Schönste? – überstanden, aber noch im letzten Augenblick können seine Befreiungsversuche erfolgreich sein. Also heißt es stets bereit zum

Schnurgeben sein oder die Rute zu senken, um die Stöße zu parieren. Ist der Fisch geschlagen, so zeigt er es ganz deutlich, er taumelt und legt sich auf die Seite. Das Unterfangnetz ist dann bereit, und der Fisch wird darübergezogen. Manchmal stürzt er sich mit letzter Kraft selbst hinein, weil er glaubt, da ist noch eine Zuflucht. Dann ist er bald am Ufer.

In gewisser Hinsicht ist das der kritischste Augenblick von allem. Wir haben ihn besiegt, aber wir wollen ihn ja nicht töten. Die Barbe kämpft nämlich so hart und erschöpft sich dadurch derartig, daß sie, wenn man sie nicht sogleich vom Haken löst und zurücksetzt, sich vielleicht überhaupt nicht wieder erholt. Hier kommt die Löseschere zur Anwendung. Will man den Fisch in einen Setzkescher tun, so muß er unbedingt mit dem Kopf stromauf stehen; sonst kann er im Netz ersticken. Setzt man ihn gleich wieder frei, so halte man ihn solange gegen die Strömung, bis er normal atmet und aus eigener Kraft davonschwimmen kann.

In Westdeutschland steht der Barben-Rekord zur Zeit bei einem Gewicht von 8,5 kg. Der Rekordfisch wurde 1974 in der Ems gefangen. Eine österreichische Barbe aus der Traun wog 6,5 kg.

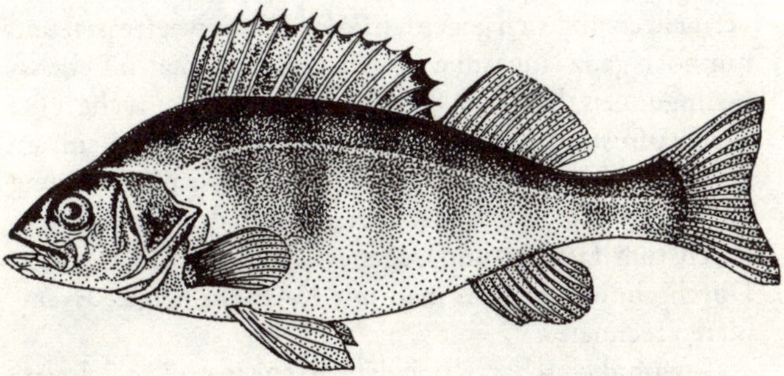

Barsch

Der Barsch *(Perca fluviatilis)* kann kaum mit einem andern Fisch verwechselt werden. Sein Streifenmuster und seine doppelte Rückenflosse sind einmalig. Ähnlich ist ihm allerdings ein naher Verwandter, der Kaulbarsch, und allenfalls der Zander. Sein Rücken ist graugrün, blaugrün, dunkelblau oder graubraun, die Flanken sind grünlich, silbrig, und dunklere Querstreifen ziehen sich vom Rücken herunter. Sein Bauch ist silberweiß oder silbergrau. Die genannten Querstreifen (Querbinden) sind in manchen Gewässern intensiver als in andern, ihre Zahl schwankt zwischen fünf und neun.

Die vordere Rückenflosse ist hellgrau mit einem Anflug von lila und hat am Ende einen großen fast schwarzen Fleck. Die hintere Rückenflosse ist gelblich, grünlich bis rosa getönt oder gestreift. Seine Flossen an Brust und Leib sind rosa, orange oder rot, die vorderen bräunlich-gelb. Die Farben des Körpers und der Flossen variieren stark und richten sich nach Gewässer, Jahreszeit und Alter.

Die Körperform des Barsches ist seitlich zusammengedrückt mit einem starken Buckel auf dem Rücken, der sich gewissermaßen in der Vorderkante der ersten Rückenflosse fortsetzt. Diese Flosse trägt durchgehend stachelartige, sehr spitze Strahlen, die hintere nur zwei an ihrem Anfang. Seine Schuppen sind verhältnismäßig klein und sitzen außerordentlich fest in der Haut, so daß sie sich nur schwer entfernen lassen. Nimmt man den Barsch in die Hand, so spürt man ihre rauhe Struktur (Kammschuppen). Die Kiemendeckel sind nach hinten dreieckig und haben an ihrer Spitze einen dornartigen Fortsatz. Wer nicht aufpaßt, sticht sich daran, ebenfalls – und heftiger – an den Stacheln der Rückenflossen.

Der Schwanz ist klein und deutlich gegabelt.

In Seen und Teichen wächst der Barsch oft zu größeren Exemplaren heran als im Fluß. Doch ist die Nahrung im See mager, so degeneriert er, weil sich die Barsche stark vermehren und sich gegenseitig das Futter wegfressen und nur noch ganz langsam wachsen. Unter normalen Lebensbedingungen hat der Barsch dagegen eine recht gute Wachstumsrate. Er erreicht im ersten Jahr 5 bis 7,5 cm, am Ende des dritten 15 bis 18 cm Länge. Wo die Nahrung nicht ausreicht, stellt der Barsch mit drei Jahren sein Wachstum fast ein und vegetiert dann nur noch dahin. Durchschnittlich kann man mit 15–25 cm langen Exemplaren rechnen.

Gewöhnlich scharen sich die Barsche in großen Schwärmen, zumal wenn sie jung sind, und zwar finden sich jeweils die gleichen Jahrgänge zusammen. Größere Barsche neigen später dazu, als Einzelgänger ihr Futter zu suchen und entwickeln sich mehr und mehr zu Raubfischen. Das schließt nicht aus, daß auch kapitale Burschen gemeinsam auf Jagd gehen, und heißt auch nicht, daß die kleinen Barsche darauf verzichteten allein zu jagen.

Ihre Nahrung ist sehr mannigfaltig; sie besteht aus Bachflohkrebsen, Schnecken, allerlei Larven und Würmern. Der Großbarsch schätzt jegliche Fischbrut, kleine Weißfische, Elritzen, Gründlinge und Mühlkoppen. Pflanzenkost mögen Barsche nicht, grasen sie aber Grünalgen nach Flohkrebsen ab, so kommt es vor, daß sie auch „Gemüse" verspeisen. Ja, sie schnappen sogar nach Brot- oder Käseködern des Anglers, sofern sich diese bewegen; sie halten sie dann wohl für irgendein Lebewesen.

Der Barsch jagt seine Beute selten, indem er sich zunächst versteckt und sie überraschend anfällt. Meistens verfolgt er sie und bildet dabei Rudel. Diese veranstalten regelrechte Treibjagden und drängen Schwärme von Kleinfischen in sog. „Barschkesseln" zusammen. Das Wasser brodelt und kocht an diesen Stellen von verängstigt springenden Kleinfischen und raubenden Barschen, die vor Gier an der Oberfläche schlürfen und schmatzen.

Barsche laichen zwischen Algen und andern Wasserpflanzen in Ufernähe. Der Rogen wird in Form von Bändern, den Laichschnüren, ausgestoßen. Sind die ersten Zoll dieser geleeartigen Bänder draußen, so schwimmen die weiblichen Tiere zwischen das Kraut, hängen daran die Bänder wie Girlanden auf und ziehen sie weiterschwimmend sich selbst aus dem Leib (vgl. den Zander). Barscheier sind sehr beliebt bei andern Fischen. Ein großer Teil geht verloren. Die Laichzeit ist gewöhnlich im März bis April; gelegentlich auch später, wenn der Winter lang und streng war.

Ist sie geschlüpft, so hält sich die Brut mit den kleinen Dottersäcken unterm Leib zwischen dem Kraut, bis der Dottervorrat fast völlig aufgezehrt ist und sie sich nun richtig bewegen kann. Solange sie klein sind, halten sich die Barsche im Flachen auf, und zwar in großen Schwärmen. Mit der Zeit ziehen sie in tieferes Wasser. Der ausgewachsene Fisch lebt in mittleren Tiefen, von wo er nach oben und unten Raubzüge unternehmen kann. Der alte und vorwiegend einsam jagende Barsch sucht Stellen auf, die ihm Schutz bieten, ähnlich wie der große Döbel. Vor allem schätzt er Balken, Mauer- und Holzwerk in den Fließgewässern; in den Seen die sogenannten Barschberge, Stellen, wo der Grund sich bis zu zwei oder drei Meter Tiefe hebt.

Sterben mit dem nahenden Winter die Wasserpflanzen ab, so folgt der Barsch seiner Beute in größere Tiefen, wird auch aktiver und reviert weitere Strecken ab, wenn die Nahrung knapp wird.

Köder Der Barsch nimmt Würmer, Maden und Larven aller Art. Er schätzt auch die eben schon genannten Kleinfische, und ist er hungrig, so wird er seine Nase nicht rümpfen, wenn er auf einen vor kurzem verendeten Fisch stößt. Schnecken und Flohkrebse sind ebenfalls willkommen. Sein Maul ist groß, und es ist erstaunlich, was er schlucken kann. Ich habe von einem 625-Gramm-Barsch gehört, der an einem fast viertelpfündigen Köderfisch gefangen wurde.

Gelbschwänze, Laub- und Mooswürmer, Rotwürmer und Tauwürmer sind alle sehr gute Barschköder, der Tauwurm vermutlich der beste. Man steckt ihn auf einen Haken Nr. 6 oder benutzt ein Mehrfachhakensystem Gr. 8 oder 10 (s. Zeichnung S. 209). Nicht weniger gern nimmt der Barsch auch kleinere Happen wie Maden, Sprock und andere Larven. Der auf den Großbarsch gehende Spezialist verzichtet freilich darauf, weil diese Kleinköder die Kleinfische anziehen. Er benutzt Elritzen, Gründlinge und mit Vorliebe Jungbarsche und Kaulbarsche von 5 bis 12 Zentimeter an einem entsprechend großen Haken 4 bis 6 und bietet sie tot oder lebendig an. Mit dem lebenden Köderfischchen geht es dem Barsch wie der Katze mit der Maus. Nur wenn es flieht, reizt es seine Raublust. Die Bleibeschwerung der Floßangel wird daher in der Mitte zwischen Haken und Schwimmer an der Schnur befestigt, damit das Fischchen unbehindert und ganz natürlich bis zur Oberfläche flüchten kann, wenn ein Barsch erscheint.

Auch tote Fischchen sind gute Barschköder, wenn man mit ihnen an einem geeigneten System spinnt und sie nach

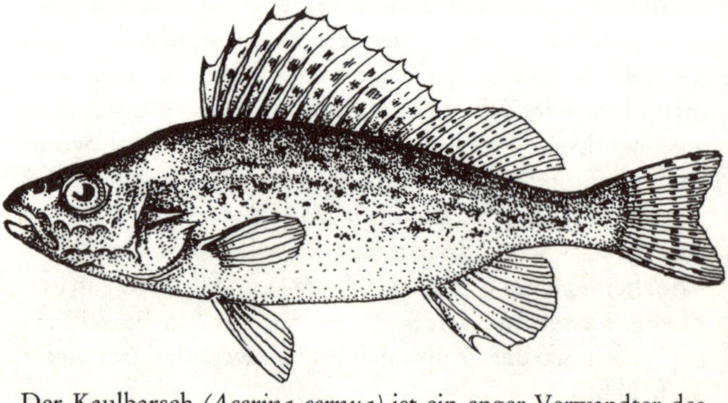

Der Kaulbarsch *(Acerina cernua)* ist ein enger Verwandter des Barsches. Er ist ein kleinwüchsiger, olivgrün/brauner Fisch, dunkel gefleckt, hat ein großes Maul und einen ungeheuren Appetit. Kein Angler sieht ihn gern oder fischt gar auf ihn. Er ist sehr zahlreich und stürzt sich auf alles, was man ins Wasser hängt. Geschätzt wird er aber als Köderfisch für Barsch, Zander und Raubaal. Im Osten wußte man aus ihm eine leckere Fischsuppe zu bereiten.

der Hebe- und Senktechnik serviert. Schließlich erwähnen wir noch Schnecken und kleine Krebse, die ebenfalls zum Arsenal der Barschangler gehören.

Gerät

Wer nur gelegentlich auf Barsche angelt, nimmt seine Plötzenrute. Wo aber größere Exemplare zu erwarten sind, empfiehlt sich eine etwas kräftigere Rute, mit der man schwerere Köder werfen und Gegner in Schach halten kann. Zum Spinnen dient eine zweiteilige Forellenspinnrute. Wer Hechtruten versucht, wird es bereuen. Das Barschmaul ist sehr spröde, so daß bei zu steifer Rute viele Fische wieder abkommen. So gierig der kleine Barsch zupackt, so vorsichtig und launisch sind die großen Exemplare. Selbst wenn man sie in der Nähe rauben sieht, hat man sie noch lange nicht am Haken.

Die Stationärrolle ist vorteilhaft, vor allem beim Spinnfischen, da sie sich gut zum Werfen leichter Köder eignet.

Desgleichen die Kapselrolle.

Die Stärke der Schnur? Drei bis vier Pfund Tragkraft reicht für jeden, wenn auch vielleicht nicht für den ganz kapitalen Barsch. Wer darauf hoffen kann oder viele Hindernisse im Wasser befürchten muß, darf auch zu monofilen Schnüren von 2,5 bis 3 kg Tragkraft greifen.

Hakengrößen von 10 bis 4 hinauf, entsprechend dem zu erwartenden Fisch, der angewandten Methode und der Größe des Köders. Wer mit Maden, kleinen Würmern und dergl. fischt, nehme Nr. 10 bis 8; große Tauwürmer und Köderfischchen fordern 8 bis 4. Auf Drahtvorfächer kann man beim Barsch verzichten, es sei denn, wir müssen auf Hechte gefaßt sein.

Besonders beliebt ist die Floßfischerei; das Floß braucht nicht besonders tief einzutauchen, denn der Barsch spielt oft eine Weile mit dem Köder, ehe er entschlossen davonzieht. Das übliche Floß ist eine 10 bis 13 cm lange Pose, auf deren Spitze ein kleiner runder Kork sitzt.

Angelmethoden

Das Anfüttern entfällt gewöhnlich; doch es ist nicht verkehrt, hin und wieder ein paar kleine Würmer als Lockspeise einzuwerfen. Manche benutzen einen Spinner als Reizköder. Oft folgen ihm Barsche, ohne zuzupacken. Man sieht sie kommen und unschlüssig stehenbleiben, wenn der Spinner herausgehoben wird. Manchmal lassen sich diese „Nachläufer“ überlisten, indem man den Köder plötzlich absinken läßt. Hebt man ihn wieder an, greifen sie oft zu. Hilft das nicht, brauchen wir ihnen nur einen Wurm oder Köderfisch vor die Nase zu halten. Ein paar

Hände voll Kies, ins Wasser geworfen, wirken ebenfalls attraktiv. Das Geräusch scheint den Barsch an aus dem Wasser spritzende Kleinfische zu erinnern und seine Raublust zu wecken. Schließlich ist noch die sogenannte Futterwolke zu erwähnen, sie lockt Fischbrut heran. Sieht man die Fischchen zur Oberfläche flüchten und heraushüpfen, so sind Barsche in der Nähe und machen auf sie Jagd. Bei größerer Wassertiefe verschiebe man das Floß und fische systematisch in verschiedenen Tiefen, bei flachem Wasser serviert man den Köder am besten 30 bis 50 cm über dem Grund, was sich beim lebenden Fisch durch eine entsprechende Bleibeschwerung erreichen läßt. In diesem Fall muß man oft in Kauf nehmen, daß der Köderfisch Zuflucht in einem Krautbett sucht. Dort kann er sich leicht festsetzen, anderseits aber auch einen darin stehenden größeren Barsch zum Anbiß verführen.

Will man das Herumwandern des Köderfisches verhindern, greift man zur Paternosterangel. Diese besteht aus einem Floß an der Oberfläche, einem Grundblei am Ende der Schnur, und in der zwischen Floß und Bodenblei gespannten Schnur ist ein Dreifachwirbel eingeschaltet, von dem das Vorfach mit Köder in der gewünschten Tiefe absteht. Dies Gerät können wir auch ohne Floß fischen. Dann ist die Schnur zwischen Rutenspitze und Bodenblei gespannt und die Rolle so leicht gebremst, daß sie bei jedem Biß Schnur gibt. Da nun die Schnur schräg ins Wasser taucht, muß der Paternosterwirbel entsprechend höher angebracht werden, sonst spielt der Köder in zu großen Tiefen.

Eine Art Paternosterverfahren ist auch das sogenannte gleitende Paternoster. Das Seiten-Vorfach ist dabei nicht mit einem Dreiweg-Wirbel verbunden, sondern mit einem gewöhnlichen Tonnenwirbel mit zwei Ösen. Durch die freie Öse läuft die Hauptschnur. Das Vorfach mit dem beköderten Haken gleitet auf diese Weise unbehindert auf der Schnur. An sie klemmen wir ein Spaltschrot als Stopper, und zwar in der Höhe bzw. Tiefe, in der sich unser Köder halten soll. Der Vorteil besteht darin, daß der beißende Fisch kaum einen Widerstand spürt.

Da sind wir bei der eigentlichen Grundangelei angekommen. Sie ist auch in stehenden Gewässern wirksam. Es genügt hier eine durchbohrte Bleikugel oder ein birnenförmiges Blei mit Einhänger. Die Hauptschnur läuft hindurch. Sie wird wiederum mit einem Stopper versehen, damit das Blei nicht bis zum Haken rutschen kann. Die Länge des freien Vorfachs ist unterschiedlich. Meistens genügen etwa 45 cm, es kann aber auch auf 10 cm verkürzt oder auf 90 cm verlängert werden. Bei der Fischerei mit dem Bodenblei legen wir unsre Rute am Ufer auf zwei Gabeln; ihre Spitze zeigt in Schnurrichtung. Die Rolle muß jederzeit Schnur geben können, ohne daß der Fisch einen Widerstand spürt. Bei Stationärrollen ist der Schnurfangbügel geöffnet.

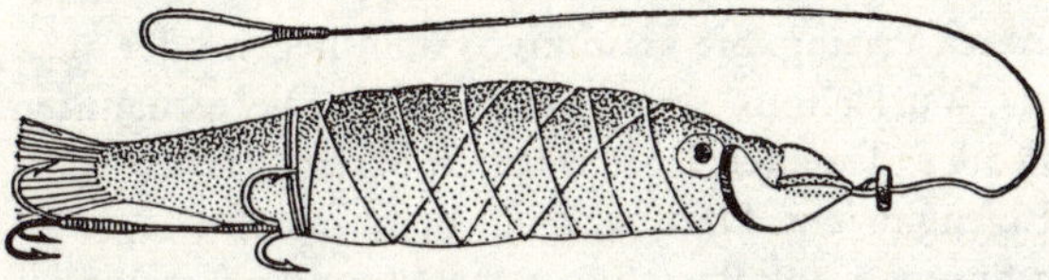

Ein kleiner toter Köderfisch, an einer Spinnflucht montiert, hat sich als sehr wirksam auf Barsche erwiesen. Am Kopf oder auch am Schwanz stehende Zelluloid- oder Metallruder bringen ihn zum Spinnen. Feiner Draht oder Baumwollfaden bewirken zusätzliche Befestigung

Es ist eine Preisfrage, wann man beim Barsch den Anhieb setzt, sicher aber nicht ratsam, zu hastig anzuhauen. Wer aber zu lange wartet, erlebt oft, daß der Fisch den Köder verschluckt und den Haken im Schlund hat. Man muß ihn dann töten. Es wird empfohlen, bis drei zu zählen, wenn der Barsch richtig abzieht, und dann anzuschlagen. Bei größerem Köder muß man freilich entsprechend länger warten.

Die Hebe- und Senkmethode ist eine Form des Spinnens mit dem toten Köderfisch und soll dem Barsch einen kranken oder verwundeten Fisch vorspielen, der sich taumelnd auf und ab bewegt. Man wirft ihn aus, läßt ihn absinken, zieht ihn zur Oberfläche heran und wiederholt durch entsprechende Ruten- und Rollenbewegungen das Verfahren, bis er am Ufer ist. Mit weiteren Würfen suchen wir unsere Angelstelle in allen Breiten und Tiefen ab, eine sehr wirksame Technik, gute Barsche zu fangen.

Dazu nehmen wir Elritzen oder Gründlinge. Auch mit Würmern kann man auf diese Weise fischen. Lebhaft gefärbte Plastik- oder Schaumstoffimitationen erhöhen den sportlichen Reiz. Um den toten Fisch an den Haken zu bringen, verwendet man ein sogenanntes System; doch begnügen sich die meisten Barschangler damit, die Schnur mit einer Ködernadel durch den Fisch zu ziehen und den Haken (auch Drilling) am Schwanz, bzw. am Kopf einzuschlaufen. Nicht selten wird ein solcher Tauchköder auch von einem Hecht gepackt. Dann heißt es kämpfen, sofern

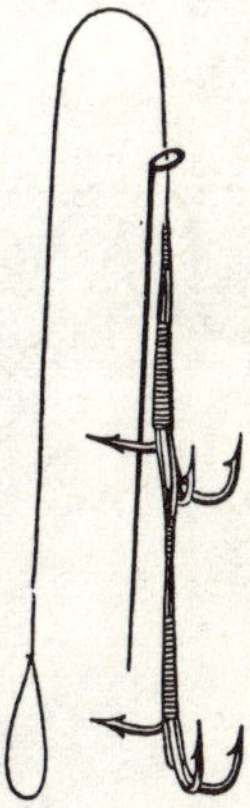

Ein System für tote Köderfische ohne Spinnflügel. Die daran befindliche Nadel wird dem Fisch ins Maul gespießt und die waagerecht abstehenden Spitzen mit Widerhaken in seine Flanken. Ein solcher Köder arbeitet wedelnd

er nicht schon beim ersten Zufassen den Kunstfaden mit seinen scharfen Zähnen durchschlitzt.

Dennoch lohnt es sich kaum, Drahtvorfächer beim Barschangeln zu nehmen, eher schon ein Ende geklöppelte Seiden-, Hanf- oder Kunstfaserschnur. Allenfalls knüpft man an die dünne Hauptschnur ein Stückchen monofilen Faden doppelter Tragkraft.

Spinner mit rotierendem Blatt

Tauchköder, die im Hebe- und Senkverfahren gefischt werden sollen, bedürfen natürlich einer gewissen zusätzlichen Beschwerung. Sie kann im System liegen oder auch an der Wurfschnur angebracht sein. Die genannten Kunstköder (Taucher, Luren) haben bereits das erforderliche Eigengewicht. Darüber mehr beim Zander.

Das Spinnen auf Barsche ist ein besonders reizvoller Sport. Da gibt es zahllose Blinker, Löffel, Spinner, Wobbler. Es sind so viele, daß wir sie hier nicht alle beschreiben können. Auch wer sich seine Spinner selbst baut, wird damit Barsche fangen.

Spinnfischen heißt Wanderangeln. Günstiger sind die kälteren Monate, wenn die Barsche weniger Futter haben und in Bewegung sind. Spinnend können wir erfolgversprechende Stellen zumal im Fluß besonders sorgfältig absuchen. Das langsame Spinnen ist meist wirksamer. Langsam und tief ist eine gute Regel, was Barsche betrifft. Wir lassen also unsern Spinner nach dem Wurf tief absinken und kurbeln ihn dann mit Unterbrechungen heran. Beliebt und erfolgbringend ist auch das Pilken, Tunken oder Zocken. Es wird mit ganz kurzen Ruten betrieben von Anlegebrücken aus, vom Boot und durch Eislöcher. Die fischförmigen metallenen Taumelköder, Pilker, Tunker oder Zocker genannt, wiegen je nach Wassertiefe 10–30 g. Wie bei den Spinnködern ist der Drilling beweglich angebracht. Modelle mit eingegossenem Haken gelten als unsportlich, denn sie fassen die Fische oft von außen. Damit er nicht die Schnur fangen kann, sitzt der Haken immer am schwereren, dickeren Pilkerende. Rote Haar- und Federbüschel um den Haken drapiert oder Zelluloid-Plättchen geben einen zusätzlichen Anreiz für die Barsche. Wer ihren Appetit noch mehr anstacheln möchte, garniert, besonders im Winter, die Hakenspitzen obendrein mit Maden, Wurmstückchen oder Fischfleischhappen. Der Pilker wird nicht ausgeworfen. Man läßt ihn am Angelplatz bis auf den Gewässergrund sinken. Ist er unten angekommen, ruckt man ihn mit der Rutenspitze hoch und läßt ihn zurücktaumeln, ruckt ihn wieder aufwärts usw. Am Grund anfangend durchforscht man so Etage für Etage in

Richtung Oberfläche, bis die Fische gefunden sind. Die ermittelte Standtiefe markiert man an der Schnur oder prägt sich die Schnurlänge ein. Je lebhafter sein Spiel, desto besser fängt der Pilker. Manche spielen verlockender ohne Wirbel, nur mit Schlüsselringen als Verbindungsglied zur Schnur. Das muß ausprobiert werden.

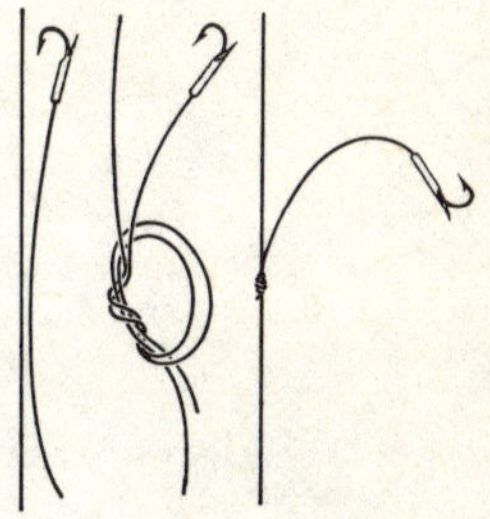

Richtiger Knoten für das Seitenvorfach

Hebend und senkend wie der Pilker wird auch die Hegene oder Gambe geführt. Diese Spezial-Barsch-Montage ist an Schweizer Seen und am Bodensee beheimatet, findet neuerdings auf Holsteiner Seen aber auch Freunde. Das gleiche Gerät wie zum Pilken eignet sich, nur die Rutenspitze muß weicher sein. Am Ende der 0,25er bis 0,35er Hauptschnur bleibt der Pilker oder ein entsprechend schweres langgestrecktes Blei. Oberhalb sitzen in 30-cm-Abständen mehrere 5 cm lange Seitenvorfächer von Hauptschnurstärke. Meist sind es drei bis fünf mit sog. „Nuggis", grellfarbenen (rot oder gelb) Plastikhütchen auf mittelgroßen Einzelhaken, oder mit Nymphen. Sachte gezupft, Rutenspitzenhub 30 cm, hüpfen die Köder verlockend auf und nieder. Wenn die Schnur der Seitenzweige nach oben aus dem Verbindungsknoten (s. Zeichnung) mit der Hauptschnur heraustritt, wird der Ködertanz noch verführerischer. Zusätzliche Garnierung mit Maden oder Wurmhäppchen macht die Gambe noch fängiger.

Ein ausgezeichneter Barschköder ist der aus den USA kommende und in deutschen Gewässern von der Fachzeitschrift Fisch und Fang getestete sog. Vibro-Teil (Wakkelschwanz) aus Weichplastik mit und ohne Spinnerblatt. Er wird in etwa wie ein Wobbler geführt. Näheres im Hechtkapitel.

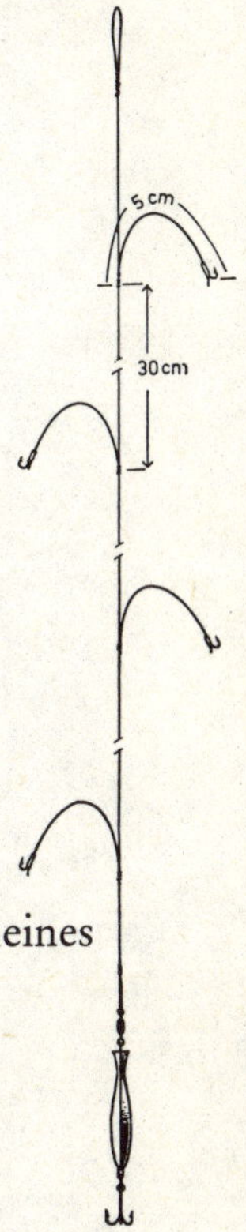

Fertige Gambe mit Endpilker

Allgemeines

Nur ausnahmsweise werden Rekordbarsche in einem Fluß erbeutet. Die meisten Großbarsche stehen in Seen. Jedenfalls werden sie dort relativ häufiger gefangen. Der Barsch ist weit verbreitet und zahlreich. In den norddeutschen Seen finden wir ihn besonders an den sogenannten Barschbergen, d. h. flacheren Stellen im offenen Wasser oder an den Scharkanten. Hier erreicht er Gewichte bis zu drei Kilo und drüber. Sein Fleisch schmeckt hervorragend. Ihn zu schuppen ist allerdings, wie schon angedeutet, kein Vergnügen, zumal wenn man das der Hausfrau überläßt und die Fischhaut erst einmal richtig trocken geworden ist. Dann läßt er sich eher häuten. Der 1962 in der Edertalsperre gefangene Rekordbarsch wog 3,375 kg.

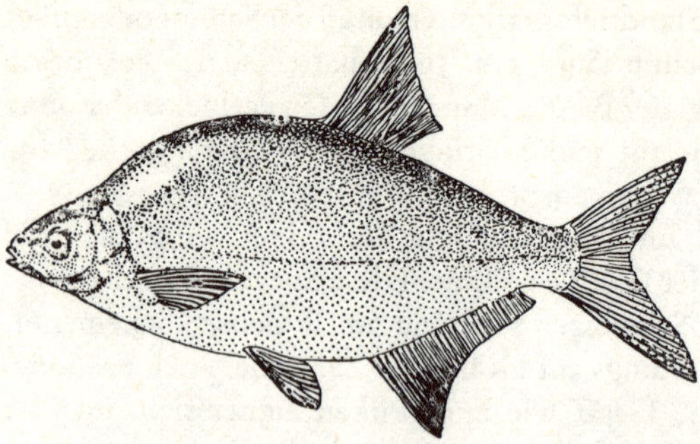

Brachsen *(Abramis brama)* auch: Blei, Brasse, Brassen, Brässe.

Sein Rücken ist grün-braun, grau-braun, braun, schieferfarben oder im Alter sogar schwarz. Die Flanken sind heller, olivfarben oder grün-braun mit metallischem Bronzeschimmer. Jüngere Fische haben silberne Flanken mit hellgrünem Anflug und entwickeln die Messing- oder Bronzetöne, wenn sie erwachsen sind. Mit zunehmendem Alter werden sie immer dunkler. Die Unterseite ist weißlich oder kremfarben mit rötlichen Markierungen.

Der Leib des Brachsen hängt tief, sein Rücken ist bucklig, und der ganze Körper ist sehr flach im Querschnitt. Der „Tiefgang" beträgt oft ein Drittel der Länge und mehr, seine Dicke ist gewöhnlich nur ein Drittel der „Tiefe". Die Schuppen überlappen einander gleichmäßig. Der Schwanz ist tief eingeschnitten, aber unsymmetrisch, der obere Zipfel der Schwanzflosse ist spitz, der untere gerundet. Den Körper bedeckt eine sehr dicke Schleimschicht. Die Afterflosse ist sehr lang, sie reicht von der Mitte des Leibes bis fast zum Schwanz.

Die Güster *(Blicca bjoerkna)* unterscheidet sich von dem bronzefarbenen oder „gemeinen" Brachsen hauptsächlich dadurch, daß sie erheblich kleiner bleibt und unverändert silberne Flanken hat und behält. Besonders mit dem jungen Brachsen ist sie leicht zu verwechseln. Etwas spöttisch nennen wir sie, wo sie in Scharen auftritt, den „Zinnteller". Aber man kann sie identifizieren. Die Afterflosse ist beim Brassen lang und schmal, bei der Güster kurz und breit, sie hat 45–50 Schuppen in der Seitenlinie, der Brassen 51–56, ihre Schlundzähne stehen doppelreihig, nicht in einer Reihe wie beim Brachsen. Ein weiteres Unterscheidungsmerkmal ist die Färbung des Brustflossenansatzes. Biegt man die Brustflosse des Brachsen nach vorn, so erscheint der Ansatz grau, bei der Güster hingegen gelblich-orange.

Während des ersten Lebensjahrs erreicht der Brachsen eine Länge von acht bis zehn Zentimetern und wiegt bis zu 25 g. Er ist dann im Querschnitt noch besonders schmal. Im zweiten Jahr kann er Gewicht und Länge mehr als verdoppeln und am Ende der zweiten Angelsaison bis zu 18 cm lang sein und 50 g und mehr wiegen. Nach drei Jahren erreicht er etwa 23 cm und ist auch etwas runder geworden, wird im vierten Jahr schließlich 30 cm lang und wiegt etwa 350 g.

Die Wachstumsrate schwankt aber erheblich und hängt vom Gewässer ab. Durchschnittsgröße 30–50 cm.

Standorte

In Flüssen ziehen die Brachsen die schlammigen Partien vor, wo viele Unterwasserpflanzen gedeihen. Sie werden gelegentlich auch auf Kiesgrund gefangen, aber das liegt vorwiegend daran, daß sie gern von einem Weideplatz zum andern wechseln und unterwegs gefangen werden. Sie treten in großen Schulen auf, die gewöhnlich aus Fischen des gleichen Jahrgangs und der gleichen Größe bestehen. Eben weil diese Schulen so groß sind, müssen sie häufig und erheblich wandern, um neue Nahrungsgründe zu finden. Das trifft für fließende und stehende Gewässer zu. Sie revieren die Ufer ab, halten sich aber auch in den tiefen Rinnen, wobei sie am Boden entlangziehen und nach Nahrung suchen. Zwischen den Freßzeiten spielen sie oft an der Oberfläche, „rollen" und wälzen sich herum, was viele Angler für eine Art Freizeitbeschäftigung halten.

Nahrung

Ihre Nahrung besteht aus Würmern, Weichtieren, Schalentieren und Insekten, desgleichen aus winzigen Organismen, wie sie in den Schlamm- und Sandbänken gefunden werden. Der Brachsen weidet den Grund ab, indem er ihn absaugt oder Wasser daraufbläst, um Nahrung freizuspülen. Eine Schule, die auf diese Weise auf Nahrungssuche ist, wühlt erhebliche Mengen Schlamm auf und färbt das Wasser für ganze Strecken. In flachen Seen oder Flüssen ist diese Trübung leicht zu bemerken, und wenn sie begleitet ist durch aufsteigende Luftblasen, sieht man es auch in verhältnismäßig tiefen Gewässern. Ein erfahrener Angler weiß, daß hier Brachsen weiden, und richtet sich danach. In Flüssen ist die Trübung nicht so augenfällig, weil die Strömung sie mitnimmt. Wer sie dennoch entdeckt, muß seinen Köder weiter stromauf einwerfen, wenn er die Schule treffen will.

Brachsen laichen zwischen Anfang Mai und Juni, nach einem kalten Frühling auch später. Der männliche Brachsen ist an dem Laichausschlag zu erkennen, warzenförmigen Gebilden auf Schuppen und Kopf. Auch sind die Fische jetzt weniger verschleimt.

Sie laichen an flachen Stellen, oft inmitten dichter Krautbetten und zwischen Pflanzen (Röhricht), die das Ufer säumen. Die geschlüpfte Brut bleibt die ersten Monate im Kraut. Bald nach dem Laichen begeben sich die Eltern in tiefere Regionen, wo sie die Sommermonate hindurch bleiben und immer wanderfreudiger werden. Sobald das Kraut mit den ersten Frösten absinkt, stellt sich der Fisch in ruhigen Kolken ein. In stehenden Gewässern nimmt der Brachsen im Winter nur geringe Mengen an Nahrung auf. In den Flüssen fressen die Brachsen weiter, abgesehen von besonders kalten Perioden. Im Winter sind sie nachts aktiver, wenn die Wassertemperatur wärmer ist als die Luft.

Köder

Die meisten Rotaugenköder sind auch Brachsenspeise. Wer ernsthaft auf den Brachsen geht, bietet ihm etwas Besonderes. An erster Stelle steht (Weiß-)Brot in mancherlei Gestalt, dann folgen Würmer, Teichmuscheln und Maden. Ein Klümpchen oder einen Fladen aus dem Teig eines frischen Weißbrots läßt sich einfach auf die Hakenkrümmung drücken (Gr. 8–10) oder aufspießen. Würfelförmige Brotstücke von ca. 2 cm Kantenlänge steckt man auf Haken Nr. 6. Ein guter Köder ist auch Brotkruste; sie bleibt besser am Haken, wenn man sie vorher angefeuchtet und über Nacht zwischen zwei Brettern gepreßt hat. Der beste aller Brotköder ist aus Brotkrumen hergestellte Paste. Die trockenen (geriebenen) Krumen werden angefeuchtet und geknetet. Man kann verschiedene Mehlsorten (z. B. Soßenmehl) beifügen und die Konsistenz zäher machen, indem man etwas Watte beigibt. Manche würzen ihre Paste auch mit Anis- oder andern Duftölen, Honig oder Puderzucker; andere kneten etwas Schleim von einem frisch gefangenen Brachsen hinein. Solche Würzköder sollte man mit sauberen Händen mixen; sie dürfen allerdings auch nicht nach Seife riechen.

Ein zweiter sehr erfolgreicher Köder sind Würmer. Je größer der Happen, um so lieber hat ihn der Brachsen. Trotz seines verhältnismäßig kleinen Mauls nimmt er ganz ansehnliche Tauwürmer auf, die an entsprechend großen

Haken präsentiert werden (Nr. 6–8). Aber auch andere Würmer sind geeignet. So etwa Gelbschwänze und Rotwürmer – natürlich an kleineren Haken (Nr. 8–10). Fischt man mit Würmern, kann man trotzdem ebenfalls mit Brot anfüttern. Manche Angler hüllen auch den eigentlichen Angelköder vor dem Einwerfen in einen Klumpen Grundfutter. Im Wasser lösen sich die Brotkrumen ab, schwimmen den Fischen mit der Strömung entgegen und locken sie an.

Zweifellos sind auch Maden sehr brauchbar. Gelegentlich werden sie sehr gern verwendet. Dabei streitet man sich noch immer über die geeignete Hakengröße. Einzelmaden sticht man auf Haken Nr. 12–16, Madenbündel auf Nr. 8–10. Der eine schwört auf die Einzelmade am Kleinsthaken, der andere nimmt Haken Nr. 8 und fädelt an die zwanzig Stück darauf. Beide haben Erfolg.

Dort, wo sich Teichmuscheln finden, werden auch sie gern als Köder auf Brachsen benutzt. Das fleischige Innere wird aus der Schale gelöst, der Haken durch die zäheste Stelle gestochen und die Muschel an ihm mit einem Baumwollfaden zusätzlich befestigt. Ganz hervorragende Brachsenköder sind rote Zuckmückenlarven, auch Blutwürmer genannt, und Schlammröhrenwürmer (Tubifex). In den meisten Gewässern machen diese Kleinlebewesen die Haupt-Naturnahrung des Brachsen aus. Was wunder, daß sie auch gute Köder sind, besonders beliebt bei Wettfischen, da sie Massenfänge an Brachsen und anderen Friedfischen ermöglichen. Wegen ihrer geringen Größe und ihrer Zerbrechlichkeit lassen sie sich jedoch nicht auf die übliche Art anködern. Sie werden an rote Haken, sog. Bluthaken, der Gr. 14–18 geklebt mit wasserunlöslichem, für diesen Zweck im Handel erhältlichem Klebstoff.

Gerät

Ruten, wie sie zum Wettfischen auf Weißfische benutzt werden, sind für die Brachsenangelei kaum geeignet. Natürlich kann man mittlere Exemplare damit landen. Aber das Durchschnittsgewicht unserer Brachsen ist so hoch, daß es eine leichte Wettkampf-Rute überanstrengen würde. Ideal sind Typen aus teleskopierbarem Hohlglas mit guter Spitzen- und Mittelaktion. In Gewässern, wo breite Pflanzengürtel, etwa Röhricht, die Ufer säumen, ist die Länge der Rute von Bedeutung. Die über 3,50 m lange Rute ermöglicht es dem Angler, sein Gerät besser zu steuern, wenn er z. B. die Floßfischerei auf Grund betreibt und die Schnur zwischen Floß und Rutenspitze gespannt halten will. Die Oberflächenströmung ist nämlich manchmal stärker als die des darunter liegenden tieferen Wassers, wo sich der Brachsen gern aufhält.

In ruhigen Gewässern darf die Rute kürzer sein (3 m), weil sich dort der Köder auch bei größeren Entfernungen dirigieren läßt.

Besonders für Weitwürfe ist die Stationärrolle anderen Rollen überlegen.

Eine Schnur von etwa 1,5 bis 2 kg Tragkraft reicht für jeden mittelgroßen Fisch aus. Stärkere Schnüre nimmt man, wo es Hindernisse oder Größe der zu erwartenden Fische verlangen. Manchmal erfordern die Verhältnisse überleichtes Geschirr. Oft genügt ein etwas schwächeres Vorfach, um den Köder natürlicher zu präsentieren.

Die Floßangelei auf Brachsen ist beliebt. Sie verlangt verschiedene Floßformen bei verschiedenen Gewässertypen. In ruhigem Wasser ist eine einfache Stachelschweinpose von 10 bis 20 cm Länge ideal. In schnellerer Strömung muß der Köder stärker beschwert sein, als ein solches Floß tragen könnte. Hier setzen wir noch einen Korkschwimmer auf die Pose. Spezielle Bleigewichte erfordert das Angeln mit dem Bodenblei mit und ohne Floß. Für die schwimmerlose Grundangel nehmen wir gern eine Bleibirne oder „Bombe“ (Arlesey Bomb), für das Grundfischen mit Floß durchbohrte Bleikugeln. Gewichte zwischen 7 und 30 g dürften allen Anforderungen entsprechen.

Angelmethoden

Wer auf Brachsen fischen will, muß anfüttern. Große Brachsenschulen fressen so viel Futter weg, daß der Angler, will er einen Teil von ihnen erbeuten, ehe sie zu neuen Weidegründen abziehen, sie durch ständigen Futternachschub an der Stelle halten muß. Der Standardgrundköder ist Brot (Weißbrot), aber auch die käuflichen, fertigen Köder können sehr erfolgreich sein. Allerdings darf man nicht knickrig sein. Das Futter vermischen wir auch mit Wurstmehl, Kleie, Maden und zerstückelten Würmern.

Sobald wir am Wasser ankommen, werfen wir ein paar dicke Futterklumpen hinein und wiederholen das von Zeit zu Zeit, wenn wir bemerkt haben oder vermuten dürfen, daß die Fische Nahrung aufnehmen. Schwere und Dichte des Grundköders müssen sich natürlich den Wasser- und Strömungsverhältnissen anpassen.

Der Brachsen ist vorwiegend ein Grundfisch. Daher bringen wir auch unsern Köder auf den Grund. Taktiken wie die Treibfloßangel werden seltener verwendet, es sei denn, man stellt das Floß so tief, daß Blei und Köder über den Grund schleifen. Am günstigsten bleibt aber die festliegende Grundangel mit oder ohne Floß.

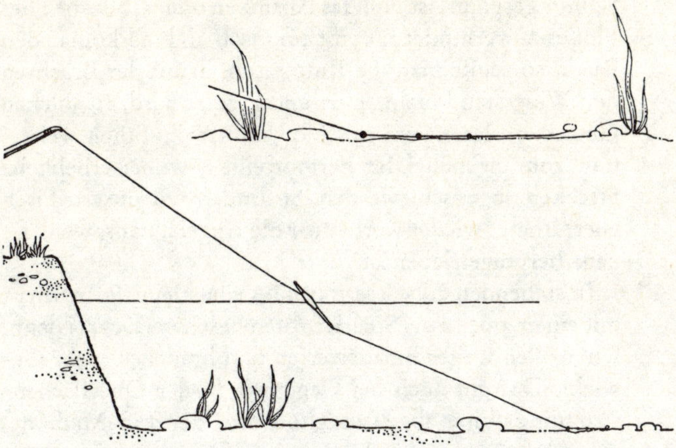

Die „Aufleger"-Methode mit Floß. Fast die ganze Bleibeschwerung liegt mit dem Köder auf Grund. Die Schnur ist gestrafft, und das Floß steht schräg

Die „Aufleger"-Methode, d. h. die Grundangelei mit Floß und gespannter Schnur, ist die Standardmethode unserer Brachsenangler. Dazu stellen wir das Floß etwa einen halben Meter tiefer, als wir den Grund ausgelotet haben. Die Beschwerungsbleie am unteren Ende des Vorfachs müssen am Boden aufliegen, wenn das Floß schräg im Wasser steht. Gewöhnlich nimmt man soviel Blei, wie es tragen kann, ohne ganz unterzugehen. Manche bringen es auch gerade zum Sinken, was geschieht, sobald ein Fisch den Köder mit den untersten Bleischroten anhebt.

Brachsenbisse können einen Angler zur Verzweiflung bringen. Oft scheinen die Fische nur am Köder zu „nubbeln", und zwar eine ganze Ewigkeit, ehe sie ihn ernsthaft aufnehmen und damit abziehen. Bis das geschieht, macht das Floß allerlei kuriose Tänze. Es geht ein wenig unter, dann hebt es sich wieder heraus und bleibt flach liegen. Die Meinungen, wie man sich bei solchen unbestimmten Bissen verhalten sollte, sind geteilt. Manche Angler ziehen es vor, den Anhieb zu setzen, sobald sich das Floß „legt", andere bestehen darauf, man sollte solange warten, bis es entschlossen abtaucht.

Bei dem Auflegeverfahren in schnelleren Strömungen suche sich der Angler eine geeignete Kombination von

Floßtragkraft und Bleibeschwerung aus, damit das Floß nicht von jedem Wirbel oder Strudel hinuntergezogen wird. Oft muß man die Rute so legen oder halten, daß die Schnur gespannt ist, um das Absinken oder Abtreiben des Floßes zu verhindern. Beißt ein Fisch und merkt man den Ruck, so senke man die Rute rasch, damit der Brachsen den Widerstand nicht spürt und gestört wird. In solchen Gewässern lassen wir das Floß immer ein Stück weiter- und zum eigenen Ufer herumtreiben, wobei erhebliche Strecken abgesucht werden. So finden wir unsern Fisch eher. Immer wieder werfen wir die Angel hinaus, wenn sie ganz herumgetrieben ist.

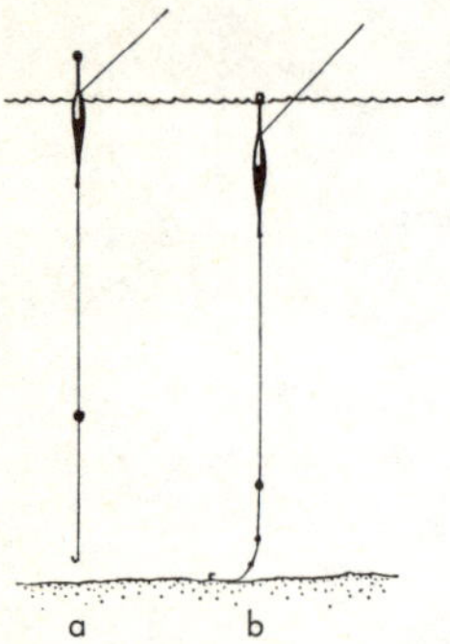

Brassengerät, Liftmontage. a. Schwimmkörper bis zur Oberkante abgesunken. b. Nur die Antennenkugel schaut noch aus dem Wasser.

In stehenden Gewässern genügt eine kleine Pose, leicht mit einem oder zwei Spaltschroten beschwert, es sei denn, wir wollen weiter hinauswerfen und brauchen mehr Gewicht. Das gilt auch bei Gegenwind oder Oberflächenströmung. Eine abgewandelte Form der Lift-Methode, die sich besonders für den Brachsenfang eignet, ist populär geworden durch Rudolf Sack, Verfasser des Erfolgsbuches „Biß auf Biß“, Verlag Paul Parey. Sack geht von der Überlegung aus, daß Brassen gern mit dem Köder spielen und, wenn sie ihn vom Boden aufgenommen haben, oft eine Weile auf der Stelle verharren. Diese Beißphase ist bei herkömmlichen Methoden nicht erkennbar. Mit ihnen kann man daher nur Fische fangen, die mit dem Köder wirklich abziehen, mit dem Sack-Verfahren auch „Spieler“. Man braucht dafür eine Pose mit sehr langer Antenne und als Stabilisator einer kleinen Korkkugel an der Spitze. Mit einer Bleikugel, 40–50 cm vom Haken entfernt, tarieren wir den Schwimmer sorgfältig aus, damit er genau bis zur Oberkante des Schwimmkörpers absinkt. Einige kleinere Bleischrote 10 cm vom Haken versenken die Antenne bis zur Unterseite der Stabilisierungskugel. Die Wassertiefe wird so eingestellt, daß der Köder gerade eben auf dem Grund liegt. Sobald nun ein Fisch den Köder aufnimmt, hebt er dank der geringen Entfernung der kleinen Bleischrote vom Haken diese mit an. Sofort steigt die Posenantenne aus der Wasseroberfläche und gibt das Zeichen zum Anhieb.

Es empfiehlt sich oft, das Floß einseitig mit seinem unteren Posenende an der Schnur zu befestigen (Ventilgummi). Das hat verschiedene Vorteile: „reibungsloser“ Biß und Anhieb. In fließenden Gewässern erfordert diese Technik freilich erhebliche Übung.

Wo die Wassertiefe größer als die Rutenlänge ist, brauchen wir das Gleitfloß.

Die eigentliche Grundangel hat ein auf der Schnur bewegliches Bodenblei, das in entsprechender Entfernung vom Haken durch ein kleines Spaltschrot gestoppt wird. Sie kann zwischen 0,40 und 1,50 m liegen und richtet sich nach den Verhältnissen. Auch ein ganz kurzes Vorfach kann nützlich sein. Birnenförmige Bleigewichte mit Einhängewirbel sind sehr praktisch. Sie lassen sich schnell auswechseln. In verschlammtem Grund vergräbt sich das Blei. Das behindert den Biß und lähmt den Anhieb. Hier bringen wir besser eine kurze Seitenschnur an, die wir hinreichend mit Spaltschroten oder einer Arlesey „Bombe" beschweren. An ihrem freien Ende ist ein Springring, eine abgeklemmte Schlaufe oder ein Wirbel angebracht, wohindurch die Hauptschnur gleitet, der Widerstand eines solchen „gleitenden Senkers" ist beim Biß viel geringer und

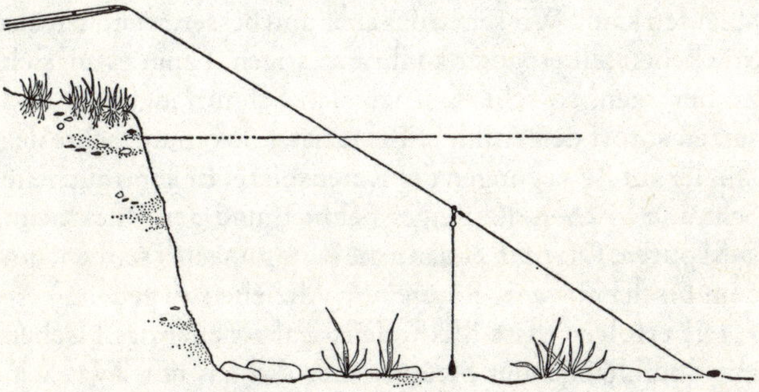

Der gleitende Senker. Er neutralisiert den Widerstand eines im Schlamm versunkenen Bleis

der Anhieb fast unbehindert. Muß man befürchten, daß sogar der Köder im Schlamm oder in Algen versinkt, so drücken wir ihn, handelt es sich um Paste, flach auf den Haken, um sein Gewicht über eine größere Fläche zu verteilen. Oder wir nehmen den sogenannten Krustenköder. Näheres darüber beim Karpfenangeln (s. S. 107).

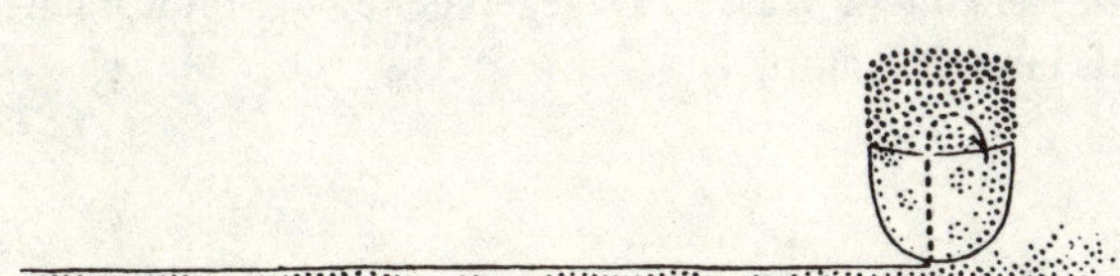

Krusten-Brot-Köder, der gerade so schwer ist, daß er fast über dem Grund schwebt

Ein Hauptproblem der Grundangelei liegt darin, den Biß zu erkennen und richtig darauf zu reagieren. Das einfachste Mittel ist ein Teigkügelchen, das man irgendwo zwischen Rolle und untersten Rutenring auf die Schnur quetscht. Dazu hängt die Schnur ein wenig durch, um sich frei bewegen zu können. Das Teigkügelchen beginnt zu zucken oder zu wandern, sobald die Schnur abläuft. Andere Angler kleben ein bißchen Paste auf die Schnur jenseits der Rutenspitze und lassen sie etwas hinunterhängen. So ähnlich arbeitet der als Schwingspitze bekannte Bißanzeiger, der ja auch von der Rute herabhängt und beim Biß nach oben ausschlägt. Die Bibberspitze, eine feine federnde Verlängerung der Rute aus Vollglas oder Metall, zittert oder zuckt bei einem Anbiß.

Viele fischen natürlich auch mit direkter Köderfühlung von der Rolle. Bei der Stationärrolle lassen wir den Schnurfangbügel offen, damit die Schnur ungehemmt ablaufen kann. Wir sehen das eher und besser, wenn wir ein Stückchen Silberpapier an ihr befestigen. Fängt es an, sich zu bewegen, so schließen wir den Schnurfangbügel und setzen sofort den Anhieb. Bei rascher Strömung achte der Angler auf Bewegungen der Rutenspitze. Er kann auch die Schnur zwischen die Finger nehmen und den Ruck beim Biß spüren. Oft muß er dann die Rute zunächst senken, um dem Fisch ein wenig Raum zum Abziehen zu geben.

Die erfolgreichste Methode ist ganz sicher das Fischen mit durchhängender Schnur, aber das hat nur Zweck in stehenden oder langsam fließenden Gewässern. Man wirft aus, zieht die Schnur zunächst einmal an und läßt sie dann wieder ein wenig zurückgleiten. Sie bleibt in einer natürlichen Kurve von der Rutenspitze zum Wasser liegen. Der Angler beobachtet den Eintauchpunkt der Schnur, und wenn dieser sich in Bewegung setzt, schlägt er an.

Allgemeines

Der deutsche Rekordbrachsen wog 7,28 kg, er wurde 1976 in der Elbe gefangen. Es gibt aber noch schwerere Fische, Berufsfischer hatten schon 10-kg-Brachsen im Netz. Die ganz kapitalen Brachsen finden sich gewöhnlich in stehendem Wasser. Dagegen gelten die Flußbrachsen als bessere Kämpfer.

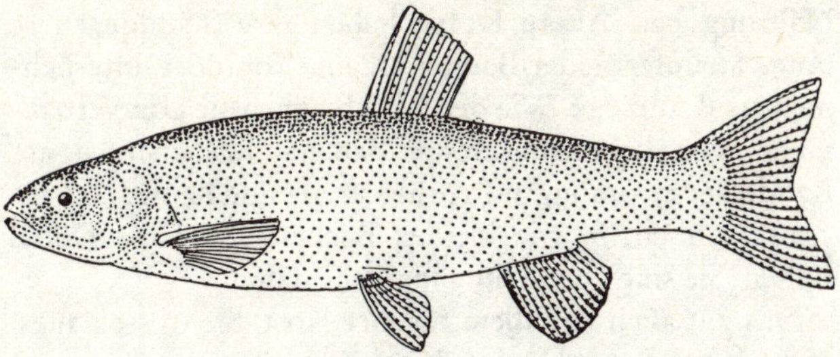

Döbel

Der Döbel *(Leuciscus cephalus)* kommt fast überall vor, ist daher auch unter vielen Namen bekannt. In Süddeutschland heißt er Aitel.

Sein Rücken ist graugrün, graubraun oder graublau, die Flanken sind silbern und werden im Alter gelblich und schließlich bronzefarben. Der Leib ist weißlich, gelegentlich auch rötlich. Rücken- und Schwanzflossen sind dunkelgrau, fast schwarz, Brust- und Bauchflossen gelb bis orange oder rosa mit grauer Schattierung. Rücken- und Afterflosse sind konvex, also nach außen gekrümmt, wodurch sich der Döbel von den andern Weißfischen unterscheidet. Der Körper ist spindelförmig und im Querschnitt hinterm Kopf fast kreisrund; der Fisch macht dadurch einen gedrungenen Eindruck.

Auch der Kopf ist massiv mit einem dicklippigen, endständigen Maul. Die Schuppen sind verhältnismäßig groß und glänzen metallisch.

In der geeigneten Umgebung erreicht der Döbel nach einem Jahr eine Länge von 10 bis 15 Zentimetern, im Laufe des nächsten 20 bis 25. Im Alter von sieben Jahren mag er um drei Pfund wiegen, in Ausnahmefällen mehr. Die Durchschnittsgröße beträgt 30–50 cm.

Der Döbel ist vorwiegend in fließenden Gewässern zu Hause. Wo er in Talsperren oder Seen heimisch geworden ist, gedeiht er gut, erreicht erhebliche Größen und wird dadurch oft zur begehrten Beute, wie z. B. die Riesendöbel im Walchensee in Oberbayern. In Salmonidengewässern kann er, tritt er in großer Zahl auf, zum Schadfisch werden. Hier sollte man ihn kurzhalten.

Er liebt also die Strömungen. Wo sie schärfer sind, finden wir ihn an ihren Rändern, oft dicht am Ufer oder auch hinter Schwellen oder Hindernissen, wo sich das Wasser bricht. In der Jugend ist er gesellig und spielt gern in größeren Scharen an der Oberfläche. Mit zunehmendem Alter wird er oft zum Einzelgänger. Er bevorzugt kiesige Stellen und festen Grund, findet sich aber auch mit Schlamm und Lehmboden ab, wo er offenbar genügend

Nahrung hat. Ältere Döbel haben ihre Standquartiere unter Steilufern oder Baumwurzeln. Von dort unternehmen sie Raubzüge. Wie der Barsch lieben sie Uferverbauungen, vor allem Brücken und Balken. Stets lauern sie am Rande der Strömung auf vorübertreibende Beute.

Erstaunlich, in wie kleinen Bächen oft große Döbel stehen. Sie sind eben sehr anpassungsfähig.

Das gilt auch vor allem für ihre Kost. Sie fressen alles, was überhaupt eßbar ist. Land- und Wasserschnecken, Algen, Würmer, Larven, Flohkrebse, Fliegen, Frösche, Kröten, Krebse und Kleinfische jeder Art, einschließlich ihrer eigenen. Ja, wenn das Futter knapp ist, genieren sie sich nicht, wie Schweine den Grund aufzuwühlen.

Auch der Temperatur gegenüber sind sie recht unempfindlich. Bei großer Hitze suchen sie meist in den oberen, bei kühlem Wetter in den tieferen Wasserschichten nach Nahrung, gierig auf alles, was die Strömung heranführt. Daher sind sie auch unsern Angelködern gegenüber weniger wählerisch als andere Fische. Sie sind eben Allesfresser, wenn sie Appetit haben, und den haben sie fast immer. Ihre Schuppen verraten es, daß sie auch im Winter ziemlich gleichmäßig zunehmen.

Der Döbel laicht im April-Mai. Er sucht dann die sandigen oder kiesigen Flachgründe auf und legt seine Eier gern zwischen Wasserpflanzen. War das Frühjahr kalt, so zieht sich das Laichgeschäft bis in den Juni hinein. Hat er es erledigt, so verläßt er die Krautbetten, stellt sich in stärkere Strömungen und erscheint gern im Auslauf von Mühlkolken und über Rollen und Kiesschwellen. Später, im August, wandert er in tiefere Rinnen und sucht sich gern Löcher am Rande der Strömung. Bei Hochwasser geht er in ruhigere Rückläufe und geschütztere Stellen. Stehendes Wasser meidet er nach Möglichkeit. Naht die Laichzeit, so wird er wieder geselliger. Kleinere Döbel rotten sich zusammen, größere bilden Gruppen mit nur zwei Rognern und mehreren Milchnern.

Köder

Unser Allesfresser macht dem Angler bei der Köderwahl keine Schwierigkeiten. Er nimmt eben alles. Und doch bevorzugt er einige Leckerbissen. Das sind Käse, kleine Krebse, Würmer, Elritzen sowie Kirschen und Pflaumen. Und zwar sind es die größeren Happen, die den erwachsenen Dickkopf reizen. Tischtennisballformat ist ihm nicht zu viel, dementsprechend sei der Haken nicht zu klein (Gr. 8 bis 4). Dies schließt nicht aus, daß er auch mal ein kleines „Bißchen“ nimmt. Vermutlich ist es ihm wichtiger, wie, als was ihm serviert wird. Denn er mag gierig sein – er ist aber auch gewitzt. Daher hüte sich der Angler, ihn zu vergrämen.

Zu Beginn der Saison können lebende Fische, wie Elritzen oder Gründlinge, durch die Lippe gehakt, sehr verlockend für ihn sein, nicht minder kleine Spinner, Löffelfliegen, buschige Palmer und Streamer. Wenn er schlechter Laune ist, muß ihm der Angler etwas Ausgefallenes bieten.

Gerät

Die Rute muß kräftig genug sein, einen Fisch von einigen Pfunden zu halten und zu ermüden. Sie muß durchgehende Aktion haben, was besonders für die Treibfloßfischerei und die Grundangel günstig ist. Je nach Geschmack und Methode greifen wir zur einfachen Trommel- oder auch zur Stationärrolle. Die Schnur sollte 2 bis 2,5 kg Tragkraft haben. Wo das Gewässer hindernisreich ist und die zu erwartenden Fische groß sind, können wir bis sechs Pfund und darüber hinaus gehen. Auch bei den Haken kann es sich für kapitale Döbel empfehlen, Nr. 4 oder gar Nr. 2 zu verwenden. Man nimmt sie am besten mit Öhr. Angewundene Plättchenhaken halten unter Umständen die Beanspruchung bei heftigem Drill des Fisches in scharfer Strömung und verkrautetem Wasser nicht aus; dagegen tut es ein halber Blood-Knoten, mit vier Windungen am Öhr eines Nr. 4-Hakens festgezurrt, mit hinreichender Sicherheit.

Fangweise

Wer Döbel fangen will, füttere an. Und zwar genau und sparsam. Hin und wieder einen Happen von demselben Köder eingeworfen, mit dem wir angeln wollen, weckt ihren Appetit, und kommt der nächste Brocken mit Hakeneinlage, sollte er ebenso natürlich wie seine Vorgänger treiben. Sonst rührt ihn der Döbel nicht an.

Je nach Jahreszeit und Wasserverhältnissen fischen wir mit der Floß- oder mit der Grundangel, dem Spinner oder der künstlichen Fliege. In jedem Fall hüte man sich, vom Fisch gesehen zu werden. Sobald er den Angler erblickt hat, scheint er sich im Wasser aufzulösen. Daher bevorzugen wir die Lang-Treibangel und die verschiedenen Arten der Grundfischerei, weil wir dabei weit vom Schuß in Deckung stehen können.

Bevor wir die Treibangel überhaupt auswerfen, prüfen wir unsere Strecke auf vermutliche Döbelstellen. Überhängende Bäume, Pfähle, versunkene alte Kähne, Brükkenpfeiler und hohe, teils unterspülte Lehmufer bieten sich an. Haben wir unsere Wahl getroffen, so lassen wir uns etwa fünfundzwanzig Schritt aufwärts nieder, wobei wir jede natürliche Deckung ausnützen. Nun wird mit demselben Köder angefüttert, mit dem wir angeln wollen, indem wir ihn stückchenweise in die Strömung werfen, die ihn an die döbelverdächtigen Stellen führt.

Unser Gerät ist montiert. Das Floß besteht aus einer Pose mit Korkleib. Es trägt einige Klemmschrote, so daß es aufrecht steht und zu etwa einem Zentimeter oder weniger aus dem Wasser ragt. Jedenfalls so weit, daß man es auch weit sehen kann. Dazu dient gelegentlich noch eine kleine Federfahne, die man auf die Pose setzt, oder der Posenkopf ist mit der im Gerätehandel erhältlichen Tagesleuchtfarbe angestrichen.

Die Bleibeschwerung darf nicht zu leicht sein, sonst bringt sie den Köder in der meist lebhaften Strömung nicht rasch und nicht tief genug hinunter. Der Einwurf erfolgt schräg abwärts, und die Angel sollte treibend möglichst alle erfolgversprechenden Punkte der Stelle absuchen. Dabei wandert der Köder dem Floß voraus, was sich leicht durch ein schwaches Bremsen der ablaufenden Schnur erreichen läßt. Dann werfen wir mit ein paar Köderbrocken nach dem treibenden Floß, deren Einfallen und Absinken die Döbel anlockt und vielleicht zum Biß reizt. Ist die Angel ganz herumgetrieben, so holen wir sie schnell, aber vorsichtig wieder ein, wobei wir sie möglichst weit mit der Rute vom eigenen Ufer abhalten.

Kiesige Rinnen ohne Hindernisse am Grund lassen sich auch so befischen. Dabei halten wir das Floß hin und wieder an; dann drückt die Strömung den Köder hoch. Oft packt ihn der Döbel, wenn er – weiter treibend – absinkt.

Interessant ist, daß unser Fisch den Brocken oft nur mit den Lippen aufnimmt und sich kaum von der Stelle rührt, wobei das Floß nur ganz schwach vibriert. Auf einen solchen „Biß“ dürfen wir nicht sofort anhauen. Das Warten erfordert freilich Selbstbeherrschung. Häufiger packt aber der Döbel richtig zu und dreht mit seiner Beute ab. Das Floß taucht vehement unter und dementsprechend folge der Anschlag.

Beim Fischen mit der Treibangel muß der Köder in verschiedenen Wassertiefen präsentiert werden, denn oft stehen die Döbel höher, als man glaubt. Sie nehmen ihre Nahrung keineswegs nur vom Grunde auf. Ein langsam sinkender mit der Treibangel gefischter Köder hat jedenfalls oft genug seine Anziehungskraft auf sie bewiesen.

In welcher Tiefe wir auch angeln – es empfiehlt sich

Barsch
Perca fluviatilis
15–25 cm

15–30 cm
Plötze
Rutilus rutilus

Rotfeder
Scardinius erythrophthalmus
20–25 cm

Aland
Leuciscus idus
30–50 cm

Rapfen
Aspius aspius
40–60 cm

stets, das treibende Floß dann und wann anzuhalten, wobei sich der Köder attraktiv wedelnd in der Strömung hebt und langsam wieder sinkt, sobald wir Schnur geben. Dieses Verfahren ist auch unentbehrlich bei wechselnden Wassertiefen; denn nur so bringen wir den Köder, ohne hängenzubleiben, über flache Schwellen. Auch können wir das Floß ruhig ein paar Handbreiten tiefer stellen und den Köder ihm voraus nach Bedarf und bei entsprechend geschickter Führung über den Grund „rieseln" lassen.

Heute sind ja überall Stationärrollen in Gebrauch. Sie eignen sich auch für die Lang-Treibangel. Wir lassen nach dem Einwurf den Schnurfangbügel offen und geben nach Bedarf Schnur. Dabei bremsen wir, wenn erforderlich, den Ablauf entweder mit der leicht über die Spule gelegten linken Hand oder mit dem Zeigefinger der rechten. Erfolgt ein Biß, so ist meist keine Zeit mehr, den Schnurfangbügel umzulegen. Entweder pressen wir mit dem Zeigefinger die Schnur gegen den Spulenrand oder häkeln ihn in die ablaufende Schnur, wenn wir anhauen. Ist der Anhieb gesetzt, so ist immer noch Zeit, den Bügel durch Ankurbeln zu schließen.

Wichtig ist, die Schnur beim Floßfischen immer einzufetten, daß sie zwischen Rute und Floß an der Oberfläche schwimmt. Strömung und Wind drücken gern einen „Bauch" in die Schnur. Um solche Buchten auszubügeln, heben wir hin und wieder die Rute, ohne allerdings dabei den Lauf des Floßes zu beeinträchtigen. Die Lang-Treibangel ist eine sehr wirksame und fängige Methode. Als Köder bieten sich an: Würmer, Weißbrot, Maden und Käse. Auch lebende Elritzen und andre Köderfischchen lassen sich auf diese Weise den Döbeln präsentieren.

Die Grundangel mit dem Floß

Wo bei rascher Strömung stark verkrauteter oder unebener Grund die Treibangel zu sehr behindert, wählt man eine andere Methode, die Fischerei mit Floß und Grundblei. Das Floß sei etwas größer als bei der Lang-Treibangel. Als Senker nehmen wir hier ein einziges durchbohrtes Laufblei, ein Spaltschrot als Stopper, ca. 40 cm über dem Haken, und ein zweites Spaltschrot, 30 bis 60 cm über dem beweglichen Senker. Dieser und der Köder liegen und bleiben nach dem Auswerfen fest auf dem Grund. Die Schnur ist gestrafft, das Floß steht schräg im Wasser. Hin und wieder überprüfen wir die Lage des Senkers durch Anheben und geben in Abständen auch ein bißchen mehr Schnur. Dann gleitet der Köder ein Stück über den Grund und bestreicht allmählich die ganze Angelstelle. Beißt ein

Döbel, so spürt man es gewöhnlich ebenso schnell an der Rutenspitze wie am Floß. Der Anhieb erfolgt sofort. Geht er daneben, so senke man beim nächsten Biß die Rutenspitze und warte mit dem Anschlag, bis der Fisch deutlich abzieht.

An träger fließenden Stellen ist die sogenannte Auflegermethode ausgezeichnet. Das Floß stellen wir 30 bis 50 cm tiefer als der Grund ist und werfen schräg stromab, damit sich die Schnur in der Strömung streckt und der Köder dann jenseits des Floßes aufliegt. Das Grundblei hält den Schwimmer schräg. Die Rute legen wir in eine Gabel. Bisse erkennt man gewöhnlich recht deutlich; dann taucht der Schwimmer gelassen ab.

Manchmal wird die Strömung vorübergehend stärker und nimmt Köder und Blei ein Stück mit. Dann ist es ratsam, jedesmal ein wenig Schnur zu geben und die Stelle so in einem Bogen zum eigenen Ufer abzufischen.

Will man die Oberflächenzone auf Döbel befischen, so eignet sich dafür die Lang-Treibangel mit unbeschwertem Floß oder die Wasserkugel. Furcht dabei der Köder die Oberfläche, so wird ihn kein Döbel, der etwas auf sich hält, beachten.

Mit der Flugangel auf Döbel

Auch die künstliche Fliege bringt sehr gute Döbelbeute, und zwar besonders an heißen Tagen, wenn der Fisch an der Oberfläche steht und andere Methoden versagen. Flugangeln auf Döbel ist keineswegs leichter als auf Forellen, wenngleich man oft ein ganzes Rudel hintereinander fangen kann. Dabei sei der Angler vor allem auf Deckung bedacht. Große buschige Fliegen (z. B. Palmer) sind zu empfehlen, nicht minder auch ein Wurm am leichten Forellengeschirr ohne Beschwerung und vorsichtig eingeworfen, damit er nicht vom Haken (Nr. 8) fliegt.

An bekannten Döbelstellen eignet sich dafür auch der Wurf von der Stationärrolle. Der Wurm treibt ohne Floß unbeschwert und sinkt langsam durch sein eigenes Gewicht. Paste, Brotkruste, Elritzen und kleine Krebse werden in gleicher Weise angeboten. Oft packt der Döbel schon beim Einfallen zu, wenn nicht, lasse man den Köder abtreiben und zum Grunde sinken, ehe man ihn wieder einholt.

Sehr reizvoll ist auch das Angeln auf Sicht mit treibendem Weißbrot auf Flüssen mit langsamer Strömung. Der Angler wirft, wenn er die Bugwellen von Döbeln wahrnimmt, ein paar Weißbrotbrocken ins Wasser. Dazwischen plaziert er einen besonders hübschen Weißbrotbrocken mit Haken an einer 0,25 mm Schnur ohne jegliche

Bleibeschwerung. Die Döbel schnappen in gebührender Entfernung vom Angler die Brotflocken von der Wasseroberfläche. Irgendwann geraten sie auch an unser „eisenhaltiges" Brotstückchen, dann muß der Anschlag, auch über größere Entfernungen, sofort sitzen.

Natürlich bietet auch die Spinnfischerei mit leichten Blinkern oder Spinnern an manchen Gewässern großen Erfolg; schwere Döbel werden an Turbinenfliegen und allerlei andern Reizködern (Luren) gefangen.

Das Tippen

Wo ein Fisch am eigenen Ufer in Oberflächennähe ausgemacht ist, nicht selten zeigt er die Rückenflosse, versuche man es mit dem Tippen. Das empfiehlt sich besonders bei überhängenden Büschen, unter denen oft kapitale Döbel für jeden normalen Fliegenwurf unerreichbar stehen. Man schiebt seine Rute, wo es geht, ganz vorsichtig durch das Gebüsch, sich von „hinten", d. h. unterhalb anschleichend.

Eine Libelle oder einen dicken Brummer – Maikäfer mögen die Döbel besonders gern – steckt man fachgerecht auf den Haken. Oder man ködert einen Wurm oder ein Stückchen Weißbrot an. Den Haken (Gr. 8) knüpfen wir natürlich direkt an die Wurf- bzw. Tippschnur. Diese darf nicht so schwach sein, denn sie muß meistens einen scharfen Drill auf engem Raum aushalten.

Um durch das Gesträuch zu kommen, ziehen wir den Köder bis an die Rutenspitze ein oder wickeln die Schnur herum, schieben die Rute durch die Öffnung und lassen den Köder hinab. Damit die Schnur durch die Ringe gezogen wird oder sich wieder abwickelt, muß sie dicht über dem Köder ein wenig beschwert werden.

Es ist spannend, den Fisch zu beobachten. Während sich der Köder dem Wasser nähert, beginnt der Fisch – sofern er keinen Verdacht schöpft und ausreißt – zu beben. Kaum hat die Fliege oder der Käfer, oder was es sonst ist, die Oberfläche berührt und bewegt, so nähert er sich und sperrt das Maul auf. Das geschieht oft. Ebenso oft verlieren wir dann die Nerven und schlagen an, ehe er sein Maul wieder zugemacht hat.

Die Grundangel mit Bodenblei und ohne Floß

Sie ist und bleibt freilich die ertragreichste Methode, gute Döbel zu fangen, zumal die andern Verfahren eher Rotaugen und andre geringere Fische anlocken, die dem Döbel zuvorkommen. Die meisten Angler fischen die Grundangel schräg stromab. Einige, besonders raffinierte, auch stromauf. Dies Verfahren eignet sich nur in besonderen Gewässern; es ist schwieriger, zumal dabei die Bisse weniger leicht zu spüren sind. Das Geschirr muß so ausbalanciert sein, daß der Senker sich gerade noch gegen die Strömung am Grund hält. Bei der geringsten verdächtigen Schnur- oder Rutenspitzenbewegung schlage man an.

Bei den konventionelleren Formen der floßlosen Grundangelei passen wir das Blei den Bedingungen, d. h. der Strömung und der Bodenbeschaffenheit und unseren besonderen taktischen Absichten an. Soll es fest liegenbleiben, brauchen wir bei leidlicher Strömung bereits ein flaches, eckiges Laufblei. Angeln wir im „Rollstil", so empfiehlt sich ein birnenförmiges Blei (Arlesey Bomb) mit Karabiner und Wirbel, das leicht über den Kies rollt, ohne dabei die Schnur zu verdrehen.

Auch die „Vorfach"-Länge wechselt mit den Verhältnissen. Da läßt sich kein gültiges Rezept geben, und es heißt experimentieren.

Den bevorzugten Standorten der Döbel entsprechend, plaziere man die Grundangel so, daß der Köder an der Stromkante oder unter überhängenden Büschen oder Bäumen liegt. Meist halten wir die Rute in der Hand, die Schnur straff und warten auf ein Zucken. Es ist immer ein Problem, wann man den Anhieb setzen soll. Manchmal schon beim ersten Zupfer, dann wieder muß man den Fisch mit dem Köder spielen lassen, bis ein kräftiger Ruck zeigt, daß er ihn ernstlich gepackt hat.

Bei gemächlicher Strömung darf die Rute in eine Gabel gelegt werden und die Schnur durchhängen. Beißt ein Fisch, so sieht man gut, wie sie sich streckt und der Eintauchpunkt an der Oberfläche zu wandern beginnt. Vielfach werden auch Teigkügelchen zwischen Rolle und unterstem Leitring oder Stanniolstreifen vor der Rutenspitze als Bißanzeiger auf die Schnur geklemmt.

Allgemeines

Der deutsche Rekorddöbel aus dem Vereinsgewässer des ASV Waldersheim wog 5,523 kg, gefolgt von zwei Exemplaren von 5,5 kg aus dem Schwarzen Regen und aus der Ilmenau. Ein Döbel von 5 kg kam aus dem Starnberger See. Meist stammen diese Kolosse aber aus Flüssen. Jedoch sind beispielsweise die sauerländischen Talsperren und die oberbayerischen Seen für großwüchsige Döbel bekannt.

Wenngleich es mehr Schwergewichte unter den Döbeln gibt, als wir uns träumen lassen, sind sie so sprichwörtlich scheu, daß sie sich selten sehen und noch seltener fangen lassen. Ihre Erfahrung und ihre Stärke wachsen mit ihrer Größe. Auch in kleineren Flüssen stehen oft kapitale Burschen.

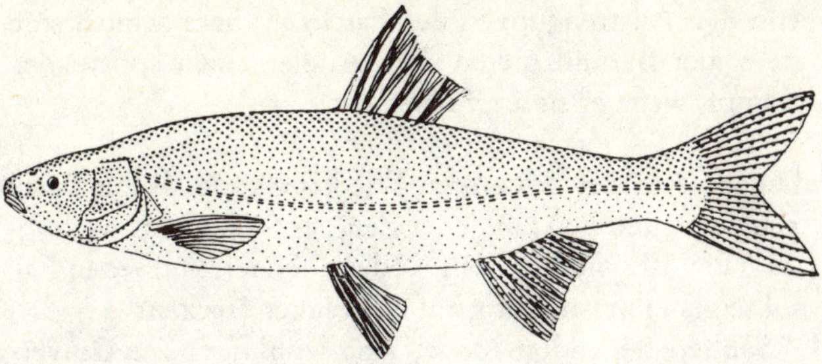

Häsling

Der Häsling *(Leuciscus leuciscus)*, auch Hasel, Dasse und anders genannt, ist ein schlanker Fisch, überwiegend silbern gefärbt, mit einem olivgrünen bis braunen Rükken. Seine Brust- und Bauchflossen sowie die Afterflosse sind im allgemeinen gelblich, haben aber manchmal einen Anflug von Rosa. Die Schwanzflosse ist gegabelt; Rükken- und Afterflosse sind konkav.

Der Häsling hat einen verhältnismäßig kleinen Kopf mit auffällig schimmernden Augen. Die Schuppen sind mittel bis klein, er hat 47 bis 54 entlang der Seitenlinie. Häslinge werden leicht mit kleinen Döbeln und umgekehrt verwechselt, doch kann man sie zuverlässig unterscheiden, wenn man die Rücken- und Afterflossen vergleicht; denn die des Häslings sind nach innen, die des Döbels nach außen gebuchtet. Siehe auch unter Aland.

Unser Fisch gehört zu den Cypriniden und tritt wie fast alle Arten dieser Gruppe in Schwärmen (Schulen) auf. Häslingschwärme ziehen die schnelleren Strömungen vor, zumal dort, wo das Wasser relativ flach über den Kies rinnt. Doch kommt es auch vor, daß größere Schulen in tiefen, langsam fließenden Gewässern leben, und sogar in stehenden finden sie sich.

Im April und im Mai versammeln sie sich zum Laichen. Jedes erwachsene Weibchen legt eine Unzahl von Eiern an verkrauteten flachen Stellen ab. Diese Eier sind klein und klebrig, dadurch haften sie an Steinen und Wasserpflanzen. Die Männchen befruchten sie; die Brut schlüpft schon nach ein paar Tagen. Die ersten Tage lebt die Brut von ihrem Dottersack, einer kleinen Nahrungsreserve, und wenn diese aufgebraucht ist, beginnen die Fischchen mit dem Verzehr kleinster lebender Nahrung. Das natürliche Futter des Häslings besteht aus Fliegen, Larven und sonstigen Wasserinsekten, Schnecken, Würmern, Algen und andern Wasserpflanzen.

Weil sie gut durchlüftetes Wasser bevorzugen, erholen sich die Mutterfische mit als erste von allen Ruchfischen von den Anstrengungen der Laichzeit. Sehr schnell sind sie wider fit und bieten dem Angler einen sportlichen Kampf, wenn er sie am Haken hat.

Köder Die meisten der bekannten Friedfischköder fangen auch Häslinge, und zwar zu jeder Zeit der Saison; das wichtigste dabei ist, wie man den Köder anbietet. Auf jeden Fall sollte man ihn sorgfältig auf den Haken stecken.

Saubere, lebendige Maden sind wohl der beste Universalköder für sie. An ihnen werden gewiß mehr Häslinge als an allen anderen Ködern gefangen. Um eine solche Made richtig zu servieren, muß der Haken haarscharf sein, denn eine stumpfe Hakenspitze zerreißt die Haut der Made. Geschieht das, so ist der Leckerbissen als Köder verdorben. Wir drücken die Spitze des Hakens der Made behutsam unter die Haut, wo sie am dicksten ist. Geschieht das sorgfältig, so wird sie nicht durchlöchert.

Auch Würmer sind ein gern gesehener Häslingköder. Der kleine Rotwurm ist ihr Favorit. Auch Gelbschwänze werden akzeptiert. Große Häslinge, die sich vor allem in stärker fließenden Wehrströmungen aufhalten, nehmen gern den Schwanz eines Tauwurms. Sie neigen auch zu vegetarischer Kost und fressen gern Grünalgen. Diese haften und wachsen an den Unterwassersteinen, Balken, Pfeilern und Planken. Man ködert sie an einen Haken Nr. 12 oder 14 und läßt das grüne Bündel die schnellen Rinnen an einer Floßangel hinabtreiben (s. Barbe, S. 52).

Die ganze Saison hindurch gelten Weißbrotköder, also Teig, Rinden, Fladen als ständige Gerichte auf dem Speisezettel des Häslings. Am besten ist wohl die fladenartig zusammengedrückte Krume eines Weißbrots oder Brötchens. Dieser Köder ist nicht nur deshalb beliebt, weil er gut fängt, sondern weil er keiner größeren Vorbereitungen bedarf. Man braucht nur ein ganz frisches Brot, das noch genug Feuchtigkeit in sich hat, um zusammenzubacken, wenn man ein Stücken um den Haken Nr. 10 oder 12 knetet. Das sollte nicht einmal rund und glatt sein, sondern man läßt es ungeformt. Die Teilchen, die im Wasser abbröckeln und mit der Strömung hinabtreiben, helfen, den Fisch anzulocken.

In einigen Flüssen verwendet man auch Hanfsamen, wo an diesem Köder große Beute gemacht wird. Bevor die Körner benutzbar sind, müssen sie quellen, bis sie sich spalten und der weiße Kern hervortritt. Der Bogen eines Hakens Nr. 12 oder 14 wird einfach in die Spalte hineingedrückt. Die Fische lieben den weißen Kern. Zusätzlich malen viele Angler den Hakenschenkel weiß an.

Das Anfüttern mit Hanfsamen kann leicht übertrieben werden. Daher nehme man nur kleine und kleiner werdende Mengen. Von Zeit zu Zeit genügen ein paar Körnchen vor und beim Fischen. Wer Hände voll Hanfsamen hineinwirft, verdirbt sich und seinen Angelnachbarn die Chancen. Hanfsamen lassen sich auch gut mit Teig vermischen. Dieser kombinierte Köder wird auf dem Grund gefischt und bringt oft die größeren Häslinge an den Haken.

Ein Hanfkorn ist schnell vom Haken genascht. Wer nicht mit seinem Anhieb zurechtkommt, versuche es mal mit einer Fliederbeere. Auch Raupen, Ohrwürmer, Holz- und Mehlwürmer, Sprock (Köcherfliegenlarven) und Wespenlarven, Bachflohkrebse und Gersten- oder Weizenkörner (gekocht) sind gute Köder.

Gerät

Am besten ist eine leichte Rute mit schneller Spitzenaktion. Dazu paßt eine kleine Stationärrolle, aber auch Kapselrollen sind bei den feinen Schnüren geeignet. Ich empfehle eine Tragkraft von 0,75 bis 1,5 kg.

Der Haken ist spitz und klein, die Größe hängt natürlich vom Köder ab. Ich nehme Nr. 12 oder 14. Da ein großes Floß vieler Klemmschrote bedarf, um austariert zu sein, nehme ich die kleinsten Formate. Jede Fasson tut es, vorausgesetzt sie ist nicht zu bauchig, denn das leistet zu viel Widerstand, und der beißende Fisch wird ihn spüren und scheuen. Richtig beschwert und angebracht ist unser Floß sehr sensibel und wird die geringste Berührung anzeigen.

Angelmethoden

Wie tief wir auf Häslinge angeln, hängt vom Gewässer und der Stelle ab. Ist sie frei von Wasserpflanzen, finden wir den Fisch entweder im mitteltiefen Wasser gegen die Strömung stehend auf der Lauer, oder er sucht den Kies nach Nahrung ab. Wo es viel Kraut gibt, steht er dagegen gern in der Nähe der Oberfläche. Günstig sind enge, schnell fließende Rinnen zwischen Krautbänken.

Wer mit Maden fischt, lasse sie am besten an einer Floßangel treiben. Ist die Stelle tief, so wähle man ein Floß, das einige Klemmschrote tragen kann, damit der Köder richtig absinkt. Die Schrote sollte man auf der Schnur verteilen, die größeren in Floßnähe.

Ich fische am liebsten tief. Dazu bedarf es zunächst eines Lotes, um die Tiefe genau festzustellen. Das Floß

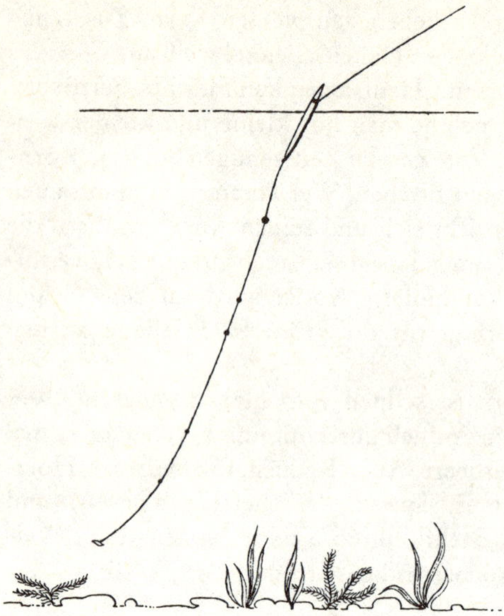

Treib-Floßangel auf Häsling

steht so, daß der Köder – sagen wir, eine Made – eben über dem Grunde treibt. Das muß man durch Verstellen der Pose ausprobieren.

Der Häsling reagiert rasch und schnappt nach allem, was nach Nahrung aussieht und mit der Strömung herunterkommt. Also lasse man seinen Köder so natürlich und unbehindert wie möglich schwimmen. Dann wird er auch einen Häsling zum Biß verlocken.

Wer mit Maden fischt, füttere die Häslinge auch an. Entweder wirft man die Maden einzeln hinein oder vermischt sie mit einem andern Grundköder. Ist die Strömung sehr schnell, so muß man den Grundköder weit genug oberhalb einwerfen, damit er an der rechten Stelle in der richtigen Tiefe ankommt. Dann senken wir unsere Angel behutsam ein Stück stromauf ein und folgen dem Lauf des Floßes durch die Angelstelle hindurch mit der Rute. Die Schnur zwischen Floß und Rutenspitze darf nicht zu schlaff werden. Nur bei ständiger Fühlung können wir einen schnellen und wirksamen Anhieb setzen. Und das ist nötig, denn der Häsling läßt gleich wieder los, wenn er Verdacht schöpft. Wir lassen die Angel ein paar Schritte über unsere Stelle hinaustreiben und halten dann das Floß an. Dadurch nimmt die Strömung den Köder mit nach oben und bewegt ihn verlockend hin und her.

Auch das Floßangeln mit dem Grundblei ist eine an

verhältnismäßig tiefen Angelstellen erfolgreiche Methode. Am besten in Ufernähe, wo sich die größeren Fische gern in Löchern aufhalten. Dazu brauchen wir ein größeres Floß, das vier bis sechs mittelschwere Klemmschrote trägt. Wiederum verteilen wir diese Bleie entlang der Schnur und klemmen sie nicht alle an eine Stelle. Das unterste Schrot bleibt 50 bis 30 cm vom Haken entfernt.

Das Floß schieben wir ca. 40 cm höher als die Wassertiefe. Dann gehen wir etwas oberhalb unserer Angelstelle und füttern ein wenig an. Über den Grundköder und sein Gewicht haben wir schon gesprochen. Die Grundregel des Anfütterns heißt: wenig und oft.

Am Haken haben wir einen Rotwurm, den Schwanz eines Tauwurms, eine oder mehrere Maden oder Paste. Weite Würfe sind unnötig; wir schlenzen die Angel schräg abwärts hinein und lassen den Köder dem Floß voraus über den Grund treiben. Nach einer kleinen Strecke bremsen wir die Schnur, wobei die Strömung den Köder anhebt und zum Wedeln bringt. Beißt nichts, so geben wir erneut Schnur. Auf diese Weise befischen wir die ganze Strecke in Etappen und dürfen wohl auf einen der besseren Häslinge hoffen, zumal wenn wir ihnen eine größere Portion anbieten.

Hanfsamen. Hakenbogen in den weißen Kern gedrückt

Noch etwas zum Hanfsamen. Angelt man damit, so läßt man ihn in der Strömung treiben. Hier sind Klemmschrote ungeeignet, denn es ist oft geschehen, daß der Häsling sie für Hanfsamen hält. Ein dünner Bleidraht wird weniger leicht verwechselt, wenn wir ihn als Beschwerung um die Schnur wickeln.

Der Häsling nimmt die gequollenen Hanfkörner sehr flott. Es ist daher nicht leicht, mit dem Anhieb zurechtzukommen.

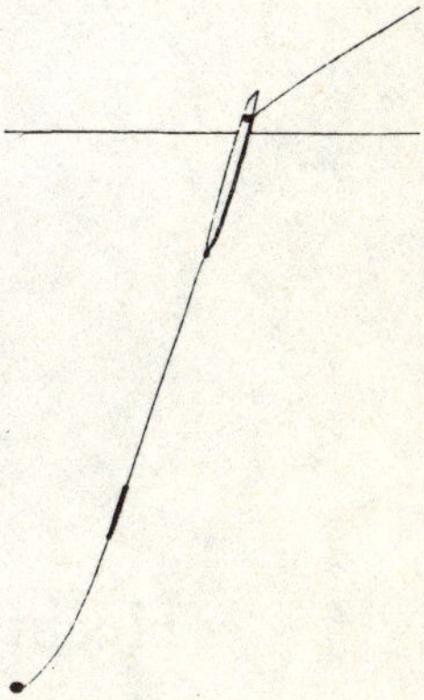

Bleidrahtbeschwerung beim Hanfsamenfischen

Die größeren Häslinge fangen wir am ehesten mit der Grundangel ohne Floß. Das Grundblei liegt fest, doch sollte der Köder in der Strömung beweglich bleiben. Hier sind Rotwürmer gut, aber auch Maden bleiben erfolgreich, zumal wenn damit angefüttert ist. Zum Gerät folgendes: ein kleines Grundblei, eine durchbohrte Kugel oder ein Flachblei bei schärferer Strömung spielt auf der Schnur und wird durch ein Klemmschrot in entsprechender Entfernung vom Haken gestoppt. Je nach den Verhältnissen und individuellen Erfahrungen schwankt diese zwischen 15 und 55 cm.

Im Sommer sehen wir die Häslinge oft an die Oberfläche kommen und nach Fliegen schnappen. Das ist die Zeit der Flugangel. Wo immer ein Fisch steigt, ist mit einem

Schwarm zu rechnen, und die richtig plazierte und servierte Fliege kann schon beim ersten Wurf in einem Schwall verschwinden. Ob aber der erste Anhieb sitzt, ist zweifelhaft. Meist kommt er zu spät. Auch wenn die Häslinge nicht nach Insekten steigen, lohnt es sich, mit der trockenen oder nassen Fliege die Stromkanten und mäßigen Rollen zu befischen.

Welche Fliegenmuster wir wählen, ist nicht so wichtig wie ihr Format. Zunächst versuche man es mit ganz kleinen Haken, gegen Abend aber, wenn die Häslinge munterer steigen, dürfen wir auch zu größeren Nummern greifen. Es kommt nicht so sehr darauf an, die natürliche Fliege durch die künstliche nachzuahmen; denn sie nehmen fast jede. Ein paar brauchbare Muster: Kutscher, *Peter Ross, Greenwell's Glory,* Schwarze Mücke, *Wickham's Fancy,* Erlenfliege, Rotschwanz, *Dark Olive Quill* und *Coch-y-bondhu.*

Allgemeines

Wir finden den Häsling in der Äschen- und oberen Barbenregion der Flüsse und Bäche, sofern sie einigermaßen sauberes Wasser und ein ausreichendes Gefälle haben. Es wird vielerorts auf Häslinge geangelt, der Rekordfisch hatte 800 Gramm.

Obwohl der Häsling also nicht groß wird, Durchschnittsgröße 20–25 cm, ist er ein sportlich interessanter, temperamentvoll kämpfender Fisch, der sich das ganze Jahr hindurch, auch im Winter, fangen läßt. Einige Dutzend Häslinge und mehr an einem Tage zu erbeuten, will gelernt und gekonnt sein!

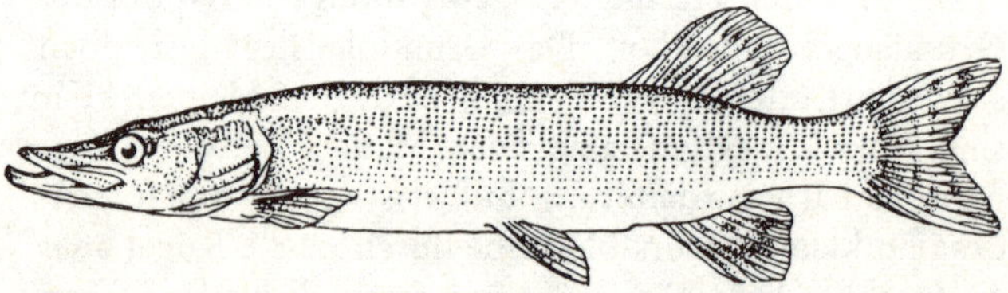

Hecht

Der Hecht *(Esox lucius)* ist unmöglich mit einem anderen Süßwasserfisch zu verwechseln. Sein Körper ist lang und schlank, für rasante Überfälle aus dem Hinterhalt eher gebaut als für ausdauernde Verfolgung. Er ist dunkel auf dem Rücken und vorwiegend grünlich an den Flanken; gelbliche Streifen tarnen zumal den Junghecht, dem Röhricht entsprechend, in dem er gern lauert. Der erwachsene Fisch ist gelb gefleckt. Seine Flossen haben oft bräunliche bis rötliche Kanten. Rückenflosse und Bauchflossen liegen weit hinten. Der Kopf ist lang, die Kiefer mächtig und speziell der Unterkiefer mit scharfen Fang- und Greifzähnen besetzt. Der Gaumen ist besät mit Hunderten äußerst spitzen, nach hinten stehenden, nadelartigen Zähnchen, ein Rachen, dem keine Beute, einmal gepackt, wieder entwischen kann. Die Augen liegen so in der Stirn, daß sie vorwärts-aufwärts blicken und ein perspektivisches, plastisches Sehen ermöglichen. Dadurch kann der Hecht die Entfernung zu seiner Beute vor dem Angriff schätzen und seinen pfeilschnellen Vorstoß genau ins Ziel bringen. Seine Beutefische sehen dagegen monokular, d.h. jedes Auge sieht für sich. Die Plötze zum Beispiel nimmt Gefahren von beiden Seiten wahr. Das braucht der Hecht nicht, da er außer den eigenen großen Artgenossen kaum einen Gegner hat, es sei denn, er gerät an einen Fischotter. Er ist der einzige Süßwasserfisch, der uns mit beiden Augen fixieren kann.

Entwicklung

Die kleinen bis zu 15 cm langen Hechte, die man gelegentlich über dem Kraut dicht unter der Oberfläche stehen sieht, sind vermutlich in ihrem ersten Lebensjahr. Sie wachsen den Nahrungsbedingungen entsprechend. In flachen, pflanzen- und futterreichen Seen erreichen sie anfangs einen Zuwachs bis zu 1,5 und 2 kg im Jahr. Später nimmt die Zunahme ab. Mit 15 Jahren kann der Hecht dort womöglich 20 kg erreichen. In nahrungsärmeren Gewässern wächst er wesentlich langsamer und kommt nicht über 2,5 bis 3 kg hinaus. Über einen ausnehmend frohwüchsigen, von Berufsfischern gefangenen Hecht aus dem Starnberger See, der mit 19 kg zweifelsfrei nur 6 Jahre alt war, berichtete die Zeitschrift „Fisch und Fang". Die Durchschnittsgröße beträgt 40 bis 80 cm.

Männliche Hechte wachsen in der Regel langsamer als weibliche und erreichen weit geringere Gewichte. Dies hängt wahrscheinlich auch damit zusammen, daß die Milchner vor den Rognern geschlechtsreif werden und die Zuwachsrate nach dem ersten Laichen abnimmt. Hechte von mehr als 5 kg sind meist Rogner.

Zweifelhaft ist das Lebensalter, das der Hecht erreicht. Nach neueren Untersuchungen scheint aber festzustehen, daß er kaum älter als 15 Jahre wird. Die Schuppenanalyse ist jedenfalls beim Hecht sehr schwierig und unsicher.

Der Hecht ist Einzelgänger. Nur in der Laichzeit tritt er paarweise auf. Freilich kommt es vor, daß man mehrere Hechte, einen nach dem andern, an derselben Stelle fängt. Doch ich glaube, das hat nichts mit einem Herden- oder Rudelinstinkt, sondern mit andern Gründen zu tun. Vielleicht haben sich in dieser Bucht oder Ecke des Sees besonders viele Futterfische zusammengedrängt, und die Hechte sind ihnen einzeln dorthin gefolgt.

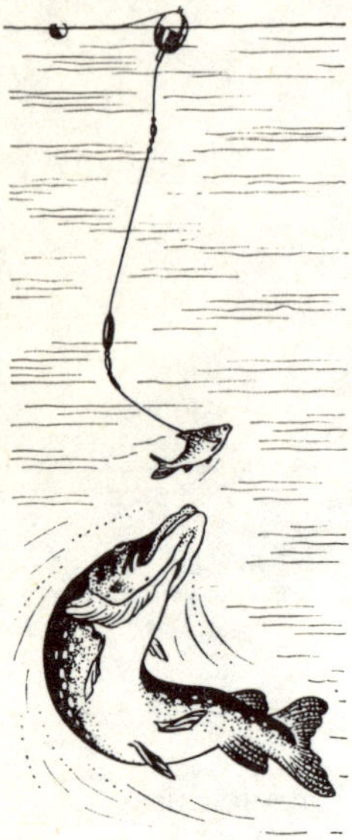

Ein Hecht, der einen lebenden Köderfisch von unten attackiert

Der Hecht laicht im Frühjahr. Im Februar finden sich die Paare, oft kommen auch mehrere Milchner auf einen Rogner, und gehen auf die Hochzeitsreise ins Flache. Besonders gern finden sie sich im Röhricht oder gar auf überschwemmten Wiesen ein. Wer dann an einem schönen Vorfrühlingstag an einem See entlangwandert, erschrickt vor einem mächtigen Schwall und sieht noch, wie die Schilfhalme hin- und hergeworfen werden und eine Hechtprozession davonwedelt. So ging es mir einmal vor einigen Jahren. Unwillkürlich mußte ich an einen Flottenverband denken, der in See stach. Es waren respektable Kreuzer dabei. Einige der Hechte hatten bestimmt über dreißig Pfund.

Der Rogner legt eine sehr große Anzahl von Eiern, von denen aber nur wenige zum Schlüpfen kommen. Die meisten werden von Wasservögeln und Fischen verspeist. Der berühmte Naturforscher Frank Buckland schätzte im vorigen Jahrhundert, daß ein 15 kg schwerer weiblicher Hecht über eine Million Eier trägt. Die Größe des Partners scheint keine Rolle zu spielen. Mir fällt ein, wie ich einmal Ende Februar ein 10-kg-Exemplar am Wobbler fing. Während des Drills folgte ein kleiner Freier von ungefähr 2 kg der gewichtigen Dame seines Herzens auf ihren Fluchten und blieb treu am Ufer stehen und wartete, bis ich den Haken gelöst und sie ins Wasser zurückgesetzt hatte. Dann schwammen die beiden einträchtig von dannen. Zu jeder anderen Zeit wäre das Männchen für das dicke Hechtweib ein kleines Gabelfrühstück gewesen.

Hechte leben fast völlig von anderen Fischen. Ihre Hauptnahrung pflegt aus den Arten zu bestehen, die in ihrem Gewässer am zahlreichsten sind. Allerdings haben große Hechte einen besonderen Gusto auf kleinere Verwandte, so daß einer der besten Köder auf einen Kapitalen, dessen Standort bekannt ist, ein kleinerer Artgenosse ist, den man tot oder lebendig anbietet. Von dem alten Aberglauben, der Hecht fresse keine Schleien, hört man heute nur noch selten. An einem Sommermorgen habe ich selbst gesehen, wie dreipfündige Schleien wie Rotaugen aus dem Wasser spritzten, weil ein riesiger Hecht hinter ihnen her war.

Auch andere Tiere, die in oder auf dem Wasser leben, sind den Raubüberfällen des Hechtes ausgesetzt. So werden die Jungen von allerlei Wassergeflügel in manchen Gewässern regelmäßig dezimiert, wenngleich ich bemerkt habe, daß Bläßhühner weniger gefragt sind. Frösche und selbst kleinere Säugetiere wie Mäuse und Ratten, die sich ins Wasser wagen, fallen ebenfalls oft dem Hecht zum Opfer. Das ist wohlverbürgt. Doch gibt es auch unglaubliche Geschichten von goldenen Uhren, im Hechtmagen gefunden, deren Eigentümer erst vor kurzem ertrunken sind; oder Gerüchte, daß große Tiere oder gar badende Menschen von Hechten gebissen wurden. Daß dergleichen wirklich geschehen ist oder geschieht, ist sehr unwahrscheinlich.

Wir haben schon davon gesprochen, daß sich der Hecht im Frühling an die flachen Stellen begibt, um dort zu laichen. Wo aber verbringt er den Rest des Jahres? Die einzig mögliche Antwort ist natürlich: dort, wo er sein Futter findet. Sein Hauptquartier, wo er auf Lauer liegt, sind Krautbetten oder Höhlen unter überstehenden Baumstümpfen oder Stämmen. Das sind die Festungen seines Herrschaftsbereiches, die er energisch gegen Annäherung von Rivalen verteidigt. Im Winter freilich neigen z. B. Rotaugen nicht dazu, wie im Sommer umherzuschwimmen. Daher ist der Hecht gezwungen, sich dort einzufinden, wo sie sich versammeln. Das gilt vor allem für große Seen, wo riesige Strecken, die sehr einladend aussehen, dennoch kaum irgendeinen Hechtbiß ergeben, während man wiederum mehrere Hechte hintereinander an derselben Stelle fangen kann. Im Sommer neigen sie hingegen zu größeren Ausflügen und sind mobiler, ganz wie ihre Futterfische. Ebenfalls keine festen Standplätze oder begrenzte Reviere haben die sog. Maränenhechte in manchen großen Seen, z. B. im Schaalsee, Großen Plöner See oder Starnberger See. Sie folgen ständig den umherstreifenden Schwärmen ihrer Beutefische, der Maränen.

Im allgemeinen wirft man seine Angel aber dort aus, wo der Hecht Deckung findet. Sein Lieblingsplatz, so heißt es, ist zum Beispiel an den Rändern von Kraut- oder Teichrosenbetten. Auch verschilfte Buchten und vorspringende Uferrippen hält man für gute Hechtstellen. Das trifft zwar zu, doch halten sich dort vorwiegend schwächere Exemplare auf. Alle Hechte über 7,5 kg, die ich gefangen habe, nahmen meinen Köder, den künstlichen oder natürlichen, im offenen Wasser. Ich glaube nicht, daß wirklich kapitale Hechte überwiegend auf Lauer liegen. Wenn sie Hunger haben, so revieren sie das Gelände ab, sie stoßen ins freie Wasser vor und zehnten die Schwärme ihrer Futterfische, bis sie satt sind. Gewiß haben sie so etwas wie ein Standquartier, und wenn man ihnen dort einen Köder vor die Nase setzt, so werden sie ihn nicht verschmähen.

In fließenden Gewässern sieht die Sache etwas anders aus. Auch hier treffen wir den Hecht, wo es Futter für ihn gibt, aber die Auswahl von Unterständen ist wohl meist begrenzter. Im Fluß zieht der Hecht Wehrgumpen, Rückläufe in Buhnen vor, d. h. ruhiges Wasser von mäßiger Tiefe.

Köder Ein Angler, der mit lebendem Fisch im stehenden Gewässer angelt, wählt dazu die Arten, die dort vorherrschen, d. h. Plötzen, Rotfedern, kleine Barsche und Karauschen; sie alle werden ihren Hecht fangen. Der große ALFRED JARDINE stellte schon fest, daß Hechte die Abwechslung schätzen und an ihnen unbekannte Köderfische lieber gehen. So z. B. an den Gründling, der in Seen selten ist, und sogar an Goldfische. Für Flüsse gilt ähnliches, doch treten hier kleine Häslinge und Döbel hinzu. Bei vergleichenden Fang-Versuchen in einem bayerischen Fluß flüchtete allerdings ein und derselbe Hecht vor dem unbekannnten Goldfisch, während er wenig später eine Mühlkoppe – diese Fischart war ihm vertraut – unbedenklich nahm.

Wer mit totem auf dem Grund liegenden Köder fischt, benutzt irgendeine der genannten Arten. Damit der Fisch auf den Grund sinkt, sticht man die Schwimmblase mit einer Ködernadel an. Erfolg bringen auch Heringe und Sprotten, die man frisch im Laden kaufen kann.

Die für das Spinnfischen geeigneten und ungeeigneten Kunstköder sind zahllos. Beweglichkeit, Farbe und Größe sind die entscheidenden Gesichtspunkte, die beim Kauf eines Spinnköders zu beachten sind. Die Bewegungen der Köder im Wasser sind verschieden. Die einen rotieren, die anderen taumeln, wedeln und wobbeln. Danach bezeichnen wir sie als Spinner, Blinker und Wobbler. Heftige Bewegung ist nicht immer gut.

So hatte ich einmal einen Gummiwobbler, der geradezu irrsinnig durch das Wasser wackelte, aber einen Hecht habe ich daran nie gefangen. Beweglichkeit scheint in Flüssen wichtiger zu sein als in Seen; vielleicht deswegen, weil Hechte in stehenden Gewässern sich mehr auf ihr

Auge und weniger auf ihre Seitenlinie verlassen. So arbeiten z. B. fliegende (rotierende) Löffel mit gutem Erfolg in Flüssen wegen ihres Schwingungseffekts; taumelnde und dabei blinkende sind besser in Seen und Teichen. Am allerwichtigsten aber ist, ob der Angler Vertrauen in seinen Kunstköder hat. Auch sollte er ihn möglichst langsam führen.

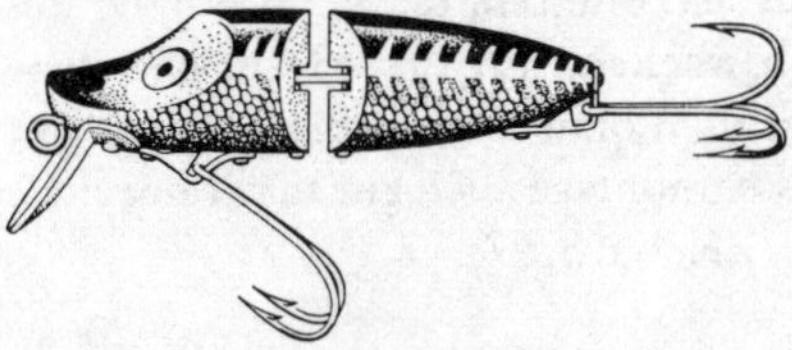

Ein Gliederwobbler. Wichtig ist die Kopfplatte, die sog. Tauchschaufel, die veranlaßt, daß der Körper hin- und herwedelt und beim Einholen abtaucht

Das gleiche gilt für Farbe und Glanz. Bei den Wobblern, die aus Holz oder Plastik bestehen, scheinen rote, grüne, gelbe und weiße Farben in verschiedenen Kombinationen die günstigsten zu sein. Sehr hell glänzende Metallspinner und Löffel empfehlen sich nicht. Ich habe immer bessere Erfolge mit mattierten als mit polierten Blechen gehabt. Natürlich hängt es auch von dem Wasser ab, in dem wir fischen. Ist es klar, so greift man zu einem unscheinbaren, ist es angetrübt, zu einem auffälligeren Spinner.

Der Anfänger achte beim Spinnen auf den Hecht darauf, daß er nicht zu kleine Kunstköder nimmt. Die meisten bei uns angebotenen fliegenden Löffel sind kaum länger als 5 cm. Ein Fischchen von 7 bis 10 cm Länge ist für einen 10 kg schweren Hecht ziemlich uninteressant. Daher sollte man ihm ein größeres Angebot machen. Es ist richtig, daß auch große Hechte an kleinen Spinnern gefangen worden sind, aber solche Erfolge sind Ausnahmen, die die Regel bestätigen.

Der Anfänger wird dankbar sein, wenn wir ihm eine kurze Liste von Spinnködern liefern, die sich bewährt haben. Da bieten sich die Colorado-, Bleikopf- und Meppsspinner an, nierenförmige Blinker und besonders auch die Effzett- und Heintz-Blinker in ihren größeren Formaten, größere Toby-Formate nicht zu vergessen. Die Auswahl an Blinkern ist riesengroß. Kommt es nicht auf weite Würfe an, so sollte der Angler auf dünnwandige Bleche zurückgreifen. Devons werden von Hechtfischern seltener verwendet. Sehr ertragreich kann auch das Spinnfischen mit totem Köderfisch im System sein.

Hier soll noch einmal (vgl. auch Barschkapitel) auf den Weichplastik-Köder „Wackelschwanz" (Vibro-Tail) eingegangen werden, den „Fisch und Fang" für die bundesdeutschen Angler testete und für gut befand. Es handelt sich um ein Plastikfischchen in verschiedenen Größen mit Bleiverdickung am Kopf und Einfachhaken vor der Rükkenflosse. Die gute Fängigkeit ist auf einen überproportionalen Schwanz zurückzuführen, der beim Einzug des Köders verführerisch wackelt. Für den Hecht bewährte sich besonders das Modell ohne Spinnerblatt, wegen der ungewöhnlichen Hakenmontage auch gut für krautreiche Gewässer geeignet (s. Zeichn. S. 97).

Gerät Eine der Schwierigkeiten, die bei der Gerätewahl auftritt, ist die, daß beim Angeln mit lebendem Köderfisch ein sehr viel höheres Gewicht geworfen werden muß als gewöhnlich. Wir hörten schon, daß viele Spezialisten auf den besonders großen Stellfisch, der 400 Gramm und noch mehr wiegt, schwören. Schon hundert Gramm sind ein Problem, wenn man sie weit werfen will. Einen womöglichen 500 Gramm schweren Köderfisch mit der Rute zu schleudern, ist technisch unmöglich. Das macht man dann mit der Hand. Schon kleine Köderfische weit zu werfen, was an Seen manchmal wünschenswert ist, erfordert eine ziemlich stabile Rute. Fängt man kleine Hechte damit, so hat man wenig vom Drill; der Spezialist auf Kapitale muß das in Kauf nehmen. Für ihn sind auch spezielle Ruten entwickelt worden. Es gibt auch gute teleskopische Hohlglasruten für derart hohe Wurfgewichte.

Welche Rute man auch wählt, sie sollte keinesfalls zu kurz sein. Lange Ruten können bei unwegsamen Ufergelände hinderlich sein, doch halten sie den gehakten Hecht beim Drill weiter vom Boot oder von Hindernissen oder Pflanzen am Ufer ab. 2,80 Meter sollte man als Mindestlänge ansehen. Das Werfen ist leichter, wenn die Rolle ziemlich hoch am Handteil sitzt und dort zuverlässig befestigt ist. Schraubrollenhalter sind vorzuziehen. Die Schnur wird beim Wurf von schweren Gewichten in Anspruch genommen; daher halte ich 7,5 kg Tragkraft (0,30–0,40 mm) nicht für zu stark. Zudem scheinen die größten Hechte immer gerade dort zu hausen, wo versunkene Bäume oder andere gräßliche Hindernisse ihnen Zuflucht bieten. Und wenn ein kapitaler Bursche davonschießt, um seinen „Bunker" zu erreichen, bedarf es schon einiger Kraft, ihn zu stoppen.

Das Vorfach muß beim Hechtfischen natürlich aus

Karpfen
Cyprinus carpio
40–60 cm

Schleie
Tinca tinca
30–40 cm

Karausche
Carassius carassius
20–25 cm

Brachsen
Abramis brama
30–50 cm

Barbe
Barbus barbus

40–60 cm

Stahl sein und sorgfältig geprüft werden, ob es nicht etwa einen Knick hat. Gedrehte Drahtvorfächer mit Nylonüberzug, wie sie heute auf dem Markt sind, sehen gut aus, sind aber nicht immer zuverlässig. Sie leiden unter derselben Krankheit wie unser altes Gimpvorfach: die Seele kann unter dem Mantel rosten, und die schwache Stelle macht sich erst bemerkbar, wenn es zu spät ist. Verbreitet sind Vorfächer aus Nirosta- oder Wolfram-Draht.

Wie stecken wir den Köder auf? Lange Zeit armierten wir ihn mit zwei Drillingen, einer Hakenflucht, als Schnappangel. Gegen zwei Drillinge wendet man sich heute wohl mit Recht, weil sie dem Köderfisch zuviel zumuten und ihn, falsch verwendet, tatsächlich bald erschöpfen und eingehen lassen. Daher sind wir zum Einzeldrilling übergegangen, der entweder an der Rükkenflosse oder in der Lippe eingehakt wird. Es kommt vor, daß man kleinere Hechte beim Anhieb verfehlt; die größeren aber werden auch von einem Drilling gut gefaßt.

Übrig bleibt noch, über Floß und Bleibeschwerung zu sprechen. Sofern nicht ein besonders großer Köderfisch genommen wird, hat es keinen Zweck, ein übermäßig großes Floß zu wählen. In jedem Fall eignet sich eins in Stromlinienform eher, weil es weniger Verdacht erweckt, denn es leistet weniger Widerstand, wenn es der Hecht unter Wasser zieht. Manche Fachleute empfehlen ein bombenförmiges Floß eher als ein birnenförmiges. Bei kleineren Köderfischen ist ein hinreichend großes, schlankes Floß mit Korkleib vollständig ausreichend. Als Beschwerung genügt ein durchbohrtes Blei, das auf Schnur gleitet und durch einen Wirbel vor dem Vorfach gestoppt wird.

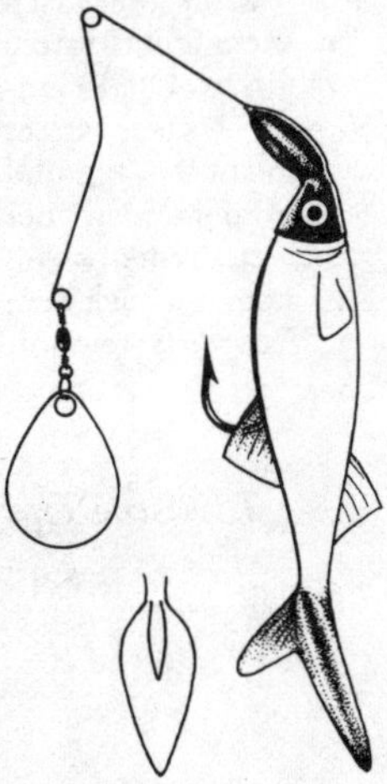

Wackelschwanz mit Bleikopf, Einzelhaken in der Rückenflosse. Unten: mit vorgeschaltetem Spinnerblatt. Links unten: Schwanzform von oben gesehen.

Das Gerät für das Angeln mit dem toten Köderfisch ist genau das gleiche wie für den lebenden. Floß und Blei sind freilich überflüssig. Hierfür nehmen wir ein System von zwei Drillingen am Stahlvorfach. Die Haken werden in den Köder gedrückt, und zwar einer hinter dem Kiemendeckel, der andere in der Mitte des Leibes, und der Vorfachdraht wird mit Hilfe einer Ködernadel durch die Schwanzflossenwurzel gezogen.

Das Spinnen auf Hechte

Eine leichte Lachsspinnrute eignet sich auch gut für Hechte. Sie besteht gewöhnlich aus Hohlglas. Empfohlene Länge: 210 bis 280 cm. Einige Angler schätzen leichte Kohlefaser- oder Borfaserruten besonders. Wiederum rate ich zu einem Schraubrollenhalter, denn wer häufig wirft, wird erleben, daß sich die Rolle sonst leicht lockert. Zum Spinnen eignet sich die Stationärrolle. Man achte darauf, daß der Leitring extra groß ist. Diese Rute wird die üblichen Spinnköder wie auch einen kleinen toten Fisch am System gut werfen.

Unter 4 kg Tragkraft bei der Spinnschnur zu gehen, halte ich für töricht, wenn auch nur eine leise Möglichkeit besteht, einen schweren Fisch an den Haken zu bekommen. Im Sommer kann man allerdings auch manchmal mit leichterem Geschirr fischen.

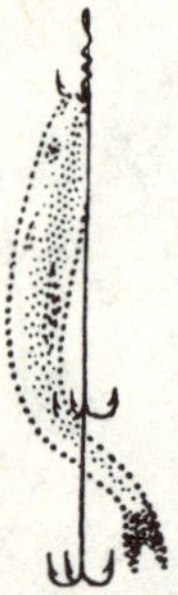

Ein toter Fisch an einem Spinnsystem montiert. Die Krümmung des Schwanzes veranlaßt ihn, hin und her zu taumeln oder sich zu drehen, wenn man ihn nach dem Auswerfen einholt

In flachen Seen sieht man die Hechte oft in der Nähe der Oberfläche, wenn die Sonne scheint, über dem Kraut stehen. Es sind meistens kleinere Fische bis 2,5 kg. Ihr Drill macht viel Spaß mit einer Forellenspinnrute und Schnur von 2,5 kg Tragkraft. Man verlockt sie am besten mit einem schwimmenden Wobbler, den man sehr langsam an der Oberfläche führt.

Sind im Spätherbst und Winter die Krautbeete abgesunken, so ist ein extragroßer toter, aber schlanker Köderfisch, z. B. ein Häsling oder „grüner“ Hering, am System gesponnen, ein hervorragender Köder für kapitale Hechte. Dafür ist natürlich ein schwereres Geschirr erforderlich, wie ich es anfangs für das Angeln mit lebendem Köderfisch empfohlen habe.

Taktische Tips

Es kann sehr erfolgreich sein, mit lebendem Köderfisch in einem See zu angeln; diese Methode bringt aber wenig ein, wenn man sich auf einen einzigen Platz festlegt, dort einwirft und womöglich den ganzen Tag wartet, bis ein Hecht vorbeikommt. Das ist nur dann sinnvoll, wenn der Angler genau weiß: hier ist ein Kapitaler zu Hause, und wenn er sich zu einer unerbittlichen Belagerung entschlossen hat. Kennt man mehrere Stellen, die schon gute Hechte geliefert haben, so besuche man sie eine nach der anderen etwa zehn Minuten lang, das dürfte genügen. Manchmal allerdings versammeln sich mehrere Hechte an demselben Ort, und wenn man das merkt, soll man es ausnutzen.

Es ist unmöglich, auf dem Papier festzulegen, wo man Hechte suchen und auf sie angeln soll. Jedes Gewässer ist wieder anders, und der einzige zuverlässige Führer ist die Erfahrung. An ruhigen Tagen verrät die Oberfläche einiges über den Standort der Hechte. Zumal in flachen Seen sieht man sie rauben und Schwärme kleiner Fische auf den Sprung bringen. Senkt man dort, wo sie auseinanderspritzen, seinen Köderfisch ins Wasser, so ist es ziemlich wahrscheinlich, daß ihn der Räuber annimmt.

Auch im Fluß kann das Angeln mit lebendem Fisch

ergiebig sein. Dafür empfehlen sich die ruhigeren Stellen in Wehrkolken, Staustrecken oder Buhnenfeldern. Dort trägt die kreisende Strömung den Schwimmer ständig herum, ohne daß man erneut einzuwerfen brauchte. In fließenden Gewässern sind Hechte weniger gleichmäßig verteilt als in stehenden. An einigen Strecken scheint sich der Hecht besonders wohlzufühlen, an andern weniger.

Die alte Vorstellung, besonders kaltes Wasser sei sehr günstig, scheint endlich abgewirtschaftet zu haben. Wie man überhaupt darauf gekommen ist, bleibt ein Rätsel. Wichtiger als die Temperatur ist aber die Frage, wie beständig das Wetter war oder ist. Ein plötzlicher Kälteeinbruch wird das Angeln auf Tage beeinträchtigen; dasselbe gilt nicht, wenn die Temperatur plötzlich steigt. Ich angle am liebsten auf Hechte an Herbsttagen, die ein wenig neblig sind, wolkig, aber ohne größere Regenfälle. Bei heftigen Schauern lohnt sich das Hechtfischen nicht, ehe sie wieder aufgehört haben. Hervorragende Fänge kann man in Tauperioden nach kurzen harten Frösten machen. War der See ganz zugefroren und taut nun auf, so wird es immer Stellen geben, wo das Eis eher verschwindet. Dort sollte man seine Angel einwerfen, auch wenn es sich nur um kleinere Öffnungen handelt. Nicht selten sieht man große Hechte am Eisrand herumkreuzen, und bleibt man in Deckung, so besteht jede Aussicht, sie an den lebenden Fisch zu locken.

Allerdings habe ich viele meiner besten Hechte an Tagen gefangen, die nach der Theorie wenig Erfolg versprachen. Zum Beispiel kam ein zwanzigpfündiger Fisch an einem herrlichen Sonnentag im frühen März; einen andern fing ich aus einem Loch im Eis an einem bitterkalten Januarabend. Selbstverständlich sind die Schonzeiten genau zu beachten.

Vor ein paar Jahren berichteten einige bekannte Angelautoren, sie hätten recht gute Erfolge mit einem toten Köderfisch gehabt, den sie auf Grund gelegt hatten. Das wurde von andern sehr skeptisch aufgenommen, die in dem Glauben großgeworden waren, daß ein Hecht nur Köder annähme, die sich bewegten. Dennoch erwies sich die Methode vielerorts als erfolgreich.

Ein Anfüttern mit Grundköder ist auch beim Hechtfischen brauchbar. Zerhackte oder durch den Wolf gedrehte Heringe scheint er anzunehmen.

Packt der Hecht einen toten Fisch, der auf Grund liegt, so wandert er ein Stück damit ab, macht Halt, wendet sich und verschluckt ihn. Dann zieht er wieder davon. Der

Anhieb wird gesetzt, wenn er das zweite Mal abzieht. Wartet man zu lange damit, so kommt es vor, daß er den Köder völlig schluckt und man den Hecht töten muß. Der tote Köderfisch ist besonders fängig an kalten Tagen, wenn der Hecht lethargisch ist und keine rechte Lust hat, hinter einer Beute lange herzuschwimmen. Der Spinner ist ihm dann zu schnell, und auch ein lebender Stellfisch weniger bequem als der tote vor seiner Nase am Grund. Dafür eignet sich denn auch die tiefste Stelle unsres Gewässers am besten.

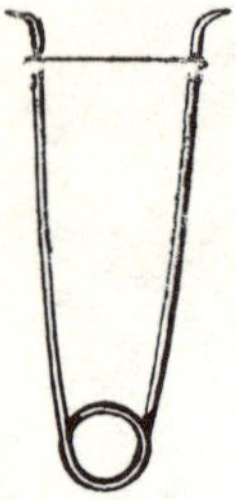

Hechtrachensperrer. Ist der Riegel an der offenen Seite gelöst, federn die Schenkel auseinander und verhindern, daß die Hechtkiefer zuschnappen

Im Sommer sind ein schwimmender Wobbler oder der eben erwähnte Wackelschwanz besonders geeignet. Schwere Metallspinner empfehlen sich nicht, weil man sie nur im Tiefen führen kann, die Hechte aber gern flacher stehen. Dort sind Krautbänke, in denen sich der Spinner verhakt. Hat man einen lohnenden Fisch ausgemacht, so ist es entscheidend wichtig, außer Sicht zu bleiben. Auch große Hechte sind auf der Hut, das sollte man nicht unterschätzen, zumal wenn Wasser und Wetter klar sind. Man werfe seinen Wobbler aus Holz oder Plastik seitlich über den Hecht hinweg und führe ihn dann langsam und vorsichtig dicht an ihm vorbei. Sollte er ihm nur folgen und wieder abdrehen, wechsle man sofort den Köder und gebe dem Fisch ein paar Minuten Zeit, ehe man ihm einen andern vorsetzt. Hechte, die man auf diese Weise anpirscht und fängt, kämpfen meist kräftig – auch die kleineren.

Beim Entfernen des Hakens aus dem Maul eines gelandeten Fisches sind Rachensperrer und Lösezange nützlich. Die Sperre, auch ein Stückchen Holz, zwischen die geöffneten Kiefer gestellt, hält die Kiefer auseinander und verhütet, daß unsere Finger mit den scharfen Zähnen in Berührung kommen.

Taktik und Technik des Spinnfischens

Der übliche Ratschlag für Anfänger ist: Spinne tief und langsam. Das ist in den meisten Hechtgewässern mit einem künstlichen Köder nur selten möglich und daher am besten durch Experimentieren herauszufinden, welche Geschwindigkeit des sich bewegenden Spinners den Fischen des jeweiligen Gewässers zu einer bestimmten Zeit am liebsten ist. Seltsamerweise verführt sie oft, wenn sie hinter einem langsam gezogenen Köder kaum herschauen, ein recht schnell durch das Wasser gewirbelter eher zum Biß.

Und wie legen wir nun unsre Würfe aus? Kommen wir ans Wasser, so werfen wir, wo es geht, erst einmal parallel zum Ufer nach beiden Seiten, zunächst kürzer, dann weiter und spinnen gewissermaßen den Weg ab, den wir nach rechts oder links weitergehen wollen. Dann kommen ein paar Würfe fächerförmig in die nähere und schließlich in die weitere Umgebung. Dabei sind die Stellen besonders zu bedenken, die hechtverdächtig sind, z. B. Baumstümpfe, Teichrosenbeete, Krautbänke und Schilfkanten. Es empfiehlt sich nicht, die Strecke so schnell wie möglich abzuspinnen, andrerseits sollte man auch nicht zu oft dieselbe Stelle bearbeiten, wenn nichts beißt.

In flacheren Seen spinnen wir gern und erfolgreich mit dem toten Fisch. Am einfachsten ist ein kurzes Drahtvorfach mit einem Drilling. Den Draht spießen wir mit der Ködernadel durch den After des Fischchens hinein und aus dem Maul heraus und schlaufen ihn in einen Karabinerwirbel an der Wurfschnur. Die Haken des Drillings liegen am Körper des Fisches an und können noch mit einem Faden oder einem Gummiring festgelegt werden. Das Einholen nach dem Wurf sollte sehr langsam erfolgen. Man lernt durch Erfahrung, wie man den Köder hebend und senkend für den Hecht verlockend führt. Es gibt freilich auch Systeme, als „Fluchten" bekannt, die so konstruiert sind, daß sie den Köderfisch zum Spinnen oder Wobbeln bringen. Heute sieht man sie häufiger als früher. Die Praxis lehrt, daß unser einfacher, oben beschriebener Drilling nicht minder wirksam ist. Je kleiner das Fischchen, um so leichter das Geschirr.

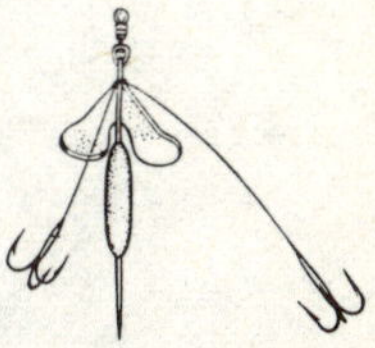

Ein System für kleine tote Fische, mit dem man auf flachstehende Hechte über Krautbänken fischen kann

Allgemeines

Hechte scheinen unsere Angler zu ganz extremen Gefühlen anzuregen. Entweder sie verabscheuen *Esox lucius*, oder sie sind von ihm fasziniert. Offenbar gibt es da keinen Mittelweg. Ich darf hier bekennen, daß ich immer ein Hechtliebhaber gewesen bin oder besser ein Liebhaber besonders großer Hechte. Freilich ist es auch eine arge Enttäuschung, wenn man auf Vierzigpfünder gefaßt und ausgerüstet ist und eine Reihe von Minihechten fängt. Einige Angler hassen den Hecht und können keinen sehen, ohne daran zu denken, wieviel köstliches Plötzenfleisch oder vor allem Forellenfleisch geopfert wurde, um seinen Leib zu füllen und wachsen zu lassen. Die Antihechtmanie kann extreme Formen annehmen. Ich werde niemals vergessen, wie ein kräftiger, rotbäckiger Mann vor Jahren in der Generalversammlung eines Angelclubs aufsprang und einen leidenschaftlichen Appell an Freiwillige richtete, alle Hechte im Vereinswasser zu liquidieren. Zum Glück für jene, die Freude am Hechtfischen haben, lassen sich Hechte nicht so leicht ausrotten.

Weniger heftig reagierende Angler kleiden ihr Vorurteil

in einen Schleier von Vernunft. Sie wollen den Hecht zulassen, weil er wohl das natürliche Gleichgewicht im Wasser erhält und verhindert, daß z. B. die Weißfische überhandnehmen und degenerieren. Das stimmt nicht überall, gibt es doch trotz der Hechte in manchen Gewässern Degenerationserscheinungen, während in andern zahlreiche gute Plötzen und Rotfedern auch ohne die Auslese von Hechten gedeihen. Der Hecht ist, das scheint die Wahrheit, nur ein untergeordneter Faktor in der Bewirtschaftung von leidlich großen Gewässern.

Am Ende spitzt sich die Diskussion auf die Frage zu, ob man eben gern auf Hechte fischt oder nicht. Wenn ich für mich selbst sprechen darf, so glaube ich, daß alle Plötzen, die geholfen haben, einen Zwanzigpfünder aufzubauen, ihr Leben für eine gute Sache hergaben. Wenn einer mehr an kleinen Weißfischen interessiert ist, so wird er dem nicht zustimmen. Es gibt kaum Hoffnung, daß die beiden Standpunkte sich jemals vereinen lassen.

Ganz sicher ist aber, daß der Hecht den meisten Anglern in unseren Breiten die Chance gibt, einmal einen wirklich kapitalen Fisch zu fangen. Denn der Hecht wird groß. Selbst in einem Dorfteich, wo das Durchschnittsgewicht vielleicht nur zwei Pfund ist, besteht immer die Möglichkeit, daß sich mal ein Zehnpfünder meldet. Befischt man einen großen See, hofft im Grunde unseres Herzens immer das Gefühl: Heute ist der Tag, und eben jetzt, da das Floß verschwindet, ist die Minute, die uns einen ungeheuren Hecht beschert. Ich möchte jedenfalls eher einen Rekordhecht fangen als den Rekord irgendeiner anderen Fischart brechen.

Es gibt viele, viele sagenhafte Hechte. Einige von ihnen gehören wohl ins Märchen. Andere verdienen mehr Glauben. So der Loch-Ken-Hecht, von dem berichtet wird, er habe 72 Pfund gewogen. *Dies und die folgenden Gewichte beziehen sich auf das englische Pfund = 454 g.* Als Beweis existiert noch der Riesenschädel dieses Ungeheuers. Ein Hecht aus dem Wittle See mit einigen fünfzig Pfunden, der gefangen wurde, als das Gewässer im 17. Jahrhundert trockengelegt wurde, ist ebenfalls wohlverbürgt. Der irische Rekordfisch ist über jeden Zweifel hinaus ein 53Pfünder, von J. GARVIN im Jahre 1920 im Lough Conn gefangen. Der englische Rekord, ein Fisch von 37,5 Pfund, wurde aus dem Hampshire Avon bei Fording Bridge geholt. Das war 1944, der Angler C. WARWICK. Einen schottischen Rekordhecht fing man mit 47,75 Pfund aus dem Loch Lomond 1945. Viele bundesdeutsche

Gewässer sind berühmt für kapitale Hechte. In jedem Jahr wird der Fang einiger Exemplare um die 20-kg-Marke gemeldet. In Dänemark fing ein Gastangler aus Flensburg einen Hecht von 26,5 kg. Die deutsche Rekordliste wird von Hechten mit 24,32 kg (Angelsee Wolfskehlen), 23,7 kg (Sieverscher Teich), 22,5 kg (Unterbacher See), 22,15 kg (Effenthaler Altrhein) angeführt. Eines Tages wird auch bei uns der langersehnte 25-kg-Hecht gelandet werden. Auch Österreich ist mit Hechten über 20 kg würdig vertreten; angeführt wird die Rekordliste von einem 23,5-kg-Hecht aus der Drau.

Während ich dies schreibe, ist mir klar, daß später oder früher eine wirklich große Auseinandersetzung die Angelwelt „erschüttern" wird, der Streit nämlich über die Frage des lebenden Köderfischs. Einige Angler sehen heute schon diese Praxis als grausam an und meinen, daß sie mit der Methode toter Fisch auf Grund überflüssig geworden ist. Solche Empfindungen sprechen für die Leute, die sie hegen, doch persönlich kann ich ihnen nicht folgen. Hier ist nicht der Ort, sich über die Ethik des Angelns zu verbreiten oder die Motive, die bewußten und unbewußten, zu untersuchen, die uns zu Anglern machen. Aber ich meine, man kann auch zu zimperlich sein in einem Sport, der, wenn wir es offen aussprechen wollen, nun einmal darin besteht, daß bei ihm Fische gefangen werden.

Was das andre Argument betrifft, so bin ich nicht ganz davon überzeugt, daß der tote Fisch als Köder allen Bedingungen gerecht wird, und bleibe dabei, daß der lebende bessere Chancen bietet, einen guten Hecht zu fangen, zumal in flacheren Gewässern.

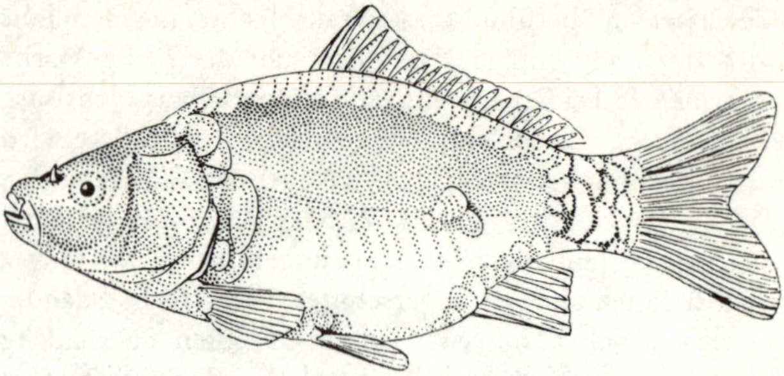

Spiegelkarpfen

Karpfen

Beginnen wir beiläufig mit der Karausche *(Carassius carassius)*. Sie ist so etwas wie eine „arme Verwandte" des Karpfens. Im allgemeinen wird sie nur als Köder- oder auch als dankbarer und zutraulicher Aquariumfisch gefangen. Sie bleibt klein. Als größte auf sportliche Weise gefangene Karausche ist ein Fisch von 2,41 kg aus der Eder bekannt geworden. Vom Karpfen unterscheidet sie sich u. a. dadurch, daß sie keine Barteln, aber einen charakteristischen schwarzen Fleck auf der Schwanzflossenwurzel hat.

Der Karpfen *(Cyprinus carpio)* hat einen dunklen Rücken. Die Farbe schwankt zwischen grau-grün und schieferblau. Die Flanken sind heller und wechseln zwischen blond und olivgrün mit einem Anflug von rosa. Sie schimmern metallisch. Der Leib ist gelb, orange oder kremfarben, die Schuppen irisieren perlengleich.

Der Rumpf ist breit, seitlich zusammengedrückt und im Querschnitt oval; der Rücken mit kräftiger Kurve vom Kopf ansteigend bis zum ersten Strahl der Rückenflosse. Diese Flosse ist lang und zieht sich fast bis zum Schwanzansatz. Hinter ihrer höchsten Spitze ist sie eingekehlt, die Flossenstrahlen stehen etwas heraus und die ersten 3 bis 4 Strahlen (Hartstrahlen) sind auf der Rückseite sägeartig gezackt. Die kurze After- und die großen und kräftigen Bauch- und Brustflossen sind hell wie der Leib und rötlich getönt oder gestreift.

Das Maul ist endständig mit dicken, lederartigen Lippen. Die vier Barteln sind recht auffällig. Zwei hängen von der Oberlippe, die andern sitzen im Maulwinkel. Der sogenannte Wildkarpfen ist durchgehend gleichmäßig beschuppt. Dadurch unterscheidet er sich deutlich von den Zuchtformen. Diese sind zudem gedrungener und schnellwüchsiger.

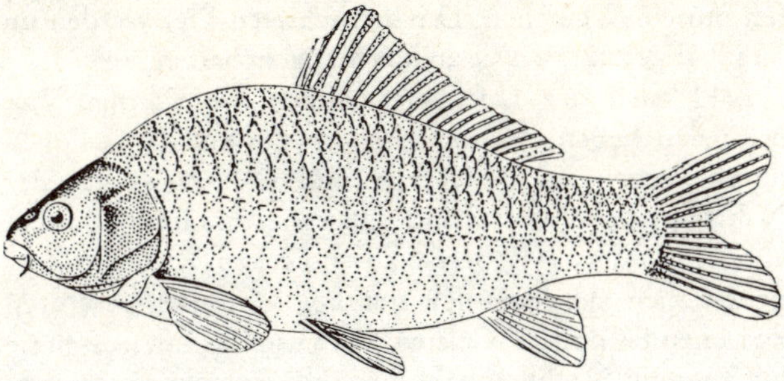

Schuppenkarpfen

So zum Beispiel der Lederkarpfen. Er hat fast gar keine Schuppen außer einigen einzelnen verkümmerten an der Wurzel der Schwanzflosse. Dafür ist seine Haut zäh und ledern. Seine Rückenflosse zieht sich nicht ganz so weit nach hinten. Er ist empfindlich gegen Kälte und gedeiht nur in warmen Zonen gut.

Der Spiegelkarpfen hat noch einige, meist übergroße Schuppen, unregelmäßig verteilt. Die Rückenflosse ist normal. Leder- und Spiegelkarpfen stammen oft von denselben Eltern.

Für den Angler sind die verschiedenen Arten des Karpfens insofern von Belang, als die Zuchtkarpfen schon im dritten Jahr fünf Pfund erreichen können, während der Wildkarpfen dazu fünf bis sechs Jahre braucht.

In fünfzehn Jahren bringt es ein Spiegelkarpfen auf dreißig Pfund, der Wildkarpfen auf kaum über die Hälfte. Durchschnittlich wird der Karpfen 40–60 cm groß. Richard Walker fing 1952 den britischen Rekordkarpfen von 44 lbs (fast 20 kg). Damals wurde dessen Alter auf fünfzehn Jahre bestimmt.

Karpfen halten sich vorwiegend in stehenden Gewässern auf und werden dort schwerer, wenngleich wir sie auch in unseren Flüssen fangen. Ihre Nahrung ist mannigfaltig. Sie besteht zur Hauptsache aus Zuckmückenlarven, Mikrolebewesen im Schlamm, aus Würmern, Krustentierchen und Plankton. Wo viel geangelt wird, stellt sich der Karpfen auch auf die angefütterten Grundköder ein, die er freilich meistens erst zu sich nimmt, wenn der Angler schon wieder daheim ist.

Karpfen, zumal in ihrer Jugend, schwärmen in Schulen umher; die älteren Fische dagegen neigen mehr zur Einsamkeit – außer in den Laichmonaten Mai und Juni. Dann scharen sich mehrere Männchen an und in den Krautbetten um ein Weibchen. Die befruchteten Eier werden im Kraut abgesetzt, wo sie an den Stengeln haften.

Bald nach der Laichzeit nehmen die Karpfen ihre normalen Lebensgewohnheiten wieder auf. In Gruppen durchkreuzen sie ihr Revier und sind meist auf der Nahrungssuche am Grunde, den sie mit ihren Barteln abtasten und nach Eßbarem abschmecken. Richtigen Appetit haben sie eigentlich nur bei Wassertemperaturen zwischen 16° und 21° Celsius. Mit Saisonbeginn fressen sie bei Tag und Nacht, sobald ihnen die Temperatur zusagt. Zum September hin ziehen sie gern in flacheren Stellen, wo die Morgensonne das Wasser erwärmt. Sobald im Oktober und November kälteres Wetter einsetzt, werden sie träge, bis der Frühling sie wieder munterer macht. Eine gar nicht so kleine Minderheit von Anglern hat sich auf den Karpfenfang im Winter spezialisiert. Es werden dabei auch in stehenden Gewässern bei regelmäßiger Anfütterung gute Ergebnisse erzielt. Der Karpfen beißt zwar vorsichtiger und nimmt auch kleinere Happen als im Sommer, aber er ist durchaus auch in der kalten Jahreszeit mit der Angel zu fangen. An Warmwassereinläufen von Kraftwerken beißt er natürlich besonders gut.

Ist es im Sommer sehr warm, so frißt der Karpfen nicht, sondern er sonnt sich im Flachen oder an der Oberfläche. Erst wenn es sich abends oder durch aufkommenden Wind abkühlt, spürt er wieder Appetit. Seine Beißlust ist abhängig von der eignen und der Größe des Gewässers. Sehr starken Einfluß hat der Wind darauf, zumal in tiefen Teichen oder Seen, wo das Beißen streckenweise gut, an andern Stellen ganz schlecht sein kann.

Köder

Es gibt eine Menge Köder, an denen Karpfen Gefallen finden und gefangen werden. Die hier folgenden sind erprobt und verläßlich. Als erstes nenne ich Weißbrot mit Kruste – ein Stück von der Dimension eines Golfballes ist nicht zu groß. Auch Teigfladen oder Kugeln aus Brotkrumen feucht geknetet sollten groß sein, dementsprechend die Haken Nr. 2, 4 und 6.

Zweitens Würmer. Ein ganzer Tauwurm oder ein Bündel kleinerer Rotwürmer oder Gelbschwänze an passenden Haken sind immer wieder gute Karpfenköder.

Drittens Kartoffeln, und zwar am besten neue in etwa Golfballgröße. Sie dürfen nicht zu weich gekocht sein, sonst halten sie den Wurf am Haken nicht aus, aber auch nicht zu hart, sonst mag sie der Karpfen nicht. Wir kochen sie als Pellkartoffeln, also in der Schale, fädeln sie auf die

Schnur mit einer Nadel, knüpfen den Haken an und schieben die Kartoffel die Schnur hinunter über den Haken. Dann ziehen wir die Haut teilweise ab.

Sehr gute Karpfenerfolge werden mit der schwebenden Weißbrotflocke erzielt. Mit ihr fischt man ohne Pose. Ein Bleischrot in entsprechender Größe sorgt für langsames Absinken. Das Blei landet auf dem Grund, der Köder schwebt durch seinen Eigenauftrieb für den Karpfen „mundgerecht" über dem Boden. Möchte man den Köder nur eben aufliegen lassen, so beschwert man ihn am Hakenschaft mit etwas Teig.

„Mundgerecht" für den Karpfen – schwebende Brotflocke

Gerät

Der Karpfen ist ein zäher, listiger und kampfstarker Fisch. Da er zwischen 1,5 und über 20 kg wiegen kann, muß die Rute auf einiges gefaßt und ziemlich kräftig sein. Die Aktion einer Karpfenrute sollte bis in den Griff gehen, so daß die ganze Länge mitdrillt. Die Fluchten eines starken Karpfens sind nicht mit einem „Besenstiel" zu parieren.

Was für eine Rolle man wählt, ist Geschmacksache. Oft muß man beim Karpfenfischen weit werfen. Dem dient am besten die Stationärrolle. Wer freilich mit der Achsenrolle (Nottingham) oder Multirolle richtig umgehen kann, bevorzugt diese, da sie beim Drill unmittelbaren Kontakt mit dem Gegner gewährt.

Die Schnur soll 3 bis 4 kg Tragkraft haben. Für besonders starke Karpfen kann sie auf 5 bis 6 kg hinaufgehen. Die geringeren Stärken nimmt man am besten monofil, die dickeren Schnüre vielfädig geklöppelt, weil sie geschmeidiger und weniger dehnbar sind und sich daher für weitere Entfernungen eignen (Anhieb!).

Viele Angler knüpfen den Haken direkt ans Ende der Hauptschnur, d. h. sie verzichten auf jedes Vorfach. Die Schnur nehmen sie zu Tarnzwecken gern wechselnd getönt (Regenbogen), wobei sie braune und grüne Farben bevorzugen. Doch hängt das von den örtlichen Verhältnissen ab.

Besondere Wurfgewichte oder Grundbleie sind entbehrlich, ja oft vom Übel. Der Köder ist schwer genug, ihn entsprechend weit zu werfen. Größere Wurfweiten lassen sich jedoch mit dem Ködergewicht allein nicht erreichen. Wasserlösliche PVA-Folie bietet aber die Möglichkeit, weit zu werfen und trotzdem mit unbeschwerter Angel zu fischen. Diese Folie dient normalerweise zum Verpacken giftiger Pflanzenschutzmittel und stark färbender Stoffe, die nicht mit der bloßen Haut in Berührung kommen dürfen. Die zum Angeln geeignete Folie ist leider kaum noch im Handel erhältlich. Im Wasser löst sie sich in 35 Sek. völlig auf. Als Wurfgewichte kann man Steine nehmen. Ein Stein wird in ein Stückchen PVA-Folie eingeschlagen und mit den überstehenden Folienenden an die Schnur geknotet. Nach dem Einwerfen der Angel löst sich die Folie auf, gibt den Stein frei, und die Schnur ist unbeschwert. Das Wurfgewicht ist verloren. Als verlorenes, sich selbst auflösendes Wurfgewicht eignet sich auch Würfelzucker. Wir fädeln die durchbohrten Würfel auf die Schnur. Im Wasser lösen sie sich in kurzer Zeit auf. Wo Grundbleie verwendet werden, sollten sie mit Wirbeln versehen sein. Sonst verdrehen sie die Schnur beim Wurf oder beim Absinken. Wer mit dem Floß fischt, nimmt Klemmschrote – neuerdings auch Glaskugeln.

Karpfen haben große Mäuler. Der Haken muß unbedingt so groß sein, daß er einen Köder hält, der massiv genug ist, den Aufmerksamkeiten kleinerer Fische zu widerstehen. Die Nummern 6 bis 2 sind üblich, und zwar solche mit kurzem Schenkel und weitem Rundbogen. Die Spitze muß haarscharf sein. Der erfolgreiche Karpfenangler hat immer einen kleinen Wetzstein bei sich.

Nimmt man ein Floß, so dient es nicht als Köderträger, sondern lediglich als Bißanzeiger. Es soll so leicht wie möglich sein und flach auf dem Wasser liegen, damit es die Schnur nicht zum Vibrieren bringt. Bei besonders sichtigem flachen Wasser bewährt sich die Wasserkugel. Die Angel ist gänzlich unbeschwert. Das nötige Wurfgewicht erhält man, indem man die Kugel soweit mit Wasser füllt, daß sie nur noch ganz wenig über die Wasseroberfläche schaut.

Der Kescher muß so groß wie möglich sein, dem zu fangenden Fisch angemessen, d. h. er braucht 60 cm Durchmesser und 120 cm Netzbeuteltiefe. Hälternetze werden beim Karpfenfischen selten benötigt. Der Fänger wird seine Beute allenfalls fotografieren, jedenfalls aber gleich nach der Landung wieder freilassen, wenn er sie nicht mit nach Hause nehmen will.

Wie fängt man ihn?

Das Karpfenangeln erfordert mehr als jedes andere Fischen sorgfältige Vorbereitung. Diese besteht nicht nur in der Wahl und Pflege des Geräts, sondern aus Anfüttern und Beobachten, d. h. einem sorgfältigen Studium des Gewässers und der dort befindlichen Fische. Viele Angler erbeuten zwar den einen oder andern Karpfen ohne jede Vorbereitung; aber sie selbst wären die ersten, zuzugeben, daß ihr Fang nur eine angenehme Überraschung war, willkommen, weil er überhaupt erst ihre Aufmerksamkeit auf die Reize und Tricks dieses Sports richtete. Und so ist ein solcher Zufallsfang schon oft der erste Schritt des Anglers auf dem Wege gewesen, ein leidenschaftlicher Karpfenspezialist zu werden.

Zunächst ist es erforderlich, die Wege zu erkunden, auf denen der Karpfen auf der Futtersuche reviert, und wenn möglich auch ihre Weideplätze zu erkennen. Dann müssen wir jene Stellen studieren, von denen aus wir fischen können. Am wichtigsten ist die Deckung gegen diesen so leicht Verdacht schöpfenden Fisch. Hat man einen solchen Stand gefunden, so muß er die Gewähr bieten, daß man von dort werfen und den Futterplatz der Karpfen erreichen kann. Und endlich muß man auch seinen gehakten Fisch landen können. Der Stand sollte also frei von Unterwasser- und Uferhindernissen sein. Denn jeder Karpfen, der etwas auf sich hält, wird sofort nach dem Anhieb auf Kraut oder Schilf lossteuern, um sich dahinein zu retten. Wo Krautbetten den Drill gefährden, muß man nicht unbedingt auf das Angeln verzichten; doch heißt es, sich vorher einen genauen Plan zurechtzulegen.

Hat der Angler seine Stelle gewählt, so muß er sich für einen Köder entscheiden. Beherbergt das Gewässer Rotaugen und andere kleinere Fische, so bietet sich, wie schon gesagt, die Kartoffel als Köder an, die von dem kleinen „Gemüse“ seltener attackiert wird. Nun wird die Stelle angefüttert, und zwar mit dem Angelköder mehrere Tage lang. Dadurch gewöhnt sich der Karpfen an das Futter und auch an die Futterstelle, die er nun vermutlich regelmäßig besuchen wird. Einige Angler füttern nur alle zwei Tage an, andre tun es jeden Tag. In jedem Fall muß es mehrmals geschehen, ehe sich der Karpfen daran gewöhnt. Dann lassen wir für 24 Stunden die Stelle ohne Futter. Am darauffolgenden Tag befindet sich unter dem Futter auch ein Brocken, in dem der Haken steckt.

Wir unterscheiden zwei verschiedene Angelweisen. Die eine sucht den Karpfen, der an der Oberfläche Nahrung aufnimmt, die andere wendet sich den Bodenfressern zu. Das Floßfischen kann man versuchen, aber nur wenige erfolgreiche Karpfenangler geben ihm eine Chance. Das Floß sollte, wie schon erwähnt, möglichst entfernt vom Köder flach auf der Oberfläche liegen und nur als Bißanzeiger dienen. Zeigt sich ein Biß, so warte man ruhig mit dem Anhieb, bis der Karpfen richtig abzieht. Das häufigere Verfahren, die Grundangelei, verzichtet auf jede zusätzliche Beschwerung des Köders. Hat er die Größe eines Golf- oder Tischtennisballes, so läßt er sich weit genug werfen und sinkt auch schnell genug ab.

Nun werfen wir also den Köder an die ausgesuchte Stelle und lassen die Schnur, ruht er auf dem Grund, schlaff durchhängen. Nach einem Weitwurf können wir sie wieder ein wenig anziehen, damit sie einigermaßen glatt auf dem Schlamm liegt. Die Rute haben wir auf zwei Gabeln gelegt, die eine unter dem Griff, die andere am untersten Leitring. Sie weist horizontal in Schnurrichtung auf das Wasser. Der Schnurfangbügel der Rolle bleibt offen, damit die Schnur freien Spielraum hat, wenn ein Fisch abzieht. Ein Teigkügelchen dient, auf die durchhän-

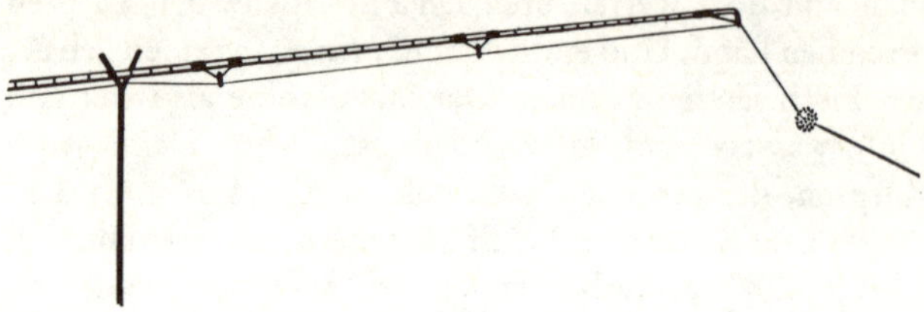

Teigkugel-Bißanzeiger

gende Schnur geklebt, als Bißanzeiger. Strafft sich die Schnur, so nehmen wir ganz vorsichtig die Rute auf, schließen den Fangbügel und schlagen mit einem weiten Schwung an, um so weiter, je entfernter der Köder liegt; denn der Anhieb muß ja viel Schnur bewegen und den Haken richtig in das zähe Maul des Karpfens treiben.

Die Spule unserer Stationärrolle ist, wie bekannt, mit einer verstellbaren Schleifbremse ausgestattet, die es dem kämpfenden Fisch erlaubt, Schnur abzuziehen, sobald eine hinreichende Spannung erreicht und die Rute voll in Aktion ist. Am ehesten ermüden wir den oft heftig davonpflügenden Gegner durch Seitenzug, der ihn auch am besten vor Krautinseln und andern Hindernissen abfängt.

An bundesdeutschen Gewässern geraten immer mehr Angler, mehr oder weniger zufällig, an den aus China eingeführten Graskarpfen. Der meist als „lebende Mähmaschine" eingesetzte Pflanzenfresser ist in größeren Exemplaren scheu und kampfstark. Zwar ist er überwiegend auf feine Pflanzenkost eingestellt, doch verschmäht er auch die üblichen tierischen Karpfenköder, ja selbst Fischbrut nicht. In der Bundesrepublik und im Nachbarland Österreich sind Exemplare zwischen 5 und 15 kg mit der Angel gefangen worden. Ins Netz gingen schon Graskarpfen von über 20 kg.

Das Fischen mit Oberflächenköder – meist Brotkruste – wird auf Karpfen angewendet, die man herumkreuzen sieht. Man kann sie durch eingeworfenes Brot heran- und an die vorher in Stellung gebrachte Angel locken. Eine sehr interessante Form des Treibangelfischens bietet sich gegen Abend an, wenn die andern Angler schon eingepackt haben und oft große Karpfen zum Ufer kommen, um dort die angeschwemmten Brotreste aufzuschnappen. Auch bei nahender Dunkelheit bemühe man sich noch um Deckung, die Rute ragt nur ein wenig übers Ufer, die Schnur hängt mit dem Köder senkrecht herunter, der Schnurfangbügel ist offen. Es ist ein sehr aufregendes Gefühl, wenn die Rückenflosse eines Kapitalen die das letzte Tageslicht spiegelnde Oberfläche furcht, sich nähert und wulstige Lippen schmatzend auftauchen, sich öffnen und über unserm Köder schließen. Vorsicht und Zurückhaltung beim Anhieb! Erst muß der Karpfen abtauchen.

Allgemeines

Von dem Rekordkarpfen Richard Walkers in England mit rund 20 kg war schon die Rede. Er fing ihn 1952. In seinen zahlreichen Aufsätzen über den Fang von Großkarpfen vertritt er die Auffassung, es gäbe Karpfen über 27 kg in britischen Gewässern.

Der deutsche Rekordkarpfen wurde im Jahre 1977 im Warmwasserhafen Stolzenau (Weser) gefangen, er wog 26,37 kg. Doch dürfte auch dies noch nicht der schwerste Karpfen sein, der in deutschen Gewässern lebt. Ein österreichischer Karpfen aus dem Wörther See (1974) wog 21 kg. Die „Schallgrenze“ von 20 kg wird in der Bundesrepublik jährlich mehrmals durchbrochen.

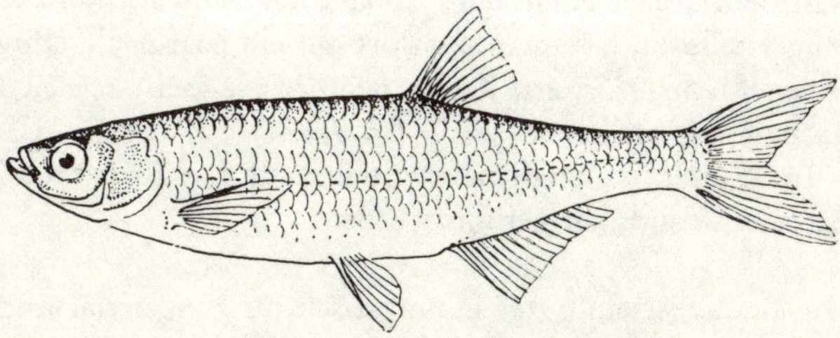

Laube

Die Laube, auch unter dem Namen Ukelei bekannt *(Alburnus alburnus)* ist ein Mitglied der Karpfenfamilie, der Cypriniden. Voll ausgewachsen erreicht sie eine Länge von etwa 20 cm, ihre Durchschnittsgröße ist 10 bis 12 cm. Ihre Farbe ist grün-blau-grau oder grau-grün auf dem Rücken und silbern an den Flanken. Sie ähneln einem kleinen Häsling in Form und Färbung, aber ihre Identität läßt sich leicht feststellen, indem man u. a. die Schwanzflossen vergleicht; die der Laube ist wesentlich länger.

Die Lauben laichen im Frühsommer wie auch die andern Cypriniden und heften ihre Eier an die Stengel von Wasserpflanzen. Wo sie auftreten, erscheinen sie in großen Schwärmen. Sie bevorzugen eine sanfte Strömung, leben aber auch in stehenden Gewässern. In stillgelegten Kiesgruben scheinen sie sich besonders gut zu entwickeln. Dort sind schon Stücke über 50 g gefangen worden.

Köder

Während der Sommermonate, wenn die meisten andern Fische schlecht beißen, schwimmen die Lauben in großen Schwärmen herum und revieren besonders an der Oberfläche, wobei sie ständig nach treibender Nahrung schnappen. So kann auch das Fischen mit der künstlichen Fliege auf sie sehr lebhaft sein, und da sind sie nicht wählerisch. Auch an die Made gehen sie gern, wenn sie wie eine künstliche Fliege angeboten wird. Das macht viel Spaß, besonders wenn man eine Imitation aus Plastik benutzt. Auch andere Köder, z. B. Brot, Käse, Hanfsamen werden genommen, aber die Made haben sie am liebsten.

Gerät

Eine sehr leichte Rute mit einer dünnen Nylonschnur ist am besten. Ein möglichst leichtes Floß – schon ein Streichholz genügt – ein winziges Spaltschrot und ein Haken Nr. 14 bis 16 vervollständigen das erforderliche Gerät.

Angelmethoden

Verwendet man die normalen Fischfangmethoden, ist es am besten, mit ein paar einzelnen Maden anzufüttern. Sehr bald werden die Lauben erscheinen. Der Schwimmer wird ganz flach eingestellt. Sobald der Schwarm an der Angelstelle ist, hält man ihn dort mit ein paar nachgefütterten Maden. Unsern Köder nehmen sie meist sogleich nach dem Einfallen.

Im Winter suchen sie tiefere Stellen auf. Der Köder muß dann in Grundnähe geführt werden.

Allgemeines

Die Laube ist ein guter Übungsfisch für Jungangler und Anfänger, ehe diese auch auf größere Beute ausgehen. Sie läßt sich leicht erbeuten, wenn man das entsprechend leichte Gerät und die angemessene Taktik hat. Es kommt beim Angeln nicht immer auf die Größe des Fisches an. Die Laube ist ein fängiger, wenn auch empfindlicher Köderfisch für Zander, Aal und ganz besonders Rapfen.

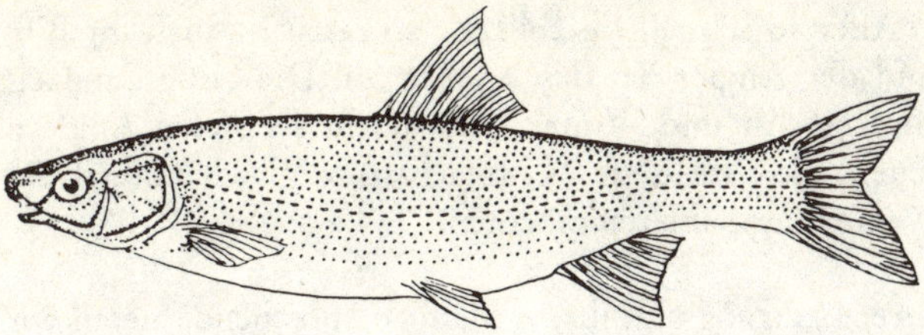

Nase

Die Nase *(Chondrostoma nasus)* ist nur einem Teil der deutschen Angler unmittelbar bekannt. Es gibt viele, die noch keine Nase gesehen, geschweige denn gefangen haben. Doch sollten sie einer begegnen, so wird ihnen sofort auffallen, warum die Nase so heißt. Der Fisch, der zu den Cypriniden gehört, hat einen vorgewölbten wulstigen Oberkiefer, während das Maul stark unterständig ist. Die Nase weidet Algen von den Steinen und schlürft Flohkrebse, Larven, Würmchen, Schnecken und andere Mini-Leckerbissen ein, die darin sitzen. Der Nasenhöcker gibt ihr Charakter, der wohlproportionierte Körper mit eiförmigem Querschnitt Eleganz, die hellroten Flossen, die silberweißen Flanken, der gelblich schimmernde Leib und der dunkelgrüne bis blaugraue Rücken verleihen ihr eine aparte Zeichnung.
Nase ist kein hervorragender Tafelfisch, es sei denn für den Huchen, der ihr manches kg Gewicht verdankt. In Huchengewässern verdient sie es daher, nach dem Fang zurückgesetzt zu werden, zumal es sich oft um große Mengen handelt, die der Angler erbeutet. Sie wird höchstens einen halben Meter lang und bis zu 2 kg schwer, aber eine 500 Gramm schwere Nase macht einem Angler schon viel Spaß, wenn sie aus der Tiefe eines Mühlenkolks heraufschimmert. Durchschnittlich wird sie 25–40 cm lang.

Standplätze

Ja, Nasen sind besondere Liebhaber der Wehrgumpen. Merkwürdigerweise kommen sie nur im Rhein-, Main- und Donaugebiet vor, was wiederum erklärt, daß nur die eine Hälfte der deutschen Angler mit Nasen zu tun hat.

Während sie gewöhnlich in der Äschen- und Barbenregion zu Hause ist, ziehen große Nasenschwärme, wo es ihnen möglich ist, zum Laichen von März bis Mai weiter stromauf. Nasen sind also Fische der Fließgewässer, wo sie sich bei klarem Wasser deutlich bemerkbar machen. Beim Abweiden des Grundes nämlich pflegen sie sich zu winden, und wenn die Sonne scheint, wirkt das „Nase-Drehen“ recht verlockend.

Aber so schnell sie „blitzt", so rasch ist auch ihr Biß, und der Angler hat das Nachsehen. Die beste Fangzeit sind Herbst und Winter. Das macht sie vielen Anglern teuer, die ihre neue Weihnachtsrute gleich einmal am Wasser ausprobieren möchten.

Köder

Ihrer Nahrung und ihrem Maul entsprechend, bieten wir ihr kleine Köder an. Es sind die üblichen Weißfischköder vom Würmchen zum Sprock, zur Made, zum Flohkrebs und Hanfkorn. Hauptsache, unser Zeug ist fein und der Nasenschwarm angefüttert (Weißbrot mit Haferflocken, mit Kieselsteinen verknetet). Das gilt für alle Schwarmfische, wenn wir nicht nur auf gut Glück angeln. Auch ein Sträußchen Fadenalgen am Haken wird empfohlen.

Gerät und Methoden

Der Laie wird sich jetzt sagen: Nasen fängt man am Grund. Und da sie launisch, listig und flink sind, brauchen wir ein Goldhäkchen Nr. 14 bis 18, ein dünnes Schnürchen 0,10 bis 0,15 mm, je nach Strömung, ein zartes Floß, schwache Beschwerung und eine ziemlich lange, aber leichte Rute. Etwa wie beim Rotaugenfischen. Die Nasenspezialisten legen besonderen Wert auf die Beschwerung. Sie halten das Floß „gespannt", d. h. stehend. Man nimmt Spaltschrote, die in Abständen so auf die Schnur gesetzt werden, daß sie bis auf eine Handbreit zum Haken hinunterreichen. Grund: der Köder soll nicht zu viel Spielraum haben, sondern jede Berührung weiterleiten. Wo keine Weitwürfe erforderlich sind – sie sind es manchmal bei flachen Kiesrinnen –, genügt eine einfache Achsenrolle.

Das Floß wird so gestellt, daß es noch steht, der Köder aber schon auf dem Grund liegt oder dicht darüber schwebt. An ruhigen Stellen empfiehlt sich die auf Seite 74 beschriebene Liftmethode. Wo die Strömung rascher geht, bedarf es einer etwas stärkeren Beschwerung. Das Floß wird beim Treiben zurückgehalten nach der „Grundschleifmethode", vgl. S. 123. Dabei schiebt die Strömung den Köder voran. In dem rascher bewegten Wasser faßt die Nase wohl auch kräftiger zu. Beim Angeln mit der Made, dem Sprockwurm, dem Hanfkorn – schnell reagieren! Beim Rotwurm und Gelbschwanz dürfen wir uns etwas länger Zeit lassen, zumal im Winter. Die Nase wehrt sich, wenn sie gehakt ist, als Grundbohrer etwas hartnäckiger als etwa der Häsling, der im Drill gern an der Oberfläche herumwirbelt, aber bald ermattet.

Der deutsche Rekordfisch dieser Art wog 2,675 kg und wurde in der Alz gefangen.

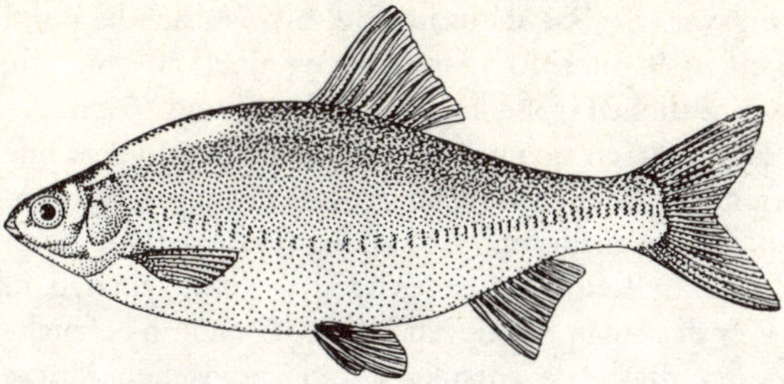

Plötze (Das Rotauge)

Die Plötze (das Rotauge) *(Rutilus rutilus)* erscheint nach Farbe und Form variabel. Ihr Rücken ist blauschwarz, blaugrau, blaugrün, graugrün, graubraun oder grün, die Flanken sind silbrig oder bronzen. Der silberfarbene Fisch ist häufiger, vielleicht weil alle jungen Fische diese Farbe haben, die gelbliche Tönung entwickelt sich mit zunehmendem Alter. Die Unterseite ist weißlich, cremefarben oder ledergrau.

Die Rückenflosse ist dunkler, gewöhnlich ist sie rotbraun, manchmal auch rotgestreift. Die andern Flossen sind rosa, können aber auch grau, karmesin oder gelb mit roten Streifen sein. Die Schwanzflosse wiederum ist ähnlich der Rückenflosse.

Die Körperform wandelt sich mit dem Alter. Junge Fische neigen zur Schlankheit und sind etwa spindelförmig. Einige behalten diese Eigenschaft ihr ganzes Leben, während andere einen hohen Rücken und tiefen Leib entwickeln. Wieder andre neigen dazu, breitrückig zu werden, und erinnern an den Döbel.

Es liegt nahe anzunehmen, daß die schlankeren Formen sich in schnellfließenden Gewässern halten, während ihre etwas plumpen und rundlichen Vettern in Seen und Teichen leben, doch wird diese Theorie nicht immer von den Tatsachen bestätigt. In manchen Gewässern findet man nämlich Plötzen von zwei verschiedenen Formen; die goldgeflankte mit tief hängendem Leib bewohnt dort die gleichen Strecken wie die schlanke silbrige Form. Das legt immerhin den Schluß nahe, daß die Unterschiede auf Erbfaktoren beruhen und nicht auf der Umwelt.

Die Wachstumsrate der Plötze ist sehr unterschiedlich. Sie ist z.B. dort recht groß, wo Fische bis zu 1,5 kg heranwachsen. Ein solches Gewicht können sie bei günstigen Futterverhältnissen mit 14 bis 15 Jahren erreichen. Das ist dann aber so ziemlich ihr Limit, und sollten sie älter werden, so setzen sie zurück. In Gewässern, wo die

Nahrungsverhältnisse schlecht sind, bleiben sie klein und erreichen in 9 oder 10 Jahren wenig über 20 cm. Die durchschnittliche Größe liegt zwischen 15 und 30 cm.

Plötzen kreuzen sich gelegentlich mit andern verwandten Arten, die in enger Nachbarschaft mit ihnen laichen. Eine solche Bastardierung ist zufällig und entsteht, wenn sich Fische am Rand der Laichschwärme vermischen, d. h. wenn Eier der einen Art durch Milch der andern befruchtet werden. Bastarde entstehen selten zwischen Plötze und Laube, dagegen häufig zwischen Plötze, Rotfeder und Brachsen.

Die Brachsen-Plötzenkreuzung nennt man auch den „pommerschen Brachsen". Früher hielt man sie für eine besondere Art. Heute weiß man, daß es ein Bastard ist. Im Erscheinungsbild steht sie zwischen der Plötze und dem Brachsen und kann dem einen oder dem andern Elternteil vorherrschend ähneln. Sie hat eine starke gegabelte Schwanzflosse und einen schleimigen Körper und kombiniert Tiefe des Leibes (Brachsen) mit der Rundung des Plötzenkörpers. Das bedeutet, daß sie durchaus über zwei Pfund wiegen kann.

Plötzenstellen

Es ist unmöglich, typische Stellen zu bezeichnen, denn die Plötze bewohnt Gewässer von sehr unterschiedlichem Charakter. Ihre Reviere sind so wechselhaft, daß man kaum von Standplätzen sprechen kann. Sie sind verschieden nach Gewässer und Jahreszeit. Immerhin läßt sich sagen, daß die Plötze zu festem Gewässergrund neigt und kiesige, felsige oder harte Tongründe den weicheren Schlamm- und Schlickböden vorzieht.

Dabei ist zu berücksichtigen, daß sie sehr gern Algen abweidet, die ihr überdies Deckung gewähren. Wo am Grunde Grünalgen sind oder am Rande Röhricht steht, fühlt sie sich wohl.

Was über ihre Bewegungen in den Jahreszeiten bekannt ist, wurde von Generationen von Anglern zusammengetragen, die im allgemeinen wissen, wo sie ihre Rotaugen zu verschiedenen Zeiten fangen. Warum sie hier- oder dorthin ziehen, ist nicht schwer einzusehen. Während der Monate April bis Juni, je nach der Strenge des Winters später oder früher, schwärmen sie an den verkrauteten oder verschilften Ufern entlang, kommen oft in ganz flaches Wasser und steigen in kleinere Bäche hinauf. In Seen und Teichen ist die Wahl beschränkt, aber auch dort steigt der Fisch aus den Tiefen.

Die Plötze laicht in Schwärmen. Es gibt keine sichtbare

Wahl des Partners, außer bei älteren Fischen, deren Schwärme ohnehin weniger zahlreich sind. Die Eier werden an Krautstengel geheftet und sich selbst überlassen. Im Juni sucht die Plötze im Fluß die rascheren Strömungen auf; jetzt steht sie in Ausläufen von Mühlschüssen, Kolken und schnellen Rollen, wobei sie immer noch das flachere Wasser bevorzugt.

Im Juli neigen die Schwärme mehr zum Aufenthalt in tieferen Rinnen, besonders zwischen Krautbänken. Sie bleiben gern am Strömungsrand, wo ihnen Nahrungsteilchen wie auf einem Fließband zugetragen werden. Setzt kälteres Wetter ein, schwimmen sie wieder mehr herum, stellen sich in tiefere Wasserschichten und verteilen sich über den ganzen Fluß. Sind die Krautbänke abgesunken, haben sich die Plötzen in der Tiefe eingerichtet, revieren aber viele Meilen am Tage, sobald sich ein Winterhochwasser ankündigt, unermüdlich nach Nahrung suchend. Ist Hochwasser eingetreten, so halten sie sich in den Randstreifen, Rückläufen und lassen sich auch auf überflutete Ufer zu allerlei Leckerbissen locken. Geht das Wasser zurück, so weiß der Fisch instinktiv, daß er ihm folgen muß. So ist er unterwegs, er jagt und wird gejagt, bis der Frühling kommt und die frischen Algen wieder wachsen und die Laichzeit andrer Fische Sonderrationen bringt.

Was frißt die Plötze

Im Frühjahr frißt die Plötze vor allem Grünalgen mit Kleintieren daran und eine Fülle von Insekten. Im Herbst, wenn die Nahrungsmenge geringer wird, muß der Fisch sich mehr bewegen und auf die Suche nach Flohkrebsen, Schnecken, Würmern und andern Nahrungstierchen gehen, die noch verfügbar sind. Manchmal muß er auch auf seine eigenen Fettreserven zurückgreifen. In ruhigem Wasser fallen Plötzen in eine Art Winterschlaf, aus dem sie erwachen, wenn die Temperaturen einmal ansteigen.

Köder

Hat die Plötze Appetit, so wird sie praktisch alles, was eßbar erscheint, fressen. Daher steht dem Angler eine reiche Auswahl von Ködern zur Verfügung, einschließlich kleinster Insekten, Maden und Tauwürmer. Maden sind universell und beliebt. Die Größe der Ködermade ist nicht von Bedeutung, wenngleich viele Angler die kleinen Maden lediglich zum Anfüttern nehmen. Nur die größten kommen an den Haken. Dabei ist darauf zu achten, daß die Made nur ganz vorsichtig eingehakt wird, damit sie lebendig bleibt und sich bewegt. Der Haken muß also sehr scharf sein und seine Spitze flach durch die zähe Haut am

Kopfe geführt werden. Man nimmt dafür die Nummern 16 bis 12 und steckt eine einzelne Made oder zwei auf. Manche nehmen auch ganze Bündel von drei bis fünf Maden an einem Zehner- bis Achterhaken und gehen sogar noch darüber hinaus, wenn die Plötzen mit kleineren Rationen nicht zufrieden sind. Beliebt sind auch gefärbte Maden, wie man sie im Laden kaufen, aber auch selbst einfärben kann. Als besonders fängig gelten gelbe, orangefarbene oder rote Maden. Leuchtendes Gelb, Orange und Rot erzielt man mit verschiedenen, im Handel erhältlichen Farbpulvern. Die beste Art Maden zu färben, ist jedoch das Färben des Futterfleisches. Bei kaltem Wetter sollte man sie warm halten, damit sie nicht bewegungslos werden. Ist es heiß, so müssen sie im Schatten bleiben, sonst verpuppen sie sich zu schnell.

Die braunen, ovalen Puppen sind selber ein ausgezeichneter Plötzenköder, zumal wenn die Fische an oder in der Nähe der Oberfläche Nahrung aufnehmen. Man bietet sie am besten auf dem Haken Nr. 12–14 an und steckt sie sorgfältig auf, sonst reißen sie. Die Plötze nimmt sie sehr vorsichtig, daher sollte man bei dem geringsten Zittern des Floßes anschlagen.

Es gibt mehrere Arten Sprockwürmer (Köcherfliegenlarven), und alle sind sehr gute Plötzenköder. Manche Angler lassen sie beim Aufstecken im Köcher, andre ziehen die Larve heraus, indem sie diese von rückwärts her zwicken. Sprockwürmer werden von den Plötzen behutsam genommen. Gelegentlich fassen sie auch kräftiger zu, und das Floß segelt unverkennbar davon. Sprock läßt sich schlecht längere Zeit aufheben. Die Gehäuse sollten immer im Wasser liegen und an einem kühlen Platz aufbewahrt werden. Ein guter Winterköder für Plötzen und andere Friedfische ist die sog. „Strauchmade", eigentlich keine Made, sondern die Raupe eines Kleinschmetterlings. Sie wird bei gelblichbrauner bis rosa Färbung etwas größer als die Fleischmade und überwintert im Mark des echten Beifuß *(Artemisia vulgaris)*. Der Beifuß wächst als Unkraut überall auf Brachland, Schutthalden, an Wegrainen, Mauern und Zäunen. Von Raupen befallene Beifußstengel zeigen Verdickungen und Löcher oder sind umgeknickt. Wenn man die Stengel spaltet, findet man die Strauchmaden in ihrem Freßgang.

Der Universalköder Wurm ist auch für Plötzen gut, doch hängt viel von der Laune des Fisches ab, welche Sorte er gerade bevorzugt. Tauwürmer, Rotwürmer und Gelbschwänze sind die anerkannten Favoriten und können entweder ganz oder in Stücken serviert werden. Die kleineren Würmer läßt man am besten ganz, es sei denn, man merkt, daß die wählerische Plötze nur auf kleine Stückchen aus ist. Die Größe des Hakens hängt von den Umständen ab. Kleine Haken halten den Köder weniger gut, und eine Größe von 8 bis 10 ist gewöhnlich für alle außer den ganz großen geeignet. Der Angler sollte sich allerdings nicht davor scheuen, auch diese Köder zu verwenden; dann greift er zum Haken Nummer 6 oder gar 4, wenn er z. B. das Bodenblei verwendet.

In Anbetracht der vielseitigen Verwendbarkeit von Teigködern ist es überraschend, daß sie meistens oder immer erst an zweiter Stelle nach den Würmern oder Maden genannt werden. Richtig dargeboten, fangen sie Plötzen ebenso gut, bringen oft bessere Fische und sind viel leichter am Haken zu befestigen als Würmer oder Maden und schließlich auch billiger. Zunächst kann man das Weizenkorn, die Grundlage aller Mehlköder, als Ganzes verwenden. Man muß freilich erst kochen, bis die Hülle platzt. Für Weizen sind Hakengrößen 10 bis 14 geeignet. Mehr oder weniger stark ausgemahlenes Mehl läßt sich zu Teig kneten, der ebenfalls ein guter Plötzenköder ist. Paste aus Brot (Weißbrot, Brötchen) ist dem Mehlteig ähnlich, kann aber fester geknetet werden. Dazu verwendet man einen Laib Brot, der mindestens einen Tag alt ist, frisches Brot ist ungeeignet. Die Brotkrume wird in ein sauberes Tuch gehüllt, und die Ecken des Tuches werden zusammengelegt, daß eine Art Beutel entsteht. Darin kneten wir es, während das Tuch einige Augenblicke in Wasser getaucht wird, bis es gleichmäßig durchfeuchtet ist. Die Ansichten der Angler differieren, welche Festigkeit die Paste braucht. Einige bevorzugen eine Paste, die vom Haken fällt, wenn man den Köder wieder einholt, andre geben Mehl dazu oder sogar Watte, um ihn haltbarer zu machen. Manche würzen oder färben sie mit Honig, Zucker, Anis oder andren Duftstoffen und Backmitteln.

Normalerweise formen wir den Teig- oder Pastenköder in erbsengroße Stücke und drücken sie um einen Haken Gr. 10, aber Angler, die auf große Plötzen aus sind, nehmen Portionen bis zur Kirschengröße. Häufig sind die Fische freilich wählerisch. Dann wird ein winziges Kügelchen aus Teig oder ein Brotkrümel, auf die Spitze eines winzigen Hakens gespießt, Wunder wirken. Wer mit Brot-„Flokken“ fischen will, nehme nur ganz frisches Brot ohne Rinde. Etwas Krume wird auf die Hakenbiegung gedrückt und bleibt dort haften. Die Ränder der Flocke sollten nicht geglättet werden. Sie quellen im Wasser, Teile bröckeln ab und treiben mit der Strömung: ein einfaches Mittel, die Fische anzufüttern und herbeizulocken. Man achte darauf, daß der festere Kern der „Flocke" nicht die Hakenspitze umhüllt; es würde einen erfolgreichen Anhieb beeinträchtigen. Ein guter Köder ist ferner die äußere Rinde eines Weißbrotes. Die Hakenspitze führen wir durch die Kruste und wieder durch die Krume zurück.

Trockenes Brot, in Würfel von etwa 6 mm Kantenlänge geschnitten, ist ebenfalls, zumal im Winter und zu Beginn der Saison, brauchbar. Der Haken wird so in den Würfel eingeführt, daß sich die Spitze nicht zeigt, aber dicht unter der Oberfläche sitzt. Der Würfel fällt leicht vom Haken; dennoch sollte man es einmal mit ihm versuchen.

Käse ist ein besonders guter Köder. Geeignet sind alle Sorten, die sich zwischen den Fingern und dann um den Haken kneten lassen wie Paste, und sie werden die Plötze oft verlocken, wenn kein anderer Köder Erfolg hat. Man kann Käse auch mit Teig oder Paste vermischen.

Wir kommen zur Grünalge. Das sind diese grünen Fadenalgen, die wir an Pfählen, Mauerwerk und Steinen finden. Sie sind ein guter Plötzenköder in der frühen Saison, ehe sich die Fische wieder ins tiefere Wasser zurückziehen. Plötzen fressen diese Algen vermutlich mit, wenn sie daran Kleintiernahrung suchen. Der Haken wird einfach durch die Algen hindurchgezogen, so daß einige Streifen daran hängen bleiben. Die wickelt man dann um den Schenkel oder die Hakenbiegung, damit sie besser haften.

Nun zum Hanfsamen. Man kocht ihn vorsichtig, bis sich die Hülse spaltet und der weiße Kern erscheint. Auf den Haken steckt man ihn, indem man die Hakenbiegung in den Spalt der Samenhülse drückt. Wir verwenden kleine Haken, Nr. 14 bis 10.

Ich zähle noch eine Reihe weiterer Plötzenköder auf: Fliederbeeren, die man (ungekocht natürlich) wie Hanfsamen benutzt, Flohkrebse, in der Rückenkrümmung gehakt, Weichtiere wie Muscheln und Schnecken. Stark aufgekommen ist die Verwendung von Mystic und Fantastic aus der Tube, eine klebrige Masse als fängiger Zusatzköder für Maden. Spezialisten angeln mit dieser formbaren Masse, die es in verschiedenen Farben gibt, auch pur. Dann kommen noch Holzwürmer, Käfer, Motten, Raupen, Blutegel und Wasserläufer in Frage; sehr gut sind auch Wespenlarven, gekochte Kartoffeln, Makkaroni – sie alle sind zeitweise brauchbar. Es kommt sehr darauf an, wie man sie serviert.

Grundköder zum Anfüttern

Grundköder fertigt man am besten aus im Wasser aufgeweichtem Brot. Wir kneten es zu einem Teig, geben Haferflocken, Kleie oder Zwiebackkrümel dazu, wenn es fester werden soll. Grundköder gibt es auch fertig zu kaufen. Das Geheimnis des erfolgreichen Anfütterns ist: wenig und oft.

Den Köder, den man für den Haken nimmt, wirft man bröckchenweise ebenfalls ein, um anzufüttern. Madenangler bedienen sich oft des Futterkorbes; das ist ein Netz oder ein Drahtkorb, in dem Grundköder in die Strömung gesenkt wird, die ihn allmählich durch die Maschen bzw. Stäbe spült. Man muß darauf achten, nicht zu viel anzufüttern, daß der Fisch immer noch bereit bleibt, nach dem eigentlichen Angelköder zu suchen.

Wichtig ist auch, den Köder so einzuwerfen, daß er die richtige Stelle am Grund erreicht. In stehenden Gewässern sollte man nur sehr sparsam anfüttern, weil der am Boden liegenbleibende Köder in ein oder zwei Tagen sauer werden und die sonst günstige Stelle verderben kann.

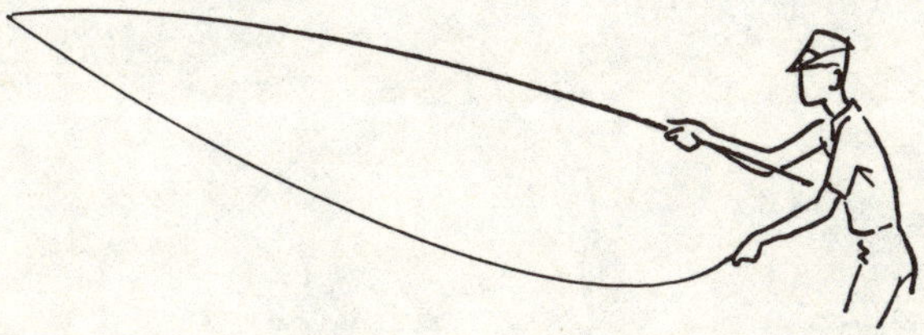

Auswerfen mit Rute ohne Rolle

Gerät

Die einzige allgemeine Feststellung, die man über Plötzenruten machen kann, ist, daß sie so leicht wie möglich sein sollen. Rute und Schnur müssen natürlich zusammenpassen. In vielen Gewässern muß man sich nach den Ufer- und Strömungsverhältnissen eher als nach der Größe der Fische richten.

Immer häufiger sieht man an bundesdeutschen Gewässern bei den Rotaugenanglern überlange Matchruten. Während diese Ruten ursprünglich vorwiegend für Wettkampfangler gedacht und konzipiert waren, sind die langen ringlosen Stippen heute schon zur Gewohnheit geworden. Sie werden im allgemeinen ohne Rollen geführt. Aktion, Länge und die Geschicklichkeit des Anglers parieren den Fisch. Mit derartigen Ruten erfordert das Landen und Keschern des Fisches eine besondere Technik. Die Länge dieser teuren Wettkampfruten schwankt zwischen sechs und zehn Metern, im Extremfall sogar bis 15 Meter. Selbstverständlich stellen diese Längen auch besondere Ansprüche an das Rutenmaterial. Darum wird Kohlefaser bevorzugt.

Angelmethoden

Die meisten Plötzen der Saison fallen zweifellos dem Floßangler zur Beute. Seine Methode richtet sich vorwiegend nach der Tiefe und der Wasserströmung. Der Angler studiere daher genau sein Gelände.

Das allerbeste Verfahren ist, den Köder langsam sinken zu lassen. Das bewährt sich zumal in stehenden oder langsam fließenden Gewässern bei besonders leichtem Gerät. Als Floß genügt eine vier bis sechs Zoll lange Stachelschweinpose mit zwei oder einem leichten Schrot-

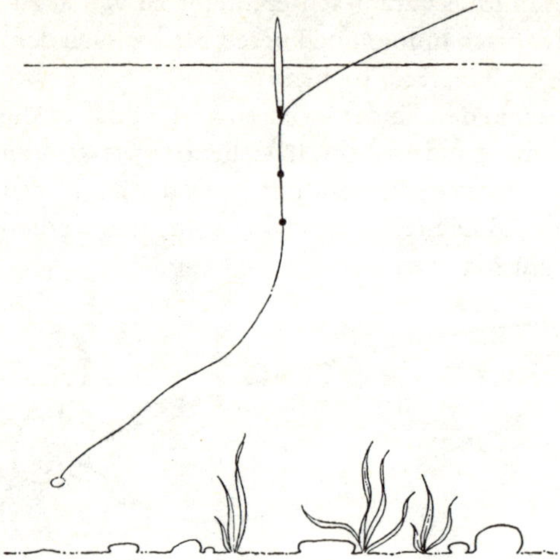

Ein langsam sinkender Köder. Die Beschwerungsbleie sitzen dicht unter dem Floß

körnchen, um sie zum Stehen zu bringen. Die Spaltschrote setzen wir immer ziemlich nah an das Floß heran, damit der Köder selbst langsam sinkt. Wo weitere Würfe nötig sind, befestigt man das Floß nur mit seinem unteren Ende an der Schnur, damit sich der beköderte Haken beim Auswerfen nicht so leicht daran verfängt. Dasselbe gilt auch für die Methode der Treibangel. In vielen Gewässern muß der Angler den Anhieb beim geringsten Zittern des Floßes setzen. Um die Tiefe, in der die Plötze beißt, zu ermitteln, probiert man so lange mit dem Verstellen des Floßes, bis man die ersten Fische gefangen hat.

Bei heftigerer Strömung nehmen wir eine etwas größere Pose oder setzen einen Korken darauf. Die Beschwerung richten wir so ein, daß unser Floß nur wenig über einen

Zentimeter über die Oberfläche herausragt. Muß man weiter in die Strömung hinauswerfen, bedarf es ebenfalls eines größeren Floßes und entsprechender Beschwerung.

Gewöhnlich wirft man seine Angel aus und läßt sie 12 bis 15 Schritt abwärts treiben, ehe man sie wieder einholt. Wichtig ist: Das Floß darf dem Köder keinesfalls voraustreiben. Daher wird die Schnur ein wenig gebremst, wenn sie abzieht. Auch kann man mit der Rute mitgehen. Der Köder treibt in leichter Kurve in der gewünschten Tiefe voraus. Manchmal ist es auch gut, das Floß eine Weile anzuhalten, damit der Köder etwas ansteigt, was neugierige Fische nicht selten anlockt. Beißt einer, so geht das Floß meistens deutlich unter. In stark befischten Gewässern allerdings sind die Fische gewitzt, und der Angler muß bereit sein, auch bei schwachem Zupfen anzuschlagen. Läßt man seine Angel weit abtreiben, muß die Schnur gefettet sein, damit sie nicht versinkt und ein rascher Anhieb möglich ist.

Bisher haben wir vom Treiben des Köders gesprochen. Wo er über den Grund *schleifen* soll, wird das Floß entsprechend verschoben. Dabei heißt es aufpassen, daß er nicht hängenbleibt, was oft aussieht wie ein Biß, aber keiner ist. Nach dem Auswerfen bremsen wir das abtreibende Floß die ganze Angelstelle hinunter. Dabei darf der Köder aber keine unnatürlichen Bewegungen machen, sondern nur dem Floß voraus über Hindernisse gespült werden. Diese Methode erfordert beträchtliche Übung und Geschicklichkeit, ist aber recht wirksam und fängt die größeren Plötzen.

Werden diese Treib- und Schleifangelmethoden verwendet, achte man darauf, daß die Schnur zwischen Rute und Floß stets gestreckt bleibt, damit jederzeit der Anhieb – auch auf größere Entfernungen – erfolgreich gesetzt werden kann. Oft gibt es durch Strömung und Wind Buchten und Schleifen in der Schnur; die müssen dann durch Rutenbewegungen korrigiert werden. Floß und Köder dürfen freilich in ihren natürlichen Bewegungen möglichst nicht behindert werden.

Die Grundangel mit Floß

Sie ist für ruhige oder träge fließende Gewässer geeignet. Zuerst wird die Tiefe ausgelotet und das Floß um etwa 30 cm tiefer gestellt. Dadurch ruht die Beschwerung am Boden und das Floß „liegt“. Doch brauchen wir nur die Schnur etwas anzuziehen, und schon richtet es sich auf und steht schräg. Hauptvorteil dieses Verfahrens: die Bleibeschwerung liegt auf dem Grund verborgen, wäh-

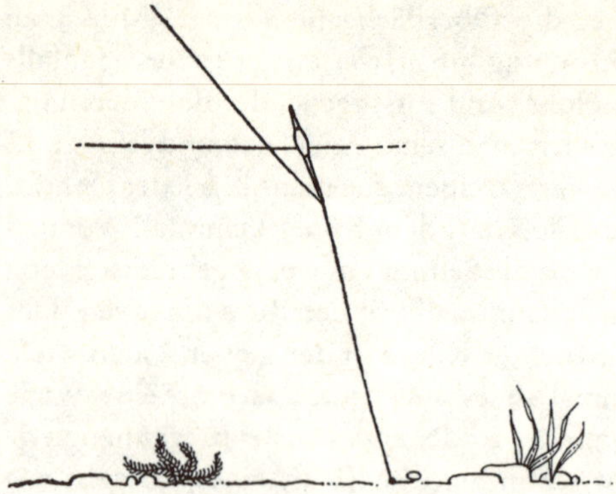

Grundangel so eingestellt, daß sie den sog. Liftbiß registriert. Das Floß ist nur am unteren Ende mit der Schnur verbunden. Beim Biß hebt es sich aus dem Wasser heraus und „fällt um"

rend der Köder 30 oder 60 cm davon entfernt ist. Der Fisch wird weniger leicht vergrämt und nimmt den Köder unbefangen auf, wobei das Floß deutlich reagiert. Diese Methode ist besonders geeignet, wo die Plötzen scheu oder lustlos sind. Die Grundangel mit Floß, auch Auflegersystem genannt, wird durch eine durchbohrte Bleikugel beschwert. Man stoppt sie etwa 40 cm vom Köder entfernt durch ein einzelnes Spaltblei. Beißt ein Fisch, so kann die Schnur durch die Bohrung gleiten, ohne merklichen Widerstand zu leisten.

Die Treibgrundangel

Sie ähnelt dem auf S. 123 beschriebenen Schleifverfahren und wird in rascher fließenden Strömungen benutzt, um tiefe Rinnen und Kolke auszufischen. Das Floß stellen wir wieder tiefer als der Grund ein. Zur Beschwerung dient ein kleineres durchbohrtes Blei, doch ist nun ca. 30 cm darüber ein weiteres Spaltschrot angebracht, um den Schnurspielraum zu begrenzen. Wir werfen die Angel schräg abwärts und halten sie mit der Rute überall an, wo wir Fische vermuten.

Die Grundangel ohne Floß

Hierzu verwendet man ein durchbohrtes Blei, durch das die Schnur beim Biß gleitet, oder den gleitenden Senker (s. Barbe). Etwa einen halben Meter über dem Haken setzen wir ein Klemmschrot. Die Länge des Vorfachs hängt von den Verhältnissen ab. Bei stehendem oder langsam fließendem Wasser wählen wir eine möglichst geringe Beschwerung. Wir lassen den Köder am Grunde liegen. In flachem Wasser kann der Angler beobachten, wie der Fisch ihn aufnimmt, und entsprechend anschlagen. In größeren Tiefen oder Entfernungen muß er auf Bewegungen der durchhängenden Schnur achten. Bisse markieren sich deutlicher, wenn wir die Schnur unterhalb der Rutenspitze mit einem kleinen Stanniolstreifen oder einem Teigkügelchen versehen.

Bei rascheren Strömungen arbeitet die Grundangel mit gespannter, nicht durchhängender Schnur. Bisse werden dann durch das Zucken der Rutenspitze oder ein Rucken der Schnur gemeldet, die wir in der Hand halten. Für das Grundangeln mit gespannter Schnur verwenden wir birnenförmige Bleie mit eingesetztem Wirbel. Im starken Strom greifen wir zu flachen Grundbleien, die nicht so leicht mitgerissen werden.

Nicht verkehrt ist es manchmal, wenn das Rundblei über dem Grundkies ins Rollen kommt. Hier brauchen wir wieder einen Wirbel, damit sich die Schnur beim Abrollen nicht verdreht. Das Rollsystem erlaubt ein besonders gründliches Abfischen einer tieferen Flußstrecke.

Alle bisher beschriebenen Grundangelmethoden werden stromab gefischt. Neuerdings sieht man sie auch von einigen Anglern stromauf angewendet. Doch bedarf es dafür besonderer Übung, zumal beim Erkennen eines Bisses.

Flugangeln auf Plötzen

Es wird nicht häufig angewendet, kann aber bei hellem Wetter und Wasser sehr wirksam sein, wenn die Fische hoch stehen. Passend ist ein leichtes Forellengeschirr und eigentlich jede Kunstfliege, wenn sie nicht zu groß ist. Bei schnelleren Strömungen empfehlen sich buschige Hechelfliegen, auf stehenden oder langsam fließenden Wassern sind die geflügelten Muster besser. Ein recht feines, verjüngtes Vorfach ist zu empfehlen, und die Fliegen wählen wir in Größen zwischen 12 und 14. Oft steigt die Plötze nach der Trockenfliege, ohne sie wirklich zu nehmen. Ja, sie wälzt sich auch darüber, ehe sie danach schnappt. Dann ist die Naßfliege besser. Man führt sie dicht unter der Oberfläche, am besten ist es, wenn sie langsam absinkt*.

Allgemeines

Die deutsche Rekord-Plötze wog 6,25 kg und wurde aus der Weser gefangen. Das Gewicht ist aber absolute Spitze, denn Fische von 1,5 kg gelten bereits als ganz kapital und werden selten erbeutet.

* Ausführliche Anweisungen bei V. BATES: Flugangeln auf Friedfische. Paul Parey, Hamburg und Berlin

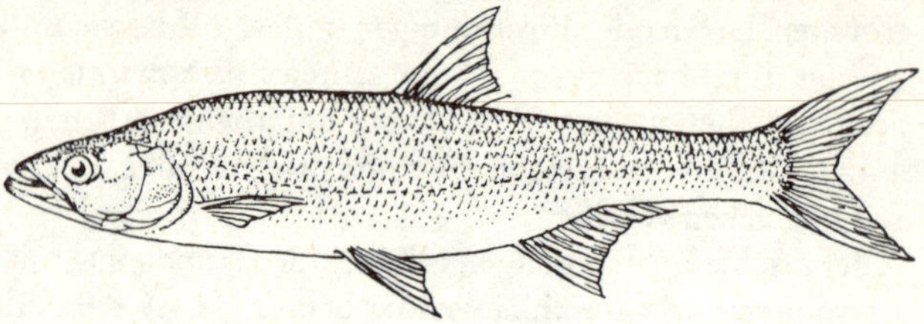

Rapfen

Der Rapfen *(Aspius aspius)* heißt in Süddeutschland und Österreich Schied. Die Herkunft des Namens ist zwar nicht ermittelt, doch deutet das Wort Raap oder Rape, wie der Fisch an der Oder heißt, auf das englische „rape", gleich Raub. Er ist in der Tat äußerst raublustig und macht keinen Hehl daraus, denn er jagt seine Beute, meist Lauben (Ukelei) und andere Oberflächenfische, für den Angler deutlich sicht- und hörbar. Vielleicht hängt der Name auch mit englisch „rap" (niederdeutsch rappeln, Rappel) zusammen, was „klopfen" bedeutet, denn es klopft und klatscht erheblich, wenn er im Raubschuß und Sprung den Wasserspiegel in Scherben schlägt. Sehr hübsch hat HANS KÖSTER ihn daher den Wasserspiegelfechter getauft und geschrieben, man finge ihn am besten mit dem Feldstecher. So ist er aus der Art geschlagen, denn seine Sippe, die Cypriniden (Karpfenartigen), sind ja – abgesehen vom Döbel – im allgemeinen friedfertige Gesellen.

Schon am Maul erkennt man seinen räuberischen Charakter. Er kann es weit aufreißen; der Unterkiefer ist kräftig und erinnert an den Zander; der Rapfen hat aber keine Fangzähne wie dieser. Dafür kräftige Schlundzähne. Die Gestalt verrät den guten Schwimmer, er ist schlank und muskulös. Der Rücken blaugrün, die Flanken silbern mit bläulichem Schimmer, der Leib weiß und gerundet. Seine ziemlich großen Flossen sind orange bis rötlich.

Rapfen laichen unterschiedlich zwischen April und Juni. Der männliche Fisch hat dann einen körnigen Laichausschlag. Es soll Rapfen bis zu 30 kg schwer gegeben haben, womit sie also zu den Größten ihrer Sippe gehören, durchschnittlich wird er aber 40–60 cm lang. Sein Fleisch ist grätig, wird aber hier und da geschätzt, doch ist der sportliche Wert des Fisches höher als sein wirtschaftlicher.

Standorte und Verbreitung

Der Rapfen bewohnt die Barbenregion der Flüsse, und zwar sind es vorwiegend die großen Ströme Elbe, Oder, Donau und ihre Nebenflüsse, in denen er heimisch ist. Buhnen scheinen speziell für ihn gebaut, denn er schätzt die raschen Strömungen und Strudel an den Buhnenköpfen, steht gern hinter Wehren und überall dort, wo es turbulent zugeht. Das hindert ihn nicht, auch in trägen Gewässern wie etwa der Spree zu kapitalen Exemplaren heranzuwachsen, und ansehnliche Exemplare werden in den Seen um Berlin, in Oberbayern und im Salzkammergut gesichtet und erbeutet. In Strecken, die ihm zusagen, jagt der Rapfen häufig in kleineren Rudeln zu vier bis zehn Partnern, zumal im Frühjahr – eine Jagd, die sich durch die Luftflucht eines entsetzt auseinanderspritzenden Ukeleischwarmes ankündigt und in wilden Verfolgungssprüngen und heftigen Schwanzschlägen der Räuber gipfelt. Wie sehr der Rapfen die Gesellschaft von Artgenossen liebt, dafür zwei Beispiele. An sieben Angeltagen in vier Wochen erbeutete ein Angler an der Oberelbe an ein und derselben Stelle 162 Rapfen, und ein Berufsfischer fing mit dem Elektrogerät an der Vilsmündung auf einen Schlag 70 Rapfen, darunter 10-kg-Exemplare.

Köder

Wenngleich der Rapfen auch Pflanzennahrung zu sich nimmt und Kleinkost – Fröschchen, Larven, Heuschrekken, Fliegen, Motten, Käfer und dergleichen – nicht verschmäht, ist sein Fang mit dem natürlichen Köderfisch oder einer entsprechenden Nachahmung stilgerecht, reizvoller und erfolgreicher. Denn es kommt darauf an, daß man ihm den Köder da serviert, wo er reviert, d. h. wo man ihn mit einem raschen und meist weiten Wurf erreicht. Reizvoll ist auch das Angeln mit auffälligen künstlichen Fliegen, trocken oder naß gefischt, wenngleich die Autoren darin übereinstimmen, daß in den großen Flüssen die leichte Spinnangel geeigneter sei.

Rapfenblei

Als Köderfische eignen sich besonders Lauben, weil sie gewöhnlich zur Oberfläche streben. Auch der Fetzenköder soll ergiebig sein. An Spinnern werden Mepps 2 bis 3 empfohlen, sowie kleine Blinker, Pilker und Devons. Wobbler sind gut, sofern sie sich weit werfen lassen und schwimmen.

Speziell auf die Raubgewohnheiten des Rapfens zugeschnitten ist ein sehr fängiger Köder, das Rote Rapfenblei. In Ungarn ist dieser in Form und Anwendung ungewöhnliche Köder stark verbreitet. „Fisch und Fang" testete das Rapfenblei mit Erfolg in deutschen Gewässern, beispielsweise in der Elbe bei Geesthacht. Bei dem Köder handelt es sich um ein 5–7 Gramm schweres tropfenförmiges rotes Blei mit einer Öse am spitzen und einem beweglich montierten Drilling am stumpfen Ende. Der Köder, der sehr schnell mit erhobener Rutenspitze eingeholt werden muß, läßt sich gut werfen.

Gerät Der Sportangler kann gerade beim Fischen auf den Rapfen den Reiz erhöhen, indem er das Geschirr so leicht wie möglich wählt. Zwar kämpft der Rapfen wild im Drill, doch besteht weniger Gefahr, daß er forciert werden muß, denn er „rennt“ sich nicht am Grunde fest. Hauptsache, die Bremse der Rolle funktioniert gut und wir haben genug Schnur auf der Trommel. Wir empfehlen die Stationärrolle, zugleich aber, darauf zu achten, daß die Schleifbremse weich genug eingestellt ist und die Trommel mindestens 100 m monofiler Schnur mit 0,25 mm Querschnitt hält. Ein Extravorfach ist vom Übel, eine Bleibeschwerung überflüssig, es sei denn, man angelt mit sehr leichten Schaumstoffluren oder Haarfliegen, die ein zu geringes Eigenwurfgewicht haben. Hierfür wird auch vielfach die Wasserkugel genommen, doch ist sie problematisch, wo die Rapfen besonders scheu sind. Als Rute bietet sich eine leichte Hohlglasgerte mit Spitzenaktion an. Wo Rapfen in hinreichender Nähe rauben, genügt auch die Wurfweite der reinen Flugangel, am besten mit einer Torpedo-(Keulen-)Wurfschnur. Besonders befriedigend ist dann der Wurf schräg stromauf mit der Trockenfliege. Damit sind wir schon bei den

Angelmethoden Wie schon angedeutet, ist das Angeln auf den raubenden Rapfen vorwiegend Augensache. Und zwar nicht nur beim Angler, der die Schrift lesen können muß, die in den Wasserspiegel geritzt oder geschlagen ist. Er sieht und beobachtet nicht nur seinen Gegner, sondern dieser auch ihn. Der Rapfen, der den Angler mit seiner blitzenden Gerte wahrgenommen hat, läßt sich kaum etwas anmerken – außer dem einen: er fährt nach wie vor zwischen die Futterfische, umgeht aber höflich, was ihm der Angler vorsetzt. Dann ist die lebendige Laube an der frei in der Strömung treibenden Schnur noch am günstigsten.

Beim Fischen mit dem Kunstköder achte man vor allem auf deckenden Hintergrund. Die Laube wird mit einem zu ihrer Größe passenden Einfachhaken Nr. 8 bis 2 angeködert. Beim Angeln im See auch am Drilling durch den Ansatz der Rückenflosse. Der Streit, ob der Einfachhaken bei der Lippenköderung durch Ober- oder Unterlippe gehen soll, ist wohl dahin entschieden, daß man ihn am besten durch beide sticht, d. h. durch die Oberlippe hinein und aus der Unterlippe heraus. Wer seine Schnur mit der

Laube
Alburnus alburnus 12–15 cm

Nase
Chondrostoma nasus 25–40 cm

Häsling
Leuciscus leuciscus 20–25 cm

Döbel
Leuciscus cephalus 30–40 cm

Laube gut zu führen versteht, sie durch Anhalten, Lenken, Nachgeben zum Spielen bringt, genießt, ohne störendes Floß oder Blei, einen eleganten Sport. Beißt ein größerer Rapfen, so läßt man ihn abdrehen – sofern er uns den Gefallen tut –, bis er stehenbleibt; dann schlägt man an. Bei den meist erheblichen Schnurlängen, die oft draußen sind, ist es nicht leicht, den Haken richtig zu setzen. Er muß – hier besonders – scharf geschliffen sein. Eher faßt der dünndrahtige Drilling des Spinners oder eines Haarschweiftauchers. Natürlich wird beim Kunstköder nicht mit dem Anhieb gewartet, es sei denn den Augenblick, den der Rapfen zum Abdrehen braucht. Auch hier ist man freilich nie sicher, daß er den Spinner nicht einfach im Drill wegschleudert, denn die Haut seines Maules schlitzt ähnlich wie die des Zanders leicht aus. Rapfen auf Verdacht anzugehen, d. h. ohne daß sie sichtbar rauben, lohnt sich nur, wenn man ihre Reviere kennt. Die Führung des Kunstköders sei möglichst „natürlich". Das heißt, er soll schnell eingeholt werden, um einen flüchtenden Kleinfisch vorzutäuschen, doch lehrt die Erfahrung, daß ein müde taumelnder Lederlappen oder Schaumstofftaucher gerade einen mißtrauischen Großrapfen eher zum Biß verleitet. Selbstverständlich, und das geht aus den Bemerkungen über seine Gewohnheiten hervor, sind alle Köder flach zu führen, flach, das heißt ein bis drei Handbreit unter der Oberfläche oder sogar an der Oberfläche.

Elbangler haben erprobt, daß an den Buhnenköpfen vorwiegend kleinere Rapfen bis zu 1,75 kg stehen. Die Schweren lauern weit vom Ufer entfernt in der allerschärfsten Strömung. Kompakte Pilker bis zu 30 g ermöglichen die nötigen Wurfweiten von über 50 m. Eingeholt wird der Köder so rasant, selbst gegen die reißende Strömung, daß er über die Wasseroberfläche hüpft. Die allergrößten Rapfen packten zu, ließ man den Pilker tief absinken und anschließend zur Oberfläche hochsausen.

Allgemeines

1977 wurde ein Rapfen von 6,5 kg im Chiemsee, 1969 einer von 6,25 im Ammersee und 1973 ein 8,4 kg schwerer im Pichlinger See/Österreich gefangen.

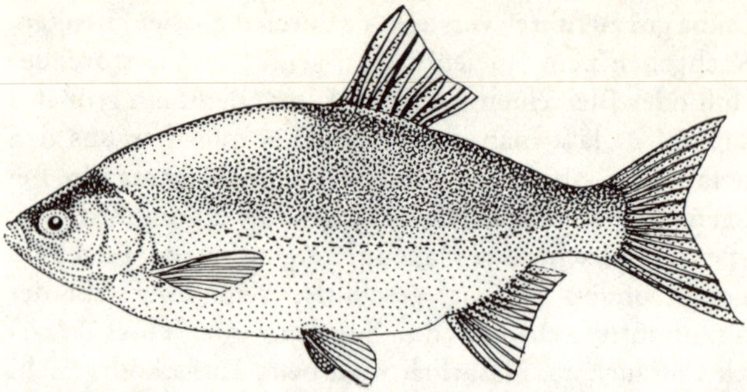

Rotfeder

Die Rotfeder *(Scardinius erythrophthalmus),* niederdeutsch Roddow, hat einen grünbraunen, graubraunen, grünblauen Rücken. Die Flanken sind hellgelb beim Jungfisch, werden später messingfarben und nehmen schließlich einen metallisch rotgoldenen Glanz an. Der Leib ist cremefarben, gelb, mattweiß, und Rücken- und Afterflosse sind blutrot oder rosa; bei manchen Fischen gelb oder gelbrot gestreift. Der Schwanz ist orange oder rosa mit grauen oder braunen Streifen. In einigen Gewässern sind die Jungfische silbrig wie die Plötze und ihre Farben im Alter weniger golden. Manche Rotfedern erscheinen im Wasser und wenn sie gelandet werden bläulich, was ihnen den Namen „Blaufeder" eingetragen hat. Aber sie sind keine besondere Art.

Der Körper des erwachsenen Fisches ist seitlich zusammengedrückt, der Rücken hoch und der Leib voll und gerundet, zwischen Bauchflossen und Afterflosse kielförmig. Das Maul steht schräg nach oben, der Unterkiefer ragt stark hervor, ein Zeichen, daß die Rotfeder ihre Nahrung gern von der Oberfläche nimmt. Die Vorderkante der Rückenflosse steht merklich hinter dem Bauchflossenansatz und zeigt beim erwachsenen Fisch nach hinten.

Rotfedern sind oft unterschiedlich gefärbt. Die gelbflossigen findet man in den gleichen Gewässern wie die rotflossigen, ein Zeichen, daß die Abweichungen auf erbliche Faktoren zurückzuführen sind.

Auch das Wachstum ist sehr unterschiedlich. Das liegt an ihrer Fruchtbarkeit. Rasch können sie ein Gewässer übervölkern und sich gegenseitig die Nahrung wegfressen. In günstigen Verhältnissen wachsen sie allerdings schneller als die Plötze, erreichen im ersten Jahr 5 und im zweiten 10 cm Länge. Im dritten Jahr werden sie mit 15 bis 18 cm laichreif, mit fünf erreichen sie die 500-Gramm-Marke. Die Durchschnittsgröße beträgt 20–25 cm.

Rotfedern vermischen sich gelegentlich mit Plötzen

oder Brachsen. Die daraus entstehenden Bastarde geben dann Anlaß zu falschen Einschätzungen, wenn es sich um die Feststellung von etwaigen Rekordfischen handelt.

Gewöhnlich denkt man bei Rotfedern an Fische, die in Seen und Teichen zu Hause sind, doch kommen sie auch in Flüssen vor, wo sie die langsameren Strecken und stillen Kolke bewohnen. Dort sind sie gewöhnlich nicht kleiner als ihre Artgenossen in stehenden Gewässern, wenngleich die ganz Großen immer noch in Seen und Talsperren registriert werden. Dort gedeihen sie besonders gut, wenn die Nahrung reichlich und das Wasser alkalisch mit gutem Pflanzenwuchs ist. Leider vermehrt sich die Art so zahlreich, daß sie in manchen Gewässern verkümmert. Wenn man sie aber ausfischt und anderswo einsetzt, so wachsen sie wieder besser, und auch die Zurückbleibenden werden größer. Seen und Teiche mit geringer Nahrung kann man durch Zusatz von Kalk „düngen". Die Rotfeder frißt neben ihrer Kleintiernahrung auch zarte Wasserpflanzen, ist also im gewissen Sinne auch ein Pflanzenfresser, wenn auch längst nicht so ausgeprägt wie der Graskarpfen.

Dort, wo es gute Rotfedern gibt, stehen auch gute Hechte. Um Übervölkerung zu verhüten, werden deshalb Hechte in solchen Gewässern eingesetzt, ein Verfahren, das Beachtung verdient. Vielleicht hilft auch der Besatz mit Zandern, die nicht minder räuberisch als der Hecht sind und eher noch aktiver.

Rotfedern sind vorwiegend Oberflächenfresser und halten sich in geringeren Tiefen auf, wenngleich sich die älteren Exemplare ihre Nahrung lieber am Grunde suchen, wo sie eine solidere und abwechslungsreichere Kost finden. Die Schwärme, in denen sie auftreten, bestehen aus Fischen aller Größen, wobei sich die älteren und größeren gern in der Mitte halten. Meistens revieren oder stehen sie zwischen den Wasserpflanzen, kommen aus der Tiefe oder wandern zurück, je nachdem was für ein Wind herrscht oder wie die Wassertemperatur ist. Sie scheinen sich lieber im ruhigeren Teil eines Sees aufzuhalten, wo sie keine Wellen stören und die Wassertemperaturen durcheinanderbringen.

Rotfedern laichen zwischen Mai und Juni in den Krautbetten. Oft findet man sie noch Mitte Juni voll Laich, und die geringste Berührung ihrer Flanken genügt dann, daß Rogen oder Milch austreten. Gegen den Herbst läßt ihr Appetit nach. Im Dezember fallen sie in eine Art Winterstarre, aus der sie allenfalls an sonnigen Tagen vorübergehend erwachen.

Köder

Für Rotfedern gilt dasselbe wie für Rotaugen, was die Köder betrifft, mit denen man sie fängt. Zu den gängigsten gehören die Brotpasten und Krusten, Würmer, Maden, Larven, natürliche und künstliche Fliegen.

Der Brotflockenköder (vgl. Plötze) besteht aus der weichen Krume eines frischen Weißbrots. Wir drücken sie auf den Haken, wobei die Ränder unregelmäßig bleiben, oder wir kneten ihn und führen dann den Haken ein. Langsam sinkend gefischt ist er ausgezeichnet.

Brotkruste läßt sich über Nacht pressen, wenn man sie vorher in heißem Wasserdampf aufgeweicht hat. Am Morgen schneidet man sie in passende Stücke. Größen von ½ bis ¾ cm sind ausreichend. Auch altes Brot läßt sich in Würfel schneiden und an Haken Nr. 10 bis 12 besonders in mitteltiefem Wasser anbieten.

Recht gut sind auch alle Pasten aus Mehl, zumal wenn man geriebenen oder gekneteten Käse zusetzt.

Eine einzelne Made, leicht auf einen Haken Nr. 10 bis 12 gesteckt, wird oft gute Fische bringen. Doch wo es sich um große Exemplare handelt, dürfen wir auch mehrere anbieten. Maden sollten möglichst langsam absinken.

Blutwürmer (rote Zuckmückenlarven) sind besonders gute Köder, müssen aber an kleinen Haken serviert werden (18–20). Auf Grund oder zwischen Wasserpflanzen angeboten, fangen sie prächtig. Rotwürmer und Gelbschwänze sind ebenfalls verführerisch. Den Wurm fischt man langsam auf den Grund sinkend, wenn man große Rotfedern fangen will.

Madenpuppen sind wie alle anderen Puppen von Kleininsekten nützlich, wenn sie an der Oberfläche präsentiert werden.

Kleine Blutegel fangen auch gut, müssen aber sorgfältig geworfen werden, sonst fallen sie vom Haken. Desglei-

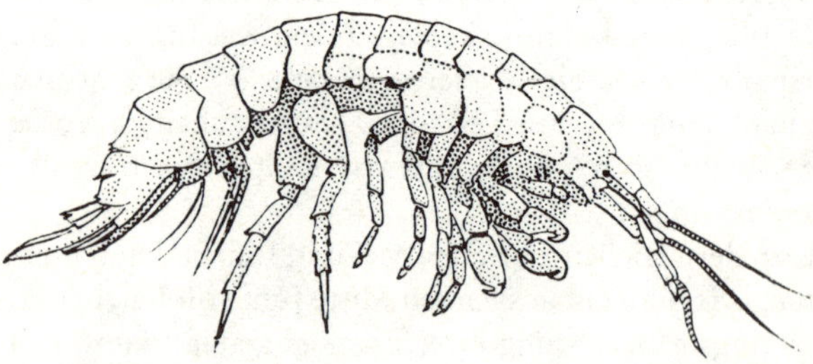

Flohkrebs, stark vergrößert

chen junge Wasserschnecken und – Flohkrebse. Sie müssen allerdings durch den Rücken gehakt werden, damit sie sich lebhaft bewegen können. Unfehlbar können fliegende Ameisen sein, wenn sie gerade über dem Gewässer schwärmen.

Zum Anfüttern nehmen wir am besten geriebene Krümelköder aus Brot oder Zwieback. Diese erzeugen im Wasser ein Art Futterwolke. Auch ein Stück Brot, an einen Stein gebunden und auf den Grund geworfen, lockt Fische aus der Nachbarschaft heran.

Eine Kombination aus Anfütterungs- und Fangköder besteht aus schwimmender Brotkruste, die man in Panierkrümeln gewälzt hat. Die Krümel lösen sich im Wasser ab, während die Kruste schwimmt. Sie bilden eine sinkende Futterwolke, während die Kruste am Haken auf besonders kapitale Rotfedern wartet.

Mit Anfüttern sollte man sehr sparsam sein, zumal in stehenden Gewässern. Während des Angelns ist es ganz nützlich, dann und wann ein paar Stückchen des Hakenköders einzuwerfen.

Gerät

Rotfedern fangen wir an der gleichen Rute wie die Plötze. Allerdings sind in den meisten Gewässern ziemlich weite Würfe erforderlich. Dafür brauchen wir eine Rute mit durchgehender Aktion, und die Stationärrolle ist geeigneter. Die Schnur sollte eine Tragkraft von 3 Pfund haben, wenn nicht Wasserpflanzen stärkere Reißfestigkeit erfordern. Gelegentlich läßt sich der Fisch nur auf ganz feines Geschirr ein, und wir müssen auf 1000 bis 500 Gramm Tragkraft zurückgehen.

Schwimmer: In vielen Gewässern wird die Stachelschweinpose bevorzugt, doch werden auch Korken, Balsaholz und Wasserkugeln verwendet, wenn man größere Entfernungen überwerfen muß. Dann sollte das Floß gut sichtbar sein.

Die Bleischrote zur Beschwerung verteilen wir auf die obere Hälfte der Angel zwischen Floß und Haken. Wo man weiter werfen muß, sollte wenigstens ein Schrot tiefer sitzen, damit Haken und Köder nicht beim Wurf zurückbleiben und sich um das Floß schlingen. Die Wasserkugel gleitet frei beweglich an der Schnur und wird nur durch ein kleines Spaltschrot davon abgehalten, zu tief zu rutschen. Die Wurfschnur muß natürlich gut schwimmen und daher gefettet werden.

Angelmethoden

Die bei weitem beste Form, auf Rotfedern zu fischen, ist an oder wenig unter der Oberfläche. In Seen wachsen die Wasserpflanzen weiter draußen bis dicht unter der Oberfläche hoch, am Rande liegen ihre Blätter meist auf dem Wasser. Danach richtet sich oft die Standhöhe der Rotfedern. Die stärkeren Exemplare revieren über den tieferen Pflanzen und kommen erst in der Dämmerung in Ufernähe. Am leichtesten entdeckt man jene, die nach Insekten „steigen". Wo das nicht der Fall ist, und wo der Angler über die Boden und Krautverhältnisse weiter draußen nicht informiert ist, muß er größere Strecken durch Fächerwürfe absuchen, bis er einen Schwarm gefunden hat.

Hat er Glück und sieht er den Schwarm, empfiehlt es sich, ihn zu überwerfen und das Floß vorsichtig heranzuziehen. Das verscheucht die Fische weniger, als wenn man die Angel genau in den Schwarm setzt. Stehen sie tiefer, so verschwindet das Floß beim Biß unverkennbar. Doch fassen sie unter der Oberfläche zu, so segelt es meist seitwärts weg. Beim Anhieb muß man oft eine Menge Schnur bewegen, was ihn verzögert. Daher empfiehlt sich auch keine zu kurze Rute.

In großen Seen ist das Fischen vom Boot aus beliebt, besonders in flachen Gewässern. Dort ist es üblich, das Boot zwischen zwei Rudern festzulegen, die man in den Grund drückt, einige Bootslängen von den Kanten der Schilfwälder entfernt. Man wirft die Angel von außen an die Rohrgrenze. Sieht man keine Fische, so bindet man ein paar Brotstücke an einzelne Rohrhalme, fährt vorsichtig wieder hinaus und hofft, die Lockspeise wird einen Schwarm anziehen.

Das Anfüttern in flachen Seen ist problematisch, wenn es dort Wassergeflügel gibt. Sobald man größere Mengen von Grundködern einwirft, erscheinen die Vögel noch vor den Fischen. Sie tauchen und machen sich über das Futter her, und nichts kann einen schönen Angelmorgen so gründlich stören wie diese Bläß- und Teichhühner, denen wir unser Feld räumen müssen. Daher immer sparsam anfüttern und am besten mit Futterwolken arbeiten, die nicht massiv genug sind, um ungebetene gefiederte Gäste anzuziehen.

Rotfedern haben eine besondere Vorliebe für Fliegen, naß oder trocken gefischt (vgl. S. 125). Die nasse Fliege ist durchweg erfolgreicher. Leichtes Forellengeschirr reicht aus, sofern man damit einigermaßen weit werfen kann; eine verjüngte Schnur ist nicht erforderlich. Bei der Trockenfliege muß sie natürlich schwimmen. Bei der nassen erhöht sich die Wirkung, wenn man zusätzlich eine Made an den Haken hängt oder diese durch ein Stückchen weißen Stoff oder Ziegenleder imitiert. Fast jede kleine Fliege ist geeignet, wer sich aber seine Fliegen selber macht, sollte von vornherein einen Schnipsel weißes Ziegenleder einbinden.

Fliegen können auch von der Stationärrolle serviert werden, wenn man mit einem Floß oder mit der Wasserkugel über der Fliege fischt. Wird sie ein wenig beschwert, so fliegt sie besser und verhängt sich nicht so leicht an der Wasserkugel. Beim Naßfischen heißt es auf die Schnur achten, wenn man einen Biß sehen will. Das erfordert gute Augen und Erfahrung.

Allgemeines

Die meisten für die Rotfeder geeigneten Gewässer beherbergen Exemplare von 1 bis 1,5 kg, doch sind diese alt und klug geworden und sehr schwer zu fangen. Der deutsche Rekord steht bei einem Fisch von 2,7 kg, 1976 in der Weser bei Nienburg gefangen. Gerade bei dieser Art besteht freilich die Gefahr, daß schwere Fische als Rotfedern ausgegeben werden, die in Wirklichkeit Kreuzungen sind.

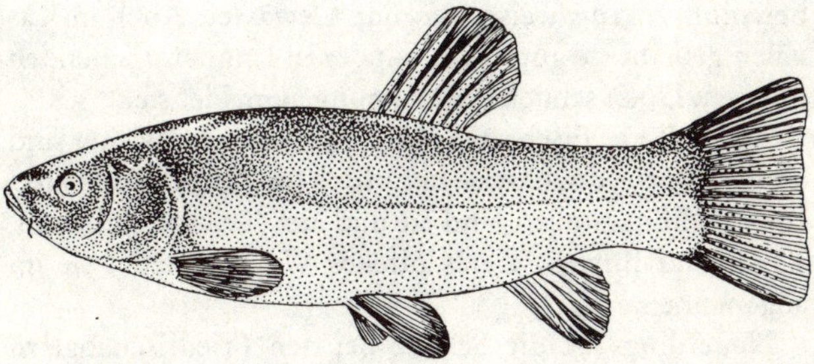

Schleie

Die Schleie *(Tinca tinca)* läßt sich von allen Friedfischen am leichtesten identifizieren. Sie mag je nach ihrer Umgebung in der Farbe ein wenig variieren, doch hat sie gewöhnlich einen dunkelgrünen Rücken, der an den Flanken in einen grünlichen Bronzeton übergeht, und einen helleren Leib. Alle ihre Flossen sind sanft gerundet, die Augen bemerkenswert klein, und winzige Schuppen, tief in die Haut eingebettet, geben ihr sozusagen einen glanzledernen Schimmer.

Die Haut bedeckt eine dicke Schleimschicht zu ihrem Schutz, eine Eigenschaft, die einen alten Aberglauben entstehen ließ, der die Schleie mit dem Titel Doktorfisch versah. In vergangenen Tagen wurden nämlich diesem Schleim Heilkräfte gegen manche menschlichen Gebrechen zugeschrieben, ja, man bildete sich ein, andere Fische rieben sich an den schleimigen Flanken der Schleie, um Krankheiten und Verletzungen zu kurieren. So meinte man in jenen Zeiten, daß selbst der hungrigste Hecht niemals eine Schleie verschlänge, eben weil sie als „Arzt" so nützlich sei. Der Gegenbeweis zu dieser Behauptung ist längst angetreten, denn es sind Schleien im Magen gefangener Hechte gefunden worden, wenngleich nicht gerade häufig. Vielleicht liegt das an ihrer guten Tarnfarbe.

Ihr Wachstum wird durch verschiedene Faktoren bestimmt; dazu gehören die Art des Gewässers, seine Lage und sein Futterreichtum. Ein anderer Faktor sind ihre Erbanlagen; denn viele Schleien, die man jetzt zum Besatz verwendet, stammen aus Züchtungen, die ein schnelleres Wachstum haben. Im allgemeinen läßt sich sagen, daß große Gewässer mit guten Krautbeständen die größten Schleien hervorbringen. Die normale Schleie braucht etwa fünf Jahre, um ein Gewicht von zwei Pfund zu erlangen, in sieben oder acht Jahren erreicht sie drei Pfund, und in etwa zehn Jahren kann sie in die Fünfpfundklasse aufsteigen. Die Durchschnittsgröße beträgt 30–40 cm.

Die Schleie oder der Schlei, wie man gelegentlich sagt, bewohnt vorzugsweise stehende Gewässer. Auch in Kanälen gedeiht sie gut, nicht minder in langsam fließenden Flüssen. Doch schnellere Strömungen meidet sie.

Zwar gibt es Fischarten, die noch weiter verbreitet sind als die Schleie, doch ist sie in Europa fast überall zu Hause. Ihre Lieblingsstellen sind in und um Teichrosenbetten, Kraut und Binsen. Tiefes offenes Wasser meidet sie im allgemeinen.

Neuerdings ist die Schleie bei den Friedfischanglern sehr beliebt geworden, und mehr und mehr Angelverbände besetzen geeignete Gewässer mit diesen zähen und leicht transportierbaren Fischen, die sich bald heimisch fühlen und zu einer lohnenden Größe selbst dort heranwachsen, wo andere Fische nur Kümmerformen bilden.

Interessant ist, daß die Laichzeit der Schleie sich über einen längeren Zeitraum erstrecken kann als bei den meisten andern Friedfischen. Man hat sie schon früh im Mai laichreif gefunden und manchmal erst im September. Das hängt vermutlich von der Wassertemperatur ab und wechselt auch je nach der Lage, doch scheint die übliche Laichperiode zwischen Mai und Juni zu liegen.

Der weibliche Fisch legt seine Eier in die Pflanzen der wärmeren flachen Zonen, wo sie von den verhältnismäßig zahlreicheren männlichen Partnern befruchtet werden.

Eine Menge von dem so auf gut Glück deponierten Rogen wird von anderen Fischen gefressen, aber die befruchteten Eier, die überleben, schlüpfen schon nach etwa sieben Tagen.

Wenngleich unser Fisch auch in mittleren Wasserschichten nach Nahrung sucht und manchmal sogar an der Oberfläche, lebt er vorwiegend von Nahrung, die er vom Grunde aufnimmt oder aufwühlt, und dort wird auch jeder Angelköder am erfolgreichsten sein.

Die natürliche Kost der Schleie besteht aus Insektenlarven, Würmern und Wasserschnecken. Ein Lieblingsbissen sind die sogenannten Blutwürmer (Rote Zuckmükkenlarven). Sehr oft verrät sie ihre Gegenwart durch zur Oberfläche aufsteigende Gasbläschen, ein Zeichen, daß sie im Schlamm nach Nahrung wühlt. Zu solchen Zeiten hat sie leider kein Interesse an andern Ködern, die ihr der Angler bieten mag. Auch Wasserschnecken sind ihr sehr willkommen. Oft beobachten wir geradezu heftige Bewegungen von Schilfhalmen. Dort sind Schleien auf der Nahrungssuche.

Wann die Schleie frißt, ist nicht vorherzusagen. Manchmal fastet sie offenbar lange Zeit, doch dann frißt sie wieder gierig und kann verhältnismäßig leicht gefangen werden. Sie scheint besonders dem Einfluß wechselnder Wassertemperatur unterworfen zu sein, hat nur Appetit innerhalb eines verhältnismäßig engen Grenzraumes und zeigt wenig Interesse an Ködern, wenn das Wasser unter 13 und über 21 Grad warm ist.

Ihre Abneigung, bei kühlen Temperaturen zu fressen, verkürzt die Angelsaison. Sie dauert nämlich nur von Anfang Mai bis Ende September. Mit dem Beginn der kühlen Monate sinken die Schleien in einen halben Winterschlaf und graben sich in den Schlamm, wo sie bewegungslos verharren. In Flüssen bleiben sie beweglicher, wo man sie sogar während der kalten Jahreszeit fängt, doch lohnt es auch dort kaum, ausdrücklich auf sie zu fischen. Einige Autoren berichten allerdings, sie hätten noch bei Wassertemperaturen bis zu zwei Grad Schleien in nennenswerter Anzahl gefangen. Übereinstimmend betonen sie: Genaue Kenntnis der Standplätze ist das Wichtigste beim winterlichen Schleienfang. Wasserpflanzen, versunkene Äste, ausgewaschenes Wurzelwerk von Uferbäumen bieten gute Unterstände. Der Schwimmer muß sehr leicht sein, da die Fische jetzt behutsam anfassen. Kleine Rotwürmer sind fängig.

Vom Standpunkt des Anglers ist die Schleie also vorwiegend ein Sommerfisch. Dennoch schätzt sie helles Sonnenlicht keineswegs. Bei klarem Wetter sucht sie Schatten und zeigt geringes Interesse an unserm Angebot. Daher sind die Stunden vor Sonnenaufgang und die Zeit vor der Dunkelheit zum Angeln am günstigsten. Bei trübem Wetter wird die Schleie auch am Tage dann und wann fressen, sofern es nicht zu kalt ist, aber im ganzen sind doch die Dämmerungsstunden am günstigsten.

Köder Es gibt drei Köder, die erfolgreich auf Schleien sind: Würmer, Maden und Weißbrot. Auch an andern Ködern lassen sie sich zeitweise fangen, doch wenn die drei versagt haben, sind die Aussichten mager.

Am meisten schätzen sie offenbar Würmer, und der beste ist ein großer, lebendiger Tauwurm. Er ist groß genug, auch die größte Schleie zu verlocken, und zu groß, um unerwünschte kleine Gäste zu interessieren.

In einigen Gewässern, wo reichlich mit Weißbrot angefüttert wird, gewinnt die Schleie auch daran Geschmack und zieht es jedem andern Angebot vor. Ist der Grund des Gewässers sauber, nehmen wir Weißbrot in Form von Paste, ist er bewachsen, greifen wir zu einem Würfel Brotkruste. Dieser Köder hat Auftrieb und verschwindet weniger leicht im Schlamm oder in den Grundalgen.

Maden sollte man versuchen, wenn die Schleie weder Wurm noch Brot nimmt; das ist der Fall, wenn sie im Schlamm nach Blutwürmern und Larven wühlt.

Gerät Es ist sehr riskant, auf Schleien mit zu leichtem Geschirr zu angeln; denn der Fisch ist recht kräftig und stürzt sich nach dem Anhieb, wo immer es geht, kopfüber ins Kraut. Bei dieser Flucht wird ihn das feine Gerät auch dann nicht halten, wenn er nur mäßig groß ist. Und ist er im Krautbett, so ist er so gut wie verloren. Selbst mit kräftigem Geschirr ist es schwer, ihn wieder herauszubringen. Besonders feines Geschirr ist schon deshalb unnütz, weil die Schleie im Gegensatz zu andern Cypriniden nicht sehr schnurscheu ist. Ihre kleinen Augen lassen vermuten, daß sie nicht eben scharf sieht; auch ist ein „Faden“ in ihrer natürlichen Umgebung nicht sonderlich verräterisch.

Wir schlagen daher eine Schnur von vier bis sechs Pfund Tragkraft vor; je nach Verkrautung und dem zu erwartenden Gewicht der Fische. Solche Schnüre verlangen eine Rute mit Testkurve von ca. 500 Gramm, also z. B. eine 300 bis 330 cm lange Rute mit guter Aktion. Wo man über Binsen und Rohrgürtel hinweg angelt, empfehlen sich auch noch längere. Es ist nicht so wichtig, daß sie besonders leicht sind; denn wir brauchen auf Schleien nicht häufig auszuwerfen und können die Rute meistens auf Gabeln legen oder in einen Halter stecken.

Bei einigen Schleien-Spezialisten sieht man noch die Achsenrolle, doch die meisten Angler fischen, zumal bei weiteren Wurfentfernungen, mit der Stationärrolle.

Der Haken braucht nicht groß zu sein. Das Maul der Schleie ist ziemlich zäh. Sobald ein mäßig kleiner Haken eingedrungen ist, wird er auch festhalten. Die Nummern acht bis vierzehn werden den verschiedenen Anforderungen entsprechen. Wir nehmen Öhr- oder auch Plättchenhaken, die direkt an die Wurfschnur geknüpft werden. Fertige Vorfächer mit Haken sind allerdings bequemer bei dem schwachen Licht, das oft beim Schleienfang herrscht.

Wer auf Schleien angelt, fischt vorwiegend in stehenden Gewässern, daher braucht er kein Floß, das besondere Beschwerungen tragen müßte. Es dient lediglich als Bißanzeiger und kann daher so klein wie möglich sein. Für nahe Entfernungen genügt eine schwache Stachelschweinpose oder bei schlechter Sicht ein Ende Pfauenfederkiel.

Angelmethoden

Wer große Schleienfänge erwartet, muß alles sorgfältig vorbereiten. Günstige Stellen sind Löcher in der Krautdecke. Es empfiehlt sich, ein solches Loch in Ufernähe zu erweitern. Behelfsmäßig genügt es, Stacheldraht um ein Eisenrohr zu wickeln, um Kraut damit zu entfernen; geeigneter sind zwei zusammengebundene Rechen, die nach außen zeigend an einem starken Seil befestigt werden, man wirft sie aus und zerrt sie wiederholt ans Ufer. Diese etwas rauhe Methode ist bei Gewässern mit geringem Krautbewuchs nicht angebracht, denn kein Angler kann daran interessiert sein, die „Wohnung" der Fische zu beschädigen.

Manche Angler sind überzeugt, daß eine so freigemachte Stelle Schleien deswegen anzieht, weil der aufgerührte Schlamm Nahrungstierchen enthält. Das mag zutreffen, doch ist es wohl besser, die Stelle nicht unmittelbar vor dem Angeln anzulegen.

Ist der Hakenköder Brot, so nehmen wir entsprechend altes Brot als Grundköder, das im Ofen getrocknet und dann kleingemahlen wird. Fischt man mit Würmern oder Maden, so fügt man dem Grundköder eine Anzahl zerhackter Würmer oder kleiner Maden bei sowie eine Portion Schlamm oder nassen Sand, was den Köder schneller sinken läßt.

Wie schon gesagt, sollte das Floß klein, also empfindlich sein; es muß die geringste Annäherung eines Fisches an den Köder registrieren. Manchmal packt die Schleie wacker zu und zieht forsch ab, aber sehr oft ist sie auch außerordentlich vorsichtig, lutscht am Köder und spuckt ihn wieder aus, ohne damit zu „marschieren".

Am besten hat sich die Grundangel mit Floß bewährt, wenn man in stehenden Gewässern fischt. Ein einzelnes Bleischrot genügt, wenn es das Floß zum Stehen bringt, und wird etwa 30 bis 50 cm über dem Haken auf die Schnur geklemmt. Blei und Pose sollten etwas weniger

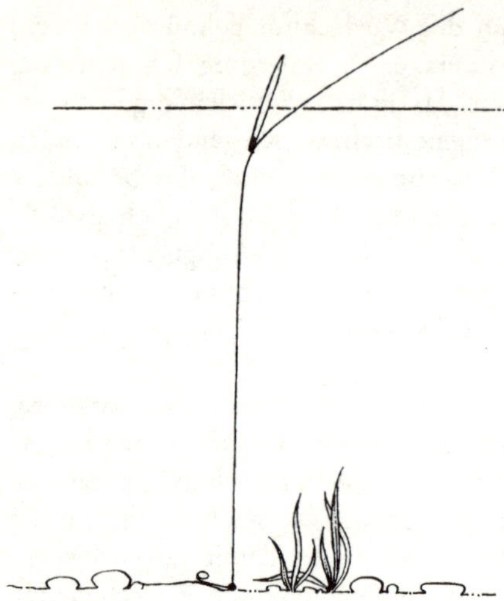

Das Liftgerät für Schleien

weit voneinander entfernt sein als die Wassertiefe beträgt. So wird das Blei noch vom Floß getragen, und nur der beköderte Haken liegt am Grunde. Der zupackende Fisch kann ihn aufnehmen, ohne das Gewicht des Bleies zu spüren. Der Nachteil: das Floß reagiert unter Umständen zu spät, d.h. erst dann, wenn der Fisch abzieht. Ein empfindlicheres Verfahren, das sich anbietet, wenn die Schleien zu vorsichtig beißen, ist das heute mit Lift-Methode bezeichnete (s. S. 74). Das dafür erforderliche Gerät ist ein schwaches Kielfloß und ein einzelnes Schrotkorn, das bei der Lift-Methode ganz dicht am Haken angebracht wird – etwa 5 cm und weniger –, und außerdem wird das Floß nur an seinem unteren Ende mit der Schnur verbunden (Öse oder Ventilgummi). Jetzt liegen beide, Köder und Blei, auf dem Boden. Der Abstand zwischen Blei und Floß muß genau der Wassertiefe entsprechen, so daß die Pose eben noch steht. Wenn nun die Schleie den Köder aufnimmt, hebt sie auch das Blei an, und das Floß, vom Gewicht entlastet, steigt und kippt um. Ein schneller Anhieb im Augenblick, da sich das Floß hebt (liftet), wird die Schleie oft haken, ehe sie die Chance hat, den Köder wieder auszuspucken.

Das Floßfischen ist nicht ratsam in der Dunkelheit. Ungeeignet ist es auch bei starkem Wind; denn der bläst den Schwimmer hin und her und zerrt den Köder unnatürlich über den Grund. Außerdem neigt die Schleie bei solchen Verhältnissen zu etwas entschlossenerem Beißen, und daher brauchen wir gar kein Floß und greifen zur Laufblei-Methode. Ein durchbohrtes Blei sitzt beweglich auf der Schnur und wird durch ein kleines Spaltschrot ca. 30 cm vom Köder entfernt gestoppt. Natürlich muß das Laufblei so leicht wie möglich sein. Es genügt, wenn es den Köder an der gewünschten Stelle festlegt. Verzichten wir auf das Floß, so brauchen wir irgendeinen andern Bißanzeiger. Denn merken sie einmal den Widerstand der Rutenspitze, so werden die Schleien den Köder bald fahren lassen. Wir klemmen ein Stückchen Silberpapier auf die zwischen unterstem Leitring und Rolle durchhängende Schnur. Es setzt sich bei dem geringsten Zug in Bewegung. Geeignet sind auch die modernen elektrischen Bißanzeiger oder die sogenannte Schwingspitze.

Wenngleich die Schleie fast völlig von Grundnahrung lebt, gibt es auch Zeiten, wo man sie an der Oberfläche fangen kann. In Seen und Teichen, wo vielfach Weißbrot gefüttert wird und im Laufe des Tages zum Ufer schwemmt, kommen in der Dämmerung, wenn die meisten Angler schon aufgehört haben, Karpfen und Schleien ins Flache und suchen die Ränder des Teiches ab. Das macht sich der Kenner zunutze, der ihnen ein auf der Oberfläche treibendes Stück anbietet, das unmittelbar unter der Rutenspitze hängt.

Die Rute liegt auf Gabeln. Etwa 30 cm Schnur sind von der Rolle gezogen, um dem zuschnappenden Fisch etwas Spielraum zu geben. Dies Uferrandfischen wird oft ein paar Schleien ergeben, wenn alle anderen Methoden versagt haben. Allerdings muß das Wasser ruhig und der Angler unsichtbar sein und geräuschlos bleiben.

Allgemeines

Wie groß Schleien werden können, ist noch eine Streitfrage. Es sollen Exemplare von fast 8 kg in Teichen herangefüttert werden. Die größte in Deutschland auf sportliche Weise bisher gefangene Schleie stammt aus der Naab und wog 3,8 kg. Es ist wohl sicher, daß es noch größere gibt. Die größte österreichische Schleie von 3,64 kg kam aus dem Wiestalstausee.

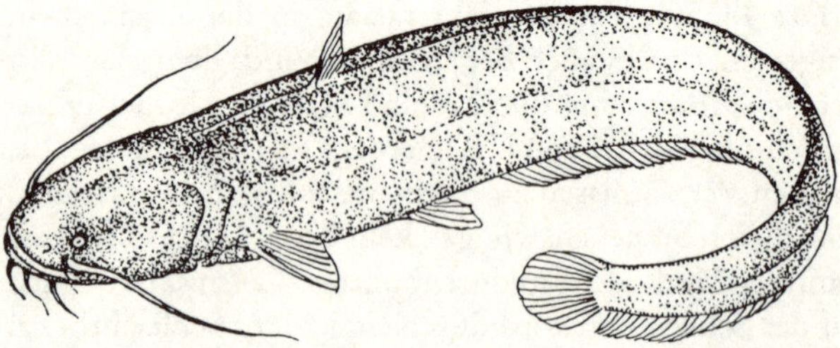

Wels

Der Wels, Waller *(Silurus glanis)*, ist unser größter Süßwasserfisch in Deutschland. So groß ist er, daß die alten Deutschen seinen Namen *„hwalis"* auf den Wal übertrugen, als sie diesen kennenlernten. Wels und Wal erinnern an Wälzen, Wallen und Welle, worauf auch die süddeutschen Bezeichnungen Waller und Weller hinweisen dürften. Was mit Waller oder Wälzer gemeint ist, kann ein Spaziergänger erleben, der versonnen an der Naab oder am Regen wandelt. Plötzlich wirft der Fluß einen Schwall nach ihm, als habe sich der Wassermann selbst bemüht und sei brodelnd aus dem tiefen Kolk hinter dem hohen Granitblock aus der Eiszeit gestiegen, um ihn zu erschrekken. Solche Bewegungen eines sonst so heimlichen und unsichtbaren Fisches haben dazu beigetragen, das Bild dieses Riesen phantastisch auszuschmücken. Er kann ein Riese werden. 30 bis 55 kg schwere Welse sind in deutschen Gewässern mit der Angel gefangen worden. Die Durchschnittslänge beträgt 1–2 m. In Westeuropa sind erst neuerdings Welse eingebürgert worden. Als Jungen haben wir von einer Welsart des Mississippi gelesen, Fische, die Huckleberry Finn und Tom Sawyer mit Mühe landen.

Nahrung
Standplätze
Erscheinung

Ungeheuerliches wird von der Raubgier des Welses erzählt. Erwiesen ist, daß er alles Wassergeflügel frißt und nicht einmal vor Gänsen haltmacht. 1952 wurde in der jugoslawischen Donau ein Waller von 2,40 m Länge fast 90 kg Gewicht gefangen. Dreißig Kilometer soll er das Fangboot stromauf gezogen haben.

Der Wels lebt in der Tiefe großer Flüsse und Seen. Nir selten sieht man ihn. Eher schon läßt er sich nachts hören, wenn er unter den Schwärmen der Futterfische aufräumt.

Am Tage, heißt es, liegt er im Schlamm vergraben und zeigt möglichst nur seine spielenden Bartfäden, damit sie wie sich ringelnde Würmer Beutefische anlocken. Ob das schon einmal einwandfrei beobachtet wurde? Diese Bartfäden, zwei lange an der Oberlippe und die vier kleinen unterm „Kinn“ können einen auf diesen Gedanken bringen.

Charakteristisch sind ferner der flache unverhältnismäßig breite und große Kopf, das ungewöhnlich klaffende Maul mit den Reihen dichtstehender winziger Zahnstoppeln und der schuppenlose, walzenförmige, sich keilartig zum Schwanz zusammendrückende Körper. Die Afterflosse geht fast – ähnlich wie beim Aal – in die Schwanzflosse über. Der klotzige Rücken ist schlammfarben düster, die Flanken sind braungrün und dunkel marmoriert, der Leib weiß bis gelblich. Obwohl der Wels ein Tiefen- und Nachtfisch ist, hat er kleine – man ist versucht zu sagen – lüsterne Augen.

Der Wels hat nicht nur einen starken Appetit, er ist auch ein starker Schwimmer und Kämpfer und zerreißt jede Schnur, wenn er in versunkene Balken oder Bäume flüchten und seinen geschmeidigen Leib um einen Stamm schlingen kann.

Laichzeit, Fangzeit Köder

Die bekannteren Welsgewässer sind die Donau und ihre nördlichen Zuflüsse. Dazu Oder und alle weiter östlich liegenden Ströme und Seen. Er laicht Ende April bis Mitte Juni, und seine Freßgier soll vor dem eigenen Rogen nicht haltmachen. An die Angel geht er wohl am besten im Juni, andere meinen erst im Juli und August. Die schwülen Nächte sind es, die ihn in Bewegung bringen. Am Tage beißt er selten, allenfalls bei Sturm und Gewitter.

Würmer, Insekten, Fische, Vögel und Säugetiere frißt er; je nahrhafter, um so lieber. Dem muß auch das Angebot des Anglers entsprechen. Bei trübem Wasser versuche man es zum Beispiel im Regenfluß mit einem Knäul dicker Tauwürmer. Blutklumpen, Eingeweide, Mäuse, Maulwürfe, neugeborene tote Katzen und Enten hat man ihm schon serviert, und er war nicht abgeneigt. Als Spezialköder für Waller gilt die Maulwurfsgrille (Werre).

Geräte und Angelmethode

Ein so starker Fisch braucht starkes Geschirr. Eine kräftige Spinnrute oder eine schwere Hechtrute empfehlen sich, Schnur nicht unter 0,50 mm Querschnitt, ein Stahlvorfach ist nicht nötig, aber die Rolle muß eine gut regulierbare

Bremse haben. Am besten eignet sich, wo weitere Würfe erforderlich sind, eine große Multirolle; man bremst sie differenziert mit dem Daumen oder der Sternbremse, der Zug wird direkt auf die Trommel bzw. von der Trommel ausgeübt, und es besteht nicht die Gefahr, daß ein Schnurfangbügel bei heftigen Rucken umkippt, verbiegt oder abbricht. Beim Angeln mit lebendem Fisch genügt die einfache Achsenrolle großen Kalibers. Wie groß der Köderfisch sein soll, hängt z. T. von der Größe des Welses ab. In Flüssen, die nicht zu breit sind, weiß man im allgemeinen, wo man angeln und worauf man sich gefaßt machen muß. Den lebenden Fisch mit einem nicht zu großen, aber starkdrahtigen Drilling (Nr. 2–4), vor der Rückenflosse durch die Haut gehakt, setzt man mit einer großen Hechtpose ein. Ist die Stelle besonders tief, müssen wir, um den Lockfisch in Grundnähe zu bringen, ein Gleitfloß mit Stopper nehmen. Entsprechende Bleisenker halten den Fisch unten.

Beim Nachtangeln ist es nicht ratsam, so tief zu stellen. Wo man in Seen den Grund kennt und keine Hindernisse zu fürchten braucht, kann man auch den lebenden Köderfisch ohne Floß mit Grundblei einwerfen und „auflegen“. Aber an Stellen, die hindernisfrei sind, halten sich Welse leider kaum auf. Beißt einer, meist ist es nur ein kurzer, bohrender Ruck, schlagen wir an, sobald vibrierende Stille eintritt. Sitzt der Haken, und in dem zähen Rachen oder Maul haftet er meistens gut, heißt es den Gegner überrumpeln und ihn vom Grunde wegpumpen.

Wer Welse fangen will, muß sich darauf spezialisieren oder sich einem Spezialisten anschließen. Es ist ohnehin ratsam, auf einen ausgemachten Riesen – besonders nachts – zu zweien zu gehen. Nicht zuletzt gehören Geduld und Mut dazu. Ja Mut, denn wer dem wilden Zug des sich durch Krautbänke wühlenden Gegners nichts entgegenzusetzen hat und kleinmütig verzweifelt, der vergibt den Sieg. Wohl dem, der Gelegenheit hat, mit der Spinnangel kleinere Welse zwischen zehn und zwanzig Pfund übungshalber zu fangen! Doch, sie beißen gelegentlich auf den tief und langsam taumelnden und torkelnden Blinker, den Schaumgummitaucher, den fliegenden Löffel. Merkwürdig, daß deutsche Autoren verhältnismäßig kleine Spinner und Wobbler empfehlen. Die einen sagen mit, die andern ohne vorgeschaltetes Spinnblei. Bei Holzwobblern mit Auftrieb ist es einleuchtend, ein Blei zu nehmen, eventuell an einem kurzen, dünnfädigen Auslegersenker, der über den Schlammgrund gezogen wird, während der

Wobbler einen Meter dahinter etwas höher schwänzelt und nicht so leicht an Bodenhindernissen hängenbleibt. Dies Verfahren empfiehlt sich beim Schleppen auf Seen. Der Wels ist offenbar besonders geräuschempfindlich. Vielleicht reizen ihn schwirrende Turbinen. Man liest, er lasse sich durch Löffelschläge auf der Wasseroberfläche anlocken, die wie Froschquaken klingen.

Ob der Wels tote Fische aufnimmt und frißt, ist eine Streitfrage. Es wird da ähnlich wie beim Hecht sein. Wer im Urlaub zum Ärger der Ehefrau die Nächte am Wasser verbringt, hat Zeit, dies und jenes zu probieren, in zäher Beharrlichkeit und in der Hoffnung, der Wels, der ihm vor Jahren das Gerät zerschmetterte oder sich festlief, abriß und angeblich immer noch sein Unwesen treibt und den Müller und alle Anlieger des Flusses an dieser Strecke hindert, Gänse oder Enten zu halten, lasse sich noch einmal an den Haken locken. Vom alten Kirchturm schlägt es Mitternacht.

Ist der Fisch nicht zu schwer, so kann man ihn mit einem entsprechenden Kescher, wenn er sich wälzend im Schein der Taschenlampe am Rande liegt, unterfangen und ausheben; aber niemals von hinten, sondern immer zuerst den Kopf hineinbringen! Versucht man's mit dem Gaff, so setze man die Spitze durch den Unterkiefer. Berufsfischer, die auf den Wels geeicht sind, bringen es fertig, ihm mit dem sogenannten Wallergriff ins Maul zu fassen. Sie packen hinter die Zahnreihe mit dem Daumen und hebeln den Unterkiefer, mit aller Kraft nach außen drückend, so ab, daß er nicht zubeißen kann. Und dann viel Glück beim Rausziehen! Selbstverständlich muß man sich den Landeplatz schon bei Tage ausgesucht haben.

Allgemeines

Die deutsche Rekordliste (Fisch-und-Fang-Taschenkalender) weist Exemplare von 62 kg aus der Naab und 57 kg aus dem Regen auf. Aus Österreich wurden Welse von 54,05 kg aus dem Ossiacher See sowie 53 und 51 kg aus der Alten Donau gemeldet.

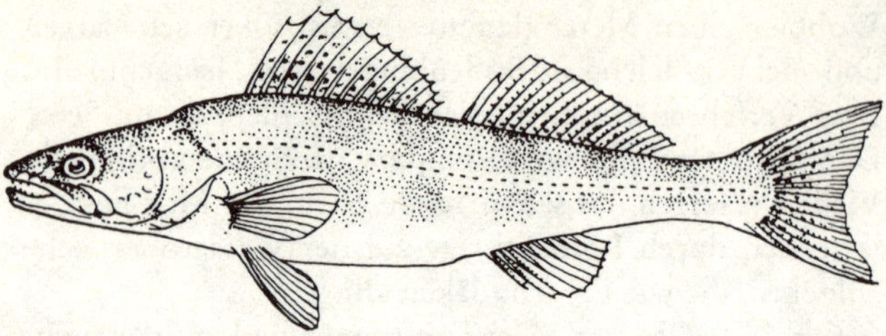

Zander

Da sitzen sie auf ihren Klappstühlchen und schauen oder starren auf die schlanken oder dicken Posen, die auf den kurzen Wellen wippen. Es ist Herbst, und in dem etwas angetrübten Baggersee müßten heute eigentlich die Hechte ... Die Angler glauben jedenfalls, daß Hechte dahinter stecken, als eben wieder ein ganzer Schwarm fingerlanger Weißfische aus dem Wasser herausspritzt.

Da wenden sich die Köpfe dem Alten zu, der auf seinem wackligen Gartenstuhl hockt. Er hat die Rute in die Hand genommen, und sein Schwimmer –, wo ist der Schwimmer? Eben taucht er wieder auf; dann wandert er ein Stück, legt sich flach, verschwindet, der Alte nimmt Schnur auf, jetzt zieht sie los, weit ausholend schlägt er an: NICHTS! Er kann froh sein, daß sein Köderfisch noch am Haken hängt. Matt schlägt er mit dem Schwänzchen. Drei hat der Alte heute nachmittag schon verloren.

Seinem Nachbarn zeigt er die vier Einstiche auf beiden Flanken der Plötze. War das ein Hecht? Merkwürdige Wunden! Ein großer Barsch kann es auch nicht gewesen sein. Es war, wir dürfen es vermuten: beides. Ein Hechtbarsch. So jedenfalls heißt der Zander in manchen Gegenden Deutschlands.

Der Doppelname für den Zander trügt, wenn wir annehmen, dieser Fisch sei eine Kreuzung. Das ist er nicht, wenn er auch dem Barsch verwandt ist. Das kann man deutlich fühlen, wenn man sich an den stachligen Strahlen seiner ersten Rückenflosse sticht und über die rauhen Schuppen streicht. Sonst ist er schlanker und im Querschnitt runder und wird wesentlich größer als der Flußbarsch. Sein Kopf ist schmaler und länger, das Maul ziemlich weit gespalten, und oben und unten hat er vorne zwei größere „Hauer“, seine sogenannten Hundszähne. Wenn wir bei der friedlichen Schleie sagen, sie habe in dieser Saison gut gebissen, so ist das eine Verleumdung. Der Zander dagegen kann beißen, wenn er auch nicht so scharfe, harte und spitze Zähne hat wie der Hecht. Er hat auch nicht dessen unbeliebte Gabelgräten im Rückenmuskel und ist deshalb und wegen seines vorzüglichen Geschmacks als Speisefisch sehr begehrt.

Der Zander hat auch sonst seine Reize. Ein Angler, der die Fische liebt, wird jeden mehr oder weniger schön finden. Der Zander aber ist eine Schönheit, und man sieht sich nicht satt, wenn er schimmernd im Grase liegt, sein Rücken anthrazitfarben glänzt, ins Grün-weiß-silberne hinüberspielt und er die bebenden Flossen spreizt, weiß gerändert und bräunlich gefleckt. Meist, zumal in der Jugend, hat er dunkle Querbinden die Flanken hinunter. Aber die Augen! Es heißt, sie glotzen blind daher. Das stimmt gewissermaßen. Sie haben keine dunkle Pupille. Sie sind groß, treten aus dem Kopf heraus und leuchten matt wie Opale. Die Amerikaner haben ihn deswegen respektlos Walleye, das Glasauge, genannt. Auffällig wie beim Barsch sind die rauhen Kammschuppen. Man kann ihn daher gut greifen. Aber sie sitzen zum Glück für die Hausfrau nicht so fest wie die des Barsches.

Der Zander ist in Mitteleuropa weit verbreitet und seine Bestände nehmen immer mehr zu. Denn er liebt fruchtbares Wasser, und die immer stärkere Düngung ist eine Zivilisationsfolge. Vielerorts scheint der Zander sogar den Hecht als Raubfisch abzulösen, und viele Angler werden sich vermutlich in Zukunft auf Zander umstellen müssen. Es scheint, als habe seine Wiege in den salzarmen Gebieten der Ostsee gelegen, denn er kommt dort und in den Haffen reichlich vor sowie in allen Strömen, die sich in die Ostsee ergießen, und in ihren Nebenflüssen. Im Rheingebiet hat man ihn mit gutem Erfolg eingeführt. Zahlreich tritt er in der Donau und einigen ihrer Nebenflüsse auf. Dort heißt er Schill, in Ungarn Fogosch. Auch in der Wolga ist er zu Hause. Danach hat die dortige Art ihren eigenen Namen bekommen: Lucioperca Volgensis.

So weit der Zander gewandert ist, so vorsichtig sollte man ihn und seine Brut lebend transportieren. Zandersetzlinge sind empfindlich. Mit ihren stachligen Flossen und rauhen Kammschuppen tun sie sich gegenseitig weh. Der Fisch braucht sauerstoffreiches und nahrungsreiches Wasser. Es muß nicht besonders klar sein. Eutrophe, d. h. planktonhaltige Seen bevorzugt er. Kiesgrund ist günstig. Künstliche Wasserstraßen und Baggerteiche im eiszeitlichen Ablagerungsgebiet (Mittellandkanal) eignen sich gut für Zanderbesatz. Desgleichen die meisten Talsperren. Zander wachsen je nach Nahrungsmenge. 500 Gramm Jahreszunahme ist nicht selten.

Der Zander ist ein Räuber. Er bildet „Banden". Man sieht ihn nicht so häufig wie den Hecht, der sich gern einmal an der Oberfläche sonnt und Spaziergänger am Ufer erschreckt, wenn er mit einem Schlag davonwirbelt. Lucioperca schätzt die dämmrige Tiefe. Trotzdem stößt er oft zwischen die Weißfischschwärme, die höher stehen. Doch während der Hecht in der Waagerechten oder von unten nach oben attackiert, stürzt sich der Zander meist auf Beutefische, die nach unten ausweichen.

Unser kleines Stimmungsbild zeigt, wie schwer es oft ist, einen Zander mit der Angel zu fangen. So groß seine Freßlust ist, so vorsichtig kann er auch sein. Wegen dieser Launenhaftigkeit nennt der bekannte Autor Rudolf Sack in seinem Buch „Biß auf Biß" (Verlag Paul Parey) den Zander die Äsche des Grundanglers. Es gibt Gewässer mit gutem Zanderbestand; dort findet man viele große Zander in und nach der Laichzeit verendet am Ufer. Vielleicht war ihnen der Laichvorgang zu anstrengend, der Partner zu rauh, oder der Rogner hat seine Eier nicht absetzen können, weil das Wasser keine geeigneten Laichgründe hatte, oder seine Temperatur war nicht zusagend. Der Zander heftet seinen Rogen an Unterwassergestrüpp.

Die Schonzeit dauert in Deutschland gewöhnlich von Anfang Januar bis Ende Mai. Das Schonmaß ist unterschiedlich zwischen 35 und 50 cm festgesetzt.

Die beste Jahresfangzeit ist kurz nach dem Laichen, also im Juni. Dann kommt eine Flaute. Besser wird es wieder im Herbst; oft beißt er bis in den Dezember hinein. In fließenden Gewässern sind die Aussichten, Zander zu fangen, größer, sofern welche da sind. Als beste Tageszeit gilt der späte Abend oder frühe Morgen. Dann kommt er auch eher in Ufernähe und wird überraschenderweise auch an Stellen gefangen, wo man ihn nicht vermutet hätte. Viele Angler fischen auf ihn weit in die Nacht hinein und haben Erfolg. Am Tage geht er eher bei mäßigem Wind an die Angel als bei glattem Wasserspiegel. Das Ufer, an dem die Wellen auflaufen, ist das günstigere.

Gerät

Ruten

Da man auf den Zander mit verschiedenen Ködern fischt und kaum Standardgerät für ihn im Handel angeboten wird, muß man sich je nach Absicht und Gelegenheit etwas zusammensuchen. Die Rutenwahl hängt von den Ködern und ihrer Führung ab. Wer mit natürlichem Köder fischt, greift zu einer mittelschweren oder leichteren Grundrute, die bis in den Handgriff hinein elastisch sein, aber genügend Rückgrat haben sollte, damit sie den Köderfisch, der ja mit Beschwerung und mit (oder ohne) Floß ein ziemliches Gewicht hat, weit genug auswerfen und auf größere Entfernung wirksam anschlagen kann. Nicht zu schwippige Teleskophohlglasruten zwischen drei und vier Meter Länge haben sich bewährt. Wer mit Kunstködern, Blinkern, Spinnern, Wobblern, Tauchern angelt, wählt je nach Gewicht des Köders und der zu erwartenden Beute eine einhändige mittlere oder leichte Spinngerte. Darüber später mehr.

Rollen

Die Stationärrolle ist heute überall verbreitet und im Gebrauch. Sie ist für alle Methoden des Zanderfangs geeignet. Mit ihr wirft sich jeder Köder am leichtesten. Allerdings muß man mit Schnurfangbügel und Bremse besonders bei der abgelegten Rute umzugehen wissen. Ein abziehender Zander ist gegen Schnurwiderstand allergisch. Manche Angler bevorzugen Kapselrollen, sollten dann aber keine Schnüre über 0,30 mm Querschnitt verwenden. Wer auf kapitale Zander aus ist und überdies mit großen Hechten rechnen muß und auch mehr vom Drill haben will, nimmt die Multirolle.

Schnüre

Wenn es heute noch eine Wahl gibt, dann erstens die zwischen den verschiedenen Fabrikaten synthetischer Monofile (die poliert-glänzenden können den Zander abschrecken) und zweitens zwischen einer monofilen und einer aus sehr feinen synthetischen Fasern zu Fäden versponnenen und geklöppelten Schnur. Diese ist nicht durchscheinend, hat aber den Vorzug, Fett gut aufzunehmen und dann auch bei Wellengang an der Oberfläche zu schwimmen. Das ist nützlich beim Angeln mit Köderfisch und Floß auf weite Entfernungen. Allerdings kann auch die monofile „Sehne" durch Silikonfette schwimmfähig gemacht werden. Wie stark soll die Schnur sein? Querschnitte von 0,25 bis 0,35 sind tragfähig genug. Beim Grundangeln auf den Zander sowie im Strom nimmt man die dickeren Schnüre. Je dünner der Faden, um so weiter der Wurf; das rentiert sich beim Fischen mit dem Kunstköder. Es gibt Angler, die der geklöppelten Schnur aus einem zweiten Grund den Vorzug geben: sie ist weniger dehnbar, was sich beim Anhauen über weite Entfernungen (30 bis 50 Meter) nützlich erweist.

Überaus hart sollte man nicht anschlagen. Der Zander hat mehr weiche Stellen im Maul als der Hecht, so daß sich der Haken bei ihm leichter eingräbt, aber auch eher ausschlitzt. Das hat schon mancher erfahren, der einem Zander in der Endphase des Drills erlaubte, den Kopf über Wasser zu bringen.

Wie halten wir es mit dem Vorfach? Bei geklöppelten Schnüren nehmen wir eins aus Monofil. Sonst gar keins. Ein Metalldrahtvorfach ist beim Zander nicht erforderlich, ja sogar schädlich. Haken oder Kunstköder werden direkt an die Wurfschnur geknüpft. Zanderzähne können zwar tüchtig kneifen, sind aber nicht so scharf, daß sie eine dreißiger Kunstschnur durchwetzen. Wer mit Hechten rechnen muß, halte sich an das auf Seite 97 beschriebene Verfahren. Natürlich ist es nicht verboten, einen dünnen Draht- z.B. Wolframvorschlag zu verwenden, beeinträchtigt aber den Angelerfolg. Beim Angeln mit lebenden oder toten Ködern, die der Zander gewöhnlich eine Weile „probiert", ehe er angehauen wird, kommt er meistens mit dem Metall in Berührung. Und das hat er, wie viele Angler versichern, nicht gern und läßt den Köder los. Haken freilich sind auch aus Metall.

Haken, Köder und Methoden

Welche Arten, Formen und Größen wir beim Zanderfang verwenden, hängt für den Haken wie bei der Pose vom Köder ab.

Mit der Frage nach den Ködern stellen wir zugleich die nach den Angelmethoden. Etwa neunzig Prozent der Zanderangler setzen oder führen dem Zander natürliche Köder vor, und zwar wohl ausschließlich lebende oder tote Fische. Gelegentlich auch Teile von ihnen, aber selten Würmer oder Schnecken. Landläufig hört man, der Zander bevorzuge den besonders kleinen und schlanken Köderfisch. Das sind Plötzen, Gründlinge, Elritzen, Grundeln (Schmerlen) und Kaulbarsche. Nicht dagegen solche, die das Bedürfnis haben, an die Oberfläche zu schwimmen. Zum Beispiel die Laube und der kleine Häsling. Wiederum: der Zander stürzt sich lieber auf die Beute, statt danach aufzusteigen. Die Vorliebe für den auffallend kleinen Köderfisch stützt sich auf die Erfahrung, daß tatsächlich mehr Zander mit Fischchen von 10 cm und darunter gefangen werden. Es sind – nebenbei – schon große Zander auch an Köderfischen gefangen worden, die über 20 cm lang waren.

Nehmen wir an, wir haben eine hübsche Plötze von 10 cm Länge. Sie wird dem Zander serviert. Wir wollen sie ihm lebend vorsetzen, und zwar nach der Methode der sogenannten Schnappangel. Im Gegensatz dazu gibt es die Schluckangel, von der sich der Zander aber zum Glück zu hüten weiß. Wir knüpfen also einen Einfachhaken an die Schnur, Größe Nr. 6 bis 8, nicht zu langschenklig, geschränkt, Platte oder Öhr, und drücken ihn durch die Oberlippe oder das Nasenloch des Köderfischs von unten oder von oben oder durch beide Lippen. Den Köderfisch nur durch die Unterlippe zu haken, empfiehlt sich nach begründeter Ansicht der Spezialisten nicht. Nun hängt er am Haken unsrer Floßangel. Das Floß sei nicht zu groß, eher schlank als dick und auf eine Tiefe gestellt, die den Köderfisch in Grundnähe bringt. Das bedeutet, die Schnur muß ca. 30 bis 50 cm oberhalb des Hakens mit einem oder mehreren Spaltschroten beschwert werden, sind die Zander sehr scheu, kann es sich empfehlen, die Bleibeschwerung bis zu 1 m vom Haken wegzurücken. Soll der Fisch am Grund verankert werden, so nimmt man ein Grundblei mit eingeschmolzener Öse oder den gleitenden Senker (s. S. 75), allenfalls aus Traditionsbewußtsein auch die durchbohrte Bleikugel oder das Flachblei. Diese am ehesten noch in schlammfreien Flüssen. Bei der Grundlegung des Köders können wir, zumal bei größeren Tiefen, auch auf einen Schwimmer verzichten. Gleitposen sind angebracht, wo man den Köderfisch über dem Grund spielen lassen will, wenn dieser tiefer ist als die Rute lang.

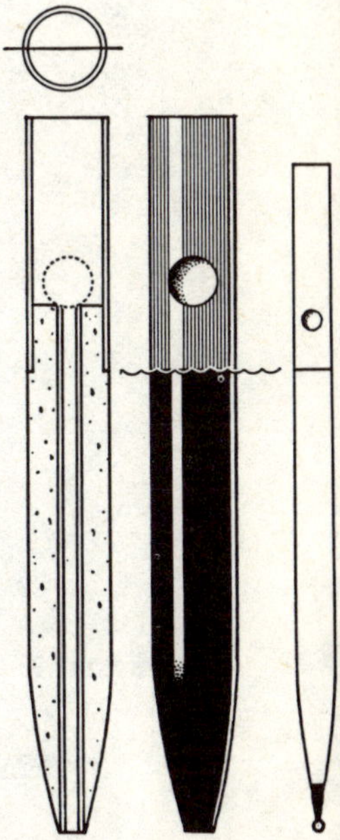

Flötenloch-Schwimmer als Laufposen aus Balsaholz mit dünnwandigem Plastik-Aufsatz (oben offen). Links und Mitte: Schnur führt durch den Schwimmer, rechts: Schnur führt durch eine Öse am Schwimmerfuß

An dieser Stelle sei auf den in „Fisch und Fang" vorgestellten Flötenloch-Schwimmer hingewiesen, der auch in größeren Exemplaren (gute Sichtbarkeit) dem Fisch bei Biß und Abzug einen äußerst geringen Widerstand entgegensetzt. Der Allroundschwimmer besteht im unteren Teil aus Balsaholz, im oberen aus einem dünnwandigen (knapp ½ mm), oben offenen Plastik-Aufsatz mit einem sogenannten Flötenloch. Befindet sich dieses Flötenloch unter Wasser, so ist der zu überwindende Widerstand für den Fisch nur noch äußerst gering. Bei Verwendung eines Köderfisches läßt man den Schwimmer entsprechend höher aus dem Wasser ragen. Für den vorsichtigen Zander ist dieser Schwimmer besonders gut geeignet.

Beißt ein Zander, so benimmt sich das Floß eigentümlich. Seine Bewegungen sind das größte Spannungselement dieser Art zu angeln. Erfahrene Sportfischer wollen daran erkennen, daß es Lucioperca ist, der sich mit dem Köder beschäftigt. Es wird empfohlen, anzuhauen, sobald das Floß beschleunigt abzieht, also nicht etwa auf ein Schlucken auf der Stelle zu warten.

Wer es nicht schätzt, mit lebenden Fischen zu angeln, tötet den Köderfisch und hängt ihn genauso an den Haken wie den lebenden. Er legt ihn – am besten leicht beschwert und ohne Pose – auf den Grund. Natürlich muß die Schnur gestreckt und die Rute im Winkel von 45 Grad liegen und ständig beobachtet werden. Statt eines ganzen Köderfisches nehmen manche Angler auch frische Fischfetzen.

Bisher gingen wir von dem Einfachhaken mit Lippenköderung aus. Manche Angler verwenden statt dessen kleinere Drillinge, Größe Nr. 10 bis 13. Wieder andere spießen einen Haken des Drillings durch den Ansatz der Rückenflosse oder durch die Rückenhaut in Schwanznähe. Wer dem Einhaken treu bleiben will, kann es mit diesem ebenso machen. Ja, Angler, die ganz raffiniert sein möchten, hängen ihren Köderfisch an der Schwanzwurzel auf. Wenn wir nun noch den Doppelhaken als Möglichkeit hinzunehmen und die verschiedenen Aufhängearten durchprobieren, so haben wir weit über ein Dutzend Variationsmöglichkeiten. Der Fisch hat eben seine Launen, und das läßt die Angler nicht ruhen. Der Zander beißt ja, aber er schluckt nicht gern. Der Schwimmer geht unter, die Schnur zieht ab, aber der Haken faßt nicht, wenn man anhaut. Also angelt man nach einem System, wo man den Anhieb schon beim Biß setzt. Nach einem System? Mit einem System.

Systeme

System nennen wir ein Gerät, das gewöhnlich aus mehreren Haken, und zwar Drillingen, besteht, die so zu einer Hakenflucht verbunden sind, daß sie zwischen sich einen toten Köderfisch halten. Diesen Fisch, der oft durch ein „Rachenblei" beschwert und manchmal durch einen am System sitzenden und ihm eingeführten Spieß gekrümmt wird, wirft man wie einen Blinker aus und holt ihn so heran, daß er müde Taumelbewegungen macht. Besagter Spieß ist eigentlich überflüssig, denn eine gewisse Krümmung stellt sich auch ohnehin ein und genügt, um den Fisch in der Strömung oder beim Auf und Ab in stehenden Gewässern zum Taumeln zu bringen. Viele Muster gibt es von Systemen mit drei Drillingen bis zu einem einzelnen Einfachhaken. Die Abbildungen zeigen die beiden Extreme. Das Dee-System, das gewöhnlich mit Elritzen zum Fang von Forellen bestückt wird, und ein Einhakensystem, das sich jedermann am Wasser herstellen kann. Der Autor hat mit beiden Systemen Fische gefangen, auch Zander. Der Einhaken zieht sich bei häufigen Weitwürfen in den Körper hinein. Fester hält an seiner Stelle ein kleiner oder mittlerer Drilling, dessen einer Haken an der Afterflosse der Plötze etc. eingeführt wird, so daß die

Dee-System

Einhaken-System

beiden andern Haken unter dem Leibe fängig abstehen. Der Autor fing einmal einen Zander am Taucher und untersuchte dessen Mageninhalt. Er fand sieben frische eben verspeiste fingerlange Plötzen. Eine davon fädelte er, wie die Abbildung zeigt, mit der Ködernadel vom After her auf ein Vorfach mit Haken Nr. 5, zog dessen Schenkel in das Fischchen hinein und klemmte ihm ein Spaltblei, Kaliber sechs Millimeter, vor das Mäulchen. Der zweite Zander, der bald darauf an derselben Stelle biß und gelandet wurde, wog wie der erste 3,5 kg. Das waren noch keine kapitalen Fische, aber ein hübscher Beweis, daß man sich am Wasser etwas einfallen lassen kann. Wer noch sicherer verhüten will, daß sich der oder die Haken in den Köderfischleib hineinziehen und den Fisch zu stark krümmen, klemme ein kleines Spaltblei so auf den Faden, daß es im Maul des Fisches verschwindet und nähe seine Lippen zu. Das größere Spaltblei, dessen Schwere weitere Würfe erlaubt, kann man auch ca. 20 cm vor dem Fisch aufklemmen.

Ein simples System ist auch der sogenannte Fetzen. Die Lehrbücher gehen nicht an ihm vorüber. Eigentlich ist er eine Verlegenheitslösung, wenn man keine Köderfische hat, die klein genug sind, im ganzen aufgefädelt zu werden. Um den „Fetzen" herzustellen, schält man einen ca. sieben Zentimeter langen Hautstreifen vom Schwanzstück einer frischen Plötze oder eines Barsches heraus, so daß die Schwanzflosse und am oberen Ende eine Portion Fleisch dranbleibt. Wir schneiden alles ohne Mittelgräte aus der Flanke. Siehe Abbildung.

„Fetzen"

Der einfache Haken wird am Kopf durch das Fleisch gespießt und schaut aus der Schuppenhaut heraus. Manche machen es umgekehrt. Vielleicht lassen sie auch ein Ende Haut am oberen Ende überstehen, legen es um und nähen es fest. Der Fetzen wird beschwert ausgeworfen und wie ein Fischlein zug- und ruckweise herangeführt. Entscheidend sind hier wie überhaupt beim Zanderfang die Führung und der Anhieb. Beim Drillings- oder Einhakensystem schlage man sofort an, wenn sich die Schnur beim Absinken strecken oder ein Ruck oder nur eine dumpfe Hemmung den Zug unterbrechen sollte. Mit dem Fetzen läßt man den Fisch ein Ende abziehen, ehe man anschlägt.

Kunstköder

Wer es nicht schätzt, mit glitschigen Fischchen umzugehen, sie zu töten, zerschneiden, sie aufzufädeln oder ihnen gar das Maul zuzunähen, oder wer den Ehrgeiz hat, auch den mißtrauischen Zander mit künstlichen Ködern zu überlisten, bedient sich der zu diesem Zweck in reicher Fülle konstruierten und auf dem Gerätemarkt prunkenden und glitzernden Blinker, Spinner und Wobbler. Es sind so viele, daß wir darauf verzichten, mehr als einen allgemeinen Hinweis zu geben. Uns scheint ein eigenschwerer, schlanker, beim Absinken torkelnder und wakkelnder Blinker anderen, zumal den schnurrigen Rotationsblechen, überlegen. Die Vermutung ist wohl auch berechtigt, daß zu grelle Töne in Tiefen bis zu drei Metern den Zander abstoßen. Allenfalls reizen sie ihn, sie zu verfolgen und mit dem Schwanz danach zu schlagen.

Die Wobbler kennen wir aus dem Hechtkapitel. Es gibt Gewässer, da machen sie gute Beute. Ihre Schaufel soll auf Tiefenzug eingestellt werden. Doch bleiben sie – auch mit Gelenk – zu steif. Der Zander liebt das Geschmeidige. Und so haben es denn einige Angler mit Schaumgummi und Haarwerk versucht. Alles, was das Einhakensystem mit der toten Elritze oder Schmerle bietet, die matte Farbe, das bebende Tauchen, das wedelnde Aufsteigen, die Beweglichkeit auf der Stelle – alle diese Reize für den Zander (wie auch für Barsch, Hecht und Forelle) bietet der „Taucher", und er ist haltbarer. Wir nennen ihn schon seit vierzig Jahren so, aber in der Literatur und in die Kataloge der Gerätefirmen ist er noch nicht eingegangen. Ja, wenn man ihn Streamer oder Bucktail tauft, zwei wesentlich jüngere Errungenschaften, dann ist er hoffähig. Aber diese beiden sind für das Zanderangeln zu leicht. Um sie auf ein paar Dutzend Meter Weite und einige Meter Tiefe zu bringen, müßten sie beschwert werden. Dafür sind sie nicht konstruiert, denn sie sollen ja mit der Fliegenrute und der Flugschnur geworfen werden. Und wenn man sie beschwert, überfordert man die Gerte. Anders ist es mit einer kurzen oder auf 180 cm verkürzten Fliegenrute, deren Griff und Rollenhalterung für eine Stationärrolle geeignet sind. Sie wirft das vier bis acht Gramm schwere eingebaute Taucherblei am Kunstfaden 0,25 mm ohne besondere Anstrengung mit einer Hand vierzig Meter weit. In kurzer Zeit bestreicht man damit weite Gebiete, und gelegentlich stößt man sogar auf einen Zander. Das mag auch an dem Material des Tauchers liegen, an den weichen sich schlängelnden Haaren und dem Schaumstoff. Das erste vom Autor gebundene Modell sah anfangs aus, wie die Abbildung zeigt. Es fängt auch heute noch Zander, wenngleich es zunächst für Forellen und Barsche gedacht war. Auf und ab tauchend und hier und da durch den feinen Bodenschlamm eines kiesgründigen Baggerteiches gezogen, daß es kleine

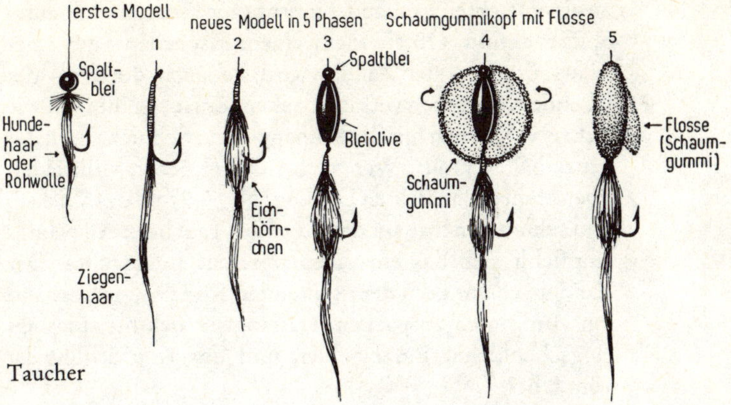

Taucher

Wölkchen gibt, hat der Taucher eine ungewöhnliche Anziehungskraft. Selbst Karpfen konnten ihm nicht widerstehen. Modell 1968 ist etwas verändert. Aus der Abbildung gehen die Phasen seiner Herstellung hervor. Ein dünner Schweif von langen, schmiegsamen schwarzen Ziegen- oder Hundehaaren auf einen langschenkligen Haken gewunden, kürzere, besonders weiche Haare (Eichhörnchenschwanz) im Kranz darüber, die sich im Wasser bei jeder Bewegung öffnen und schließen. Wir knüpfen ein Stück (20 cm) 45er oder 50er Kunstfaden an den Haken (Größe Nr. 1 bis 3), der besonders langschenklig sein muß (4 cm). Dies Stückchen Kunstschnur wählen wir so stark, weil es auch etwaigen Hechtzähnen zuverlässig widersteht. Diesen ersten Faden verknüpfen wir mit einem zweiten, etwas schwächeren, d. h. 15 cm 35er oder 40er Perlon etc. und diesen mit der Wurfschnur, die 0,25 mm oder 0,30 mm Querschnitt hat. Bevor wir das tun, schieben wir eine Bleiolive von 4 bis 8 g Gewicht – je nach Größe des Tauchers und Tiefe des Gewässers – auf das „Vorfach“ und klemmen sie vor dem Hakenöhr durch ein Spaltschrot fest (vgl. Phase 3). Aus Schaumgummifolie (ca. 4 mm dick, Phase 4), am besten dunkelgrau, wird ein Stück geschnitten, das lang und breit genug ist, so daß es, um Blei und oberen Hakenschenkel herumgelegt und mit Uhu angeklebt, beide bedeckt und wie eine schmale Pflaume aussieht. Als letzte Feinheit läßt sich eine kleine Flosse aufkleben (Phase 5). Sie soll gar nicht wie eine Fischflosse erscheinen. Sie hat nur die wichtige Aufgabe, durch ihren Auftrieb den Taucher so im Wasser zu halten, daß seine Hakenspitze nach oben zeigt. Das verhütet Hänger. Solche Taucher können von fünf bis zu fünfzehn Zentimeter lang sein. Die größeren Nummern fischt man natürlich besser an einer leichten Einhandspinnrute aus Hohlglas mit guter Spitzenaktion. Ob sie mehr einem Fischchen oder einer Maus ähneln – der Zander wird sie sogar dort, wo der lebende Köderfisch versagt, packen. Es ist erstaunlich, wie sicher, verglichen mit der Schnapp- oder Schluckangel, der Einzelhaken greift. Wer noch sicherer gehen will, fädelt obendrein einen kleinen Drilling (Nr. 7–9) auf das Vorfach und schiebt ihn lose auf den Kopf des Tauchers. Allerdings empfiehlt sich das eher beim Fischen auf Hechte. Der Zander scheint gern dem sinkenden Köder zu folgen und ihn von hinten zu packen. Da fängt er sich meistens am langschenkligen Einzelhaken, und der Kopfdrilling ist vom Übel.

Wir haben diesen Kunstköder deshalb so ausführlich beschrieben, weil er nicht im Handel ist und weil man mit ihm nicht nur Zander, sondern auch alle anderen Raubfische fängt. Der Autor dieses Kapitels hat sogar schon einen Aal damit erbeutet.

Entscheidend für alle Kunstköder – außer der Trockenfliege – ist natürlich die Führung. Das gilt besonders für die Tauchköder. Es empfiehlt sich, die Rute nach dem Einwurf kurz anzuheben, um die Schnur völlig zu strecken, und sie dann zu senken, bis die Schnur anzeigt, daß der Taucher den Grund erreicht hat. Sie sackt dann plötzlich durch. Es sei denn, sie strafft sich unvermutet und vorher verdächtig, was nicht selten vorkommt und mit einem Anhieb quittiert werden muß. Ist der Taucher unbehelligt auf den Grund gesunken, so holt man ihn in Etappen heran. Dabei arbeitet nur die Rute; d. h. wir heben sie, und während wir sie wieder senken, kurbeln wir ganz langsam ein bis zwei Meter Schnur ein, so wie man es beim Pumpen eines Fisches im Drill macht. Dann wieder langsam, manchmal auch schneller, ruckend heben, vielleicht auch seitwärts hin- und herschwingen. Bis zum Ufer (oder Kahn) geht dies wedelnde Auf und Ab. In Flüssen wiederhole man es dort mehrfach, wo das Wasser tief, ruhig und die Böschung unterspült ist, auf der Stelle. Das Prinzip des senkrechten Auf- und Absteigens eines (Kunst-)Köders, das jeden Fisch, auch Friedfische, reizt, zumal wenn die Bewegungen zittern, wird bei zwei Fangmethoden angewendet: dem Pilken (s. S. 66) und dem vorübergehend sehr in Mode gekommenen Angeln mit der Mormyschka. Beide Verfahren eignen sich zumal vom Boot aus oder auf dem Eise. Die Mormyschka ist ein aus Rußland stammender linsenförmiger Bleikörper, der um den Schenkel eines kleinen Hakens gegossen ist. Er wird durch ein beim Gießen offen gehaltenes Loch so an der möglichst feinen Schnur aufgehängt, daß er beim „Zittern", Sinken und Steigen, meist dicht über dem Grunde, exzentrische Bewegungen macht. Einige Spezialisten sind dazu übergegangen, feinfühlig und mit leichter Hand den scheuen Zander zu „twistern". Dazu eignen sich verschiedene Weichplastikköder (Twister) mit Einzelhaken, die man auswirft und in wechselnder Geschwindigkeit wieder einholt. Der Zander bevorzugt den gelben Twister oder auch den Wackelschwanz.

Ein guter Zanderköder ist auch das im Hecht-Kapitel besprochene Wackelschwanz-Fischchen.

Twister

Befischen wir Buhnen, so sollen wir in Ufernähe anfangen und zuerst die Gegenströmung stromauf werfen, d. h. den Köder mit dem Strom heranholen. Auf diese Weise verlockt man große Fische eher zum Biß, als wenn man gegen die Strömung zieht. Im fließenden Wasser kämpfen die Zander natürlich besser.

Allerdings ist im allgemeinen vom Kampf mit dem Zander nichts Aufregendes zu melden. Die rohe Gewalt ist nicht seine Sache. Aufregend ist allenfalls, wenn sich der gehakte Fisch das erste Mal zeigt, wenn der graugrüne Rücken die Oberfläche furcht und bei einer seiner schwerfälligen Wendungen der Zweifel des Anglers schwindet, die Befürchtung nämlich, daß es doch „nur" ein Hecht ist. Nein, es ist kein Hecht. Sonst hätte man es schon an einer der für ihn typischen Schuß-Fluchten gemerkt. Das macht der Zander nicht. Es ist nicht richtig, was man gelegentlich über seinen Kampfgeist liest. Das Wort Kampf können wir streichen. Natürlich bringen Exemplare über drei Kilogramm ihr Gewicht zur Geltung. Und natürlich muß man aufpassen, daß ein tückischer Ruck das verhältnismäßig zarte Geschirr nicht sprengt.

Außer dem Barsch gibt es wohl keinen Fisch, der in stehenden Gewässern so standorttreu ist wie der Zander. Gewiß geht er auf Raubzüge aus und folgt den Schwärmen der kleinen Plötzen. Aber darauf kann man sich nicht verlassen. Wer Zander mit der Angel fangen will, muß die Stellen kennen. Es sind meistens Untiefen, Rinnen, Riffe, Nasen, Rippen, Buckel, Bänke. Nicht jede Bank zieht Zander an. Vielleicht gibt es Zanderexperten, die auch an ihnen fremden Gewässern die Standplätze finden. Aber meistens muß man erst einmal einen fangen, um zu wissen, wo sie stehen. Doch ehe man dies weiß, fängt man selten einen. Das macht das Angeln auf diesen schönen und wohlschmeckenden, launischen und heiklen Fisch so reizvoll. Zander beißen nicht! Heißt das, sie fressen nicht?

Doch, sie fressen! Sie müssen gut fressen. Wer einen fängt, staunt, wie er gut er im Futter ist. Und wie sollten Zander über zehn Kilogramm schwer werden, wenn sie keinen guten Appetit hätten; so schwer, wie der bisherige Rekordzander aus dem Starnberger See, der mit Rute und Rolle gefangen wurde und 13 kg wog, oder der österreichische Rekordler von 10,6 kg aus dem Kamptalstausee.

B. DAS ANGELN AUF SALMONIDEN

I. Fachausdrücke

Beule	Verursacht eine unter der Oberfläche nach Nahrung jagende Forelle auf dem Wasserspiegel, ohne ihn zu durchbrechen.
Braune (Subimago)	Gerade geschlüpfte Eintagsfliege. Hat ihre letzte Häutung noch nicht vollzogen, steht also vor dem letzten Stadium ihrer Verwandlung in das fertige geschlechtsreife Insekt.
Flugangelrolle	Eine einfache Achsenrolle, deren Trommel in einem Gehäuse oder hinter Stegen liegt, mit verstellbarer Hemmung.
Furche, V-förmige	Sie entsteht an der Oberfläche, wenn die künstliche Fliege sich unnatürlich in der Strömung bewegt. Forellen pflegen eine so gefischte „furchende“ Fliege zu verschmähen.
Grilse	Bezeichnung für einen Lachs, der schon nach dem ersten Jahr Meeraufenthalt in den Fluß zurückkehrt.
Hechelfelder	Die wichtigste Federsorte zum Fliegenbinden. Man windet sie so um den (Öhr-)Hakenschenkel, daß die Hecheln, auch Federfibern, einen Kranz bilden und Beine, Brust und Flügel des Insekts imitieren. Für Trockenfliegen nimmt man Hechelfedern vom Hahnenhals. Ihre steifen Spitzen „reiten“

auf dem Wasserspiegel und machen die Fliege besonders schwimmfähig. Naßfliegen bindet man mit Hennenfedern. Ihre Hecheln sind weicher und ihre wedelnden Bewegungen unter Wasser lassen die Fliege lebendiger erscheinen

Kelt	Ein abgelaichter und erschöpfter Lachs.
Luftwurf	Das Hirn- und Herschwingen der Fliegenschnur in der Luft, um sie, ohne das Wasser zu berühren, zu verlängern und auf die gewünschte Wurfweite zu bringen.
Nymphe	Ein Wasserinsekt im Larvenstadium. Künstliche Fliegen unter der Bezeichnung Nymphe ahmen sie nach und werden unter Wasser gefischt.
Parr	Lachsbrut und Jungfische im ersten Stadium ihres Lebens im Süßwasser.
Schießenlassen der Schnur	Im letzten oder vorletzten Augenblick des Vorwärtswurfs gibt die Linke Schnur. Dadurch verlängert sich die Weite des Wurfs, und die Fliege fällt weicher ein.
Smolt	Name des Junglachses, dessen Farbe silbern geworden und der im Begriff ist, ins Meer abzuwandern.
Spinner	Nicht verwechseln mit dem rotierenden Metallköder gleichen Namens. Geflügeltes Wasserinsekt (Eintagsfliege), endgültig geschlüpft und zum Hochzeitsflug bereit. Der „spent spinner“ ist die von der Hochzeit oder Eiablage erschöpfte Fliege, die sterbend an der Oberfläche treibt.
Springer	So bezeichnet man eine zweite oder dritte Fliege, die durch kurze, acht bis dreizehn Zentimeter lange Abzweigungen zwischen Endfliege (Strecker) und Wurfschnur mit dem Vorfach durch einen Bloodknoten verknüpft werden.

Streamer	Kunstfliege mit besonders langen, anliegenden Flügeln aus Federn oder Haaren. Sie sollen kleine Garnelen, Krabben oder Fischbrut nachbilden und werden auf Lachse, Meerforellen und Forellen gefischt.
Trockenfliege	Die „trocken" gefischte Fliege treibt auf der Oberfläche wie ein schlüpfendes Insekt.
Vorfach	Vorwiegend aus verjüngtem monofilem Kunststoff zwischen 1,80 m und 3,60 m lang, je nach Rutenlänge. Entweder aus mehreren Enden zusammengeknotet oder in einem Stück.
Vorfachspitze	Die letzten 30 bis 45 cm dünner Kunstfaden (Monofil). Die Spitze wird bei mehrfachem Fliegenwechsel durch neues Anknüpfen kürzer und muß dann ersetzt werden. Verbindung durch „blood"-Knoten. Herstellung von Vorfächern siehe Seite 163.
Fliegenschnur	Eine eigenschwere imprägnierte oder mit einem „Mantel" versehene Seiden- oder Synthetik-Schnur, an deren Ende das Fliegenvorfach geknüpft wird. Nach der Form unterscheidet man Parallelschnüre, beidseitig und einseitig verjüngte und Torpedo-Schnüre. Fürs Trockenfischen gibt es schwimmende, fürs Naßfischen sinkende. Flugschnüre sind gewöhnlich dreißig Yard lang.

Äsche
Thymallus thymallus
30–50 cm

Bachforelle
Salmo trutta forma fario
20–35 cm

Meerforelle
Salmo trutta forma trutta
40–80 cm

Seeforelle
Salmo trutta forma lacustris
40–80 cm

Lachs
Salmo salar
50–100 cm

2. Gerät für das Angeln auf Salmoniden

Es gibt eine Fülle von Ruten für das sportliche Angeln auf Forelle, Äschen, Huchen, Saibling, Meerforelle und Lachs. Welche man jeweils wählt, hängt von dem Gewässer ab, in dem man fischt.

Rute	*Fisch*	*Rolle und Schnur*
210–240 Forellenrute für die Trockenfliege in Bächen	kleinere Bachforellen, Äschen, Saiblinge	7,5 cm Trommel- oder automatische Rolle, beidseitig verjüngte Schnur Nr. 4–5 und 6–7*
240–270 cm Forellenrute für die Trockenfliege in Flüssen	Größere Bachforellen, Äschen, Saiblinge	8 cm Trommel- oder automatische Rolle, beidseitig verjüngte Schnur Nr. 6–7
270–300 cm Rute für die Naßfliege	Bachforellen Äschen, Saiblinge	8 cm Trommel- oder automatische Rolle und Parallelschnur
330 cm Fliegenrute für Trocken- und Naßfliege auf Forellen in Seen und Talsperren	große Forellen 1 bis 6 Pfund	9,5 cm Trommelrolle Keulen-(auch Torpedo-) Schnur Nr. 8–10
270–330 cm Ruten auf Meerforellen für das Trocken- oder (häufiger) Naßfischen	Meerforellen 3 bis 12 Pfund, kleinere Huchen	10 cm Trommelrolle Schnur Nr. 7 oder 8 beid- oder einseitig verjüngt
360–420 cm Zweihand-Wurfrute auf Lachse	Lachse 5 bis 30 Pfund	10 cm Trommelrolle 40 Yard beidseitig verjüngte Schnur
270–330 cm Lachs-Spinnrute	Lachse und Meerforellen 5 bis 30 Pfund, Huchen	Multi- oder Stationärrolle, Monofilschnur
210–270 cm Forellenspinnrute	Bach- oder Meerforellen, Saiblinge	Stationärrolle leichte monofile Schnur

Auf den ersten Blick scheint die Fülle der Möglichkeiten verwirrend, doch trifft nicht so sehr der Angler die Wahl, sondern das Gewässer. Zum Gewässer, zur Größe des Fisches und zur Konstitution des Anglers muß die Rute passen. Noch einmal: Wer in kleinen Bächen angelt, greife zu den beiden anfangs genannten Gerten. Eine 270 cm

* Die leichteste Schnur im Handel ist Nr. 1. Steigende Nummern bedeuten steigendes Gewicht.

lange Rute wirft weit genug, um dort jeden steigenden Fisch zu erreichen. Es ist ohnehin eine Erfahrungstatsache, daß die meisten Forellen auf Entfernungen unter fünfzehn Schritt gehakt werden. Wo (vgl. S. 198) überwiegend naß gefischt wird, empfiehlt sich eine etwas längere (270–300 cm) und in der Aktion weichere Rute. Sie nimmt die versunkene Schnur zügiger auf.

Wer dagegen in Talsperren auf kapitale Forellen vom Ufer aus fischen muß, braucht eine Rute mit viel Rückgrat, um die oft uferscheuen Forellen mit Weitwürfen zu erreichen, wenn sie steigen, und ihnen die Trockenfliege zu servieren. Dabei sind, zumal bei Gegenwind, verhältnismäßig schwere „Torpedoschnüre“ (s. S. 196) üblich, die eine zu weiche Rute überanstrengen würden.

Wo das Fliegenfischen vom Boot erlaubt und möglich ist, überwiegt die Naßfliegenmethode mit verhältnismäßig leichten Parallelschnüren. Dazu dient wieder eine etwas längere und weichere Gerte.

So richtet sich die Rutenwahl, wie gesagt, nach dem Gewässer und der bevorzugten Angelmethode.

Ein kurzes Wort zu den Preisen. Fliegenruten und Schnüre sind kostspielig. Gespließte Ruten kosten heute mehrere hundert Mark, da sie kaum noch von großen Firmen in Serie hergestellt werden. Nur einige wenige Handwerksbetriebe fertigen noch in mühsamer, liebevoller Handarbeit erstklassige Luxusruten an, die von Kennern hoch bezahlt werden. Gediegene Arbeit und große Erfahrung im Rutenbau lassen sich die Rutenbauer eben bezahlen. Hohlglasfliegenruten werden heute in ausgezeichneter Qualität und zu erschwinglichen Preisen angeboten. Immer häufiger sind auch sehr gute Fluggerten aus Kohlefaser am Fischwasser zu sehen. Sie sind allerdings nicht gerade billig. Flugschnüre haben eine lange Lebensdauer, wenn man sie gut pflegt. Was man sonst noch braucht, ist verhältnismäßig billig, wenn man nicht gerade eine Flugrolle aus Kohlefaser benutzt.

Einfache Fliegenrolle (links) und Automatikrolle (rechts)

Eine automatische Flugrolle empfiehlt sich überall, wo nicht mit scharfen Strömungen, schwierigem Ufergelände und besonders kapitalen Fischen zu rechnen ist. Man muß nämlich darauf gefaßt sein, daß eine Großforelle weite Fluchten stromab macht, denen man nicht durch Mitgehen am Ufer oder im Wasser folgen kann. Dann erhöht sich die Federspannung beim Schnurgeben der meisten Rollen derartig, daß sie das Vorfach überlastet. Man kann zwar die wachsende Spannung auslösen (Rändelmutter betätigen), doch lehrt die Erfahrung schmerzlich, daß dieses Verfahren nicht mit plötzlichem Richtungswechsel des ziehenden Fisches fertig wird. Allerdings gibt es auch Rollen, die eine Art Freilauf haben, der eine zu starke Spannung der Feder beim Abziehen vermeidet. Im übrigen liegt der große Vorzug der automatischen Flugrolle darin, daß sie die Schnur viel rascher einholt, als es jemals durch das Kurbeln der normalen Achsenrolle ohne Übersetzung möglich ist. Ferner hält sie den Fisch beim Drill unter ziemlich gleichbleibendem Druck und verhütet, daß lose Schnurbuchten entstehen, wenn der Fisch auf den Angler zustürmt. Schließlich braucht man einen Klapp- oder Umhängekescher und – wo es das Gewässer erlaubt oder verlangt – Watstiefel oder Wathosen.

Selbstgeknüpfte Vorfächer

Nur wenige binden sich ihre Fliegen selbst. Doch jeder Flugangler sollte imstande sein, sich ein Fliegenvorfach zu knüpfen. Es gibt zwar knotenlose, sich verjüngende Vorfächer, die von 0,40 mm in eine Spitze von 0,20 bis 0,15 mm auslaufen. Es ist aber billiger, sich jeweils Spulen von 20 m Monofil zu kaufen und das ganze Vorfach aus sechs Längen von ca. 35 cm und einem Querschnitt von 0,40 bis 0,20 mm oder weniger zu knüpfen (s. Knoten S. 34). Allenfalls nimmt man für die Spitze ein etwas längeres Stück. Das gibt eine Gesamtlänge von 210 cm. Je nach Rute kann man diese Länge auf 240 cm hinauf- oder 180 cm herabsetzen. Das Vorfach sollte nicht länger als die Rute sein. Vor allem deshalb nicht, weil sonst der Knoten zwischen Schnur und Vorfach zu leicht an den Spitzenring stößt oder sich – hineingezogen – in ihm oder in dem nächsten verklemmt.

Künstliche Fliegen

Einige Begriffsbestimmungen

Wie soll man dem Laien eine künstliche Fliege beschreiben? Wir unterscheiden, grob gesagt, drei Arten: erstens Fliegen, die ein spezielles Insekt möglichst genau nachahmen, zweitens solche, die einen ungefähren Eindruck eines Wasserlebewesens machen, und drittens sogenannte Phantasiefliegen, die überhaupt keine Ähnlichkeit mit den einem Fisch vertrauten natürlichen Nahrungstierchen haben. Nach einem andern Ordnungsprinzip unterscheiden wir zwischen den beiden Kategorien *naß* oder *trocken*. Die Naßfliege ist so konstruiert, daß sie unter Wasser gefischt wird. Die Trockenfliege treibt auf der Oberfläche.

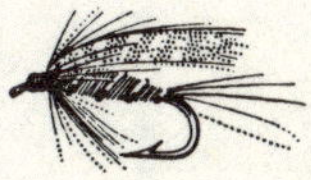

Naßfliege

In der Praxis überschneiden sich die Sorten freilich. Der Naßfliegenfischer findet es oft zweckmäßig, seine Fliege im Oberflächenfilm treiben zu lassen, während Trockenfliegen manchmal so tief eintauchen, daß es eine Haarspalterei wäre, wollte man sie als „trocken" bezeichnen.

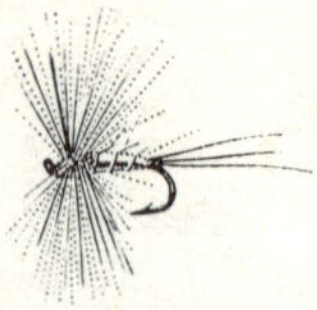

Trocken(hechel)fliege

Nymphe

Außerdem haben sich Experten noch etwas anderes einfallen lassen. Sie haben künstliche Fliegen so gebunden und gefischt, daß sie dem natürlichen Insekt in seinem Larvenstadium unter Wasser ähneln. Diese Produkte werden möglichst in Grundnähe gefischt und heißen Nymphen. Es sind in Wirklichkeit auch nur Naßfliegen. Die Fische werden kaum einen Unterschied zwischen „Naßfliege" und „Nymphe" machen.

Eine einfache Kunstfliege mit Flügeln besteht aus folgenden Teilen: Haken, Flügel, Hecheln, Körper und Schweifgrannen. Noch einfacher ist es, wenn man die Flügel ganz wegläßt. Dann haben wir eine reine Hechelfliege.

Es ist bemerkenswert, wie wenig die oft komplizierten Kunstprodukte dem natürlichen Insekt entsprechen. Was man da an Kompositionen aus Farben, Formen und Stoffen findet, dient weniger dem Appetit des Fisches, vielmehr der Eitelkeit des Fliegenbindekünstlers. Die meisten der traditionellen Lachsfliegen und viele der phantasievolleren Meerforellenfliegen fallen in diese Kategorie. Es sind wunderschöne Schöpfungen, und sie haben seit Generationen gut gefangen. Doch schlichtere Fliegen fangen ebensogut, wenn man ihnen dazu Gelegenheit gibt.

Die Naßfliege

Naßfliegen haben eine lange und reiche Tradition, und manche von ihnen sind seit den Tagen WALTONS und COTTONS (berühmte englische Angelautoren) fast unverändert im Gebrauch. Die meisten sind so entworfen, daß sie das eine oder andre Entwicklungsstadium einer natürlichen Nymphe, d. h. Fliegenlarve, imitieren.

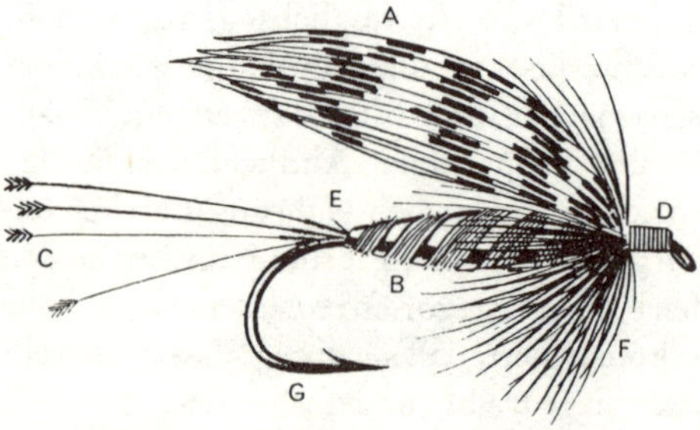

Naßfliege. A Flügel stehen schräg nach hinten, B Körper aus Seidenfadenwindungen oder Pelzhaaren, mit Metallfäden gerippt, C Schweif aus Federfibern, bei E eingebunden, D Kopf, Seidenwindungen lackiert, F Weiche Hennenhecheln, G Hakenbogen

Man bindet sie nach dem Flügel- oder nach dem Hechelprinzip. Beide sind in guten Salmonidengewässern gleich erfolgreich. Die Flügel solcher Naßfliegen werden so gesetzt, daß sie schräg nach hinten stehen (vgl. Abb.). So tauchen sie leichter ein und gleiten natürlicher durchs Wasser. Starr aufrecht stehende Flügel sollte man nicht nehmen, eher flach anliegende. Die zusätzlichen Hecheln müssen möglichst weich und spärlich sein und so lang, daß sie – zurückgelegt – bis zur Hakenspitze reichen.

Flügellose Fliegen haben mehr Hecheln. Gewöhnlich nehmen wir die weichen Hennenhalsfedern dazu. Als oberer Springer dient oft eine dichter und buschiger gebundene Hechelfliege, weil diese besser sichtbar ist und – fischt man mit mehreren Fliegen – einen Biß an den andern versunkenen anzeigt.

Zusammengefaßt: Man nehme also spärlich bekleidete Fliegen mit farbwirksamen Hecheln; wählt man geflügelte, so achte man darauf, daß die kleinen Schwingen schräg stehen und bis zum Hakenbogen reichen. Die richtigen Proportionen zeigt die Abbildung.

Die Trockenfliege

Trockenfliegen können Flügel oder nur Hecheln haben. Die Vorliebe der Flugangler für reine Hechelfliegen wächst auch hier. Sie sind wiederum nach dem Schema: Körper, Schweif, Hecheln gebaut.

Wichtig ist, daß die Hecheln von Trockenfliegen steif und glänzend sind. Wir nehmen sie vom Kragen, den Halsfedern des erwachsenen Haushahns. Mit ihren spitzen, steifen Hecheln „reitet" oder „sitzt" die Fliege auf dem Oberflächenfilm, ohne ihn wesentlich zu durchdringen.

Geflügelte Trockenfliegen können auf verschiedene Weise gebunden werden. Wir unterscheiden aufrechtstehende, vorwärtsgeneigte und flach ausgebreitete Flügel. Diese drei Formen sollen das natürliche Insekt in seinen drei Stadien des Schlüpfens, Schwärmens und Absterbens nachbilden.

Trockenfliegen sind gut, wenn ihr Material gut ist. Läßt man eine auf eine harte Unterlage fallen und hüpft sie merklich wieder hoch, so ist sie richtig.

Nymphen

Mit ihnen wird immer noch experimentiert. Zwei Hauptformen haben sich herausgebildet. Solche mit Leib, Brust und ein paar Hecheln und andre ganz ohne Hecheln. Dies sind die einfachsten künstlichen Fliegen überhaupt und nicht selten die erfolgreichsten.

Man muß die Nymphe vor allem tief fischen. Denn die natürlichen leben zwischen und unter den Steinen des Grundes. Damit sie sinken, werden sie gewöhnlich durch Bleidraht oder Folie, um den Hakenschenkel gewunden, beschwert. Einige unsrer Meister im Nymphenfischen begnügen sich mit kleinen, unbeschwerten Doppelhaken.

Aus Plastikstoff oder sonstwie geformte Nymphen sollten mit Zurückhaltung behandelt werden. Die meisten sind zu leicht, und ihr Material ist oft ungeeignet.

Luren (Reizköder) Zu den Fliegen, die keinem natürlichen Wesen ähneln, gehören Lachsfliegen, viele Fliegen für Meerforellen, Forellen in Seen und das große Arsenal der Terror, Dämon, Matuka und andrer farbenfroher Reizköder. Manche von diesen sogenannten Luren mögen immerhin Lebewesen darstellen, wie zum Beispiel Jungaale. Das zeigt sich an ihren Erfolgen, die sie zumal in Flüssen haben, wo im Sommer Aalbrut aufsteigt. Auch in Mündungsgebieten bewähren sie sich, wo sie wohl für allerlei buntes Meergetier gehalten werden, wie etwa kleine Sandaale und Garnelen.

Wichtig ist, daß die Luren richtig mit Haken armiert sind. Sind sie wie üblich 5 bis 7 cm lang, so empfehlen sich zwei oder gar drei Haken hintereinander montiert.

Anmerkung: Einhakenreizköder erscheinen dem englischen Autor fast nutzlos, denn nach seiner Meinung zupfen die Fische nur an den Schwanzhaaren oder Federn und sind, um etwas klüger geworden, auf und davon. Der Übersetzer ist andrer Meinung. Einhakenluren spielen elastischer im Wasser und kompensieren durch diesen Vorteil den Nachteil, wenn ein Fisch zu kurz faßt. Nicht selten kommt er ein zweites Mal; er kann ja den Haken nicht gespürt haben. Sitzt aber der Haken beim ersten Anhieb, dann ist es für den Drill und den Fisch besser, wenn es nur einer ist*.

Luren bindet man mit weichen Federn von Enten und anderem Geflügel; lebhafte Farben werden bevorzugt. Daher wählt man auch Federn oder gefärbte Federfibern vom Pfau, Häher oder Schwan. Rohe Schafwolle, Eichkaterschweif, Hunde- und andre Pelzhaare sind noch beweglicher als Federn.

* Siehe auch das Kapitel über den Zander.

3. Sichtbereich der Fische

Der Fisch hat nicht die Sinneswahrnehmungen der Menschen; und was er sieht, ist für uns schwer zu sagen. Salmoniden können gewisse Farbtöne unterscheiden, aber welche und unter welchen Umständen, bleibt dem Durchschnittsangler fraglich. Der bekannte Zoologe Karl v. Frisch hat anhand von Dressurversuchen nachgewiesen, daß viele Fische sowohl verschiedene Farben als auch einzelne Bereiche des Sonnenspektrums von Graustufen, welche die entsprechende Leuchtintensität haben und ihnen vorgesetzt werden, hinreichend genau unterscheiden können*. Was immer auch über das sogenannte „Sichtfenster“ der Forelle geschrieben ist: erfahrene Praktiker meinen, daß die Reaktionen des Fisches sich nicht immer mit den Diagrammen der Sichtfenstertheoretiker vereinbaren lassen. Es empfiehlt sich, beim Angeln anzunehmen, daß die Forelle mehr sieht, als sie theoretisch dürfte.

Die Forderung, die künstliche Fliege müsse der natürlichen genau entsprechen, um Fische zu fangen, ist unhaltbar, sonst wäre jede Flugangelei aussichtslos. Die exakte Nachahmung ist jenseits menschlichen Könnens. Das geben selbst geschickteste berufliche Fliegenbinder zu. Auch ihre Leistungen bleiben grob, verglichen mit dem lebenden Insekt. Schon seine Farben zu imitieren, ist schwierig. Den meisten Amateuren fehlen Farben und Material, um die natürlichen Schattierungen zu treffen. Wir alle erreichen nur eine ungefähre Ähnlichkeit. Aber zu große Genauigkeit, zumal in der Nachahmung von Flügeln, wäre unnötiger Aufwand, denn der Fisch sieht ja die an der Oberfläche schwimmende Fliege nur von unten.

Naßfliegen freilich, die im Wasser treiben, kann er von allen Seiten, sogar von oben, sehen und sie daher genauer prüfen. Der Erfolg hängt von Form und – annähernder – Farbe, aber auch davon ab, wie sie sich unter Wasser bewegen. Bei der Trockenfliege kommt es allein auf Gestalt und Farbe an. So können wir bei unsren Kunstprodukten am besten mit einem Kompromiß auskommen, d. h. mit einer Komposition aus Größe, Gestalt, Farbe, Material und Bewegung. Zum Glück sind unsre Annäherungsversuche in der Angelpraxis gewöhnlich ganz erfolgreich; wenn nicht, so braucht es nicht an technischen oder taktischen Mängeln des Anglers zu liegen, sondern an den natürlichen Grenzen jeder Fliegenbindekunst.

* Sind die Fische farbenblind? Zoologisches Jahrbuch Abt. Allg. Zoologie. Bd. 33, 1913. Farbensinn der Fi. und Duplizitätstheorie, Zeitschr. für vergl. Physiologie, Bd. 2, 1925.

4. Über die Geschichte der künstlichen Fliegen

Forellenfliegen

Vermutlich ist in der Geschichte der Angelköder auf nichts so viel Zeit, Erfahrung und Eingebung verwendet worden wie auf die Herstellung von Forellenfliegen. Die Grundabsicht ist einfach. Man versucht, eine Forelle zu überzeugen, ein bißchen Federwerk sei, auf bestimmte Weise gewickelt, ein wirkliches lebendiges Insekt. Das ist die Faszination des Fliegenfischens auf Forellen und Äschen. Der Angler kommt sich als Verführer vor, wenn er in dem Fisch diese Illusion erweckt. Wie oft der Trick auch immer gelingt: er behält seinen Reiz.

Beim Lachs allerdings ist es anders. Lachsfliegen sind Reizköder, Luren, nach denen der Lachs schnappt, wie der Hecht nach dem Blech. Er tut es vielleicht, weil sie funkeln und weil sie sich bewegen. Das hat mit gelungener Illusion vermutlich nichts zu tun.

Nun wäre es ermüdend, die zahllosen Fliegenmuster aufzuzählen, die es gibt. Jeder Flugangler hat ohnehin seine Lieblingsfliegen, und manche kommen mit weniger als einem halben Dutzend aus.

Die Größe einer Fliege ist mindestens ebenso wichtig wie ihre Form, vielleicht noch wichtiger. Der Grund dafür hängt mit ihrer Sichtbarkeit zusammen, bei Naßfliegen mit der Tiefe, in der sie gefischt werden. Bei gleichen Voraussetzungen wird eine größere Naßfliege schneller und tiefer sinken als eine kleine. Und je größer sie ist, um so besser sieht sie ein tief stehender Fisch. Um so eher aber kann sie ihn auch befremden. Es ist oft verblüffend, wie große Forellen und Äschen nach kleinsten Nymphen schnappen.

In England hat die Einführung der sogenannten Skala von Pennell einige Verwirrung in die Größenbestimmung gebracht. Das hat Pennell später selbst bedauert. Das frühere System von Redditch, die „alte Skala", geht von Nr. 20 bis Nr. 7 für Forellen und wird heute wieder allgemein verwendet. Das heißt, die kleinsten Fliegen sind an Haken mit den hohen Nummern gebunden (4 mm lang = Nr. 20). Die großen Forellenfliegen haben Haken bis zu Nr. 7 (1,9 cm). Das Hakenöhr zählt beim Messen nicht mit.

Qualität und Bau des Hakens hängen von den Ansprüchen des Anglers ab und diese von seiner Erfahrung. Die Herstellung von Forellenfliegenhaken ist ein sehr diffiziles Verfahren. Die richtige Härtung des dünnen Stahls ist vor allem wichtig. Schwach gehärtete Haken biegen sich auf, überharte sind spröde und brechen ab, wenn sie beim Rückwurf auf einen Stein schlagen oder ungünstig beim

Anhieb fassen. Das richtige Mittel ist ein zäher, federnder Haken, der weder zu weich noch zu hart ist. Hakenformen sind weitgehend Geschmacksache. Im Handel sind vorwiegend drei Formen verbreitet: Fliegenhaken mit relativ weiter Öffnung; die Limerickform mit ziemlich scharf umknickendem Hakenbogen und der Rundbogenhaken. Die meisten Hersteller führen ihre Spezialsorten, die aber stets von einer der drei Grundformen abgeleitet sind.

Der *„sneck"*, das Ausmaß der Schränkung der Hakenspitze – sie steht seitwärts heraus – ist wiederum eine Frage der persönlichen Neigung. Ich bevorzuge Haken mit wenig oder keinem *„sneck"*. Ein geradestehender Haken mit relativ weiter Öffnung und rundlicher Biegung entspricht allen Anforderungen.

Unsere Tradition möchte das Öhr der Trockenfliege nach oben und das der Naßfliege nach unten gebogen haben. Das ist ein recht unbegründetes Verlangen. Abwärts-Öhre sind für Naß- und Trockenfliegen gut.

Die meisten Flugangler kaufen ihre Fliegen im Laden. Doch es wächst die Zahl jener, die das *do-it-yourself* lieben und das Fliegenbinden zu einem reizvollen Winterhobby machen. Wie man sich eine einfache Fliege selbst bindet, wird auf Seite 170 beschrieben.

Die traditionelle Heimat der Trockenfliege ist der englische Kreidebach. Diese Trockenfliegen sind klein und versuchen, die dort heimischen Insekten zu imitieren. Trockenfliegen für Forellenfließgewässer in normalen Niederschlagsgebieten und Seen sind gewöhnlich größer und begnügen sich damit, irgendein treibendes Insekt, aber keine spezifische Fliege darzustellen.

Aber die sozusagen fundamentale Forellenfliege ist die Naßfliege. Sie hat eine erlebnisreiche Geschichte. In England hat es sogar eine ganze Reihe von Fliegenbindeschulen gegeben, und wir können alle jene Angler nur bewundern, deren Namen die Nachwelt nicht kennt, deren Kunstfertigkeit und Beobachtungsgabe in den von ihnen entworfenen Fliegen sie aber überlebt hat.

Neu ist der Gebrauch synthetischer Materialien. Nylon, Perlon, Polyamide und Plastik in mancherlei Schattierung treten zu den altbekannten Federn und Pelzhaaren. Der Berufsbinder wird sich noch hindurchfinden, dem Amateur aber sei empfohlen, im Zweifel bei den einfachsten Mitteln zu bleiben.

Der Grundzweck ist der gleiche wie in Waltons Tagen: Die Fliege soll die Forelle täuschen. Ob das mit einem

Stückchen Polyvinal oder mit einem Flöckchen Schafwolle gelingt, das wir von einem Weidezaun zupfen, ist belanglos.

Meerforellenfliegen

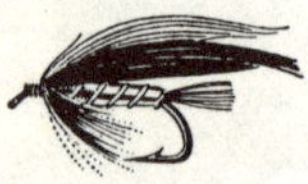

Die typische Meerforellenphantasiefliege

Durchweg sind es seit langem übliche Phantasiefliegen, die auf Meerforellen gefischt werden. Eine wichtige Neuerung wurde allerdings nach dem Kriege eingeführt: fluoreszierendes Bindematerial. Doch muß es richtig angewendet werden, wenn es mehr fangen soll. Für Meerforellen ebenfalls gut sind die *„tube-flies"*, die Röhrenfliegen, die anfangs für den Lachs entworfen wurden.

Lachsfliegen

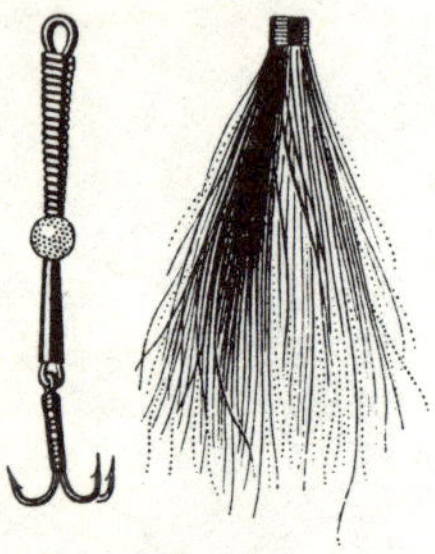

Röhrenfliege für Lachse. Der Haarschweif auf dem Röhrchen wird auf das Vorfach gefädelt und über den Draht mit Drilling geschoben

Die heutige Tendenz neigt ganz entschieden der Haarfliege zu. Die Haare werden auf eigenschwere Metall- oder Plastikröhrchen gebunden und bergen einen Drilling in ihrem Schweif (vgl. Abbildung). Lachsfischer haben bald festgestellt, daß diese billigen Fliegen ebensoviele Fische fangen wie die berühmten Traditionsfliegen mit ihrer reichen Farbpalette. Ja, und diese Haarflügelfliegen lassen sich zudem besser führen.

Freilich sind auch Fliegen wie *Jock Scott*, *Black Doctor*, *Silver Wilkinson* noch im Kurs, und ihre Namen bleiben klangvoll, und wäre es nur aus Pietät. Schließlich ist das sportliche Fischen auf den Lachs ein Ritus und der Fang dieses großen Edelfisches ein kultisches Opfer, das ein Instrumentarium erfordert, das künstlerisch befriedigender und weihevoller ist als ein Büschel brauner Hundehaare und ein bißchen Flaschenhalsstanniol. Wer aber Erfolg zu geringerem Preis sucht, nehme die Röhrenfliege.

5. Fliegenbinden für Anfänger

Das Binden einfacher Forellen- und Lachsfliegen ist nicht schwer. Leichter ist es natürlich, sie im Laden zu kaufen, doch sprechen zwei Argumente dafür, sie sich selbst anzufertigen. Erstens: den Freuden des Anglers öffnet sich damit ein neues Feld. Zweitens: es setzt ihn instand, die für sein Gewässer besonders geeignete Fliege zu ermitteln, und zwar ohne große Kosten. In diesem Zusammenhang sei auf das Buch „Fliegenbinden für Anfänger" von Norbert Eipeltauer, Verlag Paul Parey, Hamburg und Berlin, hingewiesen.

Der Anfänger steht zunächst dem Fliegenbinden wie einem Mysterium gegenüber. Am Ende ist er ein Eingeweihter, spricht eine Geheimsprache und vollbringt selbst Wunder. Typisch für die Geheimlehre des Fliegenbindens ist der Hechelkult. Dabei sind Hecheln nichts anderes als kleine Federn vom Schopf oder Hals des Hahns. Der Kult kreist um den Andalusier und andre Zuchtrassen. Ein erstklassiger „*Blue Dun*“-Kragen ist ein besonders begehrtes Hechelmaterial und unter Brüdern 50, ja 100 DM wert. Solche Federn werden buchstäblich mit Gold aufgewogen. Einer meiner Freunde verwahrt einen Blue Dun-Kragen, der hundertzehn Jahre alt ist. Ursprünglich sollte er dem Verbrauch dienen, inzwischen ist er ein unbezahlbares Sammlerstück.

Gerät und Material

Wir brauchen zum Fliegenbinden ein paar Geräte: einen Schraubstock mit konischen Backen, s. Abb., einen Halter für die Röllchen mit Bindeseide, Hechelfederzangen, eine spitze Schere und gute Beleuchtung. Als Material ein paar hundert Fliegenhaken verschiedener Größen mit Öhr (Nr. 7 bis 20), einen schnell trocknenden Lack oder Alleskleber, Wachs, Seide in verschiedenen Farben und Röhrchen (leere Kugelschreiberminen), sofern wir es mit Tuben-(Röhren-)Fliegen versuchen wollen.

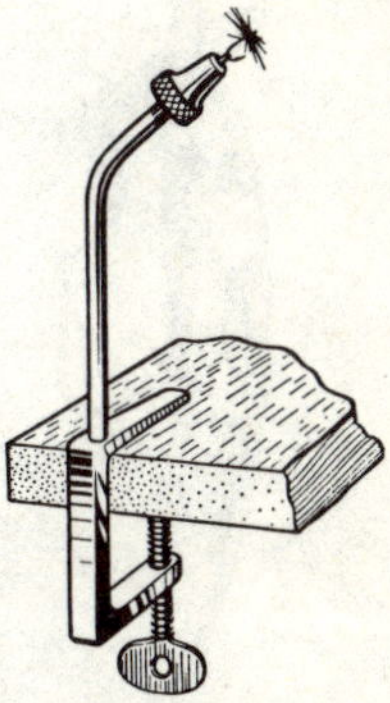

Schraubstock zum Fliegenbinden

Damit kommen wir zu dem Bindematerial. Der Amateur braucht nicht viel. Ein Maulwurfspelz reicht Jahrzehnte. Eine einzige Reiherhauptschwungfeder liefert noch blau-graue Fibern, wenn der Angler schon vergessen hat, woher er sie bekam. Vielfalt ist beim Sammeln wichtiger als Vielzahl. Sobald der „Lehrling“ den Fliegenbindezauber spürt, wird er mit scharfem Blick alles Feder- und Pelzwerk daraufhin untersuchen, ob es nicht seinem Hobby dient, und dabei bald entdecken, daß sich aus den einfachsten Materialien die besten Fliegen machen lassen.

Zur Bindetechnik

Eine schlichte Fliege, die ihre Forelle fängt, besteht aus nur zwei Teilen: dem Körper und den Hecheln. Wir verzichten auf die Nachahmung eines speziellen Insekts und begnügen uns mit einem neutralen Muster, das mehrere verschiedene natürliche Fliegen repräsentiert: die sogenannte Märzbraune mit Fasanenschwanzfiberleib, Hakengröße Nr. 10, 12 und 14. Dazu brauchen wir, wie der Name sagt, eine lange Feder aus dem Stoß des Fasanenhahns, einige braune Rebhuhnhechelfedern, ein Ende feinen Golddraht und eine Spule braune Seide.

Wir klemmen den Haken in den Schraubstock. Das Öhr zeigt nach rechts. Am Öhr beginnend, bewickeln wir den Hakenschenkel mit der Seide und geben einige Tropfen Lack darauf. Der Fadenfang ist überwickelt, und das Fadenende hängt mit der Spule am Hakenbogen herab. An dieser Stelle nun wickeln wir die Spitzen von vier Fasanenfederfibern mit zwei Seidenwindungen ein. Das gleiche tun wir mit einem Ende des Golddrahts, drücken Fibern und Draht so beiseite, daß wir nun den ganzen Schenkel noch einmal mit der Seide in Öhrrichtung überwickeln können, dort lassen wir den Faden ca. 5 mm vom Öhr entfernt wieder abhängen. Mit der Federklemmzange fassen wir nun die vier Federfibern und wickeln sie, sorgfältig eine Windung neben die andre legend, öhrwärts. Dort – am abhängenden Faden – angekommen, legen wir sie mit zwei Seidenwindungen fest. In die pelzartig abspreizenden kurzen Fiberhärchen wickeln wir nun in parallelen Spiralen von etwa 0,5 mm Abstand den Golddraht und binden ihn ebenfalls ein. Der Leib unsrer Fliege ist fertig. Jetzt kommen ihre Beine und Flügel dran. Wir fassen eine Hechelfeder, streifen die Fibern von der Spitze weg, daß sie abstehen, binden die Spitze an der Schulter des Hakens etwa 5 mm vor dem Öhr ein und lassen den Faden abhängen. Jetzt kommt der Trick: mit der Federzange fassen wir die Feder am Kiel und winden sie einige Male (2–5) um den Schenkel, wobei sich die Fibern bürstenartig abspreizen. Während die Restfeder mit dem Kiel an der Zange nach unten hängt, wickeln wir sie mit der Seide fest. Dann knipsen wir von ihr weg, was überflüssig ist. Aber noch nicht das freie Fadenende. Damit winden wir am Öhr den „Kopf" und machen zum Schluß einen besonderen Knoten, den sog. Halben Stich (s. Abb.) oder besser zwei bis drei, geben Lack darauf und kappen dann den Faden, am besten mit einer Rasierklinge. Die Naßfliege ist fertig. Sie herzustellen, dauert bei einiger Übung kaum eine Minute. Wie gesagt, unsre „Märzbraune" besteht eigentlich nur aus Leib und Flügeln. Und selbst diese, also die Hecheln, kann man noch weglassen und mit dem Torso, genannt Nymphe, Forellen fangen. Und zwar, wenn sie richtig unter Wasser gefischt wird, vorzüglich.

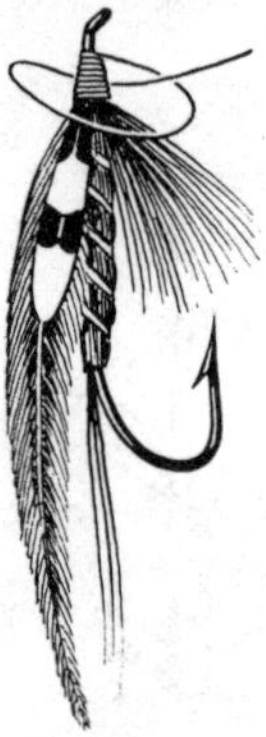

Halber Stich

Wesentlich abweichend von der hier beschriebenen Bindetechnik ist das Verfahren, das nicht die Spitze, sondern ein Stück von Fibern freigelegten Federkiel einbindet. Die Federzange faßt dann die Spitze und wickelt die Feder nicht öhrwärts, sondern vom Öhr weg. Der Seidenfaden hängt dann auch nicht am Öhr, sondern etwa in der Mitte des Hakenschenkels ab. Von dort windet man ihn gegenläufig durch die sich spreizenden Fibern, wodurch sie solider festgelegt werden, und kommt dann am Öhr „heraus", wo er den Kopf wickelt und mit Halben Stichen endgültig festgezurrt wird. Lackieren.

Fliegen mit Flügeln

Wir können immer wieder erleben, daß einfache Hechelfliegen und Nymphen Forellen fangen. Dennoch haben viele von uns den Ehrgeiz, ihre Kunstprodukte dem natürlichen Insekt so ähnlich wie möglich zu machen. Zu diesem Zweck geben wir ihnen ein Schwänzchen und separate Flügel. Allerdings können – zumal bei angetrübtem Wasser – solche Flügel den Erfolg erhöhen. Sie geben der Fliege eine stärker auffallende Silhouette, die Forelle wird diese also eher wahrnehmen.

Eine Fliege wie unsre Märzbraune mit Flügeln zu versehen, erfordert ein gewisses Maß von Geschicklichkeit. Als Material eignen sich bräunliche Federn, die dem Charakter der Märzbraunen entsprechen. Wir nehmen eine Feder der Fasanenhenne und schneiden zwei sich entsprechende „Fahnen“ in Flügelfasson heraus. Die Fahnen legen wir spiegelbildlich aneinander, pressen sie zwischen Daumen und Zeigefinger der Linken und binden sie mit vier Seidenwindungen stramm ein, und zwar erst nachdem wir die Hecheln abgebunden und bevor wir den Kopf gewickelt haben. Genauere Anweisungen finden sich in der Spezialliteratur.

Unsere selbstgebundenen Fliegen fangen alle Forellenarten im Bach, im Fluß und im See, auch Äschen und andere Fische, die nach Insekten und Larven steigen. Bei den Mustern kommen noch farbige oder metallene Schwanzbüschel oder Schwanzfibern hinzu. Auch andere als Fasanenfedern sind zur Herstellung des Fliegenkörpers brauchbar.

Lachsfliegen

Das Binden geflügelter Lachsfliegen ist ein anspruchsvolles Geschäft, eine Passion, und zwar eine kostspielige. Das Material für die traditionellen Lachsfliegen wird immer teurer und ist immer schwerer zu bekommen. Der praktische Angler, der wie ich seine eignen Lachsfliegen bindet, braucht kein exotisches Federwerk zu kaufen. Auch Fliegen, die aus einfachen Stoffen, aus Wild- oder Hundehaaren, aus Truthahnschweif-, Schwan- und Entenfedern gebunden sind, fangen sehr schöne Lachse. Ja, viele Experten ziehen diese schlichten Fliegen den farbigen Kunstwerken von einstmals vor.

Wenngleich die großen „Lachseisen“ ziemlich aus der Mode gekommen sind, so ist es doch nützlich, ein paar davon mitzuführen, wenn es auf den Frühjahrslachs bei hohem Wasserstand geht. Sie tauchen gut und lassen sich auch gut aus dem Kiefer eines gefangenen „*Kelt*“ lösen, des Lachses also, der abgelaicht hat und wieder ins Wasser zurückgesetzt wird.

Einfache Muster sind leicht zu binden. Auf einen großen Speziallachshaken von Nr. 0 bis 000 binden wir einen Silberflitterleib, eine flach liegende braune Schwinge und schwarze Hecheln. Tief fischen! Für niedrigeren Wasserstand im Sommer haben die Röhrenfliegen das Feld erobert. Jeder Kugelschreiber liefert ein Metall- oder Plastikröhrchen. Beschwerte Röhrchen in angemessener Länge sind auch im Gerätehandel zu haben. Sie haben einen Messingkopf, der das Furchen der Fliege an der Oberfläche verhütet.

Beim Binden dieser Fliegen setzt man das ca. 3 bis 5 cm lange Röhrchen auf eine dicke Stopfnadel, spannt beide in den Schraubstock ein und bekleidet das Röhrchen mit den gewünschten Haarschwingen (s. Abb. S. 170). Beim Angeln fädelt man das Vorfach durch Messingkopf und Röhrchen und knüpft den Drilling ans Ende, auf dessen Öhr die „Tube" sitzt und dessen Hakenspitzen aus den Haaren hervorstechen. Beim Drill schiebt sich die „Fliege" am Vorfach hoch.

Ein weiterer Vorteil der Röhrenfliege: Sie läßt sich schnell auswechseln. Braucht man eine größere, so löst man den Drilling, ersetzt kleine Röhrchen durch ein doppelt so langes und knüpft den Drilling wieder an. Auch lassen sich zwei oder drei „Tuben" kombinieren.

Es ist schwer zu sagen, wie Röhrenfliegen im einzelnen ausgestattet werden sollen. Die erfolgreichen Farben variieren von einförmig matt bis bunt leuchtend. Ich schätze metallgerippte Leiber, und zwar Silber für das Frühjahr und Gold für den Sommer. Haare bewegen sich lebendiger als Federn. Es gibt viele Haarsorten, die sich für Röhrenfliegen eignen. Gut ist Eichhörnchenschweif – seidig und fein –, desgleichen Eisbär, wenn er zu haben ist. Bärenhaare lassen sich gut einfärben und haben natürlichen Glanz.

Die Möglichkeiten der künstlichen Fliege sind auch heute noch nicht erschöpft. Es lohnt sich, weiter zu experimentieren. Der Fisch reagiert auf geringe Veränderungen in seiner Umgebung, und das beeinflußt auch sein Verhalten zu den Fliegen, den natürlichen und den künstlichen. Was die Vergangenheit uns an erprobten Mustern überliefert, sollte man nicht leichtfertig aufgeben. Ich selbst fische mit traditionellen Fliegen, experimentiere aber auch gern mit neuen.

6. *Natürliche und künstliche Fliegen*

Insektenkunde für Angler

Hunderte von Jahren blieb das Flugangeln selbst in England insofern unverändert elementar, als die Fischer nur zwei oder drei Insektenarten am Wasser kannten. Um 1850 hatten Beobachtung, Experiment und die fortschreitenden Kenntnisse des Fliegenbindens es bis auf über ein Dutzend Muster gebracht.

Die frühen Fliegenbinder waren sich bewußt, daß sie die Natur nicht genau nachahmen konnten. Sie beschränkten sich daher auf die Annäherung. Doch gegen Ende des 19. Jahrhunderts verbreiteten sich neue Bestrebungen, die von den südenglischen Kreideflüssen herkamen. Mit Lupen, Handbüchern der Insektenkunde und Sonden für Magenuntersuchungen der gefangenen Fische ausgerüstet, zogen die Flugangler los und katalogisierten jedes Wasserinsekt, das sie fanden. Und wer nun künstliche Fliegen band, hatte den Ehrgeiz, die natürlichen genau zu imitieren.

Heute hat sich das Blatt wieder gewendet. Wenngleich die Insektenkunde, um ihrer selbst willen betrieben, ein interessantes Hobby sein kann, ist es ziemlich zwecklos, sie zu sehr in das praktische Angeln einzubauen. Genaue Kenntnis jedes Stadiums im Leben eines Wasserinsekts ist keine Voraussetzung, einen Fisch zu fangen. Manch einer fühlt heute, daß die Schulen der exakten Imitatoren nicht viel mehr waren als Sekten von Leuten, die den Uneingeweihten bluffen und vom Flugangeln fernhalten wollten. In dieser Hinsicht haben sie wirklich Schaden angerichtet. Andererseits hat das Studium der natürlichen aus dem Wasser stammenden Fliegen auch sein Gutes gehabt. Der Angler gewann dadurch klarere Vorstellungen von Leben und Entwicklung der Insekten. Die leidenschaftlichen Fliegensammler mußten bald entdecken, wie groß die Unterschiede selbst unter Fliegen der gleichen Art sind, was eine genaue Nachahmung noch sinnloser und hinfälliger machte. Vernünftige Angler reagierten darauf so, daß sie Fliegen banden und verwendeten, die nur ein ungefähres und relatives Abbild einer bestimmten Art sein sollten.

Seit dem Zweiten Weltkrieg sind ein paar erstklassige Werke erschienen – vor allem *„An Angler's Entomology"* (Insektenkunde für Angler) von J. R. Harris –, Bücher, auf die sich eine große Zahl Flugangler stützen. Wenngleich exakte Imitation unmöglich ist, gibt es eine Reihe von natürlichen Fliegen, die zu kennen sich lohnt und deren Studium unsere Forellenbeute erhöht.

Fliegen der fließenden Gewässer

Einige Angler und Autoren verwenden die lateinischen Namen für die Insekten am Wasser, um Verwechslungen vorzubeugen. Doch so wichtig das für wissenschaftliche Erfordernisse ist, kann dies Verfahren leicht pedantisch werden, und ein pedantischer Fliegenfischer wirkt bald langweilig. Daher verwende ich in diesem Kapitel nur Namen, wie sie die englische Autorität auf diesem Gebiet, J. R. Harris, gebraucht.

Von wirklichem Interesse für Angler an fließenden Gewässern sind die Fliegen, die in eine der vier Kategorien gehören. Das sind die Eintagsfliegen, Köcherfliegen (Seggen), die Steinfliegen und einige Insekten diverser andrer Gruppen.

Eintagsfliegen

Dies ist die wichtigste, wenn auch nicht die größte Gruppe der für den Flugangler bedeutenden Fliegen. Sie schließt ein die Olivbraunen, die Eisenblassen, die Märzbraunen, die Wasserblassen, die Maifliegen und die Blauflügel-Olivbraunen. Exemplare dieser Sorten finden sich in den meisten sauberen Fließgewässern. Einige von ihnen kommen allerdings nur begrenzt vor, wo ihnen die lokalen Bedingungen zusagen.

Alle Eintagsfliegen haben einen ähnlichen Lebenszyklus. Die Larven (Nymphen) entwickeln sich aus den vom weiblichen Insekt in meist flaches Wasser gelegten Eiern. Gern halten sie sich unter Steinen auf; man braucht nur ein paar in Ufernähe anzuheben und umzudrehen, so sieht man sie schutzsuchend davonkrabbeln. Diese Nymphen der Eintagsfliegen steigen, wenn sie reif sind, zur Oberfläche auf. Dort müssen sie sich ihrer Nymphenhaut oder -hülle entledigen. Während dieser Prozedur sind sie eine leichte Beute der Forellen. Von der Hülle befreit, hebt sich die Fliege, Subimago oder Braune, von der Oberfläche und verbirgt sich im Bewuchs der Ufer. Der Schlüpfprozeß wird durch warmes und trockenes Wetter beschleunigt.

Je nach den Witterungsverhältnissen dauert es Stunden oder Tage, bis aus der Braunen durch einen zweiten Häutungsprozeß die fertige Fliege, die Imago, der *spinner* oder Schwärmer wird.

Die Eintagsfliege tritt also in, auf und über dem Wasser in drei Entwicklungsformen in Erscheinung: Nymphe, Braune und *spinner*. Dazu kommt eine vierte, die *spent gnat* oder die Absterbende, d. h. der vom Hochzeitsflug kommende und nach der Eiablage erschöpft auf dem Wasser treibende *spinner*.

Dementsprechend fangen wir Forellen an unsern künstlichen Fliegen, welche eins der vier Stadien repräsentieren. Allerdings wählt der Angler vorwiegend die Braune- und Spinnernachbildungen, es sei denn, die Fische jagten und schnappten augenscheinlich nach einer der beiden andern Formen.

Die Verbreitung und das Auftreten der Eintagsfliege hängen eng von dem Gewässertyp ab. Zwei Hauptformen sind zu unterscheiden: Bäche und Flüsse, die von Regenfällen gespeist werden, und die Kreidebäche, die aus verhältnismäßig gleichbleibend stark fließenden Quellen der Kreideformation entspringen. Die ersten sind meist schnell fließend und steinig und oft angetrübt, die zweiten langsam, klar und haben selten Hochwasser. In ihnen gedeihen große Krautbetten, die zahllosen Larven der Eintagsfliegen guten Schutz bieten.

Die regengespeisten und rasch strömenden Gewässer können sich dieses Fliegen- und Nymphenreichtums nicht rühmen. Wer dort fischt, und das sind 98 % unsrer Flugangler, kann nicht darauf warten, daß in den ruhigeren Strecken die Fliegen schlüpfen und ein größeres Schwärmen die Fische zum Steigen bringt und ihm verrät, welche Fliege sie bevorzugen. Vielmehr wählt er gleich eine Fliege, die er für den Tag und die Jahreszeit für geeignet hält.

Nun wollen wir uns die Eintagsfliegen ansehen, die in beiden Gewässertypen auftreten, und die ihnen entsprechenden künstlichen Fliegenmuster beschreiben. Wir beginnen diese kurze Liste mit der bekanntesten Fliege, der „Großen Dunklen“ oder auch der „Großen Frühlings-Olivbraunen“ (*Large Dark Olive* oder *Large Spring Olive*). Diese – abgekürzt – *L.D.O.* findet sich fast überall. Sie schlüpft schon bei kühlstem Wetter und kommt den nach dem Winter ausgehungerten Forellen entgegen. Sie ist ca. 1,2 cm lang mit blau-grauen Flügeln und einem olivbraunen Leib.

Recht gut deckt sich damit *Blue Upright,* die Blaue Aufrechte. Wer sie sich selbst bindet, hat vielleicht Schwierigkeiten, die passenden Hecheln zu bekommen. Hier die Bindeanweisung: *Hecheln:* dunkelblauer Hahn, steif, glänzend. *Schweif:* einige Fibern aus der gleichen Feder. *Körper:* ein Federkielspan, weiß, um deutlich sichtbare helldunkle Bänderung zu erzielen. *Haken:* Nr. 10 und 12.

Die Spinner-(Schwärmer-)Form der Blauen Aufrechten stellt der sog. *Red Spinner. Körper:* rote Seide mit dünnem

Golddraht gerippt. *Hecheln:* hellgelbe Henne. *Schweif:* Fibern derselben. *Haken:* Nr. 10 bis 12.

Der *Red Spinner* ist gut als oberer Springer, der „trokken“ gefischt wird.

Die einzige andre Olivbraune, um die sich der Flugangler kümmern muß, ist die *Medium Olive* (Mittelolivbraune). Sie ist kleiner als die *L.D.O.* mit blaugrauen Flügeln und einem hellgelblichen Körper. *Körper:* olivfarbene Seehundhaare, vermischt mit etwas Orange. *Hecheln:* dunkelblaue Henne. *Schweif:* Fibern daraus. *Haken:* Nr. 12 und 14.

Die *Märzbraune* erscheint örtlich verschieden. In einigen Gewässern gibt es große Schwärme, in anderen tritt sie kaum auf. Sie ist eine ziemlich große, schwerfällig aussehende, düster gefleckte Fliege. Nachahmungen sind zahllos und fangen Forellen auch in Strecken, wo es nie eine natürliche Märzbraune gegeben hat. Gewiß deshalb, weil die schmutzig-bräunliche Farbe die schlüpfenden Nymphen verschiedener anderer Insekten trifft. *Körper:* braunes Kaninchenhaar mit sehr dünnem Golddraht gerippt. *Hecheln:* braunes Rebhuhn. *Schweif:* blasse Fibern von der Stockente. *Haken:* Nr. 10 und 12.

Die *Iron Blue* (Eisenblaue) ist eine kleine Fliege, die kaltes, böiges Wetter liebt. Einige Angler fangen ihre Forellen im April und Mai mit einer entsprechenden Kunstfliege. Das Auftreten der Schwärme ist unterschiedlich. Zuweilen sind sie zahlreich. Der Fisch geht auch gierig auf die Nymphe. Ein erfolgreiches Muster binden wir so: *Körper:* Schwänzchen aus scharlachroter Seide, blaugrauer Maulwurfspelz mit roter Seide gerippt. *Hecheln:* Henne wie bei der *Blue Dun* (hell). *Schweif:* Fibern des *Rhode Island Hahns* (rot). *Haken:* Nr. 12 bis 14.

Der Name *Wasserblasse* ist ein Etikett für verschiedene einander ähnliche Fliegen. Dazu gehören die *Sky Blue Dun* (Himmelblaue), die *Blue Winged Pale Watery* (die Blauflügel-Wasserblasse) und die *Pale Evening Dun* (die Abendblasse). Diese Geschöpfe sind ebenso hübsch wie ihre Namen. Die Wasserblassen erscheinen ab Mitte Mai. Es sind mittelgroße Fliegen, sehr auffällig durch ihre glänzenden Flügel, wenn sie vom Wasser aufschwärmen.

Zwei Bindeweisen entsprechen ihnen. Eine nasse: *Körper:* hellgelbe Seide mit feinstem Golddraht gerippt. *He-*

chel: Blue Dun Henne (hell). *Schweif:* Fibern vom goldgelben oder weißen Hahn. *Haken:* Nr. 12 und 14.

Das trockene Muster: *Körper:* Seide bernsteinfarben oder hellorange, mit feinstem Golddraht gerippt. *Hecheln:* Hahnenhals, steif, glänzend, goldgelb. *Schweif:* Fibern vom Hahn, goldgelb oder weiß. *Haken:* Nr. 12 und 14.

Die Maifliege

Sie ist die größte und bekannteste der Eintagsfliegen. Leider scheint sie heute weniger zahlreich und weniger verbreitet aufzutreten als früher. Das mag damit zusammenhängen, daß die Flüsse infolge von Drainage und Regulierungen rascher fließen und den Sand und Schlamm hinwegspülen, in dem die Maifliegenlarven ehemals besser gediehen. An den Kreideflüssen ist das Schlüpfen und Schwärmen der Maifliege ein Ereignis. An den rascheren Gebirgsflüssen ist sie seltener, doch gibt es dort eine andere Sorte, die Gelbe Maifliege. Diese ist kaum kleiner und nicht minder lecker für die Forelle.

Natürliche und künstliche Maifliege

Im Stadium nach dem ersten Schlüpfen (Braune) heißt die Maifliege auch Grüner Erpel *(Green Drake)*, der weibliche Spinner Grauer Erpel *(Grey Drake)* und der männliche Schwarzer Erpel *(Black Drake)*.

Von allen künstlichen Nachbildungen ist wohl *Goulden's Favourite* die gelungenste. Diese Fliege bedient sich der Erscheinung, daß die Flügel einer flatternden Maifliege in einer gewissen Beleuchtung orangefarben schimmern. Hier ist eine Abwandlung des Musters: *Körper:* Olivfarbener Bast mit scharlachroter Flockseide gerippt. *Hecheln:* 1. dunkelroter Rhode-Island-Hahn, 2. brennendrote Henne, 3. grauer Erpel. *Schweif:* ein paar Fibern aus der Fasanenstoßfeder. *Haken:* Nr. 8 und 10.

Dies Muster kann naß und trocken gefischt werden. Naß empfiehlt sich oft bei sinkendem Hochwasser, wenn die Fliegen schlüpfen und stromab getrieben werden.

Nun zur *B.W.O.*, der *Blue Winged Olive!* Diese „Blauflügel-Olivbraune" ist an vielen Gewässern verbreitet. Sie ist eine ziemlich große Fliege mit auffällig bläulichen Flügeln. An schwülen, gewitterträchtigen Tagen im Juli und August sieht man sie lässig vom Wasser aufsteigen. Die *B.W.O.* läßt sich, so heißt es, nur schwer nachbilden. Vermutlich sind die Forellen deshalb zurückhaltend, sie zu nehmen, weil sie im Hochsommer ohnehin wählerischer sind und nur bei großem Schwärmen steigen. Ein einfaches Muster für die schlüpfende Fliege (Braune):

Körper: olivfarbene Seide mit feinstem Golddraht gerippt. *Hecheln:* graublaue Henne. *Schweif:* bräunliche Fibern einer Spitzfeder vom Hahn. *Haken:* Nr. 10 bis 12.

Der *B.W.O.* Spinner (Schwärmer) segelt wegen seiner Farbe seit langem unter dem Namen *Sherry Spinner.* Eine sehr gute Nachbildung: *Körper:* rötliche Fibern, Fasanenhahnstoßfeder, mit feinstem Golddraht gerippt. *Hecheln:* dunkler Rhode Island-Hahn. *Schweif:* einige Fibern davon. *Haken:* Nr. 10 bis 12.

Köcherfliegen (Seggen)

Die Köcherfliegen bieten dem Flugangler sehr interessantes Fischen. Selbst die größten Forellen, Exemplare, die seit langem nur von Elritzen und kleinen Artgenossen leben, pflegen nach einer Segge zu steigen. Seggen beginnen ihr Dasein als Larven, die in einem Köcher stecken, der von ihnen aus Sandkörnern, Steinchen, Holzspänen, Halmen und anderem Material zusammengeklebt wurde. Solche Köcher, auch Sprock genannt, sind so zahlreich, daß sich die Forellen im Frühjahr oft damit vollstopfen.

Köcherfliege oder Segge, ca. 4fach vergr.

Wenn es auch beispielsweise in England 184 verschiedene Seggenarten gibt, sind nur wenige von besonderem Interesse für den Angler. Der Flugfischer bedient sich einiger Muster. Durchweg sind sie Sommerfliegen. Wir schätzen vor allem jene, die am Abend schlüpfen. Seggen lieben feuchtwarme Luft. Der Erfahrene merkt am Schwall eines steigenden Fisches in gewitterschwüler Dämmerung, daß die Seggen da sind. Das dumpfe Glucksen ist vielversprechend.

Die bekanntesten Köcherfliegen heißen: *Grannom, Great Red Sedge, Cinnamon Sedge, Gray Sedge, Brown Silver-horn* und *Silver Sedge.* Ich schlage folgende Variante vor: *Körper:* weißer Kaninchenpelz mit Silberlametta gerippt. *Hecheln:* braungeflecktes Rebhuhn, *Flügel:* gefleckte Fasanenhenne. *Schweif:* blasse Stockentenfibern. *Haken:* Nr. 10 und 12.

Das ist eine Universalsegge. Flügel können schmal oder breit sein, je dunkler der Abend, um so auffälliger.

Weitere Vorschläge für Seggenmuster: *Grannom;* sie schlüpfen im Frühjahr. *Körper:* Maulwurfspelz, dunkelgrün gefärbt. *Hecheln:* Zwei hellbraune Rebhuhnhalsfedern. *Haken:* Nr. 14.

Silverhorn, eine im Sommer schwärmende, weitverbreitete Köcherfliege. Fast jede kleine braune Hechelfliege kann sie darstellen.

Gray Sedge, sie tritt im Juni und Juli auf. Oft steigen die

Forellen eifrig am Rande der Kolke und unter Büschen danach. Fliegen mit grauem Pelzleib und gesprenkelten grauen Hecheln werden empfohlen.

Cinnamon und *Great Red Sedge*, diese beiden sind die klassischen Seggen unsrer Kreideflüsse und zugleich die größten. Als Naßfliege gilt die Silber-Märzbraune, als trocknes Muster ist ein schön gehechelter Roter Palmer nicht zu schlagen.

Silbersegge; sie ist, wie der Name verrät, eine silberfarbene Fliege mit rötlichen Beinen. Im Sommer kann sie auf Seen die Ehre des Tages retten. Man beachte, wie die Silberseggen in der Nähe von Krautbetten im sonnendurchleuchteten ruhigen Wasser schlüpfen. Ein geeignetes Muster: *Körper:* zwei Wollfäden, farblos und gelb, nebeneinander liegend um den Hakenschenkel gewunden. *Flügel:* silbergraue Stockente. *Brusthecheln:* Rotbraunes Rebhuhn oder roter Hahn. *Haken:* Nr. 10.

Steinfliegen

Die Larven der Steinfliegen krabbeln auf dem Grunde der Gewässer umher, wo sie sich leicht greifen lassen, zumal wenn sie ans Ufer zum Schlüpfen kommen. Steinfliegen und ihre Nymphen lassen sich schwer imitieren. Es gibt noch kein ganz zuverlässiges Muster. Wir haben verschiedene Arten Steinfliegen. Besonders auffallend ist die Große Steinfliege, die Ende April erscheint. Dann sieht der Angler die bis zu 3,5 cm langen Fliegen unbeholfen im nassen Ufergras kriechen, wo sie geschlüpft sind. Ein brauchbares künstliches Muster binden wir so: *Körper:* dunkles Pelzhaar (Kaninchen oder Seehund). *Flügel:* Fasanenhenne. *Hecheln:* braunes Rebhuhn. *Haken:* Nr. 6.

Natürliche Steinfliegenlarve

Verschiedene andere Insekten

Weißdornfliege

Das natürliche Insekt tritt nur kurzzeitig auf; dennoch ist die künstliche Nachbildung den ganzen Sommer erfolgreich, vermutlich, weil sie auch andere Fliegen darstellt. Ein Bindevorschlag: *Körper:* dünn aufgetragene schwarze Flockseide. *Hecheln:* schwarze Henne. *Haken:* Nr. 10.

Dies Muster gilt auch als Trockenfliege, wenn wir einige Windungen weiße Hahnenhecheln hinzugeben.

Erlenfliege

Sie erscheint im Frühsommer und ähnelt einer mittelgroßen Köcherfliege. Sie schlüpft an Land, aber in Wassernähe. Ob der Fisch die natürliche Erlenfliege überhaupt nimmt, ist fraglich. Die künstliche aber findet sein Interesse. Vielleicht, weil er sie für eine Segge hält. Ein einfaches Muster: *Körper:* Pfauenfederfibern, weinrot gefärbt. *Hecheln:* schwarze Henne, zwei Windungen. *Haken:* Nr. 12.

Coch-y-bondhu Der Name erinnert daran, daß diese einen „Käfer" darstellende Fliege aus Wales stammt. Sie verdient ihren Ruhm; denn sie ist wohl der beste „Käfer", den es gibt, und Käfer haben etwas sehr, sehr Verlockendes für Forellen.

Körper: Pfauenfiber. *Hecheln:* schwarzrote Henne. *Schweif:* Goldring in der Hakenbiegung. *Haken:* Nr. 10, 12 und 14.

Schwarze Mücke Dieser Fliege hat man vielleicht zuviel Aufmerksamkeit geschenkt. Sie ist ein kleines schwärzliches Insekt mit durchsichtigen Flügeln, einer kleinen Stubenfliege ähnlich und von einer Weißdorn am besten nachgebildet.

Fliegen auf Seen Fliegen in und auf stehenden Gewässern sind mindestens so zahlreich wie die an fließenden. Während beide Arten in beiden heimisch sein können, trifft das nicht für alle zu, wie C. F. WALKER „Flugangeln in Vollkommenheit", Verlag Paul Parey, gezeigt hat. Ob man spezielle See-Fliegen binden sollte, ist nicht entschieden, doch scheint es nützlich, sich ein wenig mit ihnen zu beschäftigen; denn zuzeiten spezialisieren sich die Forellen zweifellos auf die eine oder andere Art.

Pond-Olive, Teich-Olivbraune Sie gehört zu den Eintagsfliegen. Man findet sie fast überall auf stehenden klaren Gewässern. Die Fliege ist etwa 1 cm lang und hat einen dunkelolivfarbenen Leib und bläuliche Flügel. Einige Unterarten haben rötliche oder orange Körper. Der Schwärmer ist goldrot mit farblosen Flügeln. Ein gutes Muster an warmen, bedeckten Tagen ist die *Orange Partridge* (orangefarbene Rebhuhnfliege). Etwas voller gebunden, geht sie als Schwärmer am späten Abend. Bindeweise: *Körper:* feuerfarbene Flockseide mit feinem Golddraht gerippt. *Hecheln:* honigfarbener Hahn. *Haken:* Nr. 12.

Die *Lake Olive* (See-Olivbraune) wird mit ihr oft verwechselt. Sie wird sehr gut durch einen *Red Spinner* imitiert (trocken) an einem verhältnismäßig großen Haken.

Corixiden Diese Insekten, die sog. *Water Boatmen,* sind ovale, käfergleiche Wesen, deren Beine als Paddel dienen, wenn sie unter Wasser schwimmen, im Gegensatz zu Wasserläufern, die auf der Oberfläche leben. Mancher Angler bindet Muster aus gelben Seehundpelzhaaren, mit Silberlametta gerippt, um die Luftblasen zu imitieren, die am Leib dieser Wasser-„Grillen", (Corixiden), haften.

Das wären die Gruppen von Fliegen auf stehenden Gewässern, die für den Flugangler interessant sind. Wie schon gesagt, überschneiden sich die Gebiete der Seen- und Flußfauna. Ein Gartenkäfer (Coch-y-bondhu) wird ebenso oft in einen Teich wie in den Fluß purzeln. Dasselbe gilt für die Erlenfliege.

Wenngleich das Binden der „See"-Fliegen sehr interessant ist, sollten wir uns darüber klar sein, daß die meisten Angler ihre meisten Fische an Fliegen und Luren fangen, die kaum etwas mit natürlichen Insekten zu tun haben. Darüber wird noch mehr zu sagen sein, wenn wir uns mit den Fangmethoden der Forelle befassen.

7. Das ABC der Salmoniden

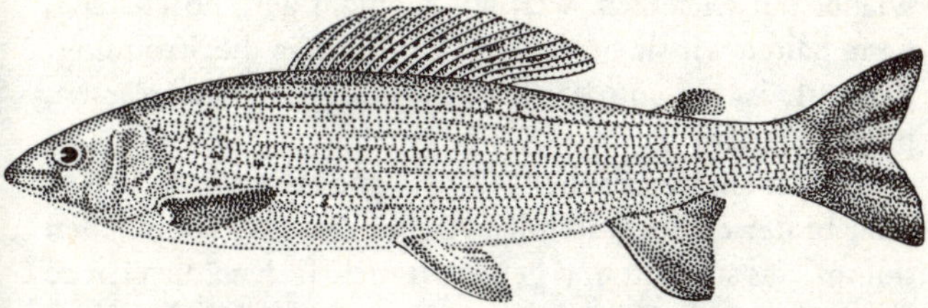

Äsche

Die Äsche, *Thymallus thymallus,* ist ein wunderschöner, ein sehr weiblicher Fisch. Meist über dem Grunde stehend, erscheint sie schattenhaft. Die Franzosen nennen sie daher ‚ombre', den Schatten. Der deutsche Name erinnert an Asche, wie auch der englische auf aschgrau *(grayling)* hinweist. Hier zeigt sich bereits, wie ungerecht wir Menschen zu ihr sind. Die Äsche ist alles andere als aschengrau. Der Jungfisch schimmert silbern, die ausgewachsenen Exemplare leuchten – zumal die männlichen – sehr auffallend mit ihrer purpurschwarz gebänderten sehr hohen Rückenflosse, glänzen violett auf dem schön gewölbten Rücken, und ihre Flanken prunken in blassem Gold.

Von allen Salmoniden, d.h. den Lachsartigen, hat sie die relativ größten Schuppen. Im Unterschied zur Bachforelle hat sie keine roten Tupfen, sondern wie Lachs und Meerforelle nur unregelmäßig verstreute kleine schwarze Kleckse auf ihrem glitzernden Gewand. Ihre Pupillen, das ist bei Fischen merkwürdig, sind nach vorwärts tropfenförmig ausgezogen.

Ungerecht sind auch jene, die in England bis vor kurzem die Äsche zu den „groben" Fischen, den coarse fish rechneten. Sie ist alles andere als grob, denn sie ist einer der zartesten Fische. Wenn sie nach einer Mücke an die Oberfläche steigt und dabei oft einen hübschen Überschlag rücklings macht, so ist das graziös, nicht grob.

Da gibt es kein wildes Klatschen und Spritzen. Ein leises Glucksen kommt unter dem überhängenden Gras des anderen Ufers hervor, sanft laufen die Ringe aus: das kann nur eine Äsche gewesen sein. Unvergeßlich für jeden Äschenfischer ist die Überraschung, die er erlebt, wenn sein Wurf gelungen ist, seine Fliege mit zartem Kuß genommen wurde und mit seinem gemäßigten Anhieb plötzlich ein heftiger Widerstand einsetzt. Eine unerwartet starke Äsche bohrt sich, mit ihrer Rückenflosse in der Strömung segelnd, unter die Krautbank. Nun ja, sie macht keine großen Sprünge wie eine Regenbogen-, keine heftigen Fluchten wie die Bachforelle. Sie ist auch eher müde. Und haben wir sie im Kescher und wollen wir sie wieder zurücksetzen, weil wir sie nicht gern abschlagen, dann halten wir sie besser eine Weile gegen die Strömung; denn oft ist sie vom Drill so matt, daß sie, freigelassen, hilflos abtreibt.

Äschen sind zutraulich. Oft steigen sie ganz dicht vor oder hinter einem watenden Angler. Sie sind ein bißchen dumm, das stimmt, und gehen oft mehrfach an die gleiche Fliege, wenn der Haken beim ersten Anhieb nicht gefaßt hat. Doch gibt es auch Tage, da sind sie einfach nicht zu sprechen.

In Deutschland weiß man Thymallus, die Thymianduftende, sehr zu schätzen, und das geht schon daraus hervor, daß man ihr eine ganze Region in unsern Fließgewässern zubilligt, die Äschenregion nämlich. Es sind die sauerstoffreichen Geröll-, Kies- und Sandstrecken der in den Tälern breit strömenden Alpenflüsse, der größeren Bäche der Mittelgebirge und die sich in ihren stillen Träumen windenden Heidenflüßchen des Nordens.

Die alpine Äsche ist weniger farbig und ihre Rückenflosse nicht so breit und hoch wie die der Äschen Mittel- und Norddeutschlands. Aber sie kämpft, an rascheren Strömungen trainiert, im Süden temperamentvoller und ausdauernder. Dort steht sie auch gern in Schulen zusammen, was wohl eine Folge der in Bergwassern häufigeren Gumpen ist. Von der Bachforelle unterscheidet sie sich auch dadurch, daß sie, obwohl zu den Salmoniden gehörig, im Frühjahr laicht. Gerade deshalb schätzt sie der Flugangler, denn sie steigt noch bis in den Winter hinein nach der künstlichen Fliege und darf gefangen werden, wenn die Forellen längst Schonzeit haben. Allerdings wird sie nicht so schwer wie diese, weil sie nicht oder nur selten von Kleinfischen lebt. Dazu ist ihr Maul nicht räuberisch genug. Äschen über ein Kilogramm Gewicht sind schon beachtlich, die Durchschnittsgröße beträgt 30 bis 50 cm. Da sie sportlich aber nur mit der Fliege erbeutet wird und, von Ausnahmen abgesehen, nicht an den Spinner geht, ist der Fang auch einer nur pfündigen Äsche schon eine Leistung. Das Angeln auf die Äsche hat etwas Exklusives an sich. Auch tritt sie im Unterschied zu den Forellenarten fast ausschließlich in Fließgewässern auf. In alpinen Seen und in Talsperren trifft man sie allerdings an einigen Stellen, meistens dort, wo Bäche einlaufen. Auch an Ausläufen von Seen halten sie sich auf und wachsen dort bei gedrängtem Futterantrieb zu besonders großen Exemplaren heran.

Differenzierte und sehr lesenswerte Untersuchungen und Betrachtungen stellt FRANZ MENZEBACH in dem kleinen Band „So fängt man Äschen", Verlag Paul Parey, Hamburg und Berlin, an, und er gibt eine Fülle von Erfahrungen und Ratschlägen, wie wir uns am Äschenwasser verhalten sollen.

Viele Autoren sind sich darüber einig, daß man sich über diesen Fisch sehr uneinig sein kann. Ihrem sanften Charakter und weiblichen Wesen entsprechend, ist sie eben sehr labil. Je nach dem Gewässer, in dem sie lebt, bevorzugt sie Grund- oder Oberflächennahrung, wobei ohnehin zu bemerken ist, daß alle Fische, die gern Flugnahrung nehmen, nicht allein davon leben können. Das hängt nicht zuletzt vom Wasserstand ab. Bei Niedrigwasser steigt sie besser. Aber auch Jahreszeit und Wetter beeinflussen ihr Verhalten stärker als das der Forelle. Das wird ihr oft zum Verhängnis, denn so launisch sie manchmal jede Kunstfliege oder Nymphe verschmäht, so töricht fällt sie ein andermal auf schwache Nachbildungen natürlicher Insekten herein. In Zeiten, wenn größere Fliegenschwärme schlüpfen, ist sie oft ganz närrisch. Wohl dem Angler, der dann nicht auch närrisch wird und mehr fängt, als er braucht und verantworten kann. Äschenbesatz ist schwierig, natürliche Fortpflanzung in vielen Gewässern wegen fehlender Laichgebiete und zunehmender Verschlammung heute selten.

Die Äsche ist ein hervorragender Speisefisch. Blau gesotten mit Meerrettich ist sie eine Delikatesse. Und es gibt einen Spruch, den mein Vater zu zitieren pflegte und der sie kulinarisch über die Forelle stellt: „Die Äsche ißt der Rheingraf, die Forelle nur der Herr."

Gerät

Ruten, Rollen

Schnüre, Vorfächer

Vergleiche hierzu die Liste der Fachausdrücke und die vorhergehenden und folgenden Kapitel. Da wir auf die Äsche fast ausschließlich mit der künstlichen Fliege oder Nymphe angeln, ist die Rutenwahl nicht schwer. (Ausnahme: die lebende Heuschrecke und in manchen Gewässern die tote Elritze am System.

Eine leichte zwischen 240 und 270 cm lange Forellenfluggerte bietet sich an. Gespließter Bambus ist immer noch das Material, aus dem die elegantesten Ruten hergestellt werden. Billiger und fast ebenso gut sind solche aus Glasfiber. Allenfalls unterscheidet man noch zwischen Ruten mit langsamer und solchen mit schneller Aktion. Die ersten eignen sich besser für das Angeln mit der Naßfliege.

Der Rute angemessen wählen wir die verjüngte Flugschnur. Sie sei für unser Auge – zumal beim Naßfischen – gut sichtbar, also meistens hellgetönt, weil sich der Biß einer im mitteltiefen Wasser zufassenden Äsche, die wir nicht sehen, zuerst durch ein Strecken der treibenden Schnur anzeigt.

Das Vorfach, natürlich auch verjüngt, muß zur Fliege bzw. zum Fliegenhaken passen. Typische Äschenfliegen sind klein, ja winzig, und ihr Hakenöhr läßt eine Vorfachspitze von über 0,18 mm Querschnitt nicht zu. In Fließgewässern mit scharfer Strömung und kapitalen Äschen gehen wir bis auf 0,20 mm Querschnitt der Spitze. Unter 0,15 mm zu gehen, ist Sache einzelner Äschenfans.

Fliegen

Hier gibt es soviel Strittiges, daß man sich scheut, Ratschläge zu geben. Wie schon gesagt, hängt das Steigen und Beißen der Äsche auf den Kunstköder von vielen Bedingungen ab. Wo das Wasser gleichbleibend niedrig und klar, die Flugnahrung reichlich und die Oberfläche überwiegend glatt ist, ist die Äsche wählerisch. Sie steigt zwar manchmal unaufhörlich, aber sie ignoriert unser Angebot. Das sind die Stunden, wo einmal die vielen Sorten Fliegen in der Schachtel des Spezialisten zur Geltung kommen. Und wenn auch nur so, daß eine nach der anderen angeknüpft, probiert und verworfen wird.

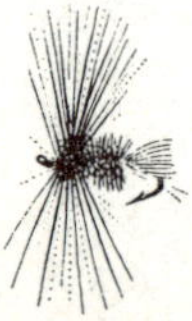

Äschenfliege, *Red Tag* (Rotschwanzpalmer)

Manche Angler schwören für ihr Gewässer auf bestimmte Muster und scheitern, wenn sie an einem andern fischen und ihre Kunst zeigen sollen. Das unterständige Maul der Äsche deutet darauf hin, daß sie eigentlich von Grundnahrung lebt. Das bestätigt sich oft, wenn man den Mageninhalt eines gefangenen Fisches untersucht. Bei Hochwasser zumal, finden sich oft Dutzende von Regenwürmern darin. So erklärt es sich, daß gerade größere

Äschen überwiegend an der Naßfliege gefangen werden. Sie steigen nur noch, wenn es sich lohnt.

Zum Fischen mit der Trockenfliege nehme man keine buschigen Muster. Ob die Fliege hoch auf dem Oberflächenfilm „reiten" oder etwas einsinken soll, ist strittig. In manchen Gewässern werden möglichst transparente Fliegen in lichten Grautönen bevorzugt, zumal bei bedecktem Himmel. Scheint die Sonne, so gehen fuchsrote und glänzend schwarze kleine Hechelfliegen mit Spitzflügeln. Viele Angler vertrauen auf Fliegen mit langen Schwanzfibern, andere schreiben ihre Erfolge kurzen roten oder grünlichen Schwanzbüscheln zu. Wieder andere setzen auf gelb und orange. In den schnellen Gebirgsflüssen scheint die Äsche auch Lametta, das heißt, silber- und goldgerippte Leiber der Fliegen zu lieben. Ich glaube, der Reiz des Angelns auf die Äsche liegt gerade darin, daß jeder von uns auf seine Weise um sie wirbt. Wird ein Muster verschmäht, so hat oft eine kleinere Ausgabe davon Erfolg.

Naßfliegen dürfen und sollen größer sein, müssen weiche Hecheln haben und so geführt werden, daß sie nicht furchen. Wenn sie nicht mit etwas Bleidraht im Leib versehen sind und dadurch sofort versinken – eine sinkende Schnur empfehle ich nicht auf die Äsche –, zieht man sie nach dem Einwurf, sollten sie nicht untergehen wollen, durch einen kurzen Ruck an und unter Wasser.

Die Technik des Naßfischens ist in den Kapiteln über die Forellen und den Lachs erörtert. Sie liegt zwischen zwei Extremen: der eine Angler zuckt und zieht die Fliege gegen die Strömung heran, der andere läßt sie mit ihr ungehindert abtreiben. Unter Umständen wirft er sie sogar stromauf. Ich glaube, ein Wurf quer hinüber, der die Fliege zuerst sinkend treiben und durch einen in der Strömung sich bildenden Schnurbogen beschleunigen läßt, bis sie am eigenen Ufer angehalten und aufgezogen wird, ist das beste Verfahren. Beschwerte Nymphen lasse ich, schnurgebend, tief abtrudeln.

Strittig ist die Frage wieder, ob man beim „Naßfischen" eine Fliegenflucht, d. h. mehrere Fliegen am Vorfach (bis zu drei) nehmen soll. Beim Angeln mit der Trockenfliege ist das natürlich ausgeschlossen. Ich empfehle, auf eine dritte Fliege beim Naßfischen zu verzichten und als Strecker eine beschwerte Nymphe zu nehmen. Die Beschwerung, von der hier mehrfach gesprochen wurde, darf freilich nicht die Rute überanstrengen und den Wurf beeinträchtigen. Nymphe und Fliege sollten verschiedene Farben haben. Seltsamerweise scheint die Äsche den

Springer bei diesem Gespann zu bevorzugen. Warum? Das ist eins der Probleme des Flugangelns.

Verhalten der Äsche beim Biß

Während die Äsche der gezogenen Naßfliege häufig folgt und sie manchmal deutlich sichtbar in waagerechter Haltung erschnappt, faßt sie – sofern sie nicht gerade in einer flachen Rinne, sondern tief steht – die an der Oberfläche treibende Trockenfliege oft in dem schon erwähnten Überschlag rücklings. Das tut sie zumal, wenn wir ihr die Fliege genau auf dem bisherigen Steigepunkt servieren. Dann kommt es auch vor, daß sie ein ganzes Stück weiter stromab auftaucht und die abgetriebene Fliege noch nimmt, wenn wir schon gar nicht mehr damit gerechnet haben. Allerdings dreht sie häufiger vorher ab, weil die Fliege inzwischen furcht. So ist beim Angeln mit der Trockenfliege auf Äschen, zumal über tiefem Wasser, immer genügend Schnur aufs Wasser zu legen, damit die Strömung die Fliege nicht furchend abzieht. Wie man das macht (Harmonikawurf), ist im Kapitel über die Bachforelle nachzulesen.

Die Gefahr, eine Äsche durch Furchen zu vergrämen, ist allerdings nicht so groß wie bei der Forelle.

Oft kommt sie, hat sie den ersten Wurf ausgelassen, beim zweiten oder dritten, wenn er korrekt ist. Am leichtesten ist es natürlich, Äschen in wirbelnden Wassern zu überlisten, wo man die Fliege auf die kurzen Wippwellen einer auslaufenden Rolle setzen kann. Die größte Genugtuung gewährt der Fang einer Äsche, die in einer engen Krautpassage oder unter den Grashalmen des Gegenufers steigt.

Anhieb und Drill

Zu den immer wieder aufgewärmten Stories über die Äsche gehört das Märchen von ihren zarten Lippen. Sie ist ein zarter Fisch, das haben wir anfangs gepriesen, aber ihr Mäulchen ist ganz schön zäh. Es hält Haken, die sich jede Forelle leicht herausreißen würde. Eher sind einige Partien ihres Mauls zu knorpelig, um den Haken beim Anhieb gut eindringen zu lassen. Trotzdem sei das Anschlagen bei einem Biß, den wir sehen oder spüren, weder zu hart noch zu überstürzt. Hier hört man auch Ammenmärchen, die Sage nämlich, daß man bei der Äsche den Anhieb gar nicht schnell genug setzen könne. Die meisten geübten Flugangler setzen den Anhieb reflexartig. Bei der Äsche sitzt er keineswegs immer. Beim Naßfischen liegt das wohl daran, daß der Fisch die Fliege nur mit seiner vorstehenden Nase oder Oberlippe angestoßen hat. Jedenfalls sollte man nicht sofort anschlagen, sobald man einen Fisch „blitzen" sieht. Man setze den Anhieb kontrolliert, d. h. man warte, bis die Äsche abdreht, wenn sie nach der naß gefischten Fliege gestiegen ist. Nimmt sie die an der Oberfläche trocken treibende, so hüte man sich erst recht, „mit den Augen anzuhauen". Das gilt besonders bei ruhig fließenden oder fast stehenden Strecken. In raschen Rinnen ist es anders. Da passiert es schon einmal, daß der Anhieb zu spät kommt und der Fisch die Fliege ausgespieen hat.

Im Drill, das muß ich zugeben, ist die Äsche wenig erfindungsreich. Sie verläßt sich, solange ihre Kraft reicht, auf die Segelwirkung ihrer großen Rückenfahne, und wo die Strömung stark ist, dauert es eine Weile, ehe man sie zu sehen kriegt. Das sollte man auch gar nicht beschleunigen, denn an der Oberfläche dreht sie sich planschend um ihre Achse und hebelt dabei nicht selten den Haken heraus, der sie hält. Zieht sie stromab, so versuche man sie zu unterlaufen und in ruhiges Wasser zu dirigieren. Äschenwasser haben oft Krautbänke. Die haben schon manche gute Äsche gerettet. Der Wurf der Trockenfliege erfolgt meistens stromauf. Das hat verschiedene Vorteile, beim Drill gelingt es dann z. B., den gehakten Fisch aus dem Gumpen zu führen, in dem er sonst herumfahrend seine Schulkameraden warnen würde. Auf alle Fälle sollte man beim Waten in größeren Gebirgsflüssen stromauf gehen und stromauf werfen.

Wer stromab einen Fisch von nur einem Pfund Gewicht hakt und ihm nicht folgen kann, wenn dieser noch im Vollbesitz seiner Kräfte mit der Strömung davonschießt, verliert ihn und die Fliege ganz sicher.

Verschiedenes

Natürliche Köder, Grashüpfer

Von vielen Anglern und in vielen Gegenden werden Forellen und Äschen mit lebenden natürlichen Ködern gefangen. Meist sind es die verschiedenen Würmer, mit denen unser edles Schuppenwild absichtlich oder unabsichtlich geködert und erbeutet wird. Das gilt mit Recht als unsportlich, aber auch Fischerprüfungen und Vereinsbeschlüsse haben diese Methoden nicht beseitigen können. Sie haben auch wirtschaftliche Nachteile. Wie viele unvorsichtige kleine Besatzforellen werden „verangelt", weil sie einen Wurm geschluckt und den Haken unlösbar im Schlund haben!

Dabei will ich dem Spezialisten, der seinen Rotwurm leicht oder gar nicht beschwert wie eine Fliege stromauf wirft und damit in Gebirgsbächen jeden der strudelnden

Gumpen und Töpfe absucht, die sportliche und kunstvolle Qualität seiner Methode nicht absprechen. Aber solche Bäche sind entweder Privatgewässer oder sie sind, wo zahlreiche Erlaubnisscheine, z. B. an Touristen, ausgegeben werden, leergefischt, wenn natürliche Köder erlaubt sind.

Eine gewisse Sonderstellung nimmt das Angeln mit der Heuschrecke ein, und zwar mit der auf der Oberfläche treibenden. Dazu nehme der Angler, sofern er die Erlaubnis hat, mit natürlichen Ködern zu fischen, eine etwa vier Meter lange besonders leichte Hohlglasrute und auf einer Stationärrolle 0,20 bis 0,25 mm starkes Monofil. Diese Schnur schwimmt, und daß muß sie, wenn man sie einfettet. Den auf Wiesen leicht zu findenden und einzufangenden Grashüpfer spießen wir mit einem dünndrahtigen, kleinen Haken Größe Nr. 11–13 durch die Schulterhaut und lassen die Hakenspitze ruhig nach oben hervorstehen. Bei der künstlichen Fliege ist er ja auch nicht bedeckt.

Wir halten uns möglichst weit vom Ufer und lassen unsern Köder vom Wind oder mit einem leichten Rutenschwung aufs Wasser segeln. An der Oberfläche treibend – wir gehen leise und möglichst gedeckt stromab mit – strampelt er herum und lockt nicht nur Äschen, sondern auch Häslinge, Alande, Rotaugen, Rotfedern und – Forellen. Schnappt ein Fisch, so lasse man ihn abdrehen und schlage sanft an. Sollten Döbel im Äschenwasser sein, so versuche man, sie mit dieser Methode zu überlisten und zu dezimieren. Sehr amüsant und befriedigend kann es sein, wenn man Äschenstellen mit Heuschrecken anfüttert. Man werfe die Hüpfer oberhalb einzeln ein und beobachte, ob und wo sie von steigenden Fischen genommen werden. Dort wird auch die künstliche Fliege Erfolg haben. Wer seine Fliegen selbst bindet, versuche, ein Nymphenmuster nach dem Vorbild eines Heuschrecks herzustellen. Hier ist eine Anleitung:

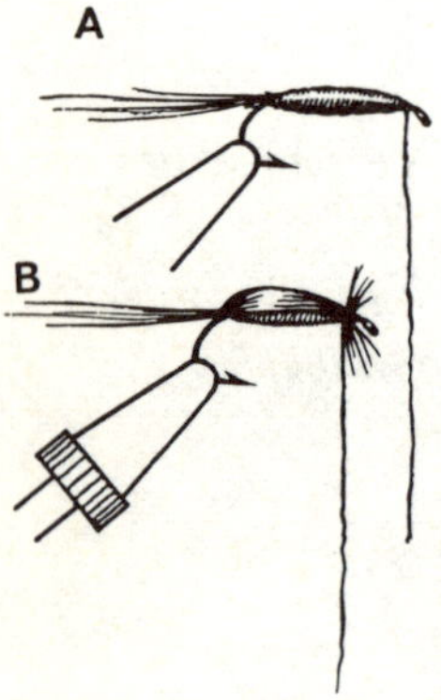

Heuschreck-Nymphe

Ein Öhrhaken Nr. 10 oder 12 wird in den Schraubstock geklemmt (vgl. Anleitung zum Fliegenbinden S. 171), ein Tröpfchen schnelltrocknender Lack auf den Schenkel gegeben und eine Lage grüne Bindeseide vom Öhr zur Biegung gewickelt. Darauf kommt eine Lage 0,3 mm starker Bleidraht, der wiederum mit der Seide überwickelt wird. Vom Leibende zum Kopf legen wir nun etwa 12 Fibern von der Feder eines Fasanenstoßes so fest, wie es die Abbildung A zeigt. Nun fassen wir 8 von den 12 Fibern, klappen sie nach vorn um, daß sie einen Buckel über dem Leib bilden und winden sie am Öhr fest, wobei wir sie ein wenig nach vorwärts spreizen (Abb. B). Die Farbkombination braungrün, die sperrigen, nach rückwärts und vorwärts gespreizten Fibern und der haarige Buckel können, naß gefischt, der Äsche eine Larve oder auch einen versunkenen Heuschreck vorgaukeln. Ohne Bleidrahtbeschwerung fischen wir das Muster auch „trocken".

Hinweis auf das folgende Kapitel

Da die Äsche unter den Salmoniden wenigstens alphabetisch an erster Stelle steht, wird der Leser dieses Kapitels manches vermissen, wenn wir es nun schließen.

Er wüßte gern, sofern er Anfänger ist, etwas über die Wurftechnik mit der Fluggerte, über die zahllosen Fliegenmuster und wie sie serviert werden, über die Technik des – irreführend – so genannten Anhiebs, über Fangzeiten, Fangwetter und Fangstellen. Zu den letzten wäre etwas nachzutragen, aber auch das ist wieder wie so vieles andere bei der Äsche unsicher. Es gibt Strecken an einem Äschenwasser, wo immer Äschen stehen und auch nach der Fliege steigen, und wieder andere, da scheint es überhaupt keine zu geben. Manche Autoren führen das auf Besonderheiten des Flußbodens zurück. Und dann kommt doch einmal ein Tag und eine Stunde, wo man gerade an diesen Durststrecken die schönsten Äschen steigen sieht und sie fängt.

Solche Überraschungen gibt es immer wieder beim Äschenangeln. Aber es gibt auch erprobte Regeln darüber, wie man mit seiner Flugangel umgeht. Diese Regeln findet der Leser in den vorhergehenden Kapiteln sowie in dem folgenden über die Forellen.

Von der Äsche nehmen wir nun Abschied, indem wir noch zwei Extreme notieren: Erstens haben, wie schon gesagt, Äschenfliegen sehr kleine Haken, ja es gibt welche mit dem allerkleinsten Haken, nämlich der Größe 20. Und zweitens nennen wir noch einen oder zwei Rekordfische. Die größte in den letzten Jahren in Deutschland, und zwar in der Donau gefangene Äsche wog 3,175 kg, die schwerste aus Österreich, in der Drau gefangen, 2,72 kg.

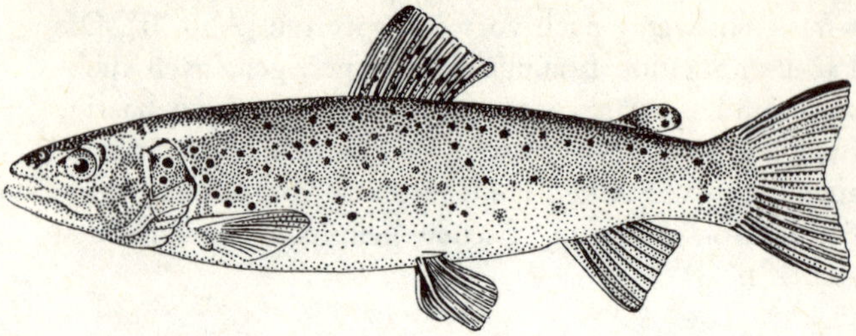

Forellen
Bachforelle

Die Bachforelle *(Salmo trutta)* ist überall in Europa heimisch. Kaum einer könnte jedoch eine überall gültige Beschreibung ihres Aussehens liefern. Dieser Fisch gehört zu einer Art mit sehr verschiedenem Erscheinungsbild. Sie ist außerordentlich anpassungsfähig und gedeiht im Süß- und im Salzwasser. Die Wissenschaft steht heute auf dem Standpunkt, daß Bach-, See- und Meerforellen sämtlich nur zu einer einzigen Art gehören und nicht, wie bisher gebräuchlich, eigene Arten darstellen. In vielen Ländern wird sie – eingeführt – schnell heimisch, und daher ist sie auch als Besatz-, Sport- und Tafelfisch sehr begehrt.

Wie bei allen Fischen richtet sich die Körperform der Forelle nach der Menge und der Qualität der Nahrung, die sie findet. Eine schnellwüchsige Forelle, der sich ein reichgedeckter Tisch von kleinen Organismen bietet, hat einen kleinen Kopf, schöne Proportionen und eine herrliche Färbung. Eine langsam wachsende, schmächtige Forelle, die ihren Speisezettel dadurch erweitert, daß sie ihre Artgenossen frißt, ist schlaksig und nicht so gut proportioniert. Es gibt Forellenstämme, die in Gewässern mit reicher Nahrung leben und entsprechend veranlagt sind, ihre Nahrung schnell zu verdauen und umzusetzen. Forellen aus nahrungsarmen Gewässern sind meist langsamwüchsig, selbst wenn sie in reichere Weidegründe eingesetzt werden. Gleichviel gehören beide zur gleichen Art. Die Durchschnittsgröße der Bachforelle liegt zwischen 20 und 35 cm.

Wenn auch die Wissenschaftler sagen, daß es nur eine einzige Forellenart gibt, eben die Salmo trutta, so finden wir doch eine große Anzahl lokaler Varietäten, von denen einige bis auf den heutigen Tag nicht registriert sind. In einer Strecke eines abgelegenen walisischen Flusses gibt es z. B. eine Art rotäugige Forellen, ohne daß die Handbücher bisher von ihr Notiz genommen haben.

Ist das Wasser „sauer“, so neigt die darin lebende

Forelle zu dunkler Färbung, in alkalischem Wasser bleibt sie heller. Davon später mehr.

Die Punkte und Tupfen in ihrem Gewand, ihre Zahl und ihr Muster, scheinen von verschiedenen biologischen Faktoren abzuhängen. Selten ist der eine Fisch so getupft wie der andere. Die chemische Zusammensetzung des Wassers und ihr biologischer Effekt auf die darin heimischen Lebewesen beschäftigt uns im Augenblick nicht, doch ist sein Säuregehalt so wichtig, daß man ihn nicht übersehen darf. Wenn Regenwasser durch unverschmutzte Atmosphäre fällt, so ist es praktisch neutral. Sobald es die Erde berührt, ist das nicht mehr der Fall. Das meiste Regenwasser sickert durch die Oberflächenerde und absorbiert dabei verschiedene Chemikalien und Gase. Es fließt durch und über Felsen, und wenn es einen Fluß oder See erreicht, hat es seinen Charakter erheblich verändert.

Die besten Forellengewässer sind alkalisch und finden sich gewöhnlich in Kalksteinregionen. Säurehaltige Gewässer sind ungünstig. Die Forelle selbst ist zwar weitgehend indifferent gegenüber dem Säurefaktor, dagegen sind die kleinen Nahrungsorganismen, von denen sie lebt, sehr abhängig von dem chemischen Zustand des Wassers. Schnecken z. B., ein sehr wichtiger Teil ihrer Nahrung, können ohne Kalk im Wasser nicht gedeihen. Bäche und kleine Flüsse in moorigen Gebieten sind gewöhnlich „sauer“ oder allenfalls neutral. Freilich nicht immer. Manchmal fließen sie auch über Kalkschwellen, die einen günstigen Einfluß haben. Seen und Flüsse, die aus Quellen stammen, die in Kreideschichten entspringen, gehören zu unsern besten Forellenwassern.

Die Forelle würde bald verhungern, müßte sie sich auf Insekten verlassen, die an der Oberfläche treiben. Und selbst in den fruchtbarsten Gewässern nährt sie sich von mannigfaltigen anderen Kleintieren. In Seen der Kalksteinformation sind Schnecken ein Hauptbestandteil ihres Futters. Die Forelle verschluckt sie mit der Schale. In moorigen Gewässern entspricht ihnen die Köcherfliegenlarve. Dort stopfen sich die Forellen mit den Köchern voll, bis ihre Mägen prall sind. Der Bachflohkrebs, Wasserflöhe und Nymphen (Larven) sind weitere beliebte Nahrungsmittel. Größere Forellen indessen brauchen auch größere Happen. Stichlinge, Elritzen und Mühlkoppen bieten sich an. Die natürlichen auf dem Wasser treibenden Fliegen sind eine Art Nachtisch, denn nur selten kann sich die Forelle an ihnen sattessen.

Bevor wir mit dem Naßfliegenfischen anfangen, ist es

wichtig, eine klare Vorstellung davon zu haben, wie die Forelle auf ihre Umgebung reagiert und sich zu den verschiedenen Jahreszeiten verhält. Temperatur und Stand des Wassers sind von großer Bedeutung.

Begleiten wir eine erwachsene Forelle auf ihrem Lebenslauf im Jahre, und beginnen wir mit den Wintermonaten. Das Wasser ist kalt, es hat vielleicht nicht mehr als 2 bis 4 Grad. Unser Fisch hat das Laichgeschäft hinter sich und ist noch schwach und schmächtig. Unter diesen Verhältnissen dämmert er in einem halben Winterschlaf dahin. Forellen fressen zwar auch im Winter, aber sie nehmen nur sehr unregelmäßig Nahrung auf, zumal es dann nur wenig zu fressen gibt.

Larven der Späten Märzbraunen (oben) und der Großen Dunklen Olivbraunen

Im zeitigen Frühjahr steigt die Wassertemperatur nur wenig, manchmal fällt sie sogar noch. Doch haben die längeren Tage ihre Wirkung auf das Wachstum der Wasserpflanzen und damit auf die Kleintierwelt, die in ihnen haust. Einige frühe Fliegen schlüpfen, besonders die Große dunkle Olivbraune *(Large Dark Olive).* Deswegen müssen auch die Nymphen dieser Fliege schon einige Tage unterwegs sein, und die Forelle wird vor allem in der Mittagszeit nach ihnen jagen. Auch die geflügelte Subimago läßt sie nicht gleichgültig. Die meiste Nahrung sucht sie freilich weit unter der Oberfläche, und zwar in den tiefsten und ruhigsten Gumpen. Heller Sonnenschein mag sie veranlassen, in die Ausläufe tieferer Rinnen zu gehen, besonders wenn der Winter milde war.

Im späteren Frühjahr wird das Wasser ein paar Grade wärmer. Jetzt schlüpfen schon mehr Fliegen, und die Aktivität der Nymphen erhöht sich stark. Nun frißt unsere Forelle, was sie kriegen kann, und ist in den Stunden zwischen 11 und 15 Uhr recht agil.

Erheblich stärker noch ist sie das im Frühsommer. Fast den ganzen Tag über ist sie auf der Weide, wenn nicht gerade Sonnenschein und Niedrigwasser sie in die Deckung zwingen. Im Hochsommer hört das Schlüpfen größerer Fliegenschwärme am Tage meist auf. Einige Fliegen wie die *B.W.O. (Blue-winged Olive)* scheinen freilich den ganzen Sommer hindurch zu schlüpfen, aber es sind nicht genug, um den Fisch bei Steigelaune zu halten. Jetzt ist unsere Forelle in Hochform, schnell lenkt sie ihre Aufmerksamkeit auf Elritzen und Mühlkoppen. Auch Köcherfliegen und Motten liefern gehaltvolle Kost während der kurzen Sommernächte. Ist es besonders heiß, wird die Forelle fast nur nachts fressen.

Mit dem Herbst werden die Tage wieder kürzer, wenngleich das Wetter nun das beste im ganzen Jahr zu sein pflegt, und zwar für beide, die Forelle und den Angler. Noch einmal belebt sich ihr Interesse an schlüpfenden und schwärmenden Eintagsfliegen. Jetzt ist sie ein wirklich feister Fisch und kann sehr wählerisch sein angesichts der an ihr vorübergleitenden Speisekarte, leistet aber trotz der nicht ganz fernen Laichzeit noch kräftigen Widerstand an der Angel.

Im Oktober verschwindet die Forelle aus dem Kalender des Anglers. Jetzt hat sie wieder Schonzeit. Ihr Lebensinhalt der kommenden Wochen ist, einen passenden Partner zu finden und an dem Geschäft teilzunehmen, das ihre Art erhält. Dann versinkt sie wieder in den Zustand traumverlorener Lethargie, bis lauere Lüfte sie erwecken.

Diese kurze Skizze vom Jahr der Forelle war nötig, damit wir keine Zeit mit Betrachtungen über Angelmethoden vergeuden, die vermutlich erfolglos blieben. Wenn der Fisch seine Aufmerksamkeit den Nymphen am Grunde eines tiefen Gumpens schenkt, wäre es verlorene Zeit und Mühe, eine Fliege an der Oberfläche herumzuzerren. Wiederum wird er wohl nicht an unsre Nymphe gehen, wenn er gerade Appetit auf Elritzen hat.

Drei Viertel des Problems, wie man den Fisch in irgendeiner Art fängt, sind mit der korrekten Diagnose, was er eben frißt, gelöst. Das andere Viertel ist, ihm etwas künstlich zu zeigen, was er gerade in natürlicher Form zu sich nimmt.

Bei allem Salmonidenfischen müssen wir uns vor Augen halten, daß die kritische Wassertemperatur für Forellen 10 Grad ist. Über den Daumen gepeilt ist alles Wasser unter 10 Grad C kalt, darüber warm. Ist es kalt, so jagen die Forellen lieber in der Tiefe, bei warmem kommen sie nach oben. Kaltes Wasser verlangsamt den Stoffwechsel des Fisches, so daß er weniger Nahrung braucht. Wärmeres Wasser beschleunigt ihn und macht den Fisch hungrig. Natürlich gibt es eine obere Grenze bei etwa 24 Grad, jenseits der sich die Forellen unbehaglich fühlen und überhaupt nichts fressen mögen.

Wichtig ist auch das Verhältnis der Wasser- zur Lufttemperatur. Ein kühler Wind kühlt das Oberflächenwasser durch Verdunstung rasch ab, was die Fische nicht schätzen. Ein warmer Wind erwärmt die Oberfläche und veranlaßt, die Forellen zum Steigen, auch wenn sie bei kaltem Wasser sonst gern am Grund stehen.

Es ist immer nützlich, Luft- und Wassertemperatur zu prüfen. Manche Angler nehmen Thermometer, andere ihren Handrücken. Ich gestehe, ich gehöre zu den bequemeren, den Handrückenleuten.

Das Gerät des Fluganglers

Das Herzstück der Ausrüstung des Fluganglers ist die Rute. Wir wählen sie nach dem Zweck, den sie erfüllen soll. Sie muß zu dem befischten Gewässer und zu Kaliber und Gewicht der Wurfschnur passen. Durchweg wird eine Rute von 270 cm Länge den Bedürfnissen des Anglers entsprechen.

Wer eine neue Schnur kaufen will, bringe seine Rute mit in den Laden. Ein System von Schnurgewichtsbezeichnungen, auf das sich die Geräteherstеller geeinigt haben, macht diese Vorsicht zwar nicht mehr so nötig, doch lohnt sie sich immer noch.

Flugschnüre waren früher imprägnierte, geklöppelte Seidenschnüre. Heute sind es überwiegend Mantelschnüre mit einer Seele aus gesponnenen Fasern von Kunststoffen wie Terylene, Nylon und dergleichen. Sie sind entweder Parallelschnüre oder an beiden Enden verjüngt. Eine dritte Form ist die Keulen- oder Torpedoschnur. Ihr Hauptgewicht liegt in den ersten 7 bis 10 Metern. Sie ist besonders für Weitwürfe geeignet. Das Gewicht der Flugschnur ist so gehalten, daß sie entweder im Wasser versinkt (Naßfliege), an der Oberfläche schwimmt (Trokkenfliege) oder „neutral“ ist, d. h. etwa das gleiche spezifische Gewicht wie das Wasser hat. Eine Flugschnur paßt nur dann richtig zu der Rute, wenn das Gewicht der ersten 8 bis 10 Meter, die sich beim Wurf in der Luft befinden, der Aktion der Rute angemessen ist.

Fliegenruten werden heute meist aus Hohlglas oder, seltener, gespließtem Bambus (Tonkin) hergestellt. Hohlglas ist am billigsten. Es ist widerstandsfähig und wirft recht gut, aber die teuersten und besten Ruten werden in England immer noch aus gespließtem Bambus gebaut. Außerdem gibt es gute Kohlefasergerten.

Gewicht und Länge der Fliegenrute hängen davon ab, wie und wo der Angler fischen will. Kleine bis mittlere Flüsse verlangen nur mäßige Wurfweiten, größere Flüsse und Seen bzw. Talsperren erfordern gelegentlich weite Würfe und daher Ruten, die kräftig genug sind, auch eine längere Schnur gegen heftigeren Wind hinauszuschnellen.

Manche Angler bevorzugen kräftige Ruten. Eine Rute von etwa 285 cm Länge, die um 170 g wiegt, ist schwer genug für die meisten Seen und Flüsse und immer noch leicht genug, um sie den ganzen Tag lang zu schwingen, ohne zu ermüden.

Die Ansicht, mit längeren Ruten werfe man weiter, ist ein Irrtum. Eine Hohlglasgerte von 225 cm Länge ist ein gutes, hinreichend weit werfendes Gerät. Ich selbst finde, eine 270 cm lange Rute von 140 g Gewicht aus gesplie߬tem Bambus eignet sich für die meisten Methoden des Forellenfischens, ja auch für den Fang von Meerforellen in kleineren Flüssen. An Talsperren und größeren Flüssen beherrscht eine längere Rute von 285 cm das Gewässer besser. Sie hat auch genug Rückgrat, wirklich kapitale Gegner zu ermüden.

Flugschnüre

Viele Angler haben sich den selbstschwimmenden Flugschnüren zugewandt, die nicht mehr gefettet zu werden brauchen. Sie besitzen einen zähen, glatten „Mantel". Daher werfen sie sich gut und „schießen" vorzüglich. Die Schwimmschnur ist für Talsperren und mittlere Flüsse unerreicht. Auch für die Naßfliege ist sie geeignet, sofern man nicht gerade den Grund harken will.

Glattmantlige Schnüre, die spezifisch schwerer als Wasser sind und daher leicht sinken, sind ebenfalls brauchbar, wenn man im Frühjahr langsam und tief fischen will.

Für die Praxis verwende ich zwei Rollen. Die eine trägt eine beidseitig verjüngte Seidenschnur Nr. 5, imprägniert. Die andere eine Nr. 6 Schwimmschnur *(air cell).* Sie haben unterschiedliche Aufgaben und sich an den passenden Ruten sehr bewährt.

Vorfächer

Seidenwurmdarm ist heute veraltet und durch synthetisch hergestellte Fäden („Drähte") ersetzt. Der übliche monofile Nylonfaden eignet sich für Fliegenvorfächer weniger gut. Er ist zu weich, verfängt sich leicht und bildet schnell sog. Windknoten. Ein steiferes Nylon wurde aus den USA bei uns eingeführt, und man macht erstklassige Vorfächer daraus. Es ist ein zähes Material mit geringer Elastizität.

Einige Angler legen besonderen Wert auf gefärbte Vorfächer. Die Farbe selbst spielt keine Rolle, aber irgendeine Art von Einfärbung ist gut, wenn sie den störenden Glanz des Fadens verhütet. Ein trübes Braun oder dunkles Grau sind geeignet.

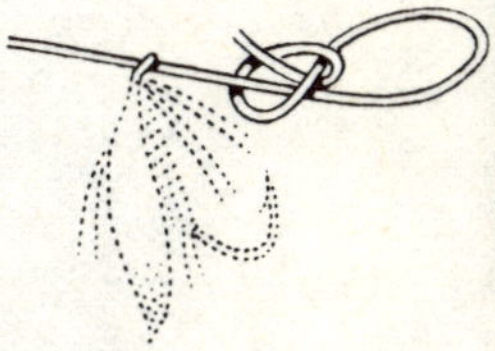

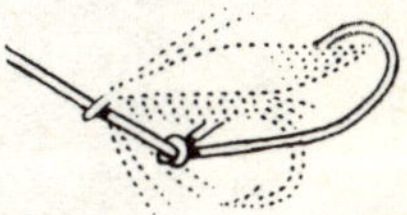

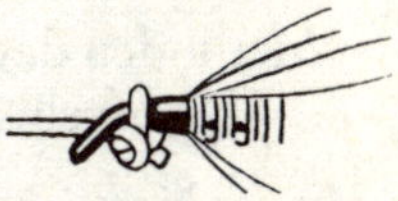

Turleknoten zum Anknüpfen der Fliege. Oben: Gleitknoten am Vorfachende.–Mitte: Fliege durchstecken.– Unten: Gleitknoten gegen Öhr zuziehen

Rollen

Eine Rolle mit 7,5 cm Trommeldurchmesser für eine 270 cm lange Rute oder eine solche von 9 cm für eine 285 cm lange Rute sind etwa richtig. Die Trommel sollte schmal sein, die Hemmung verstellbar und das ganze Präzisionsarbeit. Ihre Oberfläche sollte matt sein, jedenfalls nicht auf Hochglanz poliert.

Wichtig ist die sogenannte Reserve- oder Hinterschnur. Terylene oder geflochtenes Nylon bieten sich an, die eigentliche Wurfschnur von meistens 30 Yard zu verlängern und damit die Trommel unter dieser aufzufüllen. Eine Stärke von 10 Pfund Tragkraft ist richtig.

Zubehör Eine Liste von nützlichem Zubehör für den Forellenfischer enthält: Landungsnetz, Korb, Vorfachbuch, Fliegenschachtel, Schnurfett und ein Detergenz (z. B. Pril), um Fettspuren vom Vorfach zu entfernen, Öl für Trokkenfliegen (ohne Spray), eine Schere, eine Nadel, um Knoten aufzumachen, Hautschutzcreme oder -öl gegen Insekten, Arterienklemmen oder andere Hakenlösezangen, ein Fischtöter und eine Rolle Bindfaden. Die meisten Forellenfischer ziehen hüfthohe Watstiefel oder Wathosen an. Beim Waten achte man besonders auf warme Unterkleidung und einen dicken Pullover unter dem Jacket. Eine regendichte Angeljacke hat Taschen mit großen Klappen und winddichte Ärmel und soll über die Watstiefel reichen, damit man es auch länger im Dauerregen aushält. Angelhandschuhe verwerfe man nicht als überflüssigen Luxus. Nichts ist schlimmer als kalte Hände, es sei denn kalte Füße. Man nehme die Watstiefel so groß, daß noch eine Filzsocke hineinpaßt. Viele setzen Polaroidbrillen auf. Ein Augenschutz ist tatsächlich erforderlich, wenn man offenes Wasser bei hellem Wetter befischt. Außerdem beseitigt die Polaroidbrille die Spiegelung auf der Wasseroberfläche, und man kann dadurch recht tief ins Wasser hineinsehen.

Methoden des Flugangelns

Mit der Naßfliege stromauf

Naßfliegenfischen in Flüssen kann eine Art halbmechanische Tätigkeit sein, die nur wenig wirkliche Geschicklichkeit erfordert, oder es kann so minuziös und elegant sein, wie es sich der Fachmann wünscht. Zweifellos bedarf es nur geringer Kunst, eine Flucht von mehreren Naßfliegen ins Wasser zu schleudern und sie herumfischen zu lassen. Aber das ist keinesfalls die beste Methode des Naßfliegenfischens.

Wer ihm mehr abgewinnen will, arbeitet mit einer einzigen Fliege oder beschwerten Nymphe und wirft sie stromauf. Das ist sehr erfolgreich, erfordert aber Fingerspitzengefühl, schnelle Reaktionen und ein gutes Auge. Die Fliege wird wohlgezielt eingeworfen, wo man Forellen stehen weiß, manchmal auch einem einzelnen ausgemachten Fisch präsentiert.

Einige Experten empfehlen, den Anhieb zu setzen,

sobald die Forelle gebissen hat und mit der Fliege abdreht, andere achten darauf, daß sich das Weiße zeigt, wenn sie das Maul öffnet, die meisten beobachten ihre Schnur. Streckt sie sich, sollte man sofort „anhauen" oder besser: „den Haken setzen". Beim Stromauffischen bedarf das einer gewissen Übung. Diese Methode macht viel Spaß bei niedrigem Sommerwasser, besonders wenn eine Brise die Oberfläche aufrauht, das Aufsetzen dadurch tarnt und auch das Vorfach fast unsichtbar macht. Es ist viel erfolgreicher, schräg, als direkt aufwärts zu werfen, weil beim Schrägwurf das Vorfach nicht so leicht eher am Fisch ist als die Fliege.

Bei dieser Methode muß das Vorfach völlig entfettet sein. Die Fliege soll, sobald sie das Wasser berührt, absinken. Beschwerte Nymphen tun das noch eher.

Wer die Geduld und das Reaktionsvermögen hat, eine stromauf gefischte Naßfliege richtig zu führen, hat eine todsichere Methode zur Verfügung. Die Forelle steht ja gegen den Strom und kann den Angler nicht so leicht ausmachen. Außerdem sitzt der Haken beim Anhieb meist im Maulwinkel, während man ihr beim Stromabfischen die Fliege sehr leicht aus dem Maul reißt, ohne daß der Haken faßt.

Stromauf werden größere Fische gefangen; vielleicht deswegen, weil sich dabei die Fliege natürlicher bewegt.

Konventionelles Naßfischen: stromab

Stromauf fischt es sich am besten im Waten, sofern es Wassertiefe und Uferbeschaffenheit erlauben. Wer eine größere Fläche mit seinen Fliegen bestreichen will oder muß, wirft querabwärts und läßt sie herumtreiben. Ein guter Naßfliegenfischer wird sich nicht darauf beschränken, seine Fliegen an womöglich gespannter Schnur der Strömung zu überlassen. Er muß ihnen Spielraum geben und dafür sorgen, daß sie attraktiv treiben. Wer seine Fliege im flachen Wasser beobachtet, sieht, wie ein leichter Zug am Vorfach die Hechelfibern in Bewegung bringt. Wer aber zu stark zieht, wird sie flach gegen den Haken drücken, wodurch sie ihren Reiz verlieren.

Fliegenmuster, die Nymphen darstellen, sollten ohne Eigenbewegung treiben und höchstens langsam quer in der Strömung rinnend gezogen werden. Eine durchs Wasser flitzende Nymphe wird keine größere Forelle verlocken. Der Instinkt wird sie warnen, denn Nymphen sind von Natur aus langsam.

Mit Metallfäden gerippte Phantasiefliegen wie z. B. der *Butcher* können in kleinen Rucken und Pausen geführt werden. Der Fisch hält sie vermutlich für größere Wasserkäfer oder kleine Fische. Doch sollten auch sie nicht gegen stärkere Strömungen gezerrt werden. Nur in Staustrecken oder Rückläufen darf man die Naßfliege stromauf ziehen, wenn man eine ansehnliche Forelle fangen will. Heute fischt man mit der Naßfliege wirksamer als vor dreißig Jahren. Manches an dieser Entwicklung haben wir der sog. Schwimmschnurtechnik auf den Lachs zu verdanken. Auch das Gerät hat sich verbessert, und wir glauben nun erheblich mehr über das zu wissen, was den Fisch bewegt, auf unsre Fliege zu gehen.

Naßfliegen-Technik

Nehmen wir an, der Flugangler befischt einen Forellenbach im zeitigen April. In dieser Jahreszeit kann es noch recht kalt sein oder schon so warm, daß der Fischer ins Schwitzen kommt.

Der Angler sieht sich das Wasser an. Es ist verhältnismäßig hoch, aber hell und vielversprechend. Mild verschleiert scheint die Sonne durch die Wolken. Hier und da schlüpfen und schweben bereits verschiedene Fliegen vom Wasser auf. Die Wassertemperatur ist zwar noch recht niedrig, sagen wir 7 Grad, aber die Luft ist schon auf 13 gestiegen. Das sind günstige Bedingungen für das Fischen an der Oberfläche, ja heute würde sich schon die Trockenfliege eignen. Jedenfalls ist die in Oberflächennähe gefischte Naßfliege der tief geführten Nymphe vorzuziehen. Wir greifen zur Schwimmschnur. Ist gerade eine erkennbare Fliegensorte beim Schlüpfen, so wählen wir natürlich eine entsprechende Künstliche.

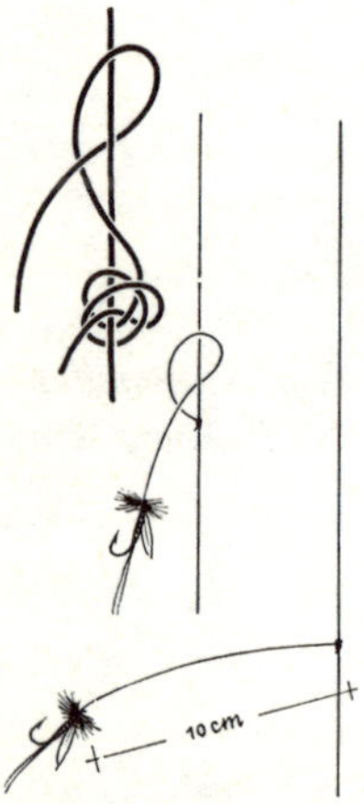

Doppelter Fischerknoten mit anschließendem Halben Stich

Aber es kann im April auch ganz anders aussehen. Es ist naßkalt und trübe, und wenige Fliegen sind zu sehen. Der Bach scheint leblos. Die Fische halten sich versteckt. Da brauchen wir die versinkende Schnur und fischen tief. Das ist weniger reizvoll, aber heute erfolgreicher.

Einige Angler lassen ihre Naßfliegen unter Wasser recht heftig arbeiten, andere kaum. Es hängt ab von der Beleuchtung, der Klarheit des Wassers und der Strömung. Eine Forelle nimmt die Fliege nur, wenn sie diese sieht. Kleine Fliegen treiben im angetrübten Wasser oft unbemerkt vorüber, es sei denn, man gibt ihnen eine gewisse Eigenbewegung, man läßt sie „arbeiten“. Und zwar bei schneller Strömung schnell, bei langsamer langsam. Bei hellem, besonntem Wasser genügt es, sie dem Schnurzug zu überlassen; er verleiht den Hecheln genügend „Leben“. Einige Angler ziehen die Schnur zuckend heran, andere haspeln sie mit der Linken auf oder wippen mit der

Rutenspitze. Ich probiere mal das eine oder das andere, um herauszufinden, was den Fisch gerade reizt.

Gewöhnlich haben wir nur eine Fliege am Vorfach, viele Angler auch zwei oder drei. Manche knüpfen ein halbes Dutzend oder darüber ein. Ich selbst begnüge mich mit einem „Strecker“ an der Vorfachspitze und einem „Springer“ ziemlich weit davon entfernt. Wer mit zwei Fliegen keine Beute macht, wird es auch mit drei oder vier nicht schaffen. Der Springer soll an einem kurzen, steifen Vorfach höchstens 10 cm vom Hauptvorfach abstehen.

Das Angeln mit der Trockenfliege

Die auf der Oberfläche des Gewässers treibende künstliche Fliege bietet Vorteile, die nicht immer hinreichend gewürdigt werden. Der Fisch sieht viel weniger von einer Trockenfliege als von einer naß gefischten, und viele werden „trocken“ gefangen, die nicht an die „Nasse“ gehen, und zwar deswegen, weil sie diese genauer inspizieren können. Die meisten Forellen „beißen“ im Augenblick, da die Fliege das Wasser beim Einwurf berührt.

Am besten fängt die Trockenfliege bei sonnigem Wetter. Man achte freilich darauf, daß die Vorfachspitze nicht auf, sondern in dem Oberflächenfilm treibt. Das gilt besonders dann, wenn ein wenig Staub auf dem Wasser ist. Damit die Vorfachspitze in den Oberflächenfilm einsinkt, reibt man sie mit Seife ein.

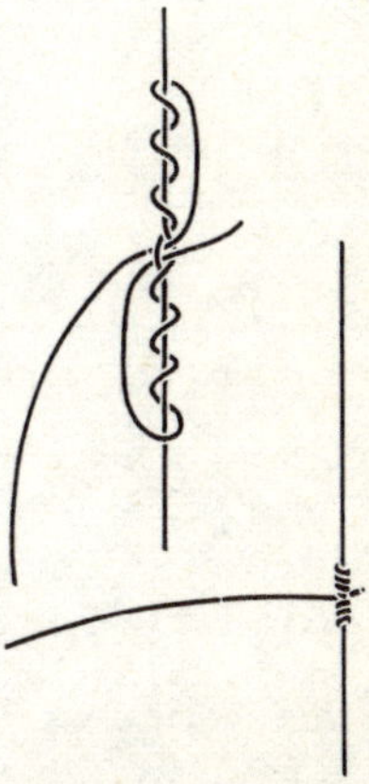

Blood Knot oder Faßknoten mit einem lang herausstehenden Ende als Springer-Vorfach

Immer wieder hat man zu erforschen gesucht, was eine Forelle wohl sieht, wenn sie zu einer treibenden künstlichen Fliege hinaufschaut. E. Horsfall Turner hat z. B. in seinen Fotos ganz verblüffende Licht- und Schattenwirkungen eingefangen, die durch die den Oberflächenfilm durchdringenden Hechelspitzen verursacht werden. Was dabei herauskam, entsprach keineswegs dem, was man vielleicht erwartet hatte.

Die Forelle nimmt vermutlich ein sehr verwischtes Bild wahr, schwach gefärbt, mit ein paar Beinchen, die den Spiegel durchstoßen. Der erfahrene Fisch wird wohl mehr durch Umriß und Farbe des Bildes gereizt als von den Details der Form. Den Haken sehen sie alle, beachten ihn aber kaum, sofern sie nicht schon häufiger Erfahrungen damit gemacht haben.

Technik des Trockenfliegenfischens

Am einfachsten fischt man watend und wirft die Fliege schräg aufwärts über langsame Strömungen. Dabei wird die herantreibende Schnur mit der Linken eingezogen, bis die Fliege so nah ist, daß sie wieder aufgenommen und hinausgeworfen werden muß.

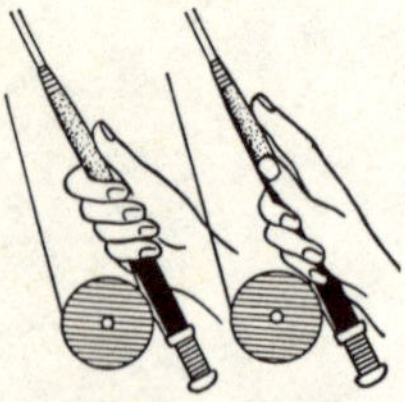

Zwei Möglichkeiten, die Fliegenrute beim Wurf zu halten

Oft ist das Waten unmöglich, und wir müssen vom Ufer aus werfen. Je nachdem, wo der Fisch steht, muß man oft nach verschiedenen Richtungen werfen, gelegentlich sogar direkt stromab. Der Wurf quer zum Strom ist am ehesten der Gefahr des Furchens *(dragging)* ausgesetzt. Dies Furchen entsteht, wenn die Strömung Schnur oder Vorfach schneller oder langsamer mitnimmt als die Fliege. Diese wird dann über das Wasser gezerrt und verursacht eine kleine Bugwelle, die den Fisch vergrämt. Es gibt einige erprobte Mittel, das Furchen zu verhindern oder einzuschränken. Sie alle versuchen, den direkten Kontakt zwischen Fliege und Rute zu vermeiden. Manche Angler

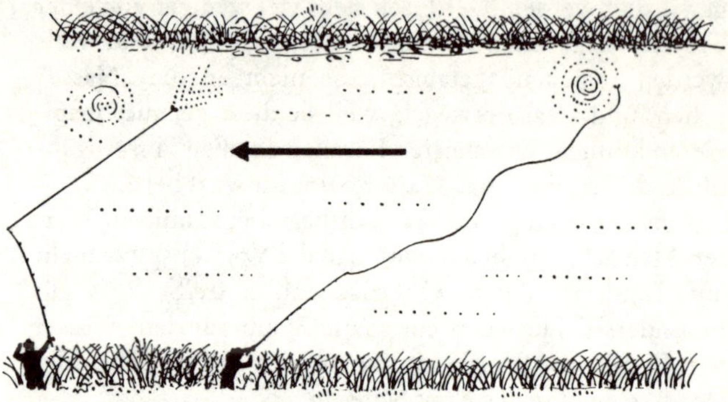

Das Furchen. Die Fliege links furcht, bevor sie den Fisch erreicht, weil die Schnur gestreckt auf dem Wasser liegt und keinen Spielraum hat. Rechts ist sie wellig (Ziehharmonika). Die Fliege erreicht den Standort des Fisches, ehe die Strömung sie zum Furchen bringt.

werfen eine gekrümmte und wellenförmige (Ziehharmonika-)Schnur. Das gelingt, wenn man den Vorwärtswurf recht heftig macht und die Rute beim Auslaufen der Schnur ein wenig anhebt, ehe sich diese streckt. Man kann sie auch korrigieren *(mendig the line)*, um dem Furchen entgegenzuwirken. Ein Schwippen der Rute verlegt sie stromauf

Zur Abbildung auf gegenüberliegender Seite. Der elementare Überkopf-Fliegenwurf. Die Linke zieht die auf dem Wasser liegende Schnur etwas an, dabei hebt die Rechte die Rutenspitze mit Beschleunigung und damit die Schnur vom Wasser ab. Zwischen 50 und 70 Grad erreicht die Rutenspitze ihre maximale Geschwindigkeit, mit der sie die Schnur nach hinten schleudert. In der Senkrechten wird die Rute angehalten, wobei sich die Schnur nach rückwärts streckt. Zu diesem Zweck eine Pause machen! Der nun einsetzende Vorwärtswurf muß das volle Gewicht der gestreckten Schnur spüren. Seine Hauptwucht liegt

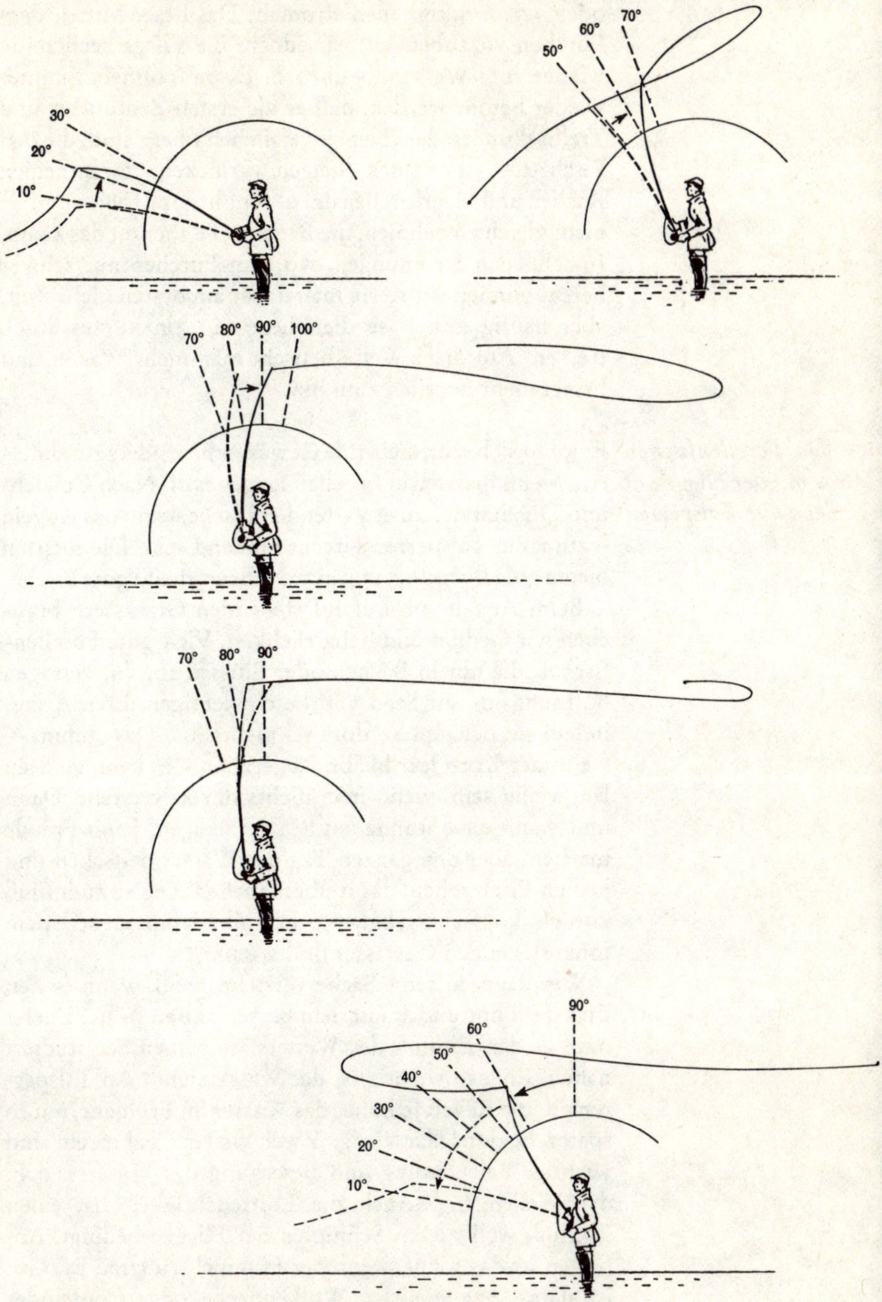

zwischen der Senkrechten und einem Winkel von 50 Grad. Dann läuft der Schwung aus. Lockere Schnur, die die Linke hält, gibt sie im rechten Moment frei, d. h. sie läßt sie bei etwa 20 Grad Rutenneigung „schießen". Die Schnur flitzt durch die Ringe und sinkt mit Vorfach und Fliege sanft auf die Oberfläche.

oder, wenn nötig, auch stromab. Das beste Mittel, dem Furchen vorzubeugen, ist jedoch, die Fliege rechtzeitig wieder vom Wasser abzuheben. Es muß ohnehin immer wieder betont werden, daß es die ersten Zentimeter und Treibsekunden der eben eingefallenen Fliege sind, die den Fisch zum spontanen Steigen verlocken. Zwar neigen Äschen und Meerforellen dazu, der Fliege zu folgen und sie nicht gleich zu nehmen, die Bachforelle aber tut das kaum. In schnellen Strömungen, wo dem Furchen nur schwer beizukommen ist, werfe man daher am besten nicht weit, aber häufig und lasse die Fliege nur ein kurzes Stück treiben. Auf diese Weise befischt man mehr Wasser und bringt mehr Forellen zum Biß.

Das Forellenfischen mit der Fliege auf Seen und Talsperren

Es lohnt sich sehr, stehende Gewässer besonders zu studieren, wenn man darin Forellen fangen will. Nach Gewicht und Qualität der zu erwartenden Fische, kann das Angeln – zumal in Talsperren – recht lohnend sein. Die meisten bieten gute Nahrung, und gute Nahrung heißt gute Fische.

Beim Angeln an und auf stehenden Gewässern brauchen wir Geduld und Beharrlichkeit. Viele gute Forellenfischer, die nur in Bächen oder Flüssen angeln, versagen hoffnungslos auf Seen und beschwichtigen ihren Ärger, indem sie behaupten, dort sei nichts los. Das stimmt –, wenn der Korb leer bleibt. Zugegeben – es kann an Seen langweilig sein, wenn man nichts davon versteht. Dann und wann eine Stunde am See verbringen, kann Freude machen, aber den ganzen Tag das Wasser peitschen und keinen Fisch sehen, das treibt manchen Angler zum Fluß zurück, kopfschüttelnd, was man überhaupt an so einem toten stehenden Gewässer finden kann.

Wer dagegen seine Sache versteht, weiß, wann es den Einsatz lohnt und wann man besser passen sollte. Zuerst muß er den Einfluß des Wetters auf seinen See studiert haben. Ebenso wichtig ist der Wasserstand. An Talsperren gilt die Regel: Je höher das Wasser im Frühjahr, um so später beginnt der Fang. Zwei weitere Faktoren sind wichtig: Beleuchtung und Bewegung des Wassers, d. h. der Wellengang. Auch die Luftfeuchtigkeit hat einen Einfluß, weil sie das Schlüpfen der Fliegen bedingt. Am besten ist das Licht, wenn der Himmel trübgrau ist. Gut ist dafür eine niedrige Wolkendecke oder tröpfelnder Nebel. Heller, blauer, sonniger Himmel gewährt nur mäßige Aussichten. Sich türmende Wolkenballen – Gewitterköpfe – sind schlecht, denn sie werfen wie große Reflektoren blendendes Licht ins Wasser.

Ist es nämlich zu hell, sieht die Forelle zu viel. Sie, der es nicht schwer fällt, millimetergroße Futtertierchen zu entdecken, wird jede Vorfachspitze bemerken. Was über 0,22 mm Querschnitt hat, muß ihr vorkommen wie ein Tau. Das Sichtvermögen der Forelle hängt von der Helligkeit im Wasser und diese wieder vom Einfallswinkel des Lichtes ab. Je tiefer die Sonne steht, um so dunkler das Wasser. Noch wichtiger aber ist wohl, daß der Wasserspiegel nicht glatt, sondern mindestens gekräuselt ist.

Demnach scheint es wohl zwecklos, bei Windstille und hellem Himmel auf Seen mit der Fliege zu fischen. Immerhin gibt es Zeiten, zu denen der Angler trotzdem auf einen Biß rechnen kann. Das sind die frühen Morgen- und die späten Abendstunden.

Manchmal erscheinen Himmel und Wasser günstig, und man geht trotzdem leer aus. Vielleicht kühlt ein Nord- oder Nordwestwind das Wasser ab und treibt den Fisch in die Tiefe. Sehr trockene Luft ist ebenfalls nicht nach dem Geschmack der Forelle.

Zur Technik des Angelns auf Seen

An Seen muß man mehr als sonst mit einem Unsicherheitsfaktor rechnen. Gäbe es freilich ein unfehlbares Rezept, Beute zu machen, so wäre das Angeln ein höchst langweiliger Sport. Gerade das Spiel mit dem Glück ist das Spannende und zwingt uns, weiter und weiter zu werfen, wenn die Vernunft längst gerufen hat: Passen!

Welches Gerät ist zu empfehlen? Wo man im See waten kann oder vom Ufer aus fischt, bevorzuge ich eine mittelstarke und mäßig lange Forellenrute. Manche Autoren propagieren die lange Rute mit kräftigem Rückgrat. Sie meinen, diese würfe weiter, aber das stimmt nicht. Es ist ohnehin nicht klug, nur danach zu gehen, wie gut oder wie weit eine Rute wirft, wenn sie nicht zugleich geeignet ist, Fische damit zu fangen. Ich habe es gern, wenn sich meine Rute hübsch vor dem Fisch verbeugt, denn das ist die beste Garantie, daß ich ihn herauskomplimentieren werde. Sie hat den Haken gut gesetzt und wird den Fisch federnd ermüden, ohne das Vorfach zu überanstrengen.

Leider muß man oft hören, daß ein kapitaler Bursche durch Vorfachbruch verlorenging. Das sollte immer vermieden werden und läßt sich auch vermeiden. Niemals darf der Angler mit der Rute auf die Fliegen zeigen, während sie treiben oder gezogen werden. In dieser Haltung kommt ihre Elastizität nicht zum Tragen, wenn es plötzlich heftig ruckt. Sie sollte einen Winkel von 90 Grad mit der Schnur bilden, dann ist es auch dem größten

Fisch unmöglich, das Vorfach beim Biß zu sprengen, vorausgesetzt, wir haben eine leichte Rute und ein haltbares, wenngleich feines Vorfach. Kein Fisch packt härter zu als eine Großforelle im See. Ihr volles Gewicht legt sie in den ersten erschreckten Sprung und die erste Flucht, mit der sie – es ist kaum zu glauben – innerhalb von drei Sekunden bis zu 50 m Schnur und Hinterschnur von der Rolle reißt. Die im richtigen Winkel gehaltene Rute hilft dem Vorfach, diese Schockbehandlung zu überleben.

Für das Flugangeln auf Seen eignen sich besonders die schwimmenden Schnüre. Die sog. *air-cell*-Schnur schießt gut, wirft sich weit und bleibt selbst in bewegtem Wasser tadellos auf der Oberfläche.

In einigen unsrer stehenden Gewässer hat der Angler die Wahl zwischen Waten und Fischen vom Boot aus. Lohnt es sich, Geld für ein Boot auszugeben? Das hängt eben von den Verhältnissen, den lokalen und den finanziellen, ab. Manchmal müssen wir mit dem Boot einen Führer und Berufsfischer, den Gillie, mieten. Aber man kann auch allein oder mit einem Gefährten fischen. Wer einen Gillie hat, braucht weniger eigenes Geschick und Wassererfahrung. Das geht manchmal so weit, daß der Angler kaum noch zu werfen, sondern seine Fliege nur ins Wasser zu halten braucht. Alles andre macht der Gillie.

Viel schwieriger ist es natürlich, selber das Boot zu führen; dafür erntet man aber auch das Lob allein, wenn man gut fängt. Ist das vom Boot leichter als watend oder vom Ufer? Sicher kommen wir an mehr Fische näher heran und brauchen uns nicht zu überanstrengen, wenn wir die ersten Wellenkreise steigender Forellen, die immer gerade außerhalb der Wurfweite vom Ufer zu liegen scheinen, erreichen wollen. Wer sich also auf das Bootfischen versteht, wird auf längere Sicht den durchschnittlichen Uferangler vermutlich schlagen. Aber die Angler sind verschieden, und manch einer zieht es vor zu waten.

Das Tippen

Das Tippen ist nicht so leicht, wie manchmal behauptet wird. Es gibt zwei Arten: das Tippen vom Boot mit einer vom Wind getragenen Schwebschnur und vom Ufer, meist an stark bewachsenen Bächen.

In Irland und Schottland ist das Tippen vom Boot weit verbreitet. In Irland nimmt man natürliche Fliegen dafür, besonders Maifliegen und große Schnaken. In Schottland, auf Gewässern, in denen sich große Meerforellen aufhalten, ist es üblich, mit großen künstlichen Fliegen zu tippen. Man braucht schon einen großen Happen, um einen Fisch aus der Tiefe heraufzulocken. Die Tipprute sollte 360 bis 420 cm lang sein, leicht, und die Spitze biegsam genug, um schwere Fische ohne Bruchgefahr drillen zu können.

Die Technik liegt darin, daß man die Fliege, sei sie natürlich oder künstlich, auf den Kämmen der Wellen tanzen läßt. Wenn der Wind die leichte Schwebschnur vor sich herweht, ist das nicht schwer. Der Anhieb ähnelt dem beim Fischen mit der Trockenfliege. Man muß dem Fisch Zeit lassen abzudrehen, nachdem er mit einem Schwall die Fliege genommen hat. Sieht der Angler den steigenden Fisch, so sollte er so lange warten, bis er merkt, wie er Schnur nimmt.

Vom Ufer wird fast jeder Angler einmal das Tippen versucht haben, besonders an heißen Sommertagen, wenn jedes andere Verfahren hoffnungslos ist. Sofern man seine Rute durch das dichte Buschwerk und eine große buschige Fliege aufs Wasser bringt, ohne selbst zu stark in Erscheinung zu treten, hat man eine gute Chance, eine große Forelle zum Steigen zu bringen.

Das Fischen mit natürlichem Köder und das Spinnen

In den letzten Jahren meinen viele Flugangler, das Spinnen auf Forellen sollte ganz verboten werden. Man muß die Sache möglichst objektiv sehen. In den meisten Gewässern müssen die Forellen heute ein- oder nachgesetzt werden. Wo das nicht geschieht, gibt es nur wenige. Ist der Besatz hineingebracht, muß man entscheiden, mit welchen Methoden man darauf fischt. Sollte man auch die leichter oder nur die besonders interessanten Methoden gestatten? Oder jedermann zugestehen, daß er so viele Forellen herausholt, wie er kann und wie es ihm gefällt? In fast allen Fließgewässern sind heute Fangbeschränkungen zu beachten.

Eine ganze Anzahl von Vereinen und Hotels erlauben das Spinnen in ihren Gewässern, aber mindestens ebenso viele gestatten nur die Fliege.

Der Oberfischmeister einer Fischereibehörde hat mir einmal gesagt, was er gegen das Spinnen auf Forellen habe. Vor allem würde ein zu großer Prozentsatz von Jungfischen gehakt und durch den oder die Drillinge schwer verletzt. Außerdem werde jeder Meter Wasser unaufhörlich durch wackelnde, drehende und schnurrende Blechschnitzel gestört. Um überständige räuberische Schadforellen herauszufangen, die nicht mehr an die Fliege gehen, sollte allerdings im Anschluß an die Schonzeit in jedem Gewässer für einen kurzen Zeitraum das Spinnen mit ziemlich großen Ködern gestattet werden.

Das Spinnen ist leicht zu erlernen. Aber auch beim Spinnfischen mit Blinker, Spinner, Wobbler oder Gummifisch gibt es Lehrlinge, Könner und Meister. Es ist deshalb wenig angebracht, wenn Fliegenfischer etwas geringschätzig auf den Spinnfischer herabsehen. Der gute Spinnfischer wird allerdings nicht den Fehler machen, sein Eisen stundenlang und ziemlich wahllos durch das Wasser zu ziehen, sondern nur dort den Köder ansetzen und mit Geschicklichkeit einholen, wo er starke Forellen vermutet. Die Kunst liegt auch hier in der Beschränkung; denn ein gutes Forellengewässer fordert Zurückhaltung vom Angler.

Jedes an den Ufern besonders stark bewachsene Gewässer, wo man die Fliege nicht werfen kann, darf als Spinngewässer betrachtet werden. Eine Rute von 210 bis 240 cm Länge mit kleiner Stationärrolle und monofiler Schnur von 2 kg Tragkraft ist die geeignete Ausrüstung. Die Spinnköder können künstlich oder natürlich sein. Elritzen aus Kunststoff oder präparierte (gesalzene) natürliche sind gut; selbstverständlich können auch frische genommen werden, nur sind sie zu weich und halten nicht viele Würfe aus.

Man spinnt aufwärts und schräg hinüber. Die Elritze wird mit ziemlicher Geschwindigkeit eingeholt, aber nicht so schnell, daß sie Wirbel hinterläßt. Manchmal gehen Forellen gut auf einen kleinen Silberdevon, der sehr schnell gesponnen wird, gewöhnlich dann, wenn der Bach oder Fluß sich nach einem Hochwasser ablaufend klärt. Auch Wobbler sind gut, und manchmal benutze ich sie vorzugsweise.

Schlanke, kleine Blinker, gut rotierende Spinner mit rotem Körper und Wackelschwänze mit Spinnerblatt sind gute Kunstköder.

Später Mai/Juni ist vielleicht die beste Zeit für die Elritze, auch zum Sommerende wird sie wieder beliebter. Warmes Wasser ist ideal, besonders wenn die Sonne nicht mehr daraufscheint.

Getippte oder tauchende Elritze

Dies ist eine wirksame und nicht kunstlose Methode, die nicht so allgemein bekannt ist und angewendet wird, wie sie es verdiente. Fast jede längere, leichte Rute ist dazu geeignet, irgendeine Rolle mit etwa 50 m monofiler Schnur von ca. 3 kg Tragkraft. Ein kleines, torpedoförmiges, durchbohrtes Blei wird einer frischen oder präparierten Elritze ins Maul geschoben, die Schnur mit einer Nadel durch das Blei gefädelt und an der Schwanzflosse herauskommend

Regenbogenforelle 30–50 cm
Salmo gairdnerii

Bachsaibling
Salvelinus fontinalis 20–45 cm

Seesaibling
Salvelinus alpinus 30–35 cm

Namaycush
Salvelinus namaycush 40–80 cm

Huchen
Hucho hucho 80–100 cm

an einen Drilling Nr. 12 geknüpft. Man fischt diese beschwerte Elritze, indem man sie an vermuteten Standorten großer Forellen eintunkt und hebt und senkt. Der Angler kann waten, er kann am Ufer stromauf und -ab fischen und immer wieder den Köder verlockend tauchen und aufsteigen lassen. Geduld, feines Fingerspitzengefühl und guter Ortssinn machen aus dieser Methode eine Kunst. Es gibt auch gute Kunststoff-Elritzen mit Bleikopf.

Das Fischen mit Nymphen und Larven

Einige Angler schwören, wo natürliche Insekten als Köder erlaubt sind, auf eine sehr zarte und viel Geschicklichkeit erfordernde Methode, indem sie eine natürliche Nymphe auf den winzigen Haken (Nr. 20) setzen. Diese superleichten Köder bringt man stromauf ins Wasser und läßt sie über den Grund treiben, mit einem ganz kleinen Schrotkörnchen auf der Schnur beschwert. Die größte unsrer Flußlarven ist die der großen Steinfliege. Man montiert sie am besten an einem Tandemsystem von zwei Häkchen. Die Rute sei lang und leicht. Im späten Mai und frühen Juni kann die natürliche Larve äußerst fängig sein. Ein gutes Teil Praxis ist erforderlich, um einen Biß zu erkennen; andrerseits kann man sich darauf verlassen, daß der Fisch, der die Larve aufnimmt, sie nicht so schnell fahren läßt wie einen Kunstköder.

Das Angeln mit dem Wurm

Wer ein klares Fließwasser beobachtet, sieht selten einen Wurm, und daher ist der Wurm wohl auch eine seltene Speise für Forellen. Dennoch sollte man es damit ruhig versuchen, wenn die Fliege versagt und das Angeln mit dem Wurm nicht verboten ist. In der Morgendämmerung und am Abend kann er eine verhängnisvolle Anziehungskraft auf die Forelle haben, auch in Perioden großer Trockenheit. Gut gereinigte Rotwürmer, aus einem alten Dunghaufen gegraben und in Grünalgen oder Moos gepackt, wirken Wunder. Die besten sind zwischen 5 und 6,5 cm lang. Den Wurm spießt man auf ein Hakensystem (s. Abb.) und lasse Kopf und Schwanz frei hängen. Ein oder zwei kleine Bleischrote bringen wir auf der Schnur an, obwohl manche Experten ganz auf Beschwerung verzichten. Eine monofile Schnur mit ca. 2 kg Tragkraft ist richtig, wenn man mit großen Fischen rechnen darf. Die Rute kann ähnlich sein wie für das Heben und Senken mit der Elritze. Der Wurm wird sanft in eine ruhig strömende kiesige Rinne gelassen, und der Angler hält durch Schnureinholen Fühlung, wenn er auf ihn zutreibt.

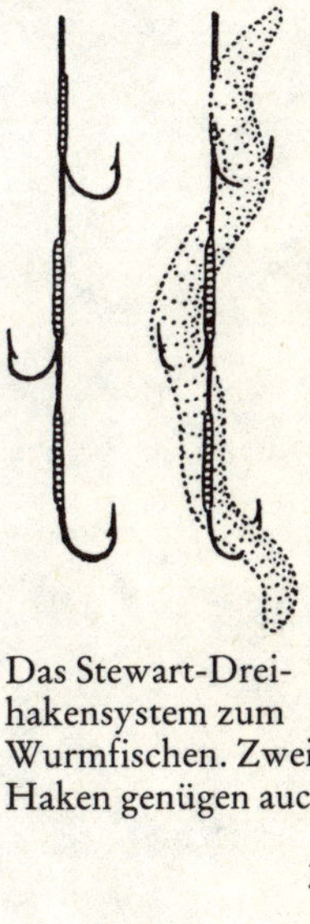

Das Stewart-Dreihakensystem zum Wurmfischen. Zwei Haken genügen auch

In Deutschland gilt weithin das Fischen mit Wurm auf Salmoniden als unsportlich, doch gibt es Gewässer, die keine andere Methode zulassen.

Allgemeines

Von alters her herrscht die Meinung, die einzig sportliche Methode, Forellen zu fangen, sei die mit der künstlichen Fliege. Wirksamer sind freilich unter Umständen andere Methoden. Dennoch zieht der Sportangler im allgemeinen vor, seine Forelle auf eine Weise zu fangen, die ein hohes Maß von Geschicklichkeit, Erfahrung und Handfertigkeit verlangt. Das soll nicht heißen, das Fliegenfischen sei besonders schwer zu erlernen. Aber es ist schwer, es darin zur Meisterschaft zu bringen.

Die Sportfischer haben zwei Motive, sich das Forellenfangen zu erschweren. Sie wollen dem Fisch die Chance geben, die Täuschung zu durchschauen. Und zweitens möchten sie den Forellenbestand erhalten. Die Forelle wird ohnehin aus sportlichen und kulinarischen Gründen stark verfolgt. Große Exemplare, die ja eigentlich für den Nachwuchs unentbehrlich sind, werden nur selten lebend ins Wasser zurückgesetzt. Das Forellenfischen muß erschwert werden, wenn der Bestand geschützt werden soll. Neben dieser sehr ernsten praktischen Notwendigkeit spricht auch anderes für das Fischen mit der Fliege. Es ist die abwechslungsreichste und spannendste Methode. Sie beruht, wie schon oben gesagt, auf einer Gaukelei, und der erfolgreiche Gaukler muß ein halber Künstler sein. Der Kult der Trockenfliege wurde freilich früher zu weit getrieben und starb daher eines natürlichen Todes. Heute ist das Angeln mit der Trockenfliege nur eine der Methoden des Fliegenfischens, die dort am Platze ist, wo es die Verhältnisse erlauben, verlangen oder befürworten. Heute fischt man vielfach mit Nymphen, und zwar tief geführt, selbst in Kreideflüssen. Und der Name Nymphe ist ja schließlich nur die vornehme Umschreibung einer Naßfliege ohne Flügel. Von den Kreidebächen abgesehen, sind Trocken- und Naßfliege seit langem überall gleichrangige Partner, und jede trägt auf ihre Weise zum Genuß des Forellenfangs bei. Auf Seen wird z. B. fast nur mit der Naßfliege gefischt.

Das Forellenfischen mit dem Streamer hat zunehmend Freunde gefunden, zumal sich diese „Fliege“, die mehr ein kleines Fischchen imitieren soll, auch gut mit leichter Spinngerte werfen läßt. Umfassende Kenntnisse über diese reizvolle Angelart enthält das Buch „Streamerfischen“ von N. Eipeltauer, Verlag Paul Parey, Hamburg und Berlin.

Auch in der Bundesrepublik gibt es Forellenstrecken, die nur mit der Fliege befischt werden dürfen. Im allgemeinen ist jedoch auch das Spinnfischen erlaubt, und nur der natürliche Köder (Wurm usw.) ist sehr häufig nicht gestattet. Neben Bächen und Flüssen sind viele Talsperren und Baggerseen heute recht gut mit Salmoniden besetzt. Viele Vereine weihen ihre Mitglieder in die „Kunst des Fliegenfischens" ein. Dadurch wird vermieden, daß diese reizvolle Art des Fischens einem Club von „Auserwählten" vorbehalten bleibt. Fliegenfischen sollte weder mit der mehr oder weniger vornehmen Abstammung noch mit der Dicke einer Brieftasche etwas zu tun haben. Und es sei hier, vielleicht im Gegensatz zur englischen Auffassung, noch einmal gesagt: Das Spinnangeln ist heute durch eine kaum noch zu übersehende Köderauswahl so vielfältig differenziert und auf das jeweilige Gewässer abstimmbar, daß es nicht den geringsten Grund gibt, den Spinnfischer irgendwie herunterzustufen. Stümper gibt es bei den Fliegenfischern und Spinnanglern gleichermaßen. Wer sich mit dem Fliegenfischen näher beschäftigen will, dem steht eine Fülle von Fachliteratur zur Verfügung, zum Beispiel „Fliegenfischen für Anfänger" und „Fliegenfischen für Fortgeschrittene" von H. Steinfort, „Große Wurfpraxis des Fliegenfischens in Bildern" von E. Wiederholz, Verlag Paul Parey, Hamburg und Berlin.

Um zum Schluß noch ein wenig den Appetit auf ganz Kapitale zu wecken: In Deutschland ist als Rekordfisch eine Bachforelle von 7,25 kg aus dem Edersee bekannt geworden, in Österreich gar ein Fisch von 15,6 kg aus der Mur.

Meerforelle

Die Meerforelle *(Salmo trutta trutta)* ist eine Art des Formenkreises Salmo trutta, die zwischen Salz- und Süßwasser wandert, um sich dort zu ernähren und sich hier fortzupflanzen. Wenn wir uns vergegenwärtigen, daß die Bachforelle als ein Fisch mit besonders sportlichen Qualitäten gilt, dann wird es verständlich sein, daß ihre nächste Verwandte, die wie der Lachs zum Laichen aus dem Meer kommt, sie noch an Kraft und Wildheit übertrifft.

Der Name Meerforelle trifft eine Anzahl von verschiedenen Fischen; die einen wandern ins Meer, die andern bleiben an der Küste und die dritten in den Flußmündungen. Der Prototyp kann immerhin beschrieben werden als ein Fisch mit den Proportionen des Lachses und seinen Wandergewohnheiten. Wissenschaftlich-biologisch unterscheiden wir die beiden voneinander, indem wir die Schuppen zwischen Seitenlinie und Rückenflosse zählen. Der Lachs hat zehn bis zwölf, die Meerforelle sechzehn.

Verallgemeinernd läßt sich sagen, die Meerforelle ist vom Angler aus gesehen ein Sommerfisch. Einige Flüsse haben auch Fische, die bereits im Frühjahr aufsteigen. Aber wirklich lohnendes Steigen wird selten vor Ende Mai beobachtet. Die frühen Sommerfische sind die besten der Saison, sauber, in hervorragender Kondition und erheblicher Größe. Das Gewicht liegt zwischen 1,5 und 5 kg, mit Ausnahmeexemplaren bis zu 8,5 kg.

Meerforellen-Smolts wandern im Mai ab und wiegen durchschnittlich neunzig Gramm. Im Juli, August und September kommen sie den Fluß schon wieder herauf und haben in der Zwischenzeit ihr Körpergewicht vervierfacht. Manche wiegen jetzt gut über 500 g. Diese jungen Rückkehrer bezeichnet man in England als *whitling*. Nicht verwechseln mit *whiting*, dem Merlan, der in der Ostsee unter der Bezeichnung Wittling bekannt ist!

Ab Juni kommen die größeren Meerforellen häufiger herauf. Sie schätzen warmes Wetter unter Hochdruckeinfluß und verabscheuen trübe Witterung mit hoher Luftelektrizität. Am besten steigen sie bei gutem Wasserstand, d. h. bei ausreichender Wasserabgabe der Quellbezirke.

In den großen Flüssen sind die mittleren zwei Wochen im Juni die ideale Zeit für einen Angelurlaub auf Meerforellen. Bei heißer Sonne, kühlem Wind und ordentlichem Wasserstand gibt es guten Sport. Das Angeln im Juli und August ist oft enttäuschend, dagegen ist der September wieder gut.

Es gibt wie beim Lachs sogenannte „frühe" und „späte" Flüsse. So lohnt es sich, genau anzufragen, ehe man sich Erlaubniskarten für ein unbekanntes Gewässer beschafft. Kleine Flüsse haben Meerforellen von August an. Durchweg gilt die Regel: je kleiner der Fluß, um so später der Fisch, doch gibt es auch hier Ausnahmen.

Natürlich erscheinen die aufsteigenden Fische zuerst in den Mündungsgebieten, und es dauert manchmal Wochen, ehe sie die Oberläufe erreicht haben. Wer etwa 60 km vom Meer entfernt angelt und nichts fängt, sollte es einmal 30 km weiter unten versuchen.

Gerät und Fliegen

Das normale Flugangelgerät eignet sich auch für Meerforellen. Durchweg empfiehlt sich eine Fliegenrute von 270 cm Länge aus gespließtem Bambus oder Glasfiber mit einer 7,5 cm Rolle und entsprechend schwerer, verjüngter Flugschnur. Spezialisten, die, wo es erlaubt ist, nachts auf kapitale Fische angeln, bevorzugen etwas massiveres Gerät, eine Rute von 285 bis 300 cm Länge mit angemessener Schnur. Es stimmt, daß man größere Fische eher am kräftigeren Geschirr ermüdet. Da ich Meerforellen bis zu 3 kg an einer Rute von 115 g gelandet habe, bin ich jedoch abgeneigt, Gerät zu benutzen, das sich eher für die leichte Lachsfischerei eignet. Das Vorfach sollte etwa 270 cm lang sein. Manche Angler fischen mit zwei Fliegen, einem Strecker und einem ziemlich hoch oben am Vorfach sitzenden Springer. Andere begnügen sich mit einer Fliege, wieder andere nehmen drei. Auf zwei Fische, die ich am Strecker fange, kommt einer am Springer.

Künstliche Fliegen für den Meerforellen-Fang müssen in Hinblick auf die Lebensgewohnheiten des Fisches ausgesucht werden. Frisch aufgestiegene Meerforellen nehmen fast jede Art von auffälligen Fliegen-Mustern, doch nach kurzer Zeit im Süßwasser ist ihre erste, sozusagen naive Phase vorüber; der Fisch wird schnell scheu und wählerisch. Dann frißt er fast ausschließlich in der Dämmerung und bei Nacht.

Ein paar brauchbare Fliegen möchte ich hier nennen, die ich selbst verwende: *Silver March Brown*, *Silver*

Invicta, Gold Mallard, Rusty Sedge, Magpie Scad und *Butcher*. Sie alle an Hakengrößen 12, 10 und 8.

Angelmethoden

Die Hauptmethoden, Meerforellen zu fangen, können kurz aufgezählt werden: Flugangeln, Spinnen, der treibende oder am Grund schleifende Wurm und die getunkte Elritze.

Es gibt im Norden der Bundesrepublik Flüsse, in denen die kapitalen Meerforellen fast ausschließlich mit Blinker und Spinner gefangen werden.

Den Glauben an bunte Fliegen und wechselnde Fliegenmuster sollte man nicht ganz verwerfen; denn er kommt aus der fruchtbaren Vorstellungskraft des Menschen. Ich selbst meine, daß jede vernünftige Fliege ihre Meerforelle fängt, vorausgesetzt, die Wasserverhältnisse sind günstig und die Fische nicht schon zu lange im Fluß. Doch neige ich auch zu der seltsamen Überzeugung, daß Fliegenmuster im Wert steigen oder fallen, je nachdem, ob der sie führende Angler an sie glaubt oder nicht. Das klingt geheimnisvoll und ist auch ein Geheimnis. Es gibt zweifellos ein Phänomen beim Fischen, das man Selbstvertrauen nennen kann. Der Angler, der dies Vertrauen hat und an die Lockkraft einer besonderen Fliege glaubt, wird damit mehr Fische fangen als ein andrer, der dies Muster für weniger gut hält.

Das Vertrauen kommt zum Teil aus Erfahrung und Übung. Wer Fische mit einer besonderen Fliege gefangen hat, neigt natürlich dazu, dies Muster für erfolgreich zu halten. Und wenn er davon überzeugt ist, angelt er konzentrierter. Die erfolgreichsten Angler sind alle Meister in der Kunst der Konzentration. Ein amerikanischer Wissenschaftler hat jüngst berichtet, wie gewisse Experimente im Laboratorium mißglückten, sobald er sie Assistenten übertrug, nachdem er selbst lange Zeit konzentriert dabei war. Dafür gab es keinen plausiblen Grund, aber es scheint, als ob gewisse Wirkungen durch bloße Willenskraft entstehen.

Jeder Angler, der überdurchschnittliche Ergebnisse erzielen möchte, muß einige Voraussetzungen erfüllen. Er sollte entspannt sein, sich darin üben, alles zu vergessen, was nichts mit dem Fischen zu tun hat, mit Schwung und Lust bei der Sache sein und nicht an seinem Erfolg zweifeln.

Die Beziehung zwischen der seelischen Verfassung des Anglers und dem Fang von Fischen ist, das habe ich schon zugegeben, geheimnisvoll. Daß es sie gibt, steht für mich fest. Die Angelliteratur ist voll von Andeutungen darüber, und oft hört man von Anglern, daß sie, wenn sie sich erschöpft oder deprimiert fühlen, kein Glück haben.

Das Fischen am Tage mit der Naßfliege

Die beste Zeit, mit der Fliege am Tage zu fischen, ist dann, wenn der Fluß nach Hochwasser langsam fällt. Das Wasser ist noch angetrübt und unser Geschirr, besonders das Vorfach, weniger auffällig. Die Fische sind frisch aufgestiegen und haben Appetit. Unter normalen Verhältnissen ist Aussicht auf gute Beute. Man nimmt die Schwimmschnur oder auch die versunkene, wobei das Verhältnis der Luft- zur Wassertemperatur maßgebend ist (vgl. S. 240). Unter günstigen Umständen sind Meerforellen recht agil und schießen gern hinter einer Fliege her, die durch ihr Sichtfenster treibt oder gezogen wird.

Ein guter Kompromiß ist eine nur zum Teil gefettete Flugschnur. Ein paar Meter vor der Spitze bleiben fettfrei, desgleichen das Vorfach, so daß dieses je nach Strömung und Wurfwinkel nach Bedarf tiefer oder flacher geführt werden kann.

Ganz anders ist das Fischen bei Niedrigwasser am Tage. Die dann herrschende Klarheit und der vermutlich blendende Sonnenschein erschweren den Fang eines brauchbaren Fisches ganz erheblich. Am ehesten gelingt es noch in den Rollen, zumal wenn diese im Schatten liegen. Die freien, im Sonnenlicht glänzenden Gumpen sind hoffnungslos.

Bei Niedrigwasser nimmt man Fliegen, wie man sie auch der Bachforelle anbietet. Man stellt die Muster entweder auf gerade am Wasser schwärmende Insekten ab oder greift zu Phantasiefliegen, die gern ein Flockseiden- oder Wollschwänzchen haben. Erfolgreich sind auch tiefer geführte Nymphen.

Das Flugangeln bei Nacht

Die meisten erfahrenen Meerforellenangler konzentrieren, wo Nachtfischen erlaubt ist, ihre Bemühungen auf die Dämmerungs- und Nachtstunden. Auf den Geschmack kommt man beim Nachtfischen erst nach längerer Übung. Nur wenige haben anfangs Lust dazu, doch wer sich darum bemüht, findet, daß es nicht nur lohnender, sondern auch reizvoller sein kann als das Fischen bei Tage.

Warum gehen wir auf Meerforellen bei Nacht? Der Hauptgrund ist der, daß sie nach kurzer Zeit im Fluß scheu werden und nur beißen, wenn sie unser Geschirr nicht sehen.

Freilich sind nicht alle Flüsse gleichmäßig gut für die Nachtangelei geeignet. Viele Gewässer sind gelblich getönt, und das Fischen darin ist am Tage mindestens so gut, wenn nicht besser.

Zusätzliches Gerät beim Nachtangeln: ein großes Landungsnetz, eine Taschenlampe, ein Extravorfach mit montierten Fliegen um den Hut gewunden, entsprechende Kleidung, hüfthohe Wathosen, etwas zu essen und Warmes zu trinken. Dazu natürlich das übliche Flugangelgerät in einer geräumigen Gerätetasche.

Bevor man nachts ans Wasser geht, sollte man das Gelände am Tage inspiziert haben, zumal wenn man den Fluß noch nicht kennt. Man wandere aufmerksam am Ufer entlang, achte auf mögliche Standplätze der Fische und auf Stellen, wo sie vermutlich des Nachts auf Raub gehen. Am Tage verbergen sie sich gern in der Tiefe der Gumpen, nachts kommen sie ins Flache, in die Ausläufe der Rinnen, an Schwellen und Einläufe. Äußerst wichtig ist es, die Watmöglichkeiten zu prüfen. Am besten geht man versuchsweise ins Wasser und vergewisserte sich, daß keine unangenehmen Hindernisse im Weg liegen, z. B. versandete Stacheldrahtenden. Schließlich merke man sich die Stellen, von wo man die Fliege unbehindert werfen kann. Nachts ist es sehr schwer, Entfernungen richtig zu schätzen. Und noch eins: der Landeplatz. Wird man einen Fisch nach dem Drill auf einer Sandbank stranden können, oder muß man ihn mit dem Netz unterfangen? Ist Spielraum da, wenn ein Kapitaler auf- oder abwärts flüchtet? Die Hauptsache bleibt natürlich, festzustellen, ob es dort, wo man angeln will, auch Meerforellen gibt. Ortskundige Einheimische können dabei behilflich sein. Wenn nicht, erforsche man das Wasser mit Hilfe einer Polaroidbrille. Nützt auch das nichts, bleibt nichts übrig, als sich darauf zu verlassen, daß in diesem oder jenem Gumpen bereits Meerforellen gefangen worden sind.

Das Angeln selbst beginnt in der Dämmerung in unseren Breiten gewöhnlich gegen 22 Uhr an einem Juniabend. Bei bewachsenen Ufern und wolkigem Himmel schon früher. Die beste Zeit ist von 23 Uhr bis 1 Uhr morgens. Ich selbst nehme dann auch die Tagesdämmerung von 3 Uhr 30 bis 6 Uhr noch mit.

Wer in der Nacht kapitale Meerforellen fangen will, muß hart arbeiten und viel Geduld haben. Viele meinen, das Angeln sei ein Spiel. Sie werfen ein bißchen mit ihren Fliegen herum und gehen, wenn es dunkel wird, ins Hotel und legen sich schlafen. Es kommt darauf an, was einer haben will. Will er Fische haben, heißt es arbeiten. Nachtarbeit ist erschöpfender als Tagarbeit. Aber abgesehen von dem Sport, den er hat, wird der Angler dadurch entschädigt, daß er hinterher wie ein Klotz schläft und einen Bärenhunger hat.

Wir sind an dem ins Auge gefaßten Kolk angekommen. Die Rute ist montiert, alles ist in Ordnung und parat, und wir warten auf den ersten Schwall. Da ist er schon! Ein dumpfes Plumpsen sagt dem Ohr, daß sich etwas tut. Wir merken uns die Gegend, und sobald es dunkel genug ist, legen wir die Fliege sanft aufs Wasser. Ein andermal sehen wir, wie die Fische herausspringen. Das ist ein ungünstiges Zeichen. Sie fühlen sich offenbar nicht wohl, vielleicht sagen ihnen die Wassertemperatur, der Luftdruck oder Gewitterstörungen nicht zu. Sogenannte Pfeilspitzen, die man gelegentlich an der flachen Auslaufschwelle der Gumpen sieht, sind günstig. Es sind die Flossen aufsteigender Fische, und wenn diese frisch aus dem Meer kommen, werden sie unsere Fliege unbefangen nehmen. Starke Wirbel in flachen Rinnen und Rollen bedeuten, daß Meerforellen auf Elritzen Jagd machen. Sofort eine Fliege mit Silberkörper anbieten! Weißer Nebel bildet sich langsam an der Oberfläche. Ein ungünstiges Zeichen, doch solange er nicht als dichte Watte aufliegt, lassen sich vielleicht noch ein paar Fische fangen. Bei dicken Schwaden hat höchstens die ganz tief geführte Fliege eine Chance. Sehr vorteilhaft dagegen ist ein leichter Sprühregen, zumal wenn ein Flug Seggen schlüpft. Ungünstig ist aufgehender Mond, wenn es Vollmond und der Himmel klar ist. Mit ziehenden Wolken wechselndes Mondlicht ist nicht so schlimm, wenn der Angler die Wolkenschatten ausnutzt.

Fliegenwerfen in der Nacht

Nachts ist es nicht so leicht, sein Gerät in Ordnung zu halten. Oft merkt man kaum, wenn sich das Vorfach verschlungen hat; meistens erst, wenn eine richtige Perükke daraus geworden ist. Die Dunkelheit kann ein Plus sein, aber auch ein Minus. Stets sollte der Angler in einem Gumpen mit kurzen Würfen beginnen. Ist das Wasser auf der eigenen Seite seicht, bleibt er bei kurzen Würfen, indem er langsam weiterwatet. Stets sollten wir daran denken, daß Meerforellen in der Nacht die flachsten Partien aufsuchen und oft ganz dicht am Ufer nach Nahrung suchen. Manche Angler beginnen mit Weitwürfen, aber ich bin sicher, daß sie auf diese Weise viele Fische vergrämen, die sie sonst gefangen hätten. War ich einmal selbst unachtsam genug, das nahe flache Wasser zu überwerfen, anstatt es zu bewerfen, ist es mir schon passiert, daß ich ganze Rudel von Meerforellen in alle Richtungen gescheucht habe. Es ist sogar vorgekommen, daß ich beim Waten auf einen Fisch getreten habe, und es war dann nicht tiefer als einen Viertelmeter.

Einige Lehrmeister des Fliegenwurfs bestehen darauf, die Rute sollte bei Vor- und Rückwurf in der gleichen Ebene schwingen. Diese Lehre läuft darauf hinaus, daß die der Schnur gegebene Beschleunigung sie beim Rückwurf veranlaßt, sich über der Rutenspitze abzurollen, ohne die Rute selbst zu berühren. Das ist schön und gut, wenn man in ruhigem Wasser fischt und die Schnur ziemlich reibungslos abheben und ihr die nötige Geschwindigkeit geben kann. Beim Nachtfischen indessen, wenn ein Teil womöglich einen Meter unter Wasser ist, ist das nicht so einfach, und man kann sie nur langsam ab- und aufheben. Da, meine ich, hilft es, wenn man die Rute aus der Schnurebene herausschwingt, damit die Schnur seitlich an ihr vorbeifliegt, wenn sie zurückkommt. Will oder muß man weit werfen, so genügt ein einzelner Luftwurf in die gewünschte Richtung, um den nötigen Schwung zu bekommen und die Fliege mit dem nächsten Vorwärtswurf und -schuß weit genug hinauszubringen.

Ein sehr nützlicher Wurf für den Nachtangler ist die sogenannte *Spey*-Technik, ein Rollwurf, mit eingeschlossener Richtungsänderung. Ich selbst nenne ihn immer den Schlingenwurf, weil dieser Ausdruck dem Vorgang etwa entspricht. Beim Rollwurf wird die Schnur nicht hinter dem Angler ausgeworfen wie beim Überkopfwurf. Man „rollt" ihn niedrig mit einer kreisförmigen Bewegung der Rutenspitze über das Wasser. Solche Würfe sind unentbehrlich, wo hinter uns kein Spielraum ist. Für den normalen aufrechten Rollwurf muß man 4–6 m Schnur auf

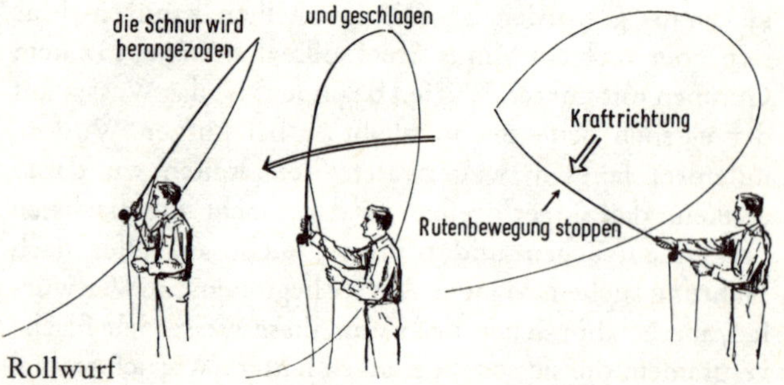

Rollwurf

dem Wasser liegen haben. Durch Anheben der Rute ziehen wir die Schnur über die Wasseroberfläche auf uns zu, bis die Rutenspitze sich etwas nach hinten neigt. Nun halten wir ein und schlagen die Rute so weit scharf nach vorn, daß sie einen Winkel von etwa 30° zur Wasserfläche bildet. Die Schnur rollt nach vorn aus und streckt sich. 1,50 m Schnur, die wir von der Rolle abgezogen hatten, schießen aus der linken Hand nach. Die Rollwürfe werden so lange wiederholt, bis die nötige Wurfweite erreicht ist.

Das Befischen eines Gumpens in der Nacht

Nehmen wir an, in diesem Gumpen stehen ein paar gute Meerforellen. Einige von ihnen sind frisch aufgestiegen, die andern schon längere Zeit dort. Der *pool* ist an die hundert Schritt lang, der Grund felsig und kiesig. Auf der eigenen Seite senkt er sich sacht und flach hinunter. Auf der Gegenseite flankiert ein steiles Ufer; dort vertieft sich das Wasser von der flachen Einlaufzunge bis zu 180 cm in der Mitte. Eine mäßige Strömung wälzt sich in den Gumpen und trifft auf das Steilufer.

Zunächst fetten wir unsere Schnur bis zu einem Meter vor ihrer Spitze und knüpfen eine ziemlich zerzauste *Invicta* als Strecker an. Mit ihr haben wir schon ein paar Fische gefangen, und sie wird auch noch weitere fangen, wenn es das Glück will. Als oberer Springer ist eine große, silbergerippte *Coch-y-bondhu* am Vorfach. Dieses selbst muß unbedingt entfettet sein.

Manchmal nehmen die am Einlauf stehenden Fische Köcherfliegen auf. Dann wieder finden wir sie in dem breiten flachen Auslauf. An Abenden, an denen nicht viel los ist, kommt es vor, daß die Meerforellen hartnäckig in der Tiefe lauern und kauern. Jede dieser verschiedenen Situationen erfordert eine eigene Taktik.

Jetzt ist es ein Viertel vor elf. Wir beginnen am Einlauf, dem „Hals“ des Gumpens, der kaum mehr als 15 cm tiefen Strömungsschwelle. Der Strecker fällt am Rand der Strömung ein, treibt ab und wird wieder systematisch Meter für Meter weitergesetzt, wo vielleicht eine Meerforelle stehen könnte. Die großen Burschen können sehr lässig sein und lassen sich Zeit. Am liebsten hätten sie gewissermaßen ihr Souper im Bett serviert.

Nichts tut sich. Wir arbeiten schon zwanzig Minuten und ändern nun unsern Standort. Wir waten behutsam heraus und schleichen uns auf dem Wiesenufer entlang bis zum Ende des Gumpens. Dort zeigt uns mitten in der Strömung ein gewaltiger Schwall, daß sich ein Fisch auf der Jagd befindet. Vielleicht sind es auch mehrere. Hier ist es kaum tiefer als sechzig Zentimeter, aber zum Glück ist die Nacht dunkel und unser Vorfach fast unsichtbar. Wir waten sehr behutsam etwa drei Schritte hinein und machen den ersten Wurf. Die Fliege setzt auf, treibt, sinkt, und schon zuckt es in der Schnur, die wir in der Linken halten. Unverzüglich ziehen wir sie an und schwippen die Rutenspitze hoch. Die Rute verbeugt sich tief, und wir haben das herrliche Gefühl, in einem guten Fisch fest zu sein. Die Meerforelle jagt davon wie ein aufgescheuchter Hase, und es dauert ein paar Minuten, ehe wir sie im flachen Wasser ermüdet auf der Seite liegen haben. Wir lassen nach der Landung den Auslauf des Gumpens eine Zigarettenlänge zur Ruhe kommen und versuchen es dann noch einmal, haben aber kein Glück mehr.

Da es jetzt 23.30 Uhr ist, wollen wir die Tiefen unter dem Gegenufer befischen. Die *Invicta* wird gegen eine *Magpie Scad*, Größe 8, ausgewechselt. Die fetten, grünen Flügel und der Federfiberleib geben eine starke Silhouette, wie wir sie für das tiefe Wasser brauchen. Wir gehen wieder zum Einlauf, waten etwa dreißig Meter am flachen Ufer herunter und beginnen dann, so langsam und so tief wie möglich zu fischen. Indem wir die Schnur nach dem Stromaufwurf zweimal korrigieren, lassen wir die Fliege fast auf dem Grund herumkommen. Es dauert nicht lange, da spüren wir ein erregendes Zupfen in der Rutenspitze und setzen den Anhieb. Ein heftiger Ruck zeigt an, daß der Fisch getroffen ist, abdreht und das Vorfach mit dem Schwanz erwischt hat. Die Rute ist zum Halbkreis gebogen, und da haben wir ihn!

Ein paar Minuten lang hieße es besser: er hat uns. Die lose Schnur hat er schon durch die Ringe gezogen, und nun nimmt er sich von der Rolle, was er braucht. Immer wieder verneigt sich die Rute vor ihm, und die Rolle gibt ihm unterwürfig nach. Jetzt schäumt die Meerforelle fünfzig Schritt abwärts im weiten Bogen dahin und springt dreimal hoch aus dem Wasser.

In diesem Gumpen drillt es sich am besten vom Ufer aus. So halten wir bei leichter Fühlung die Rute hoch und arbeiten uns mit der freien Hand im weichen Uferrasen hinauf. Der Fisch ist jetzt in den Auslauf geschossen, und wir eilen hinunter, während wir die Schnur aufrollen. Jetzt übernehmen wir die Führung. Wir „pumpen" den Gegner heran, lassen ihn aber wieder abziehen, wenn er unbedingt will. Immerhin dauert es noch zehn Minuten, bis er ermattet am Ufer liegt.

Viele Meerforellen werden jede Saison mit Spinngerät gefangen, d. h. mit Schnur von 2 kg Tragkraft, einer Stationärrolle und einer 210 bis 280 cm langen leichten Spinnrute aus Glasfiber oder gespließtem Bambus. 5 cm lange natürliche oder künstliche Elritzen, kleine rotierende Löffel, Blinker und Devons sind die beliebtesten Spinnköder.

Das Spinnen

Frisch aufgestiegene Meerforellen haben weiche Lippen. Autoren, die behaupten, sie hätten harte Mäuler, haben offenbar nur mit Fischen zu tun gehabt, die schon längere Zeit im Süßwasser waren, wo ihre Maulknorpel sehr schnell verhärten. Tatsächlich hat ein großer Fisch, der einige Zeit dort ist, auch ein Maul wie Eisen und entsprechende Zähne. Solche Meerforellen werden selten am Spinner gefangen, weil sie zumeist nur im Finstern nach Nahrung suchen.

An dieser Stelle sei es dem Bearbeiter der 4. und 5. Auflage – mit einer gehörigen Reverenz an den Herausgeber Colin Willock – erlaubt, auf norddeutsche Verhältnisse einzugehen. Ein vom Zeitaufwand vergleichbares Fischen von zwei Anglern mit der Fliege und mit dem Blinker über den Zeitraum mehrerer Jahre hat ergeben, daß beide Angler etwa die gleiche Anzahl Fische landen konnten. Was nun allerdings das Gewicht der Beute betraf, so ergaben sich erhebliche Unterschiede. Das Durchschnittsgewicht der gefangenen Meerforellen lag beim Fliegenfischer bei 2 kg, beim Spinnfischer bei 5 kg. Die großen Meerforellen fing der Spinnangler durch die Bank mit einem 6 Gramm schweren Blinker in den Farben silber/kupfer an 0,35 mm Schnur. Dieser Blinker wird nach relativ kurzen Würfen (bis 10 m) sehr langsam eingeholt (Zeitlupentempo). Was die Strömung an Spiel nicht fertigbringt, muß der Angler mit der Rutenspitze besorgen. Das kleine Eisen saß immer vorn im Maul, der Angler konnte alle gehakten Fische (mit Kiemengriff) landen. Drillzeit im Durchschnitt 15 Minuten. Fangmonate: Mai bis August; Tageszeiten: 70 Prozent gegen Abend (1 Exemplar nachts), 15 Prozent morgens und 15 Prozent mittags. Fazit: Der „Blechfischer“ mit einer Nase für Meerforellen hat gute Chancen, sich mit kapitalen Exemplaren anzulegen.

Eine natürliche, konservierte Elritze ist besser als eine künstliche, weil sie wie richtige Nahrung aussieht und riecht. Meerforellen neigen dazu, neben dem treibenden oder gezogenen Köder herzuschwimmen und erst einmal einen kleinen Versuchsbiß zu wagen. Ist der Köder biegsam und „ölig“, werden sie zu einem entschlosseneren Angriff ermutigt. Auf künstliche Köder beißen sie natürlich nur einmal, und wenn der Anhieb fehlschlägt oder der Haken nicht richtig faßt, jagen sie davon, für den Rest des Tages, vielleicht auch für länger, vergrämt.

Das Spinnen empfiehlt sich besonders in den Flußmündungen, wenn die Strecke einigermaßen frei von Meeralgen ist. Der künstliche „Glasaal" aus weichem Leder ist sehr wirksam, besonders wenn man ihm seine natürliche Farbe läßt. Sandaale oder Fischchen aus Gummi und Wattwürmer aus Plastik sind auch ganz gut. Wir werfen sie querabwärts und bewegen sie hebend und senkend.

Der treibende Wurm

Der treibende oder „rollende" Wurm ist genauso verführerisch für die Meerforelle wie für den Lachs. Ein einzelner Wurm am Stewartsystem, mit einem kleinen Laufblei beschwert, ist am besten. Die Technik, ihn zu fischen, ist dieselbe wie für den Lachs, das Geschirr natürlich schwächer.

In vielen Flüssen wird leider auch mit dem Wurm „stationär", das heißt auf dem Grund ruhend, geangelt, zumal bei Hochwasser. Obwohl diese Methode den Korb füllen kann, ist sie kein sportliches Fischen, weil der Köder meist geschluckt wird und jeder Fisch, der ihn genommen hat – von der kleinen Forelle bis zum Lachs-Smolt – getötet werden muß.

Das Fischen auf die Meerforelle in Seen

Das Angeln auf die Meerforelle in Seen unterscheidet sich erheblich von dem in Flüssen. Hier wissen wir, wo wir sie suchen müssen, in stehenden Gewässern ist das nicht so. Ein See ohne besonders charakteristische Konturen kann für den Angler sehr deprimierend wirken, der stundenlang versucht hat, mit einer Meerforelle in Berührung zu kommen, und dem das nicht gelungen ist. Im Laufe eines Tages kann er nur einen begrenzten Bereich befischen. Da ist es wichtig, die richtigen Stellen zu treffen.

Es gibt verschiedene Arten von stehenden Gewässern, in denen sich Meerforellen aufhalten. Da ist zum Beispiel der See an der Küste, der mit jeder Flut vom Salzwasser erreicht wird. In einen andern dringt sie nur bei Hochfluten ein; und wiederum andere sind Binnenseen, die nur durch einen Fluß mit dem Meer in Verbindung stehen, den die Fische hinaufsteigen.

Gewöhnlich kommen die Meerforellen rudelweise. Am Anfang bersten sie vor Energie, sie durchkreuzen das Wasser, besonders wenn es klein ist, aber nach kurzer Zeit – schon nach einem halben Tag – lassen sie sich sozusagen nieder, und zwar an den schon immer benutzten Stellen.

Eine solche typische Stelle kann an der Spitze oder Flanke einer felsigen Geländerippe liegen.

Die übliche Methode, auf Seen zu angeln, ist das Treibenlassen in einem Ruderboot, wobei wir unsre Naßfliege dem Boot vorauswerfen und sie einholen. Ein Mangel dieses Verfahrens ist, daß es dem Angler oft schwerfällt, seine Fliegen auf hinreichende Tiefe zu bringen, besonders wenn das Boot schnell treibt. Manchmal steigen die Fische zwar gern bis zur Oberfläche, dann wiederum nehmen sie die Fliege nur in der Tiefe. Eine Lösung bietet der Treibanker, den man am besten in der Mitte des Bootes heraushängt. Wenn der Angler die Fliege außerdem zur Seite wirft, ist es möglich, sie tiefer absinken zu lassen. Vorsicht, wenn ein Begleiter im Boot ist! Der Rückwurf könnte ihn treffen und haken.

Wie gesagt, ist die Tiefe, in der wir die Fliege führen, hier äußerst wichtig. Erstaunlich viele Angler scheinen ihre Taktik nie zu variieren, aber ich bin überzeugt, daß gerade die Variation zwischen flach und tief sehr viel ausmacht, ob man etwas fängt oder nicht.

Jede Fliegenrute von 270 bis 330 cm ist für das Angeln vom Boot aus geeignet. Längere Ruten bieten den Vorteil, daß man den oberen Springer auf den Wellenkämmen tanzen läßt, ein sehr wirksames Mittel besonders an windigen Tagen.

Hierbei bevorzuge ich Fliegen mit Flügeln. Ihre Größe hängt von den örtlichen Verhältnissen ab. Muster an Haken Nr. 12 bis 8 eignen sich wohl für die meisten Seen. Form und Farbe sind Geschmacksache, aber es ist immer gut, ein wenig Rot daran zu haben. Fliegen mit Flügeln aus Federn der Krickente, gelbem oder grünem Seidenkörper, einem roten Büschel am Schwänzchen aus wolligen oder fluoreszierenden Seidenfibern, sind die gängigsten Muster.

Manche führen ihre Fliegen verhältnismäßig schnell, aber das richtet sich nach der Oberflächenbewegung. Es ist gut bei kräftigem Wellengang. Bei schwach gekräuseltem Spiegel ziehe man sie langsam und gleichmäßig.

Im Meer

Einige Aussichten Meerforellen zu fangen hat man in Deutschland am Strand der Ostsee. Die Fische bevorzugen Strände oder Steilküsten, vor denen das Wasser 1–3 m tief ist über steinigem pflanzenreichen Grund. Ein Angelplatz ist um so aussichtsreicher je steiniger der Untergrund und je mehr mit Braunalgen und Blasentang bewachsen. Liegt eine Flußmündung in der Nähe, um so besser, da die Fische sich selten weit von ihrem Heimatfluß entfernen. Tagsüber, insbesondere an hellen, klaren Tagen, stehen die Forellen im allgemeinen tiefer als bei Bewölkung oder während der Morgen- und Abenddämmerung.

Die erforderlichen Weitwürfe, auch bei Gegenwind, verlangen Zweihandruten von 2,40 bis 2,70 m Länge mit weicher Spitze. Schnurstärke 0,30–0,40 mm. Zum Spinnfischen eignen sich lange, schlanke eigenschwere Köder (15–30 g). Sie müssen im Meer verhältnismäßig schnell geführt werden. Die Meerforelle verschmäht häufig auch im Küstengewässer die Fliege nicht. Darum sollte man stets auch beim Spinnfischen im Meer 50–60 cm vor dem Blinker eine Springerfliege anknüpfen. Heringsfilets, Sprotten und ungekochte Garnelen sind beliebte Naturköder. An der Schwimmangel werden sie im Ober- bis Mittelwasser angeboten, bei 2,50 m Wassertiefe günstigste Tiefeneinstellung 1,50 m. Das sensible Floß sei schlank mit langer Antenne. Vorfachstärke 0,25 mm. Die Spitze des Goldhakens Gr. 3–5 darf kräftig aus dem Köder herausschauen.

Das Tippen

Große Fliegen hat man für Meerforellen auf Seen entworfen, die von ihren begeisterten Erfindern zum Beispiel „Spatzi" oder „Kolibri" genannt werden. Mit ihnen wird getippt. Dabei weht die Fliege vor dem Winde an einer leichten Schnur und küpft auf den Wellen. Um sie auffälliger zu machen und den Haken besser fassen zu lassen, hat man auch recht erfolgreiche Tippfliegen am Röhrchen gebunden und mit einem Drilling armiert.

Stehen Meerforellen in Wassertiefen um zwei Meter, so bedarf es schon eines ganz hübschen Brockens, sie heraufzulocken.

Manche halten das Tippen für eine monotone Beschäftigung, doch hat es einen erheblichen Vorteil: der Angler sieht den steigenden Fisch. Das ist mächtig aufregend, und zwar so sehr, daß es schwer ist, sich in der Gewalt zu haben und nicht zu früh anzuschlagen.

Allgemeines

Die britische Rekordmeerforelle war ein Fisch aus dem Frome in Somerset. Sie wog 10,21 kg. Die Meerforelle wird durchschnittlich 40–60 cm lang.

Auch in Flüssen werden Meerforellen praktisch nur im Norden der Bundesrepublik Deutschland gelandet, glücklicherweise sogar in wieder steigender Zahl. Vor allem die Treene im nördlichen Schleswig-Holstein ließ mit schweren Meerforellen aufhorchen. Aber auch aus der Arlau, aus der Stör und Bramau, um nur einige Flüsse aus dem Land zwischen den Meeren (Schleswig-Holstein) zu nennen, gingen Meldungen über gute Meerforellenfänge ein. Das Aufkommen dieses begehrten Fisches in Norddeutschland ist eine Folge unermüdlicher Besatzmaßnahmen, die leider längst noch nicht überall Früchte tragen. Der Rekordfisch von 10 kg wurde 1980 in der Ostsee gefangen.

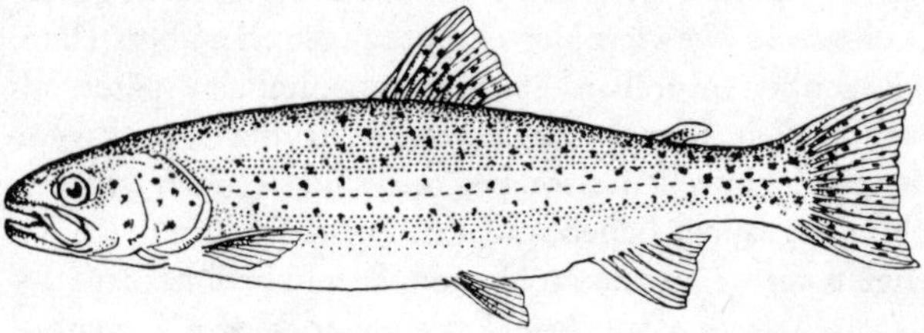

Regenbogenforelle

Die Regenbogenforelle *(Salmo gairdneri)* ist ein schöner Fisch mit einem dunkelbläulich-grünen Rücken. Ihre Flanken schimmern rosa, und am ganzen Körper, besonders auf der Schwanzflosse, ist sie von kleinen schwarzen Punkten übersät. Um Regenbogenforellen hat man sich schon gestritten, seitdem sie eingeführt wurden, und das ist über 75 Jahre her. Noch heute sind die Meinungen darüber geteilt, ob sie ein wünschenswerter Besatzfisch ist oder nicht. Es gibt eine ganze Menge Vorurteile gegen sie. Viele Gewässer der Bundesrepublik hat sich die Regenbogenforelle sozusagen im Sturm erobert, und die Mehrzahl der deutschen Angler verdankt einzig und allein der Regenborgenforelle ihre Erfahrungen mit Salmoniden an der Angelschnur. Das hat bei uns wesentlich dazu beigetragen, Vorurteile gegen diesen kämpferischen Fisch abzubauen.

Wie soll man diesen Fisch beschreiben? Das ist nicht ganz leicht, denn das einfache Wort Regenbogen betrifft verschiedene darunter fallende Arten. Diese unterscheiden sich besonders dadurch, daß die eine Gruppe standorttreu ist, die andere zum Abwandern neigt.

Es gibt drei Arten von nordamerikanischen Forellen, die wir mit Regenbogen bezeichnen können. Es sind die Stahlkopfforelle, ein sehr wanderlustiger Fisch, zweitens die eigentliche Salmo gairdneri (früher irideus), gewöhnlich standorttreu, und die Shasta Rainbow. Soweit bekannt ist, sind Stahlkopfforellen, die aus dem Meer kommen, niemals in britischen Flüssen aufgestiegen. Das gilt auch für Gewässer, in denen Salmo gairdneri heimisch ist.

Der Wert der Regenbogenforelle, sagt man, liege in ihrem schnellen Wachstum, ihrer Bereitschaft, die Fliege zu nehmen, und in ihrer Kampfkraft. Gegner der Regenbogenforelle weisen darauf hin, daß sie in manchen Gewässern nicht gedeihen will und der Bestand eines Tages verschwunden ist. Beide Mängel lassen sich wohl auf ihren starken Wandertrieb zurückführen.

Sie hat weitere nützliche Eigenschaften. Sie erträgt wärmeres Wasser als die Bachforelle und wird selbst an heißen Sommertagen noch gern auf Nahrungssuche gehen. Auch kann sie gewisse Verschmutzungen eher überstehen.

Regenbogenforellen laichen gewöhnlich später als Bachforellen. Manche sogar erst im Frühjahr, und wenn die übliche Forellensaison beginnt, sind sie, auch wenn sie schon abgelaicht haben, nicht in Form. So lohnt sich das Angeln auf sie erst im Hochsommer und Frühherbst.

Das bisweilen spurlose Verschwinden von Regenbogenforellen-Besatz macht den Gewässerwarten immer wieder Kopfzerbrechen. Auch die Einführung der Shasta-Regenbogenforelle hat zu wenigen dauernden Erfolgen bei der Standorttreue geführt. Es bedarf noch intensiver Forschung, ehe es sich sagen läßt, ob die Unbeständigkeit des Fisches an den mangelnden Laichplätzen, seinem Wandertrieb oder dem Nahrungsangebot liegt. Vielleicht wirken alle drei Faktoren zusammen.

T. C. Ivens erzählt, daß Shasta-Regenbogen in einer Talsperre so schnell wuchsen, daß ein nur dreisömmriger Fisch bereits über 1,5 kg wog. Solch ein Wachstum hängt freilich vom Nahrungsangebot ab. Eine Allerweltsformel für Angler, die wissen möchten, ob ihr Gewässer für Regenbogen geeignet ist, scheint es nicht zu geben. Man muß es ausprobieren. Alkalische Gewässer mit reicher Nahrung dürften einen Versuch lohnen. Durchschnittlich wird die Regenbogenforelle 30–50 cm groß.

Fliegen

Regenbogenforellen werden im allgemeinen an den gleichen Typen und Mustern von Fliegen gefangen, wie wir sie für die Bachforelle verwenden. Indessen scheinen sie oft gieriger als diese zu sein, steigen intensiv und kräftig, was ihnen bei einigen Snobs die Geringschätzung eingetragen hat, sie seien zu leicht zu fangen.

Das impulsive Steigen bedeutet, daß metallisch glänzende Fliegen, die recht rasch gezogen werden, auch dann erfolgreich sind, wenn wenig Insektenkost auf dem Wasser ist, nicht zuletzt bei sonnigem Wetter. Auch steigt die Regenbogen ein paarmal nach derselben Fliege, wenn der Anhieb nicht gleich gesessen hat. Ich empfehle hier ein Fliegenmuster, ein glänzendes, das auch glänzende Erfolge hat: *Körper:* flacher Golddraht von Hakenbiegung bis Schulter. *Flügel:* Fibern aus dem Auge einer Pfauenfeder. *Hecheln:* weiche Hennen, hellblau gefärbt und sehr spärlich. Schweifgrannen aus einem Goldfasanenschopf. *Haken:* Nr. 8, 10 und 12. Diese Fliege sollte man langsam und gleichmäßig durch die obere Wasserschicht ziehen. Die Forelle hält sie vermutlich für ein kleines Fischchen oder einen Käfer.

Gerät

Das für die Bachforelle empfohlene Gerät eignet sich auch hier. Befischt man größere Seen, ist eine Rute von 285 bis 290 cm mit einer Schwimmschnur Nr. 7 und verjüngtem Vorfach bis zu 2 kg Tragkraft angemessen.

Angelmethoden

Man sollte auf Regenbogenforellen vorwiegend mit der Fliege fischen. In der Bundesrepublik werden viele Regenbogenforellen mit der Spinnangel gefangen, und gerade die kapitalen Fische nehmen den Spinner, Blinker, Wobbler oder den Gummifisch. Der Drill einer guten Regenbogenforelle an der angemessen zusammengesetzten Spinnangel ist von großem Reiz. Oft stürzen sie sich mit einem wilden Sprung auf die Fliege, und am Haken sind sie fast so lebhaft wie die Meerforelle, springen wiederholt in die Luft, rasen davon, wechseln ständig die Fluchtrichtung und versuchen schließlich, in der Tiefe zu verschwinden.

Anfänger, die eine Regenbogenforelle gehakt haben, stehen oft wie betäubt, weil der Fisch gern blitzschnell auf den Angler zuschießt und er völlig die Fühlung mit ihm verliert. Da hilft nur rasches Einholen der Schnur, bis der Kontakt wieder hergestellt ist.

Der Fang in stehenden Gewässern

In Seen, in denen es sowohl Regenbogen- wie Bachforellen gibt, fängt man beide auf die gleiche Weise. Indessen scheinen gewisse Gebiete oder Regionen der einen oder der anderen Art mehr zu liegen. Ihre natürliche Nahrung ist wohl die gleiche. An heißen Tagen, wenn Bachforellen sich wenig rühren, fängt man wahrscheinlich eher Regenbogen. Diese, glaube ich, lassen sich auch aus größeren Tiefen herauflocken. Warme, windige Tage mit starker Sonne, die durch Wolken verschleiert ist, sind besonders günstig.

Vernünftig klingende Argumente werden oft vorgebracht, man solle *mit* dem Wind werfen und fischen; nicht minder gut begründete Argumente gibt es aber auch für die entgegengesetzte Richtung. Den Wind im Rücken zu haben, ist natürlich bequemer, aber diese Bequemlichkeit steht oft im Widerspruch zu der Beißlust der Fische. So fand einmal ein Wettfischen am Uskstaubecken statt, wo über hundert Angler um die Flugangelmeisterschaft von Wales stritten. An dem Tage herrschte starker Südwestwind und Regen, und trotz des bedeutenden Ereignisses und der lockenden Siegerehren hatten es sich die meisten Angler bequem gemacht und von den Lee-Ufern aus geworfen, d. h., sie standen mit dem Rücken zum Wind. Es wurden sehr wenige Fische gefangen, nur ein Dutzend kam zur Waage. Ich fragte den Gewässeraufseher, der am See wohnt, wo denn die Fische seiner Meinung nach gebissen hätten. Er wies auf eine Strecke auf der gegenüberliegenden Wetterseite, wo kräftiger Wellengang und ausgedehnte Krautbetten waren.

Das Fischen auf Seen kann unerfreulich und anstrengend sein, und es ist verständlich, wenn die Angler bei schlechtem, stürmischem Wetter die geschützteren Stellen aufsuchen. Doch heißt es sich entscheiden, ob das Ziel der Anstrengungen ein Korb voll Forellen oder bloß ein Tag an der frischen Luft ist. Fische, die nach Nahrung suchen, kümmern sich eben nicht um die Bequemlichkeit des Anglers.

Wenn der Wellengang so stark ist, daß das Wasser in Ufernähe trüb wird, so ist das günstig, und oft fängt man große Exemplare, die das Geschirr im angetrübten Wasser weniger leicht sehen und zuschnappen, wenn die Fliege aus der klaren Zone kommend in der angetrübten zu verschwinden droht. Man wirft am besten schräg gegen den Wind und läßt die Schnur im großen Bogen herantreiben.

Allgemeines

Die Regenbogenforelle ist von allen in Mitteleuropa eingeführten fremden Fischen der erfolgreichste gewesen und geblieben. Viele unsrer Flüsse sind heute in einem Zustand ziemlicher Verschmutzung durch Detergentien. Sie verbreiten sich auf der Oberfläche, und ihre Wirkung besteht darin, daß sie die Aufnahme von Sauerstoff aus der Luft im Wasser verhindern. Es genügen 9,4 Teile auf eine Million Einheiten oberflächenaktiven Wassers, um Bachforellen zu töten. Regenbogenforellen scheinen widerstandsfähiger zu sein. Besonderes Aufsehen erregte vor ein paar Jahren der Fang einer fast siebenpfündigen Regenbogenforelle aus dem Hamburger Hafen. An vielen

Flüssen wurde die Erfahrung gemacht, daß schon schwache Verschmutzung den Bachforellen mehr schadet als den Regenbogen. Und das gilt vermutlich für viele andere Flüsse. Wenn das Problem der Abwanderung gelöst werden sollte, so könnte die Regenbogenforelle in Zukunft weitere Angelstrecken aufbessern, wo schon seit langem der Fang von Bachforellen zurückgegangen ist.

Besonders erfolgreich war die Einführung von Regenbogen in Neuseeland. Auf der südlichen Insel beherbergt der Alexandrina-See hervorragende Exemplare, von denen es heißt, sie seien Nachkommen der auf der Nordinsel eingesetzten Stahlkopfforellen aus dem Taupo-See. Die Weltrekord-Regenbogenforelle war ein Fisch von fast 17 kg aus dem Pend d'Oreille See, Idaho, USA.

Daneben nimmt sich die deutsche Rekord-Regenbogenforelle vergleichsweise klein aus. Sie wog 9 kg und kam aus dem Biggesee. Auch der österreichische Spitzenfisch hatte 9 kg.

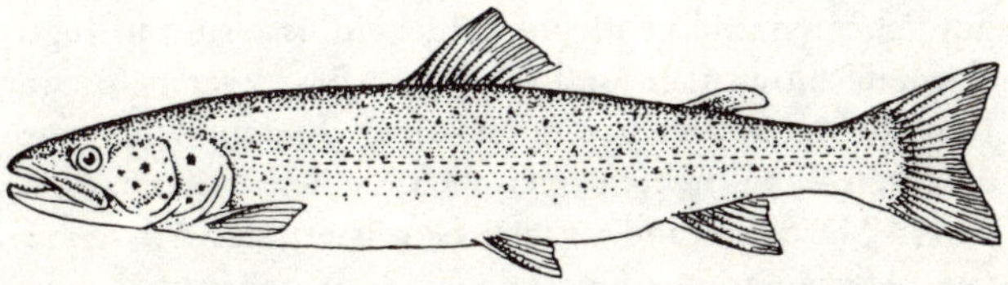

Huchen

Der Huchen *(Hucho hucho)* wird auch Donaulachs genannt. Dieser Name und sein Aussehen unterstreicht die Verwandtschaft mit den anderen Fischen der Lachssippe. Erfreulicherweise hören wir alle Jahre in den Wintermonaten von einigen guten Huchenfängen. Dieser begehrte Fisch kommt in Deutschland in der Donau und ihren alpinen Nebenflüssen vor. Bei aller Geheimhaltung erreichen uns Jahr für Jahr ganz beachtliche Fangmeldungen aus dem Nachbarland Österreich. Hier nimmt die Drau als Fanggewässer einen hervorragenden Rang ein. Die Schar der Huchenspezialisten ist klein, man kennt sich zumindest dem Namen nach. Zum Nimbus des Huchenfangs hat einmal die Größe dieses Fisches beigetragen, außerdem die ungewöhnliche winterliche Fangzeit, gesteigert durch die abendliche Stunde, in der viele Huchen gehakt werden. Zwar lassen die Meldungen über große Huchenfänge aufhorchen, aber wer sich näher mit den Methoden des Huchenfangs beschäftigt, wird feststellen, daß dieser Job ebenso schön wie hart ist und besonders viel Geduld und Ausdauer erfordert. Wer sich umfassend informieren möchte, dem sei das Büchlein „So fängt man Huchen“ von H. Wendtland, Verlag Paul Parey, Hamburg und Berlin, empfohlen.

Aussehen

Verglichen mit den anderen Salmoniden hat der Huchen den geringsten „Tiefgang“, er ist fast drehrund, hat sehr kleine Schuppen, kräftige Flossen und noch kräftigere Kiefer. Der männliche Huchen hat – zumal in der Laichzeit – herrlichen Kupferglanz, der weibliche schimmert silbergrün. Sein Rücken ist braun, im Alter violett, zu den bläulichen Flanken in einen silbergrauen Leib übergehend. Er hat keine roten, sondern nur schwärzliche Tupfen und dunkle Flecke, die zum Schwanz hin mondförmig aussehen.

Vorkommen

Der Huchen braucht Wasser mit hohem Sauerstoffgehalt, mäßige bis scharfe Strömungen der unteren Äschenregion und oberen Barbenregion. Er laicht paarweise in der Zeit von Mitte März bis Ende April. Die besten und staatlich gut gehegten und gepflegten Huchenflüsse sind in Jugoslawien, Slowenien und Ungarn. Besatzversuche mit Junghuchen waren häufig umsonst. Erstaunlicherweise glückten sie in nichteuropäischen Gebieten zuerst, nämlich in Marokko, und zwar in Gewässern des Atlasgebirges. Allerdings werden sie, wie man neuerdings hört, wegen der höheren Wassertemperatur dort nicht laichreif. Es gibt also keine natürliche Vermehrung, und der Bestand muß ausschließlich durch Nachbesatz aufrechterhalten werden. Ebenfalls steht das Ergebnis der Versuche in Frankreich, Belgien und in der Schweiz noch nicht fest. In Polen ist der Huchen mit Erfolg im oberen Weichselgebiet eingebürgert worden. In den schon erwähnten in Deutschland zur Donau fließenden Alpenflüssen ist der früher reiche Huchenbestand vor allem wegen der Regulierungen zurückgegangen. Der Fisch braucht nämlich tiefe Gumpen, Unterstände und eben strömungsreiches Wasser mit „Profil“; je ungezähmter, um so besser.

Nahrung und Jagdgründe

Er lebt vorwiegend von Fischen, meist Nasen und Äschen – in Marokko von Barben, die er freilich auch bei uns nicht verschmäht –, ist aber in kleineren Exemplaren schon mit der künstlichen Fliege gefangen worden. Wie kaum ein andrer Fisch hält er bestimmte Freßzeiten ein, die freilich nicht immer zur gleichen Stunde liegen. Am günstigsten ist aber wohl das Fischen morgens und abends und nachts, wenn der Mond hell genug scheint. Er beißt nur, wenn er Hunger hat. Seine Hauptfangzeit ist der Winter, aber am meisten Appetit hat er nach dem Laichen im Mai. Seine Schonzeit in Bayern dauert vom 15. 2. bis 14. 5. Das Mindestmaß beträgt 70 cm, daher Vorsicht beim etwaigen Gebrauch des Gaffs! Die Durchschnittsgröße beträgt 80–100 cm. Großhuchen begnügen sich im allgemeinen mit einem oder zwei Raubzügen am Tage – oder in der Nacht. Dabei entfernt sich der Räuber oft von seinem Standplatz und jagt in der Strömung, in den Ausläufen und Einläufen der Gumpen.

Gerät und Köder

Zum Huchenangeln brauchen wir eine starke Spinnrute von 210 bis 300 cm Länge, die möglichst wenig Ringe hat, wegen der Vereisung im Winter, und eine steife Spitze, um einen harten Anhieb setzen zu können, der weniger beim Blinkern, aber beim toten Fisch am System nötig ist. Die Rolle muß viel Schnur halten, mindestens 200 m von 0,5 oder 0,6 mm Querschnitt. Ein Stahlvorfach ist nicht erforderlich, allenfalls wenn man in Flüssen fischt, die scharfkantige Felsbrocken und -rippen haben. Oft sind Weitwürfe erforderlich, daher greifen wir zu einer Stationär- oder zu einer Multirolle. Weil der Großhuchen fast ausschließlich von Fischnahrung lebt, stellen wir unsre Köder darauf ein, d. h. wir angeln mit dem toten Fisch am System, mit Spinnern, Blinkern, Wobblern oder dem Neunaugen-Zopf, einem Spezialköder, den die Donaufischer bevorzugen. Für das Angeln mit dem „System" eignen sich am besten große Mühlkoppen, kleine Forellen oder Äschen. Auch kleine Aale sind beliebt. Man kann sie durch Schaumgummi- oder Weichplastikkunstköder ersetzen. Wo ein Huchen in kleineren Äschengewässern großen Schaden tut, ist auch der lebende Köderfisch angebracht; sonst beschränke man sich unbedingt auf das sportliche Angeln mit dem toten Fisch am System, den man taumelnd und besonders tief führt. Rotierende Systeme mit „Flügeln" werden nicht empfohlen. Im allgemeinen ist eine Bleibeschwerung nötig (15 bis 25 g). Es wäre sinnlos, hoch zu spinnen. Daher vorwiegend stromauf werfen und mit der Strömung sinken und torkeln lassen. Das gilt auch für die Metall-, Holz- und Plastikköder. Empfehlenswert ist der abgebildete (S. 232) Schaumstofftaucher mit mehreren Schwänzen und einem Bleikern. Solche Taucher lassen sich leicht kleben, nach Belieben mit Punkten und Streifen bemalen oder in verschiedenen

Farben und Tönungen herstellen. Durch den Bleikern sind sie eigenschwer, lassen sich weit werfen und den Strömungen und Wirbeln gut anpassen.

Fangmethoden und Drill

HORST WENDLAND vergleicht Lachs und Huchen und gibt dem Lachs den Preis, was seine Kraft und Ausdauer im Drill, Geschwindigkeit der Fluchten und Vehemenz der Sprünge betrifft. Auch Seeforellen, zumal solche, die in einem Fluß aufgestiegen sind, jagen ungleich heftiger davon als der Huchen, wenn sie gehakt sind. Was aber seinen Fang so erschwert, sind die oft unüberwindlichen und gefährlichen Wasser- und Uferverhältnisse. Die Literatur ist voll von dramatischen und atemberaubenden Schilderungen solcher Kämpfe.

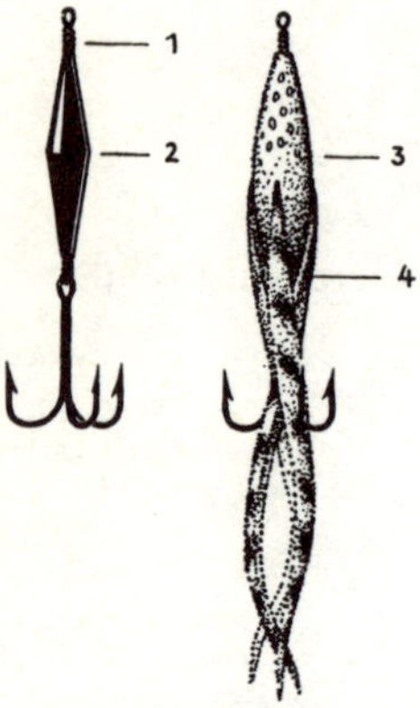

Schaumstofftaucher 1 Klaviersaitendraht 0,3 mm, 2 Bleikern, 3 Bleikern beklebt mit Schaumstoff, 4 Schaumstoffschwänzchen, gemustert (mit farbigem Filzstift)

Es ist schon erwähnt worden, daß der große Huchen nur beißt, wenn er auf Raub steht. Oft hat der Angler mehr Erfolg, der abwarten kann und den Fluß beobachtet, ob er einen Huchen jagen sieht, als ein anderer, der pausenlos seinen Blinker oder Spinnfisch auswirft. Das ist ähnlich wie beim Rapfenfischen (S. 128) und erinnert auch an die Pirsch auf steigende Forellen. Ist der Wasserstand nicht zu hoch und das Wasser klar und hat man ein Gespür dafür, wo sich Huchen aufhalten, so ist es nicht selten möglich, aus Fluchtbewegungen von Futterfischen zu schließen, daß ein roter Räuber ihnen nachjagt. Darin unterscheidet sich der Huchen vom Hecht: er verfolgt seine Beute oft über weite Strecken, bis er sie hat, und – bis wir ihn haben.

Angelgelegenheiten

WENDLAND schließt sein Büchlein mit einer eingehenden Darstellung der Möglichkeiten, die für den deutschen Angler bestehen, der passioniert genug ist, zum Huchenfang in die südöstlichen Donauländer zu fahren. Es werden eine Reihe von Fließgewässern in Kärnten, Tirol, Oberösterreich und Niederösterreich aufgezählt und spezielle Hinweise für die sehr lohnenden Huchenstrecken in der Slowakei und in Jugoslawien gegeben. Wer die Mühen und Kosten nicht scheut, kann auf den Spuren des Altmeisters Dr. HEINTZ wandeln – oder besser: kraxeln und heute vermutlich mehr Erfolg haben als dieser damals auf seinen Expeditionen in die Stromgebiete der Narenta und Drina.

Allgemeines

Der absolute Rekord war der 1892 in der Donau bei Wien tot am Ufer gefundene Huchen von 51 kg Gewicht. In Deutschland sind nach 1945 allein im Lech Huchen von

25, 24, 23,5 und 23 kg von Sportanglern gefangen worden. Die besten Huchengewässer der Welt haben Österreich und Jugoslawien. Jahr für Jahr werden an den berühmten österreichischen Flüssen, allen voran die Drau, Huchen von 20 kg und mehr gefangen. 32 kg wog der Rekordfisch, der im Januar 1976 mit dem „Zopf“ aus der Drau gefischt wurde.

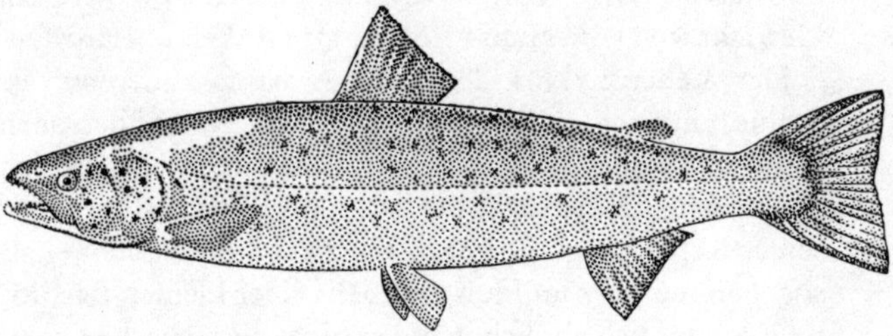

Lachs

Noch immer wird der Lachs von uns Anglern als König der Fische angesehen, erst recht, weil er in der Bundesrepublik Deutschland heute nur noch in einzelnen Exemplaren vorkommt. Dennoch ist bei uns das Interesse an dem Edlen so groß, daß zahlreiche Deutsche alljährlich ins Ausland fahren, um dort auf Lachse zu fischen. Überdies werden bei uns die Gewässer wieder sauberer, und vielleicht nehmen die Lachsbestände doch einmal wieder zu, wie es jetzt schon bei den Meerforellen der Fall ist.

Das nachstehende Kapitel zeigt nun am englischen Beispiel die Möglichkeiten und Techniken für den Lachsfang. Denn manch ein Angler mag im stillen hoffen: Einmal auf den König der Fische Jagd machen.

Es gibt mehrere Lachsarten, aber *Salmo salar*, der atlantische Lachs, ist der einzige, der sich in den englischen Flüssen findet, wenn wir von ein paar verirrten pazifischen Frühjahrslachsen absehen, die aus russischem Besatz nordeuropäischer Flüsse stammen.

Der Lachs *(Salmo salar)* kann verwechselt werden mit einer großen Meerforelle, denn beide Fische haben denselben Silberglanz und natürlich die Fettflosse der Salmonidenfamilie. Dennoch sind sie leicht zu unterscheiden. Die Meerforelle hat den charakteristischen verlängerten Oberkieferbogen (Maulspalte) der Forellen, der noch über das Auge hinausreicht; während dieser Bogen beim Lachs nur bis zum Auge geht. Außerdem hat der Lachs nur etwa zehn Schuppen zwischen Rückenflosse und Seitenlinie, die Meerforelle dagegen sechzehn. Die Schwanzwurzel ist bei der Meerforelle dicker, die Schwanzflosse gerade, beim Lachs eingebuchtet.

Den atlantischen Lachs hat man den größten Süßwasserfisch der Welt genannt. Das stimmt nur bedingt, denn er verbringt ja die längere Zeit seines Lebens im Meer und kehrt nur zum Laichen ins Süßwasser zurück. Dann allerdings wird er dort zur höchstgeschätzten Beute des Anglers. Eine Einschränkung hinsichtlich des größten Süßwasserfisches wäre noch zu machen. Er wird an Gewicht weit vom Hausen (Störart) und Wels übertroffen.

Der Lebenszyklus des Lachses ist faszinierend. Er schlüpft in seichten Kiesbänken aus dem Ei, oft hoch oben in den kleinsten Bergbächen. Wochenlang nährt er sich von seinem Dottersack, der wie ein kleiner Ballon unter seiner Kehle hängt. Die nächsten zwei Jahre verlebt er als sogenannter *parr* im Fluß und sieht einer kleinen Bachforelle erstaunlich ähnlich, hätte er nicht die typischen *parr*-Marken, die wie bläuliche Fingerabdrücke auf seinen Flanken aussehen.

Danach ändert sich sein Gewand: es wird silberglänzend. Der Fisch verläßt das Süßwasser und wandert zum Meer. Dann heißt er *smolt.* Im Meer nimmt er mächtig zu, da ihm ein reicher Tisch gedeckt ist; aber seltsamerweise kann kein Mensch sagen, wo er sich dort aufhält; denn nur selten wird er in Schleppnetzen gefangen.

Nach einem, zwei oder drei Jahren kann der Lachs zum Laichen in die Flüsse zurückkehren. Ist er schon nach einem Jahr wieder da, so nennen wir ihn *grilse.*

Die ersten Lachse steigen im Frühling auf und erkämpfen sich mit jeder Regenflut, die herabkommt, ihren Weg und erreichen ihre Laichplätze. Dort gräbt das Weibchen im Winter eine Mulde in den Kies, die Laichgrube. Das geschieht durch Schwanzschläge. Der männliche Lachs drängt sich werbend heran, bis seine Partnerin einen Rogenstrom abgibt, und in die Laichgrube gleiten läßt. Sofort spritzt der Milchner seine „Milch“ darüber. Neuerdings will man entdeckt haben, daß ein kleiner Junglachs den Dritten im Paarungsbunde spielt und ebenfalls eine kleine Samenwolke ausstößt. Es ist erstaunlich, daß so ein *parr* schon vor seiner Meerfahrt geschlechtsreif ist. Es wurde beobachtet, daß ein Teil der männlichen Lachse länger oder sogar dauernd im Süßwasser bleibt. Dort wachsen sie kaum, werden aber trotz ihrer geringen Größe geschlechtsreif. Bei den „Dritten im Bunde“ handelt es sich also wahrscheinlich nicht um junge Lachse, sondern um solche alten „Zwergmännchen".

Die Eiermenge, die der weibliche Lachs deponiert hat, bedeckt er wiederum mit Kies. Hat er all seinen Rogen untergebracht, versucht sich der erschöpfte Fisch wieder zum Meer durchzuschlagen. Er ist gänzlich abgetrieben und wird jetzt *kelt* genannt. Solche Lachse, die von der Hochzeitsreise kommen, zu fangen, ist in England gesetzlich verboten. Ein sehr hoher Prozentsatz von ihnen stirbt, bevor sie das Meer erreicht haben. Nur wenige Überlebende können nach einigen Jahren noch einmal zurückkehren und ein zweites oder gar drittes Mal laichen.

Wo der aufsteigende Lachs in den Flüssen zu finden ist, kann der Angler ziemlich genau sagen. Steigt das Wasser, so steigt auch der Lachs immer höher der Flut entgegen, und während er unterwegs ist, läßt er sich gewöhnlich überhaupt nicht fangen. Aber er muß hin und wieder ausruhen, und diese Ruheplätze in den größeren Gumpen sind es, wo wir ihn vermuten oder auch sehen können. Es sind immer wieder dieselben Strände, wo er sich einstellt. Sie ändern sich höchstens, wenn das Flußbett durch erhebliches Hochwasser verlegt wird. Bei Niedrigwasser drängen sich die Lachse oft in ziemlicher Zahl in den Gumpen zusammen. Dann sind sie aber meist träge und haben kein Interesse an irgendeinem Angebot des Anglers. Der Lachs frißt ja ohnehin kaum im Süßwasser und lebt hier von den Körperreserven, die er sich im Meer angemästet hat. Dennoch kann er einem Reizköder oft nicht widerstehen und schnappt danach. 75 Prozent des Erfolges beim Lachsangeln resultieren daraus, daß man weiß, wo der Fisch steht. Dies gilt besonders für das Frühjahr, wenn gleichmäßig hoher Wasserstand das Erkennen der Einstände erschwert.

Der Lachs liebt Steine und Felsen. Sand und Schlamm meidet er, sie reizen seine Kiemen. In englischen und schottischen Gewässern haben die Unterstände, die er gern in den felsigen Partien aufsucht, Namen, denn sie sind seit Generationen bekannt. Wo sie sich befinden, erfährt man am besten, wenn man mit einem erfahrenen, ortskundigen Lachsangler am Fluß entlanggeht. Findet sich kein solcher Ratgeber, so muß man sich selbst überlegen, wo die Fische stehen könnten. Ein gutes Zeichen sind Felspartien am Ufer, denn sie setzen sich meist unter Wasser fort, wo Höhlen und Löcher ausgewaschen sind. Dort werden sich auch Lachse aufhalten.

Einige Flüsse sind mit Felsbrocken besät, aber nur die

sind interessant, die am Rande tiefer Gumpen oder Tröge liegen, wo der Fisch Deckung findet. Nutzlos wäre es auch, es an langen Gumpen, die keine ausgesprochenen Konturen und womöglich Schlamm- oder Lehmböden haben, zu versuchen. Besondere Aufmerksamkeit dürfen wir jenen Stellen zuwenden, wo Kiesbänke den Strom begrenzen. Dort können Felsen eingebettet sein und in ihrem Rückstau Schutz gewähren.

An vielen Flüssen sind extra für den Lachsangler Buhnen und Stege eingebaut, und dieser muß jenen dankbar sein, die sie oft vor Jahrhunderten angelegt haben. Eine wirkungsvolle Buhne hat meist tiefe Wirbel hinter ihrem Kopf. Oft steht der Lachs aber auch ein Stück aufwärts oder abwärts in den ruhigen Rückläufen.

Die erwähnten Stellen sind dann Standplätze, wenn der Fluß sein normales Frühjahrswasser, aber kein Hochwasser hat. Ist der Stand über normal, so sind die Fische fast überall zu erwarten, besonders aber in den breiten, flachen Ausläufen großer Gumpen.

Gerät

Für das Flugangeln im Frühjahr

Die langen, schweren Ruten des viktorianischen Zeitalters im vorigen Jahrhundert haben heute den kürzeren und leichteren Gerten Platz gemacht. Nur wenige Angler sieht man jetzt noch mit Ruten über 420 cm Länge; viele bevorzugen solche von 360 cm. Diese sind zwar etwas schwach für das Fischen mit der versunkenen Schnur im Frühjahr, doch hängt das auch von der Größe des Flusses und den Watmöglichkeiten ab.

Eine gut gebaute 360-cm-Rute hat den Vorteil, daß wir sie einhändig führen können, sobald unser Handgelenk entsprechend trainiert ist, während die 420-cm-Ruten beide Hände beim Wurf erfordern.

Stahlrohrruten sind kräftig und leistungsfähig. Gespließter Bambus wird am häufigsten verwendet, aber Hohlglas macht beiden, was Preis und Rückgrat betrifft, erhebliche Konkurrenz.

Für das Fischen im Frühjahr brauchen wir eine Schnur, die spezifisch schwerer ist als das Wasser. Das klassische Material von früher: nicht gefettete Seidenschnüre – ist heute von Terylene oder anderen Kunststoffen, von einem „Mantel" umgeben, verdrängt.

Als Rolle empfehlen wir eine normale Trommelrolle mit 10 bis 13 cm Durchmesser, einer kräftigen verstellbaren Bremse und einem Fassungsvermögen der Wurfschnur plus 150 m Hinterschnur, monofile oder geflochtene Fäden von 7 kg Tragkraft. Das Nylonvorfach muß kräftig sein und sich zur Spitze auf 4 kg Tragkraft verjüngen. Manche Angler gehen bis zu 5 und 6 kg Bruchfestigkeit, und das ist auch nicht verkehrt, wenn das Wasser scharf strömt. Das Frühjahr ist nicht die Zeit, mit überfeinem Gerät zu experimentieren.

Wir kommen zu den Fliegen. Die konventionellen Lachsfliegen sind an Einfachhaken Gr. 2/0 und kleiner gebunden; vor Jahren sind die Haarflügelfliegen auf den Markt gekommen und sehr beliebt. Ich ziehe sie den Röhrenfliegen vor. Die früher zum Lachskultus gehörenden schimmernden Kunstwerke, die heute noch die Schaufenster der Gerätehändler zieren, sind nur etwas für den Angler, der seinem Sport eine betont ästhetische Note geben möchte. Diese sehr kompliziert und farbig gebundenen Lachsfliegen sind eine Augenweide, doch zum Fangen von Lachsen sind sie eigentlich überflüssig. Wer es sich leisten kann, bestelle sich einen kleinen Schatz von *Durham Rangers, Jock Scotts* und *Dunkelds* bei einem Berufsfliegenbinder. Vielleicht gerät er einmal in Versuchung, einige davon dem Wasser auszusetzen, den Rest aber wird er, wenn er klug ist, in mottensicheren Schachteln aufbewahren, um sie Freunden zeigen zu können.

Die meisten Lachse werden an selbstgebundenen Fliegen gefangen, hergestellt aus Federn verschiedener Entenarten und Puter, aus Wolle und Pelzhaaren. Diese Gebilde scheinen schmutzig und zerzaust, wenn man sie voll Wasser gesogen in der Hand hält. Aber sie haben eine Tugend, und die heißt: Erfolg.

Spinngerät für das Frühjahr

Kunstköder, wie der Devon, von 7 bis 9,5 cm Länge sind die Standardspinner für das Frühjahr. Eine kräftige Spinnrute (240 bis 270 cm) und eine große Stationärrolle oder Multirolle gehören zur Ausrüstung. Die Wurfschnur (monofil) hat etwa 90 cm vor dem Spinner einen Wirbel, damit sie sich nicht zu stark verdreht. Eine oder zwei durchbohrte Bleikugeln hängen an einem Senker im oberen Ring des Wirbels. Dies Beschwerungssystem verhütet ebenfalls eine Schnurverdrehung und dient noch einem weiteren Zweck. Das Blei meldet uns nämlich, wenn es den Grund berührt. Dann bewegt sich der Spinner einige Zentimeter darüber, und das ist die günstigste Tiefe. Außerdem ist so auch die Gefahr eines Hängers geringer.

Schlanke eigenschwere Blinker, gut laufende Spinner sowie verführerisch wedelnde Wobbler können ebenfalls sehr „lachsig“ sein.

Einige Angler benutzen konservierte Sprotten und andere natürliche Köder, aber ich finde, daß ein kleiner Hering ohne Kopf und Schwanz an einem der üblichen Systeme zum Spinnen mit totem Fisch ebenso wirksam ist.

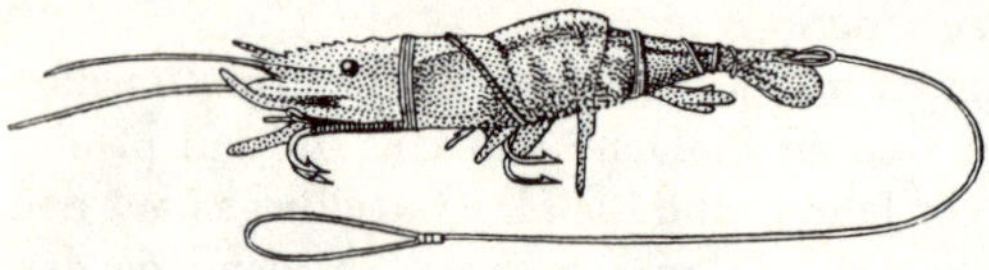

Die Garnele gilt an vielen unsrer Gewässer fast als Schimpfwort; denn man betrachtet sie mit dem gleichen Mißtrauen wie Hanfsamen zum Angeln auf Friedfische. Im Frühjahr sind frische Garnelen kostspielig und schwer zu haben. Konservierte oder künstliche Garnelen sind eine Ersatzlösung, aber der eigentliche Reiz dieses Köders für den Lachs geht dabei verloren: sein verlockender Geruch. Natürliche Garnelen sind fast farblos. Kein Wunder, daß der Lachs zusammenfährt, wenn eine brennendrote künstliche Nachbildung auf ihn zukommt oder an ihm vorbeigleitet. Entweder greift er mit dem Mut der Verzweiflung an, oder er flüchtet in den äußersten Schlupfwinkel des Gumpens. Daher wohl auch der schlechte Ruf, den die Garnele hat. Ist sie aber natürlich und frisch, so ist sie überaus erfolgreich, und ich sehe keinen Grund, sie nicht mit der erforderlichen Zurückhaltung zu benutzen.

Das Angeln mit der Schwimmschnur

Wieder richtet sich die Art der Rute nach dem Charakter des Gewässers. Ein großer schottischer Fluß z. B. erfordert eine 360-cm-Zweihandfliegenwurfrute. Ich selbst führe eine Gerte von 290 cm und komme damit an den meisten bescheideneren Flüssen aus.

Luftblasen enthaltende Schnüre, die an der Oberfläche schwimmen, sind schon erwähnt worden. Auch imprägnierte Schnüre mit höherem spezifischen Gewicht sind geeignet, wenn man sie mit einem Schwimmfett einreibt.

Das Vorfach verjüngt sich auf 3 kg Tragkraft in der Spitze. Gelegentlich scheint auch dies noch zu dick, wenn das Wasser ganz klar ist und die Sonne scheint. Ist der Fluß frei von Hindernissen und das Ufer so, daß man dem abziehenden Fisch folgen und ihn verfolgen kann, dürfen wir mit der Vorfachspitze auf 2 kg Tragkraft heruntergehen. Dies gilt besonders beim Fischen mit der Nymphe.

Seitdem wir das Schwimmschnurflugangeln auf den Lachs haben, legt man großen Wert auf die spärlich gebundenen, leichteren Fliegen. Sie haben dünne Hechelflügel, und ihr Federwerk reicht nicht über die Hakenbiegung hinaus. Eine ganze Serie dieser Art wird im Handel angeboten. Bindematerial gewöhnlich aus Federn der Krick- und Stockente und des Fasans. Viele Angler bevorzugen auch hier Haarschwingen.

Methoden des Lachsangelns

Der Atlantik-Lachs erscheint zu örtlich verschiedenen Zeiten. In einigen Flüssen steigt er in fast jedem Monat des Jahres auf, doch haben die meisten entweder einen *run* im Frühling oder im Herbst. Oft gibt es auch die sog. Sommerfische. Die unablässige Netzfischerei in den Mündungen hat das Frühjahrs- und Sommersteigen der Lachse in den letzten 130 Jahren stark behindert. Viele haben sich auf den Winter umgestellt und laichen auch dann, und die Überlebenden sind schon wieder im Meer, ehe die Saison aufgeht. Werden sie noch gefangen, so sind es *kelts,* und diese müssen zurückgesetzt werden.

„Frühe“ Flüsse, d. h. solche, in denen der Frühlingslachs aufsteigt, sind unschätzbare Kostbarkeiten, denn ein in dieser Jahreszeit aus dem Meer kommender Lachs ist in Hochform. Sommerlachse, obwohl noch geschätzt, sind bald „abgestanden“, und zwar besonders bei Niedrigwasser. Der Herbstlachs, oft der größte Fisch der Saison, zeigt schon das dunkle Laichgewand.

Im Frühjahr fischen wir gewöhnlich mit dem tiefgeführten Spinner oder mit totem Fisch am System und Garnelen. Wo nur die Fliege erlaubt ist, wählen wir dann die Röhrenfliegen, leicht beschwert und mit einem Drilling im Haarschweif. Viele Flüsse haben selten ausreichend Wasser, um selbst im Frühjahr einen Köder, der größer ist als ein 2/0 „Fleischerhaken“, zuzulassen. Aber in großen Gewässern ist eine massive Röhrenfliege schon am Platz.

Sommerfische fangen wir heute an der Schwimmschnur und der dazu passenden Fliege oder am leichten Spinngerät. Manche Angler bevorzugen ein Würmerbündel oder eine kleine Garnele. Auf den Herbstlachs fischen wir je nach Wasserstand. Bei Niedrigwasser mit kleinen Fliegen und Nymphen (vgl. Meerforelle), nach größeren Niederschlägen mit dem im Frühjahr erprobten Gerät.

Da der Lachs keine eigentliche Beißlust wie andere Raubfische, d. h. im Süßwasser keinen Appetit hat, muß er durch sehr differenzierte Methoden zum Biß verleitet werden. Daraus erklärt sich die Vielfalt der hier folgenden Anweisungen, die dem Laien zunächst übertrieben theoretisch erscheinen.

Mit der Fliege auf den Lachs im Frühjahr

Ein Hauptsatz gilt: Schräg stromab, tief und langsam! Der Lachs steht in dieser Jahreszeit ruhig am Grund der tiefen Gumpen und hat kaum Interesse an sich bewegenden Objekten. Die Fliege muß tief geführt werden, d. h. sie muß zu ihm herabkommen und darf auch nicht zu weit von ihm entfernt vorübertreiben.

An wärmeren Tagen, wie wir sie manchmal schon im März haben, kommen die Fische auch in den ruhigeren Randströmungen und Rückläufen nach oben. Daher gewöhne man sich daran, diese Stellen zuerst zu befischen, bevor man den eigentlichen Kolk abwirft.

Die meisten Angler stimmen wohl darin überein, daß ein kleiner Drilling, wie er im Schweif der Röhrenfliegen sitzt, den gehakten Fisch besser hält als die früher üblichen großformatigen „Eisen".

Der eigentliche Fliegenwurf besteht darin, daß wir Schnur, Vorfach und Fliege schrägabwärts unter Berücksichtigung der Strömungsverhältnisse und des Standortes von Angler und Fisch werfen. Die Fliege muß Zeit und Weg genug haben, um dahin sinken zu können, wo der Lachs sie gut sieht.

Einige Angler bewegen ihre treibend sinkende Fliege überhaupt nicht. Unter Umständen kann aber eine am Standort des Fisches angehaltene und ein wenig gezogene Fliege diesen zum Zuschnappen veranlassen, doch sollte man diese Bewegungen nicht übertreiben. Ist das Wasser kalt, so verzichtet der Lachs gern darauf, hinter einer Fliege herzujagen; er hat sie lieber bequem in Reichweite.

Hat man das Gefühl, die Fliege treibt zu flach, so wechsle man und greife zu einer tiefer sinkenden, die in Grundnähe treibt.

Fliegenfischen im Sommer

In der warmen Jahreszeit beschränken wir uns fast ganz auf die sogenannte *greased line*-Methode, die Schwimmschnur. Nur wenn gerade ein Hochwasser abgelaufen und das Wasser noch kühl ist, kann man auch mit der tief versunkenen Schnur wie im Frühjahr angeln. Das Schwimmschnurfischen auf den Lachs basiert auf dem Prinzip aller Flugangelei, daß nämlich eine Kombination von kaltem Wasser und warmer Luft den Fisch dazu veranlaßt sich Fliegen von der Oberfläche zu holen. Kalte Luft dagegen und wärmeres Wasser verlangen wiederum tiefes Führen der Fliege. Warum ein Lachs sich um hochtreibende Fliegen kümmert, oder überhaupt eine Fliege nimmt, ist uns immer noch schleierhaft. Neuerdings scheint es gewisser, daß er auch im Süßwasser dann und wann noch Nahrungstierchen zu sich nimmt, so überzeugt auch meistens das Gegenteil behauptet wird. Freilich ist es eher zu verstehen, wenn ein „frischer" Fisch nach einem großen glänzenden Reizköder, der an ihm vorübergezogen wird, schnappt, als wenn ein im Süßwasser abgestandener Hochzeiter sich wie eine Forelle plötzlich ein kleines künstliches Insekt von der Oberfläche holt. Das Motiv für beide Ereignisse muß verschieden sein. Hier liegt ein weites Feld für Spekulationen und Experimente.

Das Fischen mit der Schwimmschnur läßt sich von allen Methoden wohl am besten kontrollieren. Daher finden es viele Angler so anziehend. Nun zu den typischen Techniken: Die Tiefe, in der die Fliege geführt wird, kann man durch entsprechend leichtere oder schwerere, kleinere oder größere Fliegenmuster variieren und kontrollieren. Das gilt auch für ihre Treibgeschwindigkeit.

Der wichtigste Punkt alles Fischens mit der Schwimmschnur ist dieser: Der Lachs muß großen Spielraum haben, wenn er zupackt. Sonst läßt er wie der Karpfen den Köder wieder fallen. Der Angler darf auf keinen Fall anhauen, wenn er den Schwall des steigenden Fisches sieht. Gibt man dem Lachs ein oder zwei Sekunden Zeit, so wird er sich selbst haken. Ein hastiger Anschlag wird ihm fast mit Sicherheit die Fliege aus dem Maul reißen. Der Lachs im Fluß ist konservativ. Er liebt seinen Standort so sehr, daß er nach jedem Steigen zur Oberfläche sofort umdreht und zurückkehrt. Strafft der Angler erst dann die Schnur, wenn der Fisch abgedreht hat, wird der Haken richtig greifen. Meistens sitzt er im Maulwinkel, und da sitzt er richtig.

Der Wurf gehe beim Schwimmschnurfischen hinüber und ein wenig auf- oder abwärts, je nachdem wie schnell die Strömung zieht. Auf alle Fälle sorge man für hinreichend lose Schnur.

Erfahrene Angler wissen, wann ein Biß zu erwarten ist und wann die Aussichten ungünstig sind. Das hängt z. B. sehr stark von dem Einfallswinkel der Sonnenstrahlen und damit von dem Glänzen des Vorfachs ab, was den Fisch immer erschreckt. Auch Schatten von Schnur und Vorfach, die vergrößert über den Grund wandern, verscheuchen oft mehr Fische, als die Fliege anzieht.

Zu berücksichtigen sind auch Temperaturverhältnisse, die an einigen Flüssen recht schwankend sind. Am Abend wird die Luft plötzlich kühl, und die Schwimmschnur versagt. Dann gehe man zur tiefer versunkenen größeren Fliege über.

Wie wird die Fliege geführt?

Wir brauchen Genauigkeit und Aufmerksamkeit. Zwei Extreme sind zu meiden: das schnelle Zerren und das bloße Treibenlassen. Ein Optimum ist erreicht, wenn unsre Fliege gleichmäßig und sanft dahingleitet. Warum der Lachs eine Fliege bevorzugt, die dicht unter der Oberfläche langsam und gleichmäßig geführt wird, während er bei der tiefer sinkenden Fliege oft lieber die sich schnell bewegende nimmt, ist ein Problem. Vielleicht liegt es an den Wirbeln im Hinterwasser der Fliege, die in Oberflächennähe auffälliger als weiter unten sind.

Die Geschwindigkeit der Fliege im Strom hängt von der Schnurbucht ab, die ihr Treiben bremst oder beschleunigt, je nachdem ob sie stromauf oder stromab liegt.

Solche Schnurbuchten können durch das sog. *mending* hergestellt werden. Man schwippt die Rutenspitze in einem kleinen Halbkreis nach der einen oder anderen Seite, um damit die Schnur vom Wasser abzuheben und zu verlegen. Das gelingt bei einiger Übung auch, ohne daß die Fliege merklich gezerrt wird oder daß die Schnur auf die Oberfläche klatscht. Man sollte dieses „Flicken" oder Korrigieren der Schnur nicht häufiger als notwendig machen, denn selbst die vorsichtige Korrektur bewirkt eine Störung, und plumpes Reißen auf dem gläsernen Spiegel eines ruhigen Gumpens wird jeden Fisch vertreiben.

Sobald die Fliege anfängt, schneller als die Strömung zu ziehen, furcht sie die Oberfläche. Das gleiche geschieht, wenn sie gebremst wird. In beiden Fällen muß der Angler die Lage der Schnur korrigieren.

Das Fischen mit Trockenfliegen

Verhältnismäßig wenige Angler greifen zur Trockenfliege, wenn sie auf Lachs gehen; dennoch ist das Fischen damit ein durchaus geeignetes Verfahren. Freilich steht der Lachs nicht in Lauerstellung wie die Forelle, wenn größere Fliegenschwärme schlüpfen, und selten sieht man einen Lachs steigen, es sei denn, nach einigermaßen großen Insekten.

Daher nimmt man Fliegen des Palmertyps, denn diese ähneln in seinen Augen offenbar Motten, Seggen oder Käfern.

Das Fischen mit der Nymphe

Bei sehr niedrigem Wasser, wenn der Lachs immer träger wird, ist die einzige Methode, ihn zu fangen, oft das Fischen mit einer kleinen (Forellen-)Nymphe. Dabei sollte man folgendes beachten: Erstens, der Schatten von Vorfach und Schnur darf der Nymphe nicht vorauswandern. Zweitens sollte die Nymphe ohne Eigenbewegung ganz langsam treiben, und zwar drittens möglichst in derselben Tiefe, in der ein Lachs steht. Sie braucht ihm allerdings nichts ins Maul zu schwimmen, denn sie wird schon auf einige Meter Entfernung von ihm bemerkt und entgegenkommend aufgeschnappt. Dabei saugt er sie ein, wobei man unbedingt Schnur geben muß, damit er keinen Widerstand spürt.

Natürlich ist es nicht einfach, einen großen Lachs an einem kleinen Forellenhaken müde zu drillen. Auf keinen Fall darf man ihn forcieren. Er muß ständig in Bewegung bleiben und davonziehen, dann wird er sich selbst erschöpfen, und auch ein Forellenhaken tut seine Pflicht.

Das Spinnfischen im Sommer

Viele Angler verwenden, sobald sie auf den Lachs spinnen wollen, die Elritze. Im Frühjahr ist das berechtigt. Im Sommer gilt es als wenig sportlich. Ein strittiger Punkt ist auch die Frage der Schnurstärke. Tragkraft von 3 kg gilt als angemessen, wo die zu erwartenden Lachse nicht kapital sind. Viel hängt natürlich davon ab, ob man dem im Drill wegstürmenden Fisch folgen kann. Wo das nicht geht, nehme man Schnüre von 4 kg Tragkraft, um so mehr, als unsere heutigen Fabrikate bei kleineren Querschnitten reißfester sind als die dickeren vor einigen Jahren.

Als Spinnköder nimmt der Lachs im Sommer außer der Elritze Krabben und kleine Garnelen. Man wirft sie sowohl stromauf wie stromab und fischt in allen Variationen dazwischen, je nach den Verhältnissen.

Ist das Wasser niedrig, so empfiehlt sich der Wurf mit der Elritze stromauf und ziemlich schnelles Einholen. Auch die Krabbe wird verwendet, diese aber schräg abwärts und gegen die Strömung gesponnen, damit ihr den Lachs anziehender Geruch zur Geltung kommt. Auch Makrelen können als Fetzenköder – ein Stück Haut aus Flanke und Rücken geschnitten – erfolgreich sein. Formalinfische nehme man nicht. Der Lachs hat eine empfindliche Nase.

Unter den künstlichen Spinnködern empfehlen wir die auf einer Achse rotierenden Löffel bei Niedrigwasser in den kleinen Größen (2 cm Löffellänge). Ihre Farben sollen nicht zu auffallend sein, die eine Seite dunkelbraun, die andre goldfarben. Bei hohem Frühjahrswasser nehmen wir Silber. Auch Blinker und Wobbler sind gute Lachsköder.

Das „rollende" Wurmbündel

Außer andern frischen Naturködern, wie z. B. Sandaalen, ist das Fischen mit dem Wurmbündel für manche Angler eine todsichere Methode. Es fängt die ganze Saison hindurch, zumal wenn die Fische frisch aufgestiegen sind. Wir verwenden große Tauwürmer an einem Tandemsystem, d. h. an zwei etwa 10 cm übereinander stehenden Einzelhaken Größe Nr. 1–3. Wichtig ist die Bleibeschwerung. Wir setzen durchbohrte Bleikugeln auf die Schnur und stoppen sie etwa 60 cm vor dem Köder durch ein Klemmschrot. Wieviel man nimmt, muß ausprobiert werden. Wirft man quer über einen Lachsgumpen, so läßt man die Angel absinken und achtet darauf, daß die Strömung den Köder herumschwingen läßt. Zuviel Blei verankert ihn am Grunde, zu wenig läßt ihn zu schnell weiterrollen. Dies Verfahren arbeitet am besten auf kiesigem Boden.

Das Bündel besteht aus drei oder vier Tauwürmern, die man am Kopf und Schwanz durchsticht und mit einem kleinen Gummiring zusammenhält. Das Wasser wird systematisch befischt, d. h. der Köder wird Wurf neben Wurf gesetzt und trudelt in Halbkreisen herum.

Nach einiger Übung merkt man, ob eine kleine Forelle an einem Wurm nuckelt oder ob die Schnur zu beben beginnt, weil ein Lachs das ganze Bündel gepackt hat und darauf herumkaut.

Eine kräftige Rute, 240–270 cm lang, aus Bambus oder Glasfiber, eignet sich dafür. Desgleichen eine gute Stationärrolle mit 100 m Monofil von 6 bis 7 kg Tragkraft. Da es vorkommt, daß man den gehakten Fisch in starker Strömung halten muß, hat es keinen Zweck, zu fein zu angeln.

Was immer auch gegen die Wurmangelei auf Lachse gesagt werden kann: wir müssen zugeben, daß diese Methode dort Lachse fängt, wo man ihnen sonst kaum beikommen kann, d. h. in Flüssen, die zu klein und zu stark bewachsen sind, um ein anderes Verfahren zu gestatten. Mit Geschick und Sorgfalt geführt, kann das Wurmbündel Fische erbeuten, die unzugänglich erscheinen.

Drill und Landung

Die Rute kann am besten arbeiten, wenn wir sie richtig halten, d. h. so, daß Rute und Schnur einen Winkel von etwa 90 Grad bilden. Der Angler entwickelt bald das Vermögen der automatischen Beobachtung. Er sieht sozusagen aus dem Augenwinkel Büsche und Bäume am Ufer und erkennt sie als Gefahrenquellen beim Drill des Fisches, Gefahren, weil ihre Wurzeln gewöhnlich ins Wasser reichen und weil sie außerdem den Angler daran hindern, sich am Ufer entlang frei zu bewegen. Auch Zäune und Hecken können im Wege sein. Die meisten Lachse verlassen ungern ihren Gumpen im Drill, besonders wenn das Wasser niedrig ist. Steht es aber überdurchschnittlich hoch, sind auch die Lachse sehr mobil, und sie stürmen oft rascher auf und davon, als man es sich versieht. Deshalb muß der Angler seiner eigenen Bewegungsfreiheit sehr viel Aufmerksamkeit schenken und vorher überlegen, wie er ihnen folgen kann.

Das gelingt an manchen Flüssen eine Meile weit, ohne daß man etwa das Steilufer zu erklettern braucht. An andern Gewässern muß der Angler seinen Fisch von einem erhöhten Punkt aus drillen. Wo es irgend möglich ist, sollte man den Lachs veranlassen, stromauf zu ziehen, damit er gegen Rute und Strömung kämpfen muß. Natürlich gelingt das nicht immer, und mancher Fisch schießt stromab, daß man ihm watend, laufend, stolpernd folgen muß. Wenn er einmal mit dem Strom abgegangen ist und man hat keine Chance mehr, ihn zu unterlaufen, so bleibt oft nur ein Mittel: Man „spaziert“ mit ihm stromauf. Der Angler setzt ihn unter Druck, daß sich die Rute kräftig krümmt, und wandert langsam und entschlossen flußaufwärts. Drei Fische unter vieren werden ihm Schritt für Schritt folgen, ohne sich ernsthaft dagegen zu wehren.

Ein anderes Verhalten, das wir mit „trotzen“ bezeichnen, verschuldet der Angler oft selbst, nämlich dann, wenn er vor dem Fisch Angst hat. Der Lachs stellt sich an der tiefsten Stelle seines Gumpens „auf die Nase“, und nichts scheint ihn davon abzubringen. Der erfahrene Angler läßt es nicht dazu kommen, indem er den Lachs durch ständiges Verändern des Zugwinkels in Bewegung hält.

Das Gaffen ist, wie wir alle wissen, ein blutiges und häßliches Geschäft, und öfter wird es verpfuscht als korrekt vollzogen; deswegen hassen es viele Sportangler. Der beste und sicherste Weg, einen Lachs zu landen, ist, ihn zu stranden. Dabei bleibt man in der Schlußphase möglichst weit vom Fisch entfernt, denn wenn der Angler nicht im Wege ist, wird der Lachs im Flachen zappeln, sich über den Kies schnellen und selbst ins Trockene finden, sofern man ihn an der Schnur ein wenig lenkt.

Die Schwanzschlinge, ein Draht, den man über die Schwanzflosse streift und dann zuzieht, ist am geeignetsten, wenn das Wasser zum Stranden zu tief ist.

Allgemeines

Die Tatsache, daß ein Lachs heute viel Geld auf dem Markt kostet, hat diesen Sport mit einem Gewinndenken durchsetzt, das vielen Lachsanglern unerträglich ist. An den besten Lachsflüssen werden Angelscheine für einzelne Fangstrecken ausgegeben, und zwar jeweils für einen

Monat oder für die ganze Saison. Die Eigentümer dieser Fischereien sind gewöhnlich daran interessiert, daß sie Geld aus dem Wasser holen. Deshalb ist es um so besser, je mehr Fische ein Erlaubnisscheininhaber fängt, denn eine Strecke mit großer Beuteziffer, die in das Fangbuch eingetragen wird, kann in der nächsten Saison einen besseren Preis erzielen als eine Strecke, in der nur wenige Lachse gefangen wurden. Dies verderbliche System macht den Lachsangler zu einer Maschine, die immer mehr Fische „produziert". Richtet er sich nach den Regeln der Vergangenheit und fischt er nur mit der Fliege, dann fängt er weniger. Das könnte ihn das nächste Mal um den Erlaubnisschein bringen.

Wen müssen wir tadeln, daß der Lachsfang ruiniert zu werden droht? Ist es die Gewinnsucht unserer Zeit, die Gier nach frischem Lachsfleisch, oder liegt es daran, daß so bequeme und keine sonderliche Kunstfertigkeit mehr verlangende neue Geräte auf dem Markt sind und sich so leicht beschaffen lassen? Der Leser urteile selber.

Noch ein Wort über die Kosten. Je mehr man zahlt, um so mehr bekommt man, wenn die Wetter- und Wasserverhältnisse gleich sind. Leider sind sie das nur selten, und wer eine teure Strecke mietet, muß oft die Pille der Enttäuschung schlucken, wenn im Frühjahr und Sommer Trockenheit herrscht. Oder es ist eines der Jahre, wo die aufsteigenden Fische unterdurchschnittlich sind.

In einem erstklassigen Fluß auf Lachse zu fischen, kostet selten unter 1000 DM im Monat, wozu noch die Betriebskosten kommen. Glück und sehr eifriges Fischen mögen bis zu fünfzig Prozent der Ausgaben des Anglers wieder einbringen. Viele verlassen sich auf ein Hotel. Dort zahlt man zwar über 100,– DM die Woche für das Angeln in einem leidlich guten Fluß, aber bei einigen Hotels ist die Erlaubnis im Pensionspreis eingeschlossen.

Von vornherein sollte man klarstellen, wem der gefangene Fisch gehört. Einige Hotels beanspruchen nämlich die gesamte Beute, andere nur den ersten Fisch. Die meisten lassen dem Angler das Verfügungsrecht über den Fang. Verbands- und Vereinsgewässer sind in England gut bis mäßig. Für einige Verbandsstrecken werden Scheine nach Bedarf ausgegeben, kein Wunder, daß sie überfischt sind. Besser ist die Ausgabe von Karten für bestimmte Tage.

Eine Lizenz für Verbandsstrecken kostet im allgemeinen zwischen 30,– und 120,– DM die Woche. Die Ortsvereine sind durchweg billiger. Die Tageskarte an einem leidlichen Gewässer bekommt man dort schon für 10,– DM.

Auch das kostenfreie Fischen auf den Lachs gibt es noch hier und da. Ich kenne solche Gewässer, wo unter günstigen Verhältnissen regelmäßig Lachse gefangen werden. Dort ist die Konkurrenz natürlich sehr groß, und es wird meist mit natürlichem Köder oder Spinner gefischt. Es gibt ein paar irische und schottische Seen, an denen man frei auf Lachs angeln kann; aber der Fremde ist immer auf den Rat eines Ortskundigen angewiesen.

Das Fischen in den Flußmündungen und an der Küste ist, was den Lachsfang mit der Angel betrifft, sehr schwankend. Einige Mündungen sind ganz gut, andere hoffnungslos. Es hat nur dort Zweck, wo schon Lachse gefangen worden sind. Am Ende der in den Fluß steigenden Flut ist meist ein Gumpen, den es lohnt, bei Ebbe zu besuchen. Das Mündungsfischen in England und Wales ist überwiegend frei, in Schottland ist es gewöhnlich verpachtet. Private Grundstücke dürfen nur mit Genehmigung des Besitzers betreten werden.

Der Autor schließt seinen Beitrag mit sehr kritischen Bemerkungen und einem beredten Appell an die englischen Behörden, Verordnungen und Gesetze zu erlassen, die den gewerblichen Lachsfang mit Netzen in den Flußmündungen einschränken oder ganz verbieten.

Er fordert auch eine stärkere Beteiligung der Wissenschaft und Forschung. Sie müßten durch geeignete Maßnahmen den stark bedrohten Bestand und Nachwuchs kontrollieren und erhöhen, wenn der Angelsport auf den edlen Fisch auch in Großbritannien nicht an absehbarer Zeit gegenstandslos werden soll.

In den deutschen Gewässern ist der Lachsfang nicht mehr der Rede wert. In einigen Küstenflüssen geht hin und wieder noch ein Einzelgänger an den Haken. Wenn dennoch zunehmend Lachstrophäen die „guten Stuben" bundesdeutscher Angler schmücken, so hängt das mit der Reiselust dieser Angler zusammen, die ihre Kapitalen in skandinavischen, englischen oder kanadischen Gewässern fangen.

Saiblinge

Coregonen und Saiblinge sind zwei weitere Salmonidenarten. Die Coregonen treten in unsern Alpenseen als Blaufelchen (auch Renken, Rheinanken) auf. In Norddeutschland und im Osten erscheinen sie als Maränen, im Mündungsgebiet einiger Flüsse, die sich in Nord- und

Seesaibling

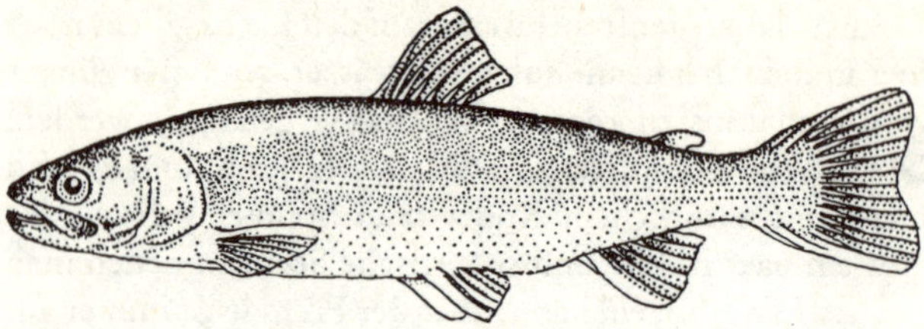

Ostsee ergießen, als Schnäpel. Einen besonderen Hinweis verdienen die Felchen des Schluchsees im Schwarzwald. Zur besten Fangzeit um Ostern kommen zahlreiche Angler dorthin, um den Felchen nachzustellen. Wegen der Plankton-Knappheit um diese Zeit haben sich die Fische vorübergehend auf Grundnahrung umgestellt. Sie werden vom Ufer aus an der mit Rotwurm oder Zuckmückenlarven beköderten Paternoster- oder Grundblei-Angel gefangen.

In der Schweiz, in Oberbayern und in Österreich wird der Seesaibling *(Salvelinus alpinus)* sehr geschätzt. Wer an den alpinen Seen zu Hause ist und sich auf seinen Fang

Seeforelle

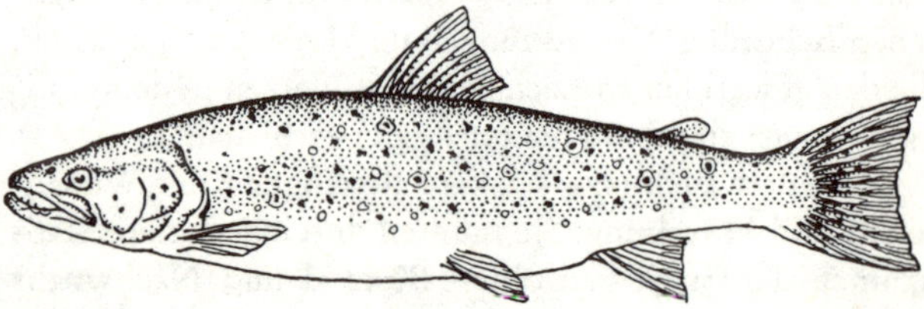

spezialisiert hat, kann großen Sport haben. Aber er muß etwas davon verstehen, denn abgesehen von der selten gewordenen Seeforelle *(Salmo trutta lacustris)*, die die Einheimischen im Salzkammergut Lachs nennen, ist der Fang kaum eines Fisches so sehr von dem Sachverstand des Anglers abhängig wie beim Saibling. Das geht deutlich aus dem Band der Grünen Reihe: „So fängt man Seesaiblinge", von H. WENDLAND, hervor, der im Verlag Paul

Bachsaibling

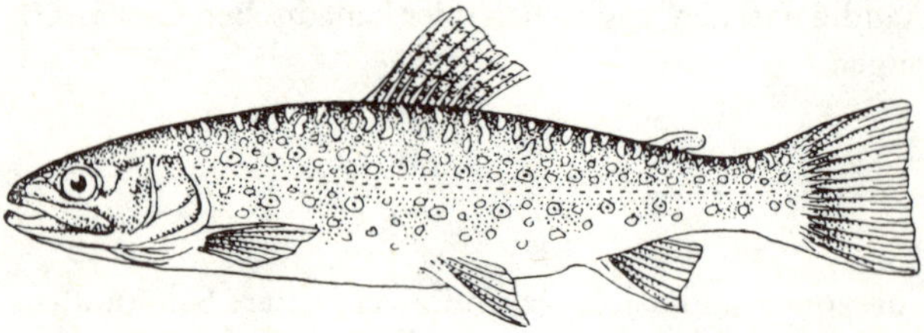

Parey erschienen ist. Und zwar handelt es sich da um den Seesaibling, bzw. um zwei verschiedene Arten davon. Über den (amerikanischen) Bachsaibling (*Salvelinus fonti-*

nalis) brauchen wir uns nicht speziell zu äußern. Sein Fang unterscheidet sich nicht wesentlich vom Fang der Forelle, es sei denn, daß er gesellig lebt und man daher mehrere an derselben Stelle erbeuten kann.

Auch der Seesaibling tritt in Schulen auf, doch kommt alles darauf an, ihren Standort ausfindig zu machen. Und das ist in Wassertiefen bis zu hundert Metern und darüber nicht leicht.

Unsere größte Saiblingsart ist der sogenannte Wildfangsaibling. Er erreicht Gewichte über 5 kg (Rekord 12 kg). Nach WENDLAND finden wir ihn noch im Starnberger-, Königs-, Vierwaldstätter- und Comersee sowie in den Seen Islands. Er ist ein ausgesprochener Raubfisch und folgt seinen Futterfischen auch in geringere Tiefen. Als Grundfisch bevorzugt er felsigen Boden. Interessant ist noch, daß er in manchen Gewässern und Jahren im Sommer laicht, während die normale Laichzeit der Saiblinge etwa mit der der Bachforelle zusammenfällt.

Kleiner – Durchschnittsgewicht ca. 500 g – ist der normale Seesaibling, der in Tiefen zwischen 10 und 120 Metern auf sandigem und krautigem Grund in Rudeln anzutreffen ist (Genfer-, Tegern-, Starnberger-, Walchen- und einige Seen des Salzkammerguts). Beide Arten sind in der Form einer feisten Regenbogenforelle ähnlich, haben aber keine schwarzen Punkte in der Schwanzflosse. Sie sind sehr farbfreudig: in grün-blau-violetten Tinten schimmernd, orange, zitronengelb, rosa, rot getupft, und ihre Bauch- und Afterflossen sind schwarz-weiß gerändert.

Eine dritte Form, der Tiefseesaibling, bleibt klein (Abart: der Schwarzreuter des Königsees); er ist nicht so farbig und lebt, wie der Name sagt, ausschließlich in großen Tiefen. Für den Sportfischer ist er uninteressant.

Neben diesen europäischen Seesaiblingen gibt es eine amerikanische Art, den *Salvelinus namaycush.* Da dieser

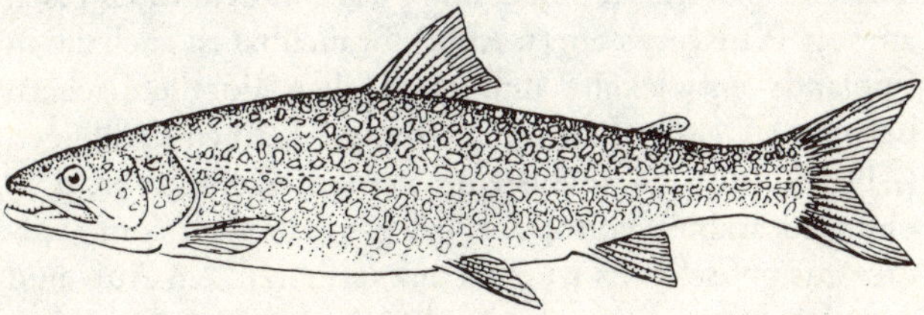

Namaycush

Namaycush erstaunliche Größen – bis zu 50 kg schwer – und ein erhebliches Alter – bis zu 37 Jahren – in seiner Heimat erreicht, ist es bedauerlich, daß er bisher nur in einigen Seen Frankreichs und der Schweiz mit Erfolg eingebürgert wurde. Obwohl er große Tiefen liebt, hat er sich auch mit flacheren Gewässern abgefunden und wächst wesentlich schneller als unsere Saiblinge; er geht auch gut an die Angel, ist aber vorwiegend Bodentierfresser.

Standorte, Geräte, Köder und Angelmethoden

Wie schon gesagt, ist es unerläßlich, den Standort der Saiblinge, die man fangen will, ausfindig zu machen. Und zwar sind es die Saiblingsberge (vgl. Barschberge), die man suchen muß. Es sind Unterwasserhügel in den großen Seen, die bis auf 20 Meter unter der Oberfläche ansteigen. Wo solche Gründe in Wurfweite liegen, kann auch vom Ufer aus gefischt werden. Freilich ist das selten der Fall. Am geeignetsten ist die sogenannte Tupf-Methode, und damit arbeiten wir am besten im Boot.

Wer vom Ufer aus fischt, braucht eine entsprechend weit werfende (Hohlglas-)Rute von 275 cm Länge. Sie ist auch im Boot noch verwendbar. Dazu eine Stationär- oder Kapselrolle mit Schnur von 0,30 mm Querschnitt, wenn der Grund hindernisreich ist. Vom Boot aus genügen 0,25 mm. Ohne Rute, mit der großen, am Bootsbord befestigten Spezialschlepprolle (s. WENDLAND Abb. S. 31) fischen wir beim Tiefschleppen. Die „Schnur“ besteht meist aus 0,20 mm starkem, 200 m langem Stahldraht mit mehreren Seitenangeln.

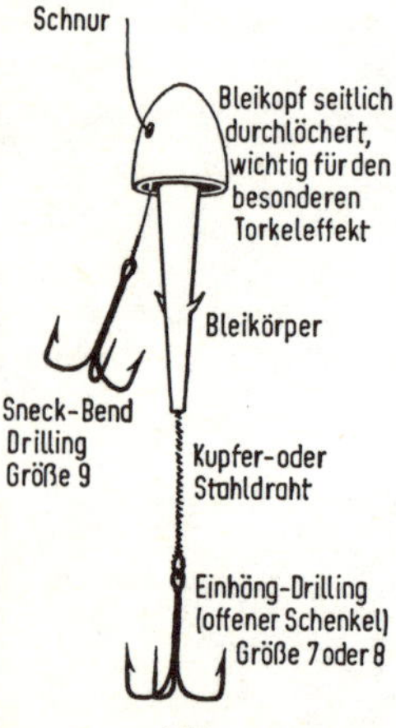

Planseesystem

Als Köder kommen vorwiegend lebende oder tote Fischchen in Frage und ihre künstlichen Nachbildungen in Plastik sowie Blinker aller Art. Wo man die Standplätze der Saiblinge nicht kennt, ist der lebende Naturköder (Elritze 4–6 cm, Kleinbarsch 5 cm, Laube bis zu 8 cm) der beste „Lockvogel“. Wichtig ist, diese Köderfische allmählich an die größeren Tiefen (über 50 m) zu gewöhnen. Läßt man sie nicht in Etappen hinunter, so sterben sie bald ab. Hat man Saiblinge entdeckt, empfiehlt H. WENDLAND das Tupfen als beste Methode, und zwar mit dem toten Fisch am sog. Planseesystem (s. Abb.). Brauchbar ist auch das in Englands entwickelte und wohl allen Forellenfischern bekannte Dee-System mit besonders kleinen Drillingen (Abb. S. 152). Diese Systeme werden eigenschwer, d. h. ohne Zusatzblei, vom Boot, gelegentlich auch vom Steilufer aus gefischt. Es ist ein Tunkverfahren, ein Auf- und Abspielen des taumelnden Köders, wobei der Saibling nur zupackt, wenn dieser sinkt. Das Auf und Ab muß sich unmittelbar über dem Grunde abspielen, wenn es Erfolg haben soll.

Wer größere Gewässer-Strecken bestreichen will oder muß, kann das Tupf-System auch mit zusätzlicher Bleibeschwerung zum Tiefspinnen verwenden. Vielleicht hat er dann sogar das seltene Glück, einmal eine kapitale Seeforelle zum Biß zu verlocken. Dem dienen auch schmale Kleinblinker, weniger dagegen rotierende Löffel und noch weniger die Wobbler.

In einigen kleineren, besonders hoch gelegenen Gewässern steigen Saiblinge auch nach der künstlichen Fliege.

Beim Tupfen vom Boot liegt der Nachen vor Anker (schwerer Stein am langen, starken Plastikseil, am Bug befestigt, der auf Grund gelassen wird, wonach man eine Bootslänge Spielraum Seil nachschießt). Das Verfahren ist, angelt man in Tiefen über 50 Meter, nur bei sehr ruhigem Wetter und Wasser möglich.

Das Spinnen empfiehlt sich am ehesten kurz nach der Eisschmelze. Dann stehen die Saiblinge auch mehr in Ufernähe. Es hat keinen Zweck, das System dabei gleichmäßig zu führen; es muß nach dem Auswerfen und Absinken ruckhaft mit Tauchpausen herangeholt werden. Es ist nicht leicht, einen Biß bei größeren Tiefen rechtzeitig durch einen Anhieb zu parieren; darauf kommen wir noch einmal zurück. Übung und Erfahrung schulen nach vielen vergeblichen Versuchen das erforderliche „Bißgefühl".

Fischen wir mit lebendem Köder, so lassen wir, wie schon erwähnt, den Köderfisch langsam und in Stufen mit der beschwerten Angel in die Tiefe sinken und setzen, hat er den Grund erreicht, ein Floß auf die Schnur, bzw. klemmen ein vorher darauf rutschendes Gleitfloß so fest, daß der Köderfisch etwa einen Meter über dem Grund steht. Dann schleppen wir, ganz langsam rudernd, die Rute übers Heck gelegt, die Angel hinter dem Kahn her. Man verwende ein Schnappsystem, d. h. einen einfachen Haken durch Rückenhaut oder Lippe gezogen, und schlage erst an, wenn der Schwimmer ganz weggetaucht und ein gutes Stück Schnur abgezogen ist. Auch dies Verfahren eignet sich nur bei leidlich ruhigem Wasserspiegel.

Die Tiefschleppangel

Das Fischen mit der Tiefschleppangel ist ein wahrlich weites Feld. Es ist fast ausgeschlossen, daß Anfänger ohne Anleitung eines erfahrenen und ortskundigen Anglers damit Erfolg haben. Allein wird man mit dem Boot und den komplizierten, oft weit über hundert Meter langen dünnen Stahldrähten mit einem Schleppblei von 0,5 bis 1 kg nicht fertig. Ohne Blei wird in der Schweiz auch mit eigenschweren Kupferdrähten geschleppt. Es genügt, allenfalls drei Seitenangeln anzubringen. Die unterste soll nach WENDLAND zwei Meter über dem an dem Grund schleifenden Blei abzweigen und fünf Meter Fadenlänge haben. Wiederum je fünf Meter darüber folgen die nächsten Seitenangeln von vier Meter Länge. Der Abstand muß dabei immer größer als die Länge der Seitenangel sein. Diese Abzweigungen sind mit totem Fisch am System oder auch mit Blinkern versehen und an verschiebbaren Klemmeinhängern an der Schleppschnur befestigt. Beim Drill werden sie, wenn die Schnur entsprechend weit eingerollt ist, ausgeklinkt. Das setzt natürlich voraus, daß ein größerer Fisch völlig abgekämpft ist.

Da der Saibling – hinter dem Köder herschwimmend – beim Zupacken keine Kehrtwendung macht, ist es schwer, den Biß zu erkennen und rechtzeitig anzuhauen.

Es würde zu weit führen, die Methoden des Tiefschleppens hier eingehend darzulegen. Auf diesem Gebiet wird immer noch experimentiert, wie die entsprechenden Beiträge in der Fachzeitschrift „Fisch und Fang“ beweisen. Die richtige Montage und Handhabung eines sog. Tiefenparavans bringt recht gute Ergebnisse.

In den Schweizer Gewässern ist die „Hegene“ zu Hause. Sie dient vorwiegend dem Fang von Renken, fängt aber auch Saiblinge und ist eine einfache Handschnur mit zahlreichen kurzen Seitenangeln und Grundblei. Die Haken werden besetzt mit Naturködern, meist Maden und Sprockwürmern. Diese dürfen nicht etwa still hängen, sondern man zuckt wie beim Tupfen die Schnur, sie in der Hand haltend, ruckhaft hoch und läßt sie wieder fahren. Auf dem Bodensee verwenden manche Angler kein Grundblei, sondern eine Art Pilker am Ende und ziehen Ventilgummischläuche über die Hakenschenkel, wobei das Schlauchende frei und verlockend spielt. Damit erbeuten sie massenweise Barsche in geringeren Tiefen.

Das Fischen mit der Hegene auf Saiblinge rentiert sich erst im Hochsommer, wenn diese sich auf kleinste Futtertiere umgestellt haben.

So wenig lohnend der Drill eines mäßig großen Saiblings an der Tiefschleppangel ist – man denke an das schwere Bleigewicht –, so hinreißend ist es, einen großen Saibling zu haken, der in weniger tiefen Wasserschichten gebissen hat, und dann einen außerordentlich harten Kampf liefert. Nicht zuletzt spielt auch die Erwartung eine Rolle, die Beute entsprechend zubereitet auf der Tafel wiederzusehen. Saiblinge sind eine große Delikatesse.

Was hier über den Seesaibling und seinen Fang geschrieben wurde, hat der Übersetzer im wesentlichen aus dem genannten Buch von H. Wendland zusammengefaßt. Wie versiert Wendland auf seinem Gebiet ist, beweist die lange Reihe von Angaben, die er über „Die aussichtsreichsten Seen Westeuropas zum Fang von Seesaiblingen" macht. Offenbar hat er sie fast alle selber mit Erfolg befischt und gibt nicht nur Tips, wann, wo und wie man die Saiblinge dort findet und fängt, sondern er erzählt auch von einigen sportlich reizvollen Erlebnissen. Als beste deutsche (oberbayerische) Saiblingseen nennt er den Hintersee beim Ramsau, den Tegernsee, den Walchensee, den Alpsee bei Füssen und u. a. noch den Starnberger See. Dessen alte Saiblinstradition ist heute fast abgerissen.

In Österreich sind der schon genannte Plansee in Tirol und der Heiterwangersee besonders erwähnenswert. Dazu kommen die schönen Gewässer des Salzkammerguts. Hin und wieder wirft Wendland einen sehnsüchtigen Seitenblick auf die bei uns so selten gewordene Seeforelle. Sie wird zwar gelegentlich beim Schleppen oder Tiefspinnen gefangen, doch erfordert das Unternehmen, auf sie speziell zu angeln, mehr Zeit und Mühe, als auch der passionierte Experte heute noch aufbringt. Ihre Fangzeit liegt vorwiegend in den kalten Monaten, solange die Seen noch oder gerade wieder eisfrei sind. Zeitaufwand hin, Zeitaufwand her. Es gibt – zum Glück – immer noch einige Seeforellen-Spezialisten, die weder Mühe noch rauhe Witterung scheuen, um – beispielsweise im Walchensee – kapitale Seeforellen an den Haken zu bekommen. Und aus Österreich erreichen uns Fangmeldungen über sehr starke Seeforellen. In diesem Zusammenhang sei hier der Weißensee und der Traun genannt. Wer allerdings, wie geschehen, beim Bachforellenangeln versehentlich mit einem „Lachs" anbändelt, dem bleibt fast immer nur das Nachsehen.

Allgemeines

Während bis 1925 von mehreren Rekordsaiblingen über sieben Kilogramm in der Literatur berichtet wird, z. B. 1885 von einem „Wildfang" über 7 kg aus dem Starnberger See, bleiben die an der Angel erbeuteten Spitzenexemplare der letzten Jahre unter 4,5 kg. Das berühmteste Seeforellengewässer Deutschlands ist der Walchensee. Jahr für Jahr liefert er die meisten schweren Seeforellen. Der größte Fisch der Nachkriegszeit, ein 18,25-kg-Exemplar, wurde 1972 im Walchensee gefangen. Den österreichischen Rekord hält eine Seeforelle mit 20,5 kg aus dem Weißensee.

Weil zu Beginn dieses Kapitels von Renken die Rede war, auch hier noch ein Blick auf die Rekordfische. Der Ammersee und der Walchensee gaben Renken zwischen 5 und 6,25 kg her.

ZWEITER TEIL

Das Angeln im Meer

1. Fachausdrücke

Brandungsfischen	Angeln vom Strand aus mit der Grundblei- oder Posenangel – vorwiegend auf Aal und Plattfische, aber auch auf Dorsch, Hornhecht, Makrele, Meeräsche und Aalmutter.
Fetzenköder	Streifen Haut und Fleisch, oft von der Makrele geschnitten, als Köder auf den Haken gesteckt.
Makrelenfliegen	Grob gebundene Fliegen, meist sind paternosterartig mehrere übereinander montiert.
Mieterkrebs	Krebs, im Begriff, seinen Panzer abzulegen. Hat man den Panzer entfernt, so gilt dieser „butterweiche" Krebs als äußerst begehrter Köder bei vielen Fischen.
Multirolle	Den Nottingham- und Stationärrollen beim Meeresfischen überlegene Rolle mit Übersetzung und Freilauf, verstellbare Bremse und Schnurführung beim Aufrollen. In den besonders massiven Formaten unerläßlich beim Sport auf Großfische (Rochen, Haie, Thun).
Mit Naturköder besteckter fliegender Löffel	Besonders leichtlaufender fliegender Löffel, dessen Drilling oder Einzelhaken mit Fischfleisch, Wattwurm, Garnele etc. beködert ist. Zum Plattfischfang.
Pilk, Pilke, Pilker	Ein eigenschwerer Taumelmetallköder zum Dorsch- und Makrelenfang, der gehoben und gesenkt wird.

Pumpen	Ein Verfahren, schwere Fische vom Grund zu heben. Man rollt Schnur ein, indem man dabei die Rutenspitze nachgebend senkt, dann blockiert man die Schnur und hebt die Rute (auch mit Hilfe der Dünung). Das wiederholt man, solange der Fisch Widerstand leistet.
Rubby-dubby	Anfütterung mit zerkleinertem öligem Fischfleisch, zumal beim Angeln auf Haie, in einem Netzbeutel, der über Bord gehängt wird. Beim Treiben hinterläßt er eine Witterung, die den Fisch anlockt.
Treibangel	Vom verankerten oder treibenden Boot gefischt. Mäßig beschwerte Angel treibt mit dem Flut- oder Ebbstrom, ohne den Grund zu berühren.
Überlaufen	der Trommel- oder Multirolle beim Werfen; es führt zur „Perücke".

2. *Das Gerät*

Die Zeiten sind längst vorbei, in denen das gröbste Zeug gerade schwer genug für das Angeln im Meer war. Zwar sollte man auch nicht in das andere Extrem verfallen, mit leichtem Süßwassergeschirr auf Dorsche zu angeln, doch der „Besenstiel" ist auch auf einem Angelkutter völlig fehl am Platze. Die Industrie hat sich voll auf den Bedarf der wachsenden Zahl von Hochseeanglern eingestellt und bietet fast für jeden Fisch eine passende Rute. Man beachte auch in diesem Zusammenhang die Klassifizierung auf Seite 31. Dort sind unter b und c Ruten mit Wurfgewichten zwischen 60 und 1000 Gramm angegeben, eine wahrhaft breite Skala, den vielen Möglichkeiten des Hochseeangelns angepaßt. Dazu noch aus der Praxis einige Vorschläge für die Gerätezusammenstellung.

Meeresfische:

40–70 cm

Dorsch
Gadus morhua

Pollack
Gadus pollachius

40–60 cm

bis 3½ m

Heringshai
Lamna nasus

140–180 cm

Hunds- oder Grundhai
Galeorhinus galeus

40–50 cm

Hornfisch
Belone belone

Makrele
Scomber scombrus

25–30 cm

Rute	*Fisch und Angeltechnik*	*Rolle und Schnur*
Fliegenrute 270 bis 330 cm	Makrele oder Seebarsch, Meerforelle	Fliegenrolle und (alte) Fliegenschnur. Salzwasser greift die Imprägnierung der üblichen Flugschnüre an
Mittelschwere Spinngerte 240–270 cm	Makrele, Flunder (Butt), Meerforelle, kleiner Dorsch	Stationärrolle und Monofilschnur
Molen- oder Brandungsrute 300 bis 400 cm aus Glasfiber	alle Arten von Küstenfischen. Die Rute muß 100 g Gewicht werfen	Multi- oder kräftige Stationärrolle, speziell für Meeresfischen. Schnur von 15–25 Pfund Tragkraft
Dorsch-Pilkrute, 1,35–2,70 m Voll- oder Hohlglas	Zum Dorschangeln vom Kutter. 100 bis 200 g Wurfgewicht	Große Stationär- oder Multirolle, 0,45 bis 0,60 mm Schnur.
Glasfiber-Bootrute, 210–240 cm	alle Fischarten, die im freien Meer angetroffen werden. Weitwurf nicht erforderlich. Rute muß kräftig sein	Große Trommel- oder Meeresmultirolle mit monofiler Schnur
Glasfiberrute, 330 bis 360 cm, zum Brandungsfischen	alle Küstenfische bis zum Hai	Meeresmultirolle, aufrechtstehend, daß Daumen bei Wurf und Drill bremsen kann. Schnur 15–25 Pfund Tragkraft, je nach Grundbleigewicht
Stabilste kurze Vollglasrute mit Röllchen in den Ringen	Thunfisch, große Conger, Haie, Rochen	Großfischrolle, Schnur, Haken, Vorfach entsprechend

Bei der Rutenwahl ist selbstverständlich zu berücksichtigen, welche Art von Meeresfischerei man vorwiegend betreiben wird. Für das Brandungsfischen an sandigen Flachstränden braucht man eine Weitwurfrute. Fährt man vermutlich meistens mit dem Boot hinaus, löst sich das Rutenproblem von selbst, aber man bedenke, daß eine Spezialbootsrute für das Fischen von der Mole z. B. nicht sehr geeignet ist. In solchen Fällen ist ein Kompromiß möglich. Eine 300 cm lange Rute mit ausreichender Aktion erlaubt sowohl den Wurf vom Strand wie auch das

Fischen vom Boot aus. Besteht die Rute aus zwei Teilen, so kann uns der Rutenbauer einen kürzeren, sagen wir, 90 cm langen Handteil herstellen, damit wir sie für die Bootsfischerei umstecken können.

Beim Kauf einer Rolle vergewissere man sich, daß sie groß und widerstandsfähig genug ist. Einfache Achsenrollen mit einer großen Trommel sind völlig ausreichend, wenn man vom Boot fischt, doch für Weitwürfe braucht man entweder eine Multirolle oder eine Stationärrolle, die speziell für das Angeln im Salzwasser gebaut ist. Auf keinen Fall nehme man eine normale Stationärrolle, wie man sie für das Angeln im Süßwasser hat. Sie ist niemals stark genug für das Meer und faßt nicht genug Schnur größeren Querschnitts. Multi- und Stationärrolle sind der einfachen Achsenrolle (Nottingham) überlegen, weil ihre Übersetzungen ein schnelleres Aufwinden der Schnur erlauben. Außerdem sind ihre Bremsen anpassungsfähiger.

Eins darf man nach dem Fischen im Meer nie vergessen. Das Salzwasser ruiniert Schnüre, Rollen und Ruten. Zwar sind gute Meeresruten und Rollen in gewissem Umfang gegen Korrosion geschützt, doch empfiehlt es sich, alle Metallteile mit warmem Seifenwasser zu spülen, wenn man nach Hause kommt.

Schließlich sollte sich der Angler eines merken; das gilt für den Kauf jeder ersten Rute. Er betrachte sie nicht als Lückenbüßer. Vielmehr sollte er etwas anschaffen, was – ganz gleich, wie er sich später noch ausrüstet – immer brauchbar bleibt in seiner Kollektion von Ruten.

3. Das ABC der Meeresfische

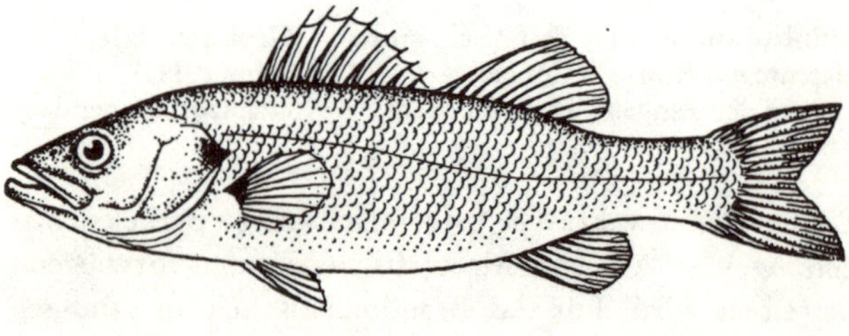

Bass (Seebarsch)

Der Bass (*Roccus labrax*), der Seebarsch also, spielt bei den englischen Meeresanglern an Fels- und Sandküsten die Hauptrolle. In deutschen Seegebieten kommt er kaum und nur in geringen Exemplaren vor. Manchmal tritt er vor den Ostfriesischen Inseln auf. Er ist mit dem Flußbarsch (Rückenflossenstacheln) verwandt, im Körperbau aber schlanker und in der Färbung viel heller. Jüngere Fische, die in großen Schwärmen, später in kleineren Rudeln, auftreten, sind silbern, die alten, gedrungener gebauten schweren Einzelgänger von mehreren Kilogramm Gewicht dunkler mit bronzefarbenem Kopf und markanter schwarzer Seitenlinie.

Der englische Autor dieses Buches schreibt ausführlich über Vorkommen, Verhalten und Fangweise.

Wir beschränken unsere Übersetzung auf die Teile des Kapitels, die exemplarisch sind für die beim Meeresangeln verwendeten Köder, für das Gerät und die Haupttechnik des Brandungsfischens.

Die besten Monate zum Fischen auf den Seebarsch von der Küste aus dürften Mai und Juni, September und Oktober sein. Der Seebarsch ist ein Raubfisch. Die kleineren nähren sich von Schnecken, Sandflöhen, Krabben und Fischbrut. Größere leben von Fischen jeder Art, und die ganz Großen stürzen sich auf ausgewachsene Makrelen. Besonders beliebt sind Krebse.

Köder

Krebse

Meine besten Ergebnisse hatte ich mit Taschenkrebsen, die gerade den Panzer abgestoßen haben (Mieterkrebse), wenn ich in der Nähe von Felsen fischte. Krebse bewähren sich besonders, wenn kein starker Seegang ist. Dann schnuppern die Seebarsche an den Felsen herum. Gerade der große Barsch nimmt den Krebsköder sehr vorsichtig auf, ehe er damit abzieht. Daher achte man auf gute Beweglichkeit der Schnur, sie muß leicht durchs Laufblei gleiten, damit der Fisch möglichst reibungslos mit dem Happen losschwimmt. Dabei sollte man auch die Rute in der Hand halten und beim ersten Zupfer die Rutenspitze senken und Schnur geben. Auf einen kräftigen Zug darf dann ein kräftiger Ruck gesetzt werden.

Tauwürmer

Ein Köder, der auch von Seebarschanglern gern benutzt wird. Er ist auf kleinere Barsche ganz erfolgreich, wenn man auf Sand- oder Schlammgrund fischt; doch obwohl ihn auch größere manchmal nehmen, halte ich ihn für zweitrangig. Nachts ist er wirksamer als am Tage.

Makrelen und Heringe

Damit werden besonders im Herbst große Seebarsche gefangen. Ein halber Hering ist keinesfalls zu groß für einen Kapitalen, und das lange Filet einer Makrele wird ebenfalls gern genommen. Kleine Fleischstückchen bringen nicht viel.

Wattwürmer Ein sehr erfolgreicher Köder, besonders bei Tage.

Tintenfische Wo sie zahlreich auftreten, sind sie ein sehr guter Barschköder. Große Barsche werden dann kaum etwas andres nehmen. Ein Stück vom Tintenfisch hat mehrere Vorteile. Der Seebarsch schätzt ihn, er ist leicht zu beschaffen und ein fester Köder, der auch einen kräftigen Wurf aushält.

Muscheln Sie sind auf Sandgrund ausgezeichnet, zumal bei Tage.

Allerlei Kleinfische und sonstiges Man fischt sie tot an der Grundangel. Garnelen und Sandaale lieber an der Treibangel. Sehr nützlich können auch kleine Flundern sein, wie man sie bei Ebbe in stehengebliebenen Pfützen finden kann. Viele Barsche, die ich im Spätherbst gefangen und auf den Mageninhalt untersucht habe, enthielten kleine Flundern.

Sandaal (tot) angeködert

Gerät Die meisten Seebarsche werden an britischen Küsten mit der Grundangel gefangen. Es ist allerdings kaum möglich, etwas Allgemeingültiges über die geeignetste Rute zu sagen. Ich versuche, ein Gerät zu beschreiben, das den meisten Situationen angemessen ist.

Was erwartet man von einer Grundrute zum Brandungsfischen? Sie muß Grundblei und Köder so weit wie möglich werfen. Zwar fängt man gelegentlich Barsche ganz dicht an der Uferlinie, doch stehen sie meistens weit draußen und kreuzen bei stürmischem Wetter unter den ersten Brechern. Wer da nicht hundert Schritt und weiter werfen kann, kommt beim Angeln zu kurz. Ein Watanzug, mit dem man bis zur Brust hineingehen kann, ist nützlich.

Die Rute sollte aus Hohlglasfiber 330 cm lang sein, mit einer Grifflänge von 90 cm. Sie zeigt ihr Bestes, wenn sie ein Gewicht von 80 bis 110 g zu werfen hat. Ferner empfehle ich eine Multirolle mit Freilauf zum Brandungsfischen. Als Schnur nehmen wir monofiles Nylon von 20 Pfund Tragkraft. Stärkere Schnüre sind nicht nötig, und dünnere reißen zu leicht, wenn das hinausflitzende Grundblei im Fluge plötzlich gestoppt werden sollte. Über Haken und Hakensysteme wird noch zu sprechen sein. Hier zunächst zweierlei: der Haken sei besonders spitz und dünndrahtig. Oft muß man auf Entfernungen von hundert Metern anhauen. In den letzten Jahren habe ich nur noch Öhrhaken genommen, wie man sie für das Binden von Lachsfliegen braucht. Sie sind kostspielig, aber sehr geeignet. An Bleien gibt es eine Vielfalt von

Formen; zum Grundfischen genügen zwei: das birnenförmige Laufblei, das oberhalb des Wirbels frei auf der Schnur spielt, und ein torpedoartiges mit Drahtgreifern, das man besonders bei Gezeitenstrom oder heftiger Brandung braucht (Ankerblei).

Die Angelmethoden

Die Grundangel

Das Hauptziel des Meeranglers muß sein, den Köder dahin zu bringen, wo ihn der Fisch findet. Wo der Strand sandig, flach und stürmisch ist, werden Seebarsche auf der Höhe der vordersten Brecher herumkreuzen. Um sie dort zu erreichen, bedarf es, wie schon gesagt, weiter Würfe. Dasselbe gilt für Dorsche und alle Plattfische. Der oder die Köder werden im Paternosterstil an kurzen Senkern angebracht. Sind Meer und Strand ruhiger, genügt ein leichteres Laufblei auf der Schnur oberhalb des Stoppwirbels, wie wir es vom Angeln in Flüssen her kennen. Sehr wichtig ist, daß wir in jedem Fall die Rute in der Hand behalten. In der Brandung beißen Fische oft sehr vehement, und wenn die Rute auf einer Gabel liegt, kommen wir mit dem Anhieb zu spät.

Die meisten Brandungsfischer auf Seebarsche angeln nur bei auflaufender Flut. Ist aber die Küste nicht zu flach, so hat man auch, zumal bei Nacht, während der Ebbe Erfolg. Überhaupt ist die Nacht, jedenfalls auf Sandstränden, die beste Zeit.

Gute Erfolge haben wir meist nach stürmischem Wetter, wenn der hohe Wellengang nachläßt. Ruhiges und klares Wasser ist sehr ungünstig, ein Nachteil, den die Dunkelheit ausgleichen kann. Wo an felsigen, nicht zu unruhigen Gestaden gefischt wird, empfiehlt sich auch eine Floßangel mit Krabben, Fischfleischfetzen oder Mieterkrebsen bestückt.

Auch beim Angeln mit dem Spinner und anderen Kunstködern gewährt der Seebarsch hervorragenden Sport. Deutsche Angler, die Irland oder England besuchen, sollten sich dies Abenteuer nicht entgehen lassen.

Die besten Barschgründe liegen vor Devon und Cornwall und dem westlichen Wales. An der Südküste Irlands empfehlen sich die Strände zwischen Wexford und Kerry und der Grafschaft Clare. Im Kanal erscheint der Barsch nur hier und da in lohnender Menge. Zu Beginn der Saison haben Teile der Sussexküste guten Zulauf.

Der britische Rekordbarsch wog ca. 8,2 kg, doch sind mit dem Netz schon größere gefangen worden. Was über vier Kilo wiegt und an der Rute erbeutet wird, gilt durchaus als kapitaler Seebarsch.

In Gegenden, wo wenig oder kaum vom Ufer gefischt wird, wie z. B. in den irischen Grafschaften Kerry und Clare, ist besonders im Herbst hervorragender Sport zu erwarten.

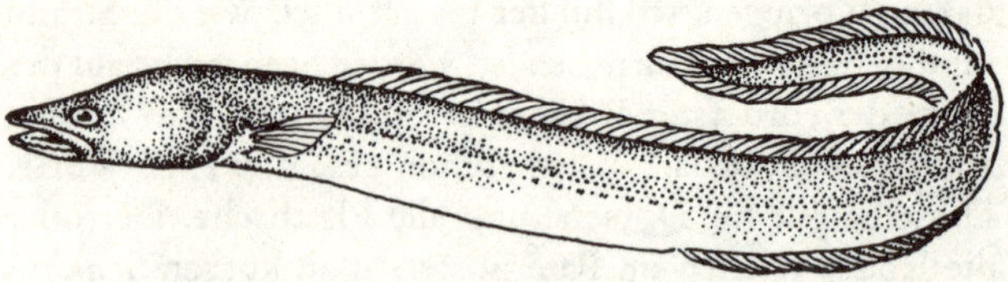

Conger

Der Conger (*Conger conger*) ist einer jener Fische, die wie der Aal von Legenden umwoben sind.

Natürlich wird er immer berüchtigter, je mehr Angelgeschirr er zerschlagen hat. Entsetzliche Geschichten werden von den Kräften des Congers erzählt, wie er Dollbord und Ruderbänke kleiner Boote mit Schwanzschlägen zerschmettert hat und wie seine Kiefer die unvorsichtige Hand oder den achtlosen Fuß eines Anglers zermalmten.

In der Tat ist der Conger ein gefährlicher und gewaltiger Bursche, wenn man ihn im Boot hat; aber auch schon vorher zeigt er, wie stark er ist. Und wenn man bedenkt, daß Conger von über 90 Pfund mit Rute und Schnur gelandet worden sind und daß sehr viel größere Fische dieser Art nicht gelandet werden konnten, ist es leicht, auch den unheimlichsten Geschichten zu glauben. Manche Angler haben daher eine heilsame Furcht vor diesem riesigen „Meeraal“.

Die etwas gruselige Atmosphäre rund um den Conger wird noch durch seine Unterwasserbehausung unterstrichen. Er liebt Schiffsfriedhöfe und wird deshalb in großen Mengen und Exemplaren über den vielen Wracks vor der Küste von Cornwall (Südwestengland) gefangen.

Es ist kaum möglich, den Conger mit einem andern Fisch zu verwechseln, auch nicht mit dem Aal. Denn der Conger ist wesentlich dicker (relativ), seine Augen sind viel größer und seine Kiefer furchteinflößend. Sie sind mit einer Reihe scharfer Zähne versehen. Hat der Conger einmal zugepackt, so ist es fast ausgeschlossen, ihm die Beute wieder zu entreißen. Über Felsgrund gefangene sind dunkler als solche, die auf Sandböden leben.

Der Conger laicht nur einmal. Dann wandert er in die abgründigen Tiefen des Atlantik und stirbt dort nach dem

Laichen. Die Rogner sind meist doppelt so groß wie die Milchner, meistens noch viel größer, wenn sie ihre Hochzeitsreise beginnen.

Zum Angeln ist die beste Zeit der Spätherbst. Große Conger fängt man wohl nur im Dunkeln. Spaltenreicher felsiger Grund bietet ihnen Deckung in Höhlen, aus denen sie vorbeischwimmende Fische überfallen. Auch Häfen und Molen haben ihre dort residierenden Conger.

Wer nun nachts in der Nähe eines Unterwasserriffs fischt, werfe seinen Köder lieber auf angrenzende Sandgründe. Warum, werden wir noch hören. Auf der Speisekarte des schnellwüchsigen Fisches stehen die Kabeljauarten und Krustentiere; auch Tintenfische schätzt er und stellt sich darauf ein, wenn sie in Mengen auftreten.

Köder

Frische, besonders ölhaltige Fische wie Heringe und Makrelen sind beliebt, weil sie den Conger durch ihre Wittrung anlocken. In Cornwall verwendet man auch gern Sardinen. Ich selbst nehme einen kleinen Dorsch oder einen Schellfisch am liebsten.

Gerät

Es hat etwas für sich, auf Conger nur mit einer kräftigen Handschnur zu fischen, denn der Drill besteht gewöhnlich aus einem brutalen Messen der Kräfte. Doch da es zu den Grundregeln des sportlichen Fischens gehört, daß man mit der Rute angelt, muß man die geeignete „Waffe" haben, d. h. eine kurze Bootsrute solidester Bauart mit einer Testkurve von 12,5 kg und darüber. Die Schnur braucht 50 kg Tragkraft, sie sollte nicht aus monofilem, sondern geflochtenem Material sein. Das Vorfach selbstverständlich aus gesponnenem Stahldraht, die Wirbel sorgfältig geprüft, der Haken sehr stark und scharf, denn manch ein Conger ist noch am Boot verlorengegangen, weil er den Haken einfach abgeschüttelt hat. Das Blei, beweglich über dem Wirbel, muß schwer genug sein, um den Köder am Grund zu halten. Man kann auch das Vorfach durch mehrere Wirbel unterteilen, denn der Conger dreht und windet sich im Drill. Ein Gürtel zum Großfischfang mit einer Art Gelenkpfanne zur Stütze des Rutenendes ist sehr empfehlenswert.

Der Conger beißt immer erst eine Weile auf dem Köder herum. Trotzdem neigen manche Angler dazu, schon beim ersten Ruck anzuschlagen, um dem Fisch keine Zeit zu lassen, sich in seine Höhle zurückzuziehen, aus der man ihn kaum wieder herausbringt. Auch wenn man auf das Abziehen wartet, was ich empfehle, sehe man nach einem oder mehreren starken Anhieben zu, so viel Schnur wie möglich zu gewinnen und den Gegner aus dem Gleichgewicht zu bringen. Daher nimmt man auch lieber eine geflochtene Schnur, weil die monofile zu dehnbar ist und dem Conger zuviel Spielraum läßt. So stark er sein mag: ein gleichmäßiger, unerbittlicher Zug wird sich bei ihm bemerkbar machen, und wir können ihn schließlich heraufpumpen. Spezialisten fischen auch mit dem schweren Pilker auf Conger.

Ist er am Boot, so muß er sofort gegafft werden, am besten gleich mit zwei Gaffs (auf keinen Fall solche mit Schraubgewinde!). Wie schon angedeutet, ist der Conger noch im Boot ein gefahrdrohender Gegner und muß durch harte Schläge betäubt und in einen großen Sack gesteckt werden. Erst wenn er tot ist, können wir daran denken, den Haken zu lösen.

Allgemeines

Viele Strecken der englischen Küste sind wie geschaffen für große Conger. Als Mekka für Rekordfänge hat sich die sogenannte englische Wrackküste im Seegebiet um Brixham und Pleymouth entwickelt. Seit sich einige Schiffseigner auf den Congerfang über den Wracks spezialisiert haben, purzeln die Rekorde. Aufhorchen ließ ein über 46,5 kg schwerer Conger, der 1974 mit Pilker an 50 lbs tragender Schnur ins Boot geholt wurde. Es ist damit zu rechnen, daß auch in den Schiffswracks in der Deutschen Bucht große Conger hausen.

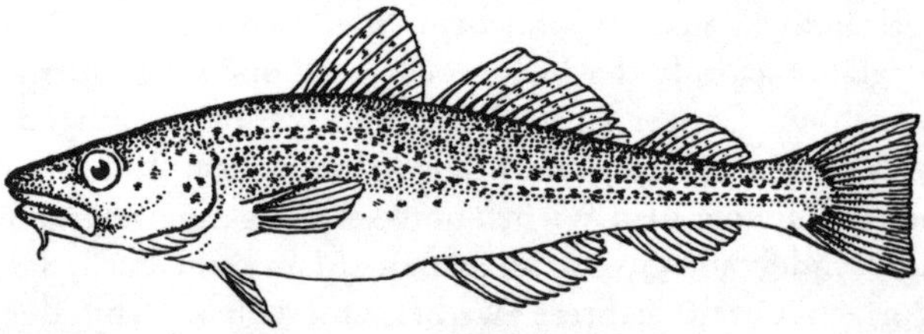

Dorsch (Kabeljau)

Der Dorsch (*Gadus morhua)* kann kaum mit einer andern Fischart verwechselt werden, es sei denn mit seinen nahen Verwandten Köhler, Leng und Schellfisch.

Er ist nicht besonders schön anzusehen – unser ästhetisches Urteil stößt sich an dem Mißverhältnis zwischen Maul, Kopf und Leib –, aber hoffnungslos häßlich ist er nun auch wieder nicht mit seinen grün-braunen Flanken, die mit gelben und bräunlichen Flecken gemustert sind, und der auffällig breiten weißen Seitenlinie. Vielleicht hat es etwas mit der winterlichen Umgebung, in der wir ihn meist fangen, zu tun, daß mir die Dorsche immer besonders sauber und frisch gekühlt erscheinen. Weitere charakteristische Merkmale sind die dreifache Rückenflosse und der einzelne Bartfaden am Unterkiefer. Seine Durchschnittsgröße beträgt 40–70 cm.

Die Dorschangler haben praktisch Dauersaison mit besonderen Fang-Höhepunkten in den Monaten von Oktober bis März. Manchmal gehen die guten Fänge bis in den April hinein. Und auch die Sommerangler fangen ihre Dorsche. Das Dorschpilken vom Kutter aus hat in den letzten Jahren einen erheblichen Aufschwung genommen. Unzählige Dorsche zwischen 5 und 12,5 kg gehen an den Pilker. Auch die Klasse darüber, bis 20 kg, ist in den Fangmeldungen häufig zu finden, selbst Dorsche über 20 kg werden in »schöner Regelmäßigkeit« gemeldet. Als gutes Fangrevier hat sich der Fehmarnbelt, besonders die »Dorschwiesen« bei Tonne 5, herausgeschält. Überhaupt ist die Ostsee für die große Schar der Dorschangler weit attraktiver als die Nordsee, von der allerdings rund um Helgoland regelmäßig gute Dorschfänge gemeldet werden. An vielen Stellen der Ostseeküste, vor allem auf Fehmarn, ist auch das Brandungsangeln auf Dorsch erfolgreich. Allerdings sind die Exemplare, die vom Ufer aus von Weitwurfspezialisten gefangen werden, längst nicht so »gewichtig« wie die gepilkten Kutterdorsche. Sie wiegen zwischen 1 und 2,5 kg, selten darüber, und werden meist an der Paternosterangel auf Wattwurm gefangen. In den letzten Jahren hat das Nachtangeln auf Dorsch und Butt viele Anhänger gefunden. Auch in diesem Zusammenhang werden immer wieder gute Reviere auf Fehmarn genannt. Doch auch Strecken an der Festlandküste Schleswig-Holsteins sind »dorschig«; für Nachtangler bietet sich hier noch abenteuerliche Fischwaid. Kutterangler pilken ihre kapitalen Dorsche nicht selten in mehr als 30 m Wassertiefe.

Köder

Ein bekannter Autor schreibt: „Der Dorsch ist ein gieriger Fresser mit einem Maul wie ein Schleppnetz, und er schluckt, was er findet, wie ein Staubsauger. Sein Mageninhalt besteht gewöhnlich aus einem Potpourri von Nahrungstieren, so vielfältig, wie seine Umgebung sie bietet. Es sind Krustentiere, Würmer und natürlich allerlei Fische, besonders Heringe."

Der Dorsch hat also einen herzhaften Appetit. Am meisten verbreitet für den Dorschfang ist aber der Pilker, ein entfernt fischchenförmiger metallener Kunstköder.

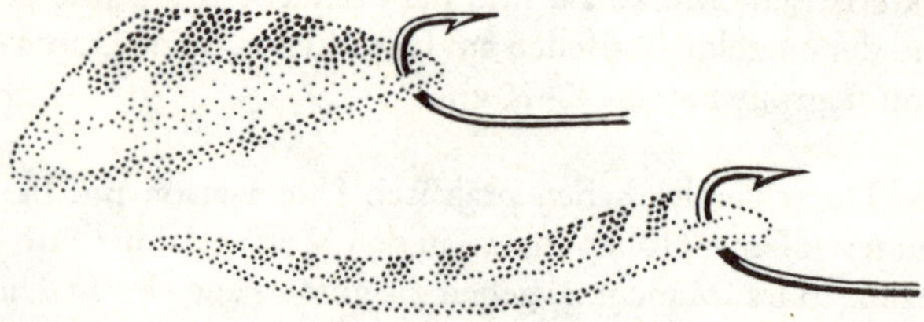

Zwei Methoden, ein Stück Makrele als Fetzenköder zu nehmen

Pilker mit Dorschfliege als Beihaken

Form, Farbe und Gewicht sind Hauptgesichtspunkte bei der Auswahl. Man unterscheidet flache, langsam sinkende Taumelköder, kompakte, schnellsinkende Modelle und Zwischenformen. Verchromte oder weiße Pilker empfehlen sich für bedeckte Tage, bei trübem, von Wind und Wellen aufgerührtem Wasser und in größeren Tiefen. Bei Sonnenschein und in flachem Wasser fangen farbige, vor allem verkupferte Pilker besser. Rot reizt, das zeigt die Erfahrung, den Dorsch stark zum Anbiß. Viele Angler hängen daher zusätzlich in die Springringe rote Plastikflossen. Der Fachhandel bietet ein großes Sortiment rotgefärbter Pilker an. Die Grundregel für Pilker-Form und -Gewicht lautet: Je größer die Tiefe, je unruhiger die See, je schneller Bootsdrift und Strömung, desto gedrungener und schwerer sei der Pilker. An der Ostsee verwendet man am häufigsten Gewichte zwischen 50 und 150 g, schwerere selten. Bei Helgoland sind 100–200 g alltäglich.

Beim Brandungsangeln nimmt der Dorsch die üblichen Köder für Plattfische und Aale. Manche Angler fischen vom Boot aus auch mit Fetzen aus Makrelenfleisch (s. Abb.), einer Butt-Bauchseite usw. Damit fängt man, da der Köder für Dorsch stets in Grundnähe angeboten werden muß, auch zahlreiche andere in Bodennähe lebende Fische.

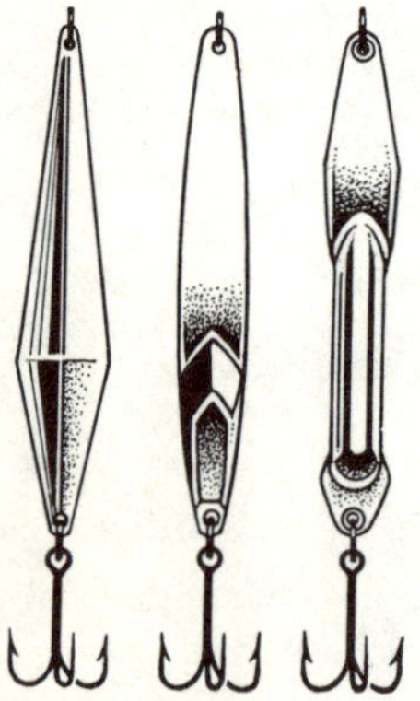

a b c

Drei Pilkerformen: a. schnellsinkend, b. für mittlere Wassertiefen, c. langsam sinkendes Taumelmodell

Zwar ist der Dorsch vorwiegend Fischfresser, verschmäht aber auch anderes Meeresgetier nicht. Es ist daher ratsam, 30–60 cm oberhalb des Pilkers an einem ca. 5 cm langen Seitenvorfach stets auch eine Weichplastik-Garnele, einen künstlichen Wattwurm, eine grobe Hühnerfedern-Fliege oder einen mit phosphoreszierender Masse überzogenen Haken anzubringen. Bisweilen wählen die Dorsche ausschließlich das Sonderangebot.

Gerät

Pilkruten sollen zugleich leicht und sehr stabil sein. Steife, 1,80–2,10 m lange Hohlglasruten mit Wurfgewichten um 100 g eignen sich. Nichts strapaziert Rutenringe mehr als Pilken. Sie müssen daher aus allerhärtestem, nicht einschneidbarem Material bestehen. Für das sog. Treppenspinnen, eine Zwitter-Methode aus Pilken und Spinnen, braucht man, um weiter zu werfen, Ruten von ca. 2,50 m mit weniger steifer Spitze. Der Kurs des Köders unter Wasser ergäbe nachgezeichnet eine Treppenlinie, daher der Name.

Die robuste Stationärrolle sollte bei kleiner Übersetzung einen vorderen Trommel-Durchmesser von mindestens 70 bis 75 mm haben. Fischt man häufiger mit Pilkern über 100 g und kann regelmäßig mit Fischen über 7,5 kg rechnen, ist eine Multirolle empfehlenswert. Die Schnurstärken liegen zwischen 0,40 und 0,60 mm, bei Helgoland, wegen der Hängergefahr am Felsengrund, stets an oder über der oberen Grenze. Damit Pilkerverluste trotzdem keine allzu großen Löcher in ihre Geldbörse reißen, helfen sich die Angler dort mit folgender List. Durch Ausglühen machen sie die brünierten Drillinge weich. Bei einem Hänger streckt sich, wenn man gewaltsam zieht, der Haken und gibt den Pilker frei. Mit der Anglerzange biegt man den Haken wieder zurecht. Selbst der stärkste Dorsch soll ihn dennoch nicht aufbiegen können. Als zusätzliche Sicherung gegen Geräteverlust wird dem Pilker ein knapp rutenlanges Stahlvorfach vorgesetzt. So kann der rauhe Felsboden nicht die Schnur durchraspeln.

Angelmethode

Gepilkt wird ausschließlich vom unverankert treibenden Boot. Lediglich Treppenspinnen kann hin und wieder auch vom Ufer einträglich sein auf Makrelen, Hornhechte, Meerforellen und kleine Dorsche. Der Dorsch ist ein ausgesprochener Grundbewohner. 95 von 100 gefangenen Dorschen beißen in Bodennähe. Oberstes Gebot für Dorschangler daher: Der Köder muß nah am Grund angeboten werden. Unter übertriebener Hängerangst braucht der Ostseeangler wegen des meist sauberen ebenen Sandgrundes dabei nicht zu leiden.

Man unterscheidet drei Techniken des Pilkens: das einfache Heben und Senken, das Vorausangeln oder Treppenspinnen und das Achterausangeln, eine Art Schleppfischen. Beim Heben und Senken läßt man den Pilker bis auf den Grund sacken. Ist er unten angekommen, Erschlaffen der Schnur zeigt es an, hebt man ihn zügig 1 bis 2 m und läßt ihn zurücktaumeln, hebt erneut, läßt sinken usw. Der Biß, durch einen scharfen Anschlag quittiert, meldet sich als heftiger Ruck. Sportlicher und meist erfolgbringender ist das Treppenspinnen. Der Angler wirft auf der Leeseite des Bootes (Wind im Rücken) einen 50 bis 75 g schweren Pilker so weit wie möglich aus. Hat der Köder den Grund erreicht, schnellt man die Rutenspitze fast bis zur Senkrechten hoch. Nun senkt sich die Rute und folgt dem zurücktorkelnden Pilker. Dabei wird Schnur eingeholt. Auf diese Weise läßt man den Köder bis ans Boot über den Grund hoppeln und springen. Die Bisse zeigen sich als fühlbarer Ruck in der Rutenspitze, als unvermittelter bleierner Widerstand oder, wenn der Dorsch den fallenden Pilker nimmt, indem sich die Schnur unterhalb der Rutenspitze urplötzlich nach unten ausbaucht. Beim geringsten Anzeichen eines Bisses muß man sofort sehr kräftig anschlagen. Zum Achterausangeln muß der Pilker schwerer sein. Auf der Abdrift-Seite (Wind im Gesicht) läßt man ihn bis zum Grund sinken und wippt die Rutenspitze nur leicht auf und ab. Der Metallfisch spielt gegen den Zug des treibenden Bootes. Der Wasserdruck auf die Schnur hebt den Pilker allmählich vom Boden ab. Damit er in Grundnähe bleibt, muß man daher hin und wieder mehr Schnur ausgeben.

Die Angel mit dem Fischfleischfetzen läßt man ebenfalls auf der Abdriftseite zu Wasser. Ein Birnen- oder Kugelblei, je nach Strömung und Treibgeschwindigkeit des Bootes 100–500 g schwer, sitzt an der Hauptschnur. Auf dem Haken Gr. 1 am bis zu 1,50 m langen Vorfach schwänzelt der zähe Fischfetzen etwa ½ m über dem Boden.

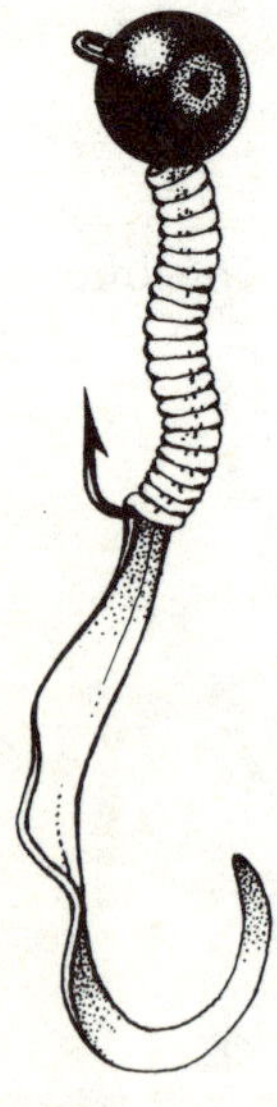
Dorschknaller

Reizvoll ist auch das Spinnfischen auf Dorsch vom Ufer aus. Der Angler geht mit der Wathose ins Wasser und wirft an dorschverdächtigen, steinigen Stellen den eigenschweren schmalen Blinker oder Pilker (20 bis 50 g) aus. Für diese Art des Angelns hat „Fisch und Fang" im Herbst 1981 einen besonders fängigen Köder bekanntgemacht und ihm auch den Namen gegeben: Dorschknaller. Dieser „Knaller" besteht aus einem Bleikopf (40 bis 80 g) mit einem langschenkeligen, nach oben weisenden Haken, über den ein flatternder Weichplastikschwanz (Twister) geschoben wird. Dieser „Knaller" vermittelt ein ganz neues Dorschfanggefühl. Inzwischen ist der Köder auch im Fachhandel erhältlich, ein Beweis dafür, wie belebend eine praxisorientierte Fachzeitschrift auf die Angelszene einwirken kann.

Die Größe der an deutschen Küsten mit Rute und Rolle erbeuteten Dorsche kann sich in den letzten Jahren schon sehen lassen. In schöner Regelmäßigkeit werden Jahr für Jahr einige Dorsche um die 20-kg-Marke gefangen. Längst liegen die deutschen Dorschrekordmarken über der Grenze von 25 kg. Auf Platz 1 steht ein Dorsch von 28 kg, gefolgt von zwei 27-kg-Exemplaren.

In arktischen Gewässern treten Hundertpfünder auf, und der Weltrekordfang war ein Dorsch von 96 kg, der vor der Küste von Massachusetts ins Netz ging.

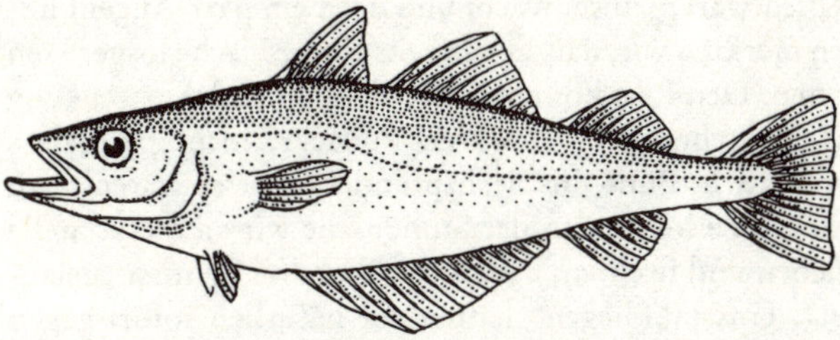

Pollack

Zu der Dorschfamilie gehört auch der Pollack, *pollack*, *(Gadus pollachius)*, doch ähnelt er seinen Vettern kaum. Er ist eleganter; ein schöner, stromlinienförmiger Fisch mit großen dunkelblauen Augen, olivfarbenen Flanken und guten Proportionen.

Sein Unterkiefer steht vor und hat keine Bartfäden. Seine Seitenlinie ist schwarz und deutlich gekrümmt. Das unterscheidet ihn vom Köhler (Seelachs), dessen Seitenlinie fast weiß ist, mit dem man ihn sonst in den größeren Exemplaren verwechseln könnte. Der Pollack ist im allgemeinen goldrot auf dem Rücken und an den Seiten olivgrün, der Köhler dagegen grünschwarz auf dem Rükken, das sich im Weiß des Leibes verliert.

Für deutsche Meeresangler ist der Pollack unerreichbar, es sei denn, sie reisen an die Südwestküste Englands, nach Wales oder Cornwall, nach Irland oder zu den Kanalinseln. Dort bietet er erstklassigen Sport, denn er beißt gut auf Kunstköder und kämpft viel wilder als der Dorsch. Da er gern zwischen Klippen steht, kann man ihn gezielt anwerfen.

Wie aufregend das Fischen in einiger Entfernung von der Küste sein kann, erlebte ich, als wir vor einiger Zeit den Schiffer eines ca. 12 m langen Bootes veranlassen konnten, uns zwanzig Meilen in den Atlantik hinauszufahren, um ein Riff zu erreichen, das bei Ebbe aus dem Wasser ragte. Als ich mit meinem Freund an der Stelle ankam, war die Frage, was wir montieren sollten. Törichterweise knüpften wir Makrelenfliegen, und zwar gleich sieben an der Zahl, an unsere Vorfächer. Wir wollten erst mal sehen, was hier los war. In Riffnähe war es knapp 180 cm tief; wir warfen aus, und unsere Endbleie setzten zu gleicher Zeit auf dem Grund auf. Und zu gleicher Zeit schienen sie auch schon am Felsen festzusitzen. Aber diese Felsen waren plötzlich sehr lebendig, und mit schweren Stößen wuchtete es da unten los. Sehr schnell war uns klar, daß wir an jeder „Feder" einen Fisch hatten – ein „full-house", mit dem wir natürlich nicht fertig wurden. Die Haken waren zu schwach, und nach ein paar Augenblikken merkten wir, daß sich bereits einige Fische losgerissen hatten. Den Rest konnten wir mit allerhand Anstrengung ins Boot bringen. Es waren Pollacks, nicht besonders große, d. h. Fünf- bis Sechspfünder, aber es waren noch eine ganze Menge. In der Stunde, die wir an dieser Stelle blieben und fischten, haben wir über drei Zentner „gelandet". Unsre „Fliegen" hatten wir natürlich sofort gegen einen einzelnen Gummiaal getauscht. Dabei hätten wir noch mehr fangen können. Nicht mengen-, aber gewichtsmäßig. Wir hätten nur eine tiefere Stelle aufzusuchen brauchen. Aber es ist eben sehr schwer aufzuhören, wenn die Fische beißen... Die Großen finden sich in Tiefen von etwa 40 bis 65 Metern.

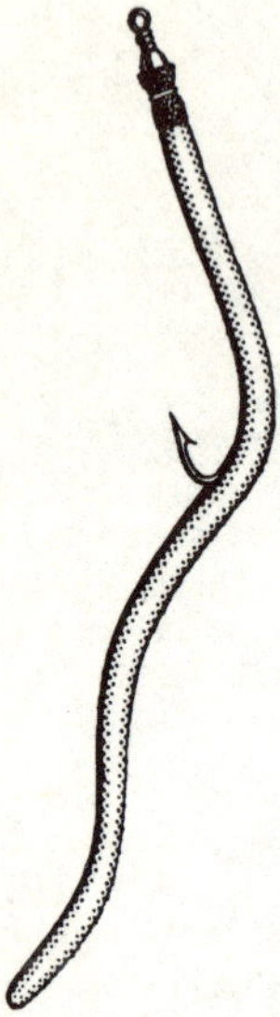

Sandaal aus Gummi

Ein großer Vorzug des Pollackfischens liegt in der herrlichen Umgebung, in der man es betreibt. Im kleinen Boot dicht an den aufschäumenden Wellen der Riffe zu angeln, ist ein Abenteuer, dessen Reiz von kaum einem anderen mit Rute und Schnur erreicht wird. Der englische Rekordpollack von 11 kg wurde bei Newquay, Cornwall, im Jahre 1957 gefangen.

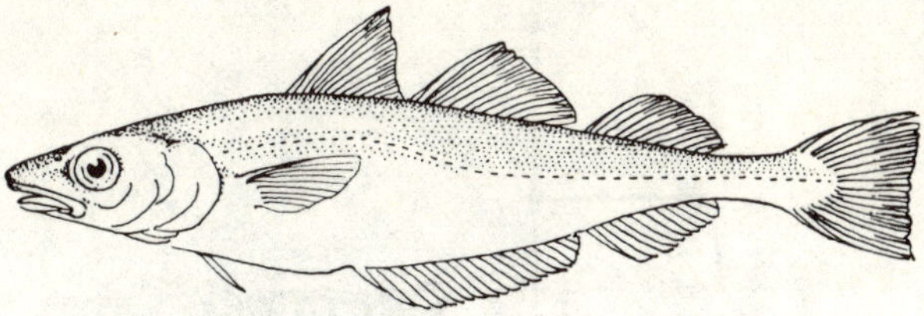

Wittling

Der Wittling (*Gadus merlangus*), auch Merlan genannt, ist ein Abkömmling der Familie Kabeljau; allerdings fehlt ihm der eine Bartfaden unterm „Kinn", den der Dorsch hat. Er ist leicht an dem dunklen Fleck hinter der Brustflosse zu erkennen. Wittlinge sind sehr fruchtbar, und so sind sie für den Meeresangler, was das Rotauge für den Süßwasserfischer ist. In den Herbst- und Wintermonaten bieten Wittlinge guten Sport an den Küsten.

Freilich sind sie, an anderen Fischen gemessen, keine starken Kämpfer; aber willkommene Lückenbüßer, wenn sonst nichts beißt. So haben sie schon häufig einem Angler zu seinem Preis beim Wettfischen von Molenköpfen aus verholfen.

Köder

Man fängt den Wittling je nach den örtlichen Verhältnissen an verschiedenen Ködern, im allgemeinen an Würmern, Muscheln und Fischfleischfetzen. Besonders gern geht er zeitweise auf den Wattwurm (Pierwurm). Gegen Jahresende sind kleine Sprotten ein unfehlbarer Köder.

Gerät

Es empfiehlt sich, möglichst leichtes Geschirr zu nehmen; so leicht, wie es Strömung und Gewicht des Senkers gestatten. Der Haken sollte nicht zu groß sein, sagen wir Nr. 3 oder 4. Manche Angler nehmen Süßwassergerät: eine leichte Rute mit Rolle und Schnur von ca. 3 kg Tragkraft. Eine solche Ausrüstung gewährt guten Sport. Sie hat allerdings den Nachteil, daß hin und wieder mal etwas beißt, dem sie nicht gewachsen ist; und dann gibt es – einen Knall.

Methoden

Am häufigsten verwendet man die Paternosterangel, sowohl vom Ufer als auch vom Boot aus. Die Wittlinge scheinen ganz plötzlich, sozusagen aus der Versenkung aufzutauchen. Oft ist eine Weile gar nichts los, aber auf einmal fangen die ganze Mole entlang alle Rutenspitzen an zu zucken. Am besten beißt der Wittling in der Dämmerung und auch noch bis in die Dunkelheit hinein; zumal wenn dann die Flut gerade am höchsten steht und auch

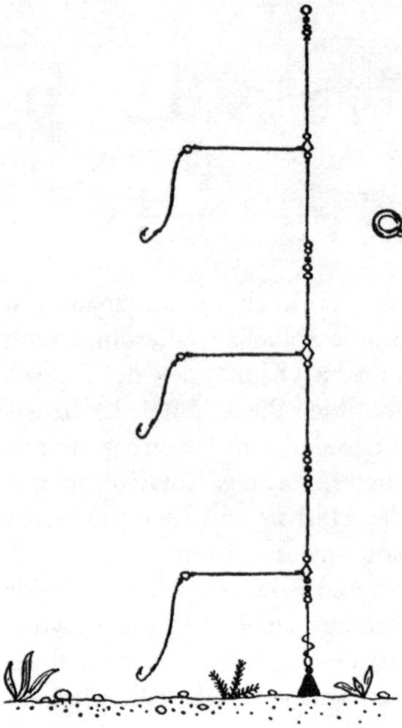

Paternosterangel

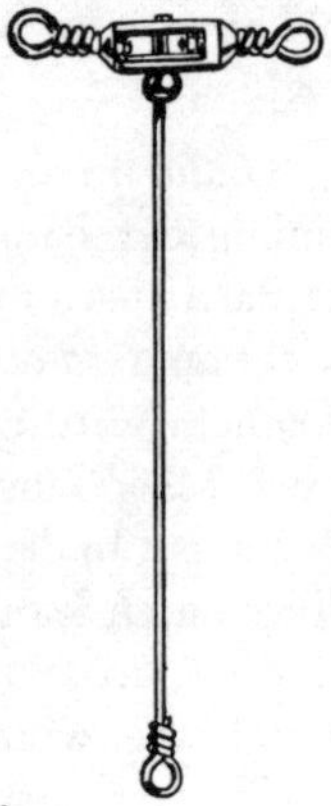

Ausleger

noch eine Weile, wenn sie wieder abläuft. Doch das ist örtlich verschieden.

Der Biß ist heftig; der Wittling ist dafür bekannt, daß er den Köder unversehens vom Haken reißt. Ich habe Angler beobachtet, die Dutzende von Bissen hatten, aber nur hin und wieder einen Fisch haken konnten. Gewöhnlich hatten sie ihre Ruten hingelegt oder hingestellt, und der Köder war weg, ehe sie die Rute aufnehmen konnten. Daher ist es sicherer, sie in der Hand zu halten, den Biß an der Schnur zu spüren und rasch anzuschlagen. Auch darin ähnelt der Wittling der Plötze: Man muß bei beiden sehr behende sein, sonst kommt man zu spät. Auch die Schwimmerangel für Makrelen und Hornhechte eignet sich, in etwas leichterer Ausführung, zum Wittlingsfang.

Allgemeines

Der größte britische Wittling, der gefangen und registriert wurde, wog 2,7 kg. Doch ist jedes Exemplar über 1 Pfund schon eine recht ansehnliche Beute. Die kleinen dienen oft als Köderfische. Der Wittling ist ein guter Speisefisch, und ein Gericht von leidlich großen Stücken ist eine willkommene Bereicherung des Speisezettels.

Haie

Vier Arten von Haien sind in den britischen Gewässern verbreitet. Es sind der Blauhai, der Mako, der Heringshai und der Fuchshai. Auch andre Arten treten auf, spielen aber für die sportliche Angelei kaum eine Rolle.

Mit dem Hundshai, den deutsche Angler bei Helgoland und südlich Sylt fangen, beschäftigen wir uns auf Seite 277.

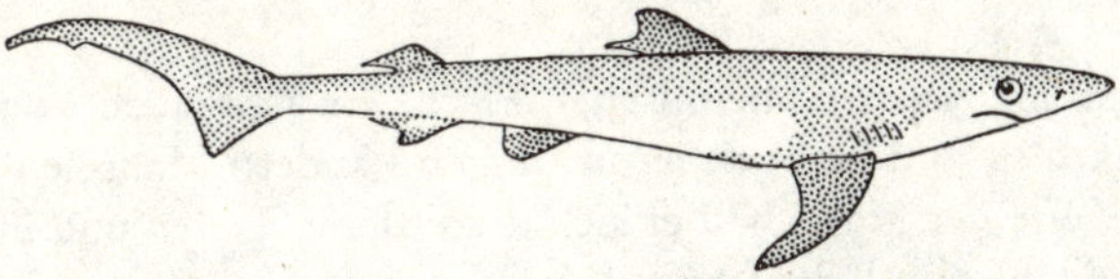

Blauhai

Am häufigsten von allen unsern Haien ist der Blauhai, *blue shark (Carcharinus glaucus)*. Westlich von Portland Bill (zwischen Portsmouth und Plymouth) tritt er in großer Zahl auf, kommt aber selten in den Kanal hinein. Er ist häufig an den Süd- und Westküsten von Irland und taucht gelegentlich auch an der Westküste von Schottland auf.

Er ist es, der den Haifang in Großbritannien so beliebt gemacht hat. Seine Farbe ist, wie der Name sagt, blau, sein Leib ist weiß. Obwohl man Blauhaie bis zu 7,50 m Länge kennt, begegnet er dem Angler gewöhnlich in Größen von 1,20 bis 1,50 m. Fische von 37,5 kg und darüber gelten bereits als kapital.

Der Blauhai kämpft nicht besonders wild, doch an leichterem Geschirr liefert er mehr Sport, als die meisten glauben. Fast alle Blauhaie werden in der Nähe der Oberfläche gefangen, wo sie auf Sprotten, Makrelen und Heringe Jagd machen.

Der Mako-Hai *(Isurus oxyrinchus)* ist ein veritabler Kämpfer und springt beim Drill hoch in die Luft. Bei Neuseeland, wo er zu erheblichen Größen heranwächst, heißt er deshalb auch der Springhai. Er sucht seine Nahrung in mittleren Tiefen, man findet ihn in der Nähe von Riffen, wo Pollack und andere Dorscharten für einen reichgedeckten Tisch sorgen.

Der Heringshai, *porbeagle shark (Lamna nasus)* ist dem Mako in Erscheinung und Gewohnheiten ähnlich. Man unterscheidet die beiden am besten an ihrem Gebiß. Die Zähne des Heringshais sind regelmäßig und stehen in bis zu sieben Reihen geordnet. Die des Mako sind länger und stehen kreuz und quer. Der Heringshai hat einen tiefer hängenden Leib als die andern Arten. Er ist ein vorwie-

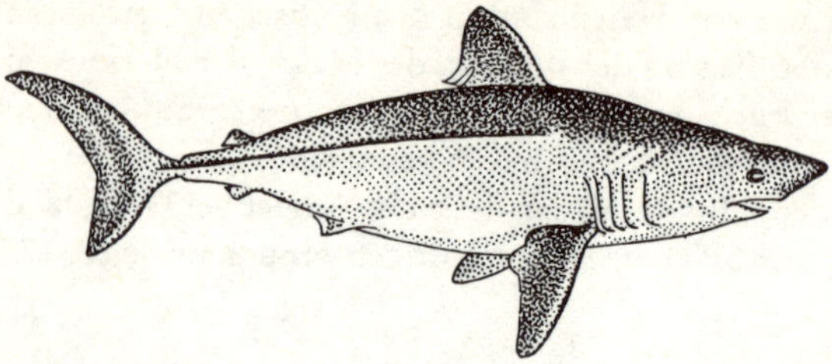

Heringshai

gend im Atlantik heimischer Fisch. Er lebt auch von Makrelen und heißt daher in einigen Ländern Makrelenhai. Wie der Mako hält er sich in mittleren Tiefen und in der Nähe von Felsriffen auf. Ist er gehakt, so pflegt er in die Tiefe zu flüchten. Beide müssen völlig müde gedrillt werden, ehe man sie ans Gaff bringt.

Der seltenste Besucher unserer Küsten ist der Fuchshai, *thresher shark (Alopias vulpes).* Diesen gefräßigen Burschen sieht man manchmal bei gutem Wetter an der Oberfläche, wie er das Wasser mit seinem sichelförmigen Schwanz zu Schaum „drischt", wenn er einen Schwarm von Makrelen oder anderen Fischen umkreist. Er erreicht erhebliche Größen.

Gerät

Looe in Cornwall, wo das britische Haisportangeln entwickelt wurde, bietet nicht minder gute Gelegenheiten für den Großfischfang als die amerikanischen Zentren. Jede Menge Boote können dort gemietet werden. Sie sind etwa 10 Meter lang und bis zu 3,60 Meter breit. Das Vorschiff trägt eine Steuerkabine, dahinter ist ein freier Platz, auf dem nur ein Drehstuhl für den Angler steht, der sich anschnallen muß. Die Deckplanken können einzeln aufgehoben werden, wodurch Öffnungen entstehen, in die man gefangene Fische gleiten läßt. An der Vorderseite des drehbaren Stuhles ist eine Art Tülle, in die man den Rutengriff steckt. Sie hat ein Gelenk, damit der Angler seine Rute auf und ab bewegen kann, um den Fisch aus der Tiefe heraufzupumpen.

Das Gerät zum Haifang ist viel schwerer als das normale Geschirr für das Angeln vom Boot aus. Seitdem es Glasfiberruten gibt, ist die Wahl leichter. Jede Vollglasrute mit einer Testkurve von 15 bis 17,5 kg kann den Anforderungen entsprechen. Hohlglasruten, obwohl sie als besonders stark gelten, sind gelegentlich in kritischen Momenten abgeknickt. Besonders wichtig ist ein zuverlässiges Schraubgewinde für die Rolle. Früher befestigte man die großen Multirollen nach unten hängend an der

Rute, jetzt stellt man sie nach oben. Die Rolle muß mindestens 300 m Schnur von 50 kg Tragkraft fassen. Bei schwächeren Schnüren braucht man 500 m.

Unumgänglich ist eine Art Harnisch. Das ist eine Weste aus Leder oder Stoff, die über die Schultern und um die Hüften greift und festgeschnallt wird, damit sie beim Drill nicht rutscht. Gurte führen von den Schultern zu einem Schnellausklinker und von dort zur Rute oder zur Rolle.

Wenngleich die meisten modernen Schnüre sich kaum voneinander unterscheiden, ist geflochtene Kunststoffschnur am beliebtesten. Das Vorfach muß besonders stark sein, denn an der rauhen Haut eines Haies wetzt sich eine gewöhnliche Schnur sofort durch. Die Erfahrung hat ergeben, daß ein rostfreies Drahtkabel mit einer Tragkraft von etwa 100 kg das richtige ist. Das Vorfach sollte 3,60 bis 4,80 Meter lang sein und am oberen Ende und in der Mitte einen kräftigen Wirbel von mindestens 50 kg Tragkraft haben. Der Haken muß aus geschmiedetem Stahl sein, Größe 9/0 bis 10/0, mit verlötetem Öhr. Das Drahtvorfach wird direkt durch das Öhr gefädelt und dann weich verschweißt. Die Hakenspitze muß äußerst scharf sein, denn das Haimaul ist hart.

Ein weiterer Bestandteil der Ausrüstung ist das Floß. Es genügt ein Stück Kork, ein Plastikschwimmer oder auch ein Luftballon. Ein besonderes Problem ist das Gaff und das Gaffen. Vielfach sieht man solche mit ausklinkbarem Haken, an dem ein Tau befestigt ist.

Angelmethoden

Heute werden über sechstausend Haie jährlich mit Rute und Schnur von Sportanglern in englischen Gewässern gefangen. Brigadier J. A. L. Caunter aus Looe (Cornwall) versuchte in den frühen fünfziger Jahren als erster, Jagd auf den Hai zu machen. Seine Experimente mit Gerät und Methoden sind die Grundlagen für ein Fangverfahren, das heute in ganz Großbritannien praktiziert wird.

Und zwar lassen wir uns vor dem Wind mit dem Flutstrom bei abgestellter Maschine treiben. Das heißt, wir kämpfen, sobald der Anhieb gesetzt ist, ohne jede Hilfe mit dem Hai. Dazu braucht man natürlich schwereres Geschirr, als führe man etwa mit dem Boot hinter einem davonstürmenden Gegner her. Erfahrene Haiangler haben vielfach versucht, auch mit leichterem Geschirr auszukommen, aber häufig ist gerade dann ein besonders Kapitaler aufgetaucht und hat ihre Schnüre zerfetzt wie Zwirnsfäden.

Eine der wichtigsten Hilfen ist der „rubby dubby“, der

Futtersack. Er enthält eine Masse von zerquetschten Sprotten, Heringen, Makrelen. Sprotten sind am besten, denn sie haben viel Öl. An Bord heißt der Futterköder „chumming". zum Anfüttern gehören aber auch lebende Fische, die man eimerweise ins Wasser kippt. Kommen wir an den Fangstellen an, so füllen wir zwei engmaschige Netzbeutel mit dem Futter und hängen sie an Bug und Heck so auf, daß sie mit den Bewegungen des Bootes ins Wasser tauchen und Fleischbröckchen verlieren. Sehr bald stellt sich durch die ölige Brühe ein Oberflächenfilm ein, der den Hai, der eine gute Nase hat, anlockt.

Im Unterschied zu andern Arten der Meerfischerei ist das Angeln auf den Hai besser bei rauher als bei glatter See. Die meisten Bisse hat man am Nachmittag. Es scheint, daß die Haie etwas Zeit brauchen, bis sie die Lockfutterspur zu ihrem Ursprung hin verfolgt haben.

Die ausgelegten Ruten beködern wir mit lebenden Makrelen oder auch mit toten Sprotten oder Heringen. Den lebenden Köderfisch hakt man unter der Rückenflosse oder durch das Maul. So wird seine Schwimmfähigkeit kaum beeinträchtigt. Bei toten Fischen fädelt man das Vorfach mit einer Ködernadel durch den ganzen Körper und läßt den Haken aus den Augen, dem Maul oder den Kiemen herausstehen. Die meisten bevorzugen einen einfachen Haken. Bis zu drei Haken sind jeweils erlaubt, wobei ein Drilling für drei zählt. Von zwei separaten Haken spießt man einen durch die Lippen, den andern durch die Haut hinter der Rückenflosse.

Eingestellt wird die Angel auf 3,80 bis 15 m Tiefe. Man zieht entsprechend viel Schnur ab und befestigt dann das Floß. Die Schnur bringt man zu Wasser und läßt sie auslaufen, bis das Floß 6 bis 7,50 m vom Boot entfernt ist. Bei zwei Ruten stellen wir die eine Angel tiefer als die andere. Nun lehnen wir sie an den Dollbord und geben die Rollen frei, damit bei einem Biß Schnur ablaufen kann. Auf keinen Fall sollte man überstürzt anhauen, sondern sich mit dem Aufnehmen der Rute Zeit lassen und alle Vorbereitungen für den Kampf treffen. Erst wenn der Fisch keine Schnur mehr abzieht, bringt man die Rute in Position, und sobald der Hai erneut loszieht, wird der Haken mit kräftigem Ruck nach oben eingetrieben.

Nun beginnt das Messen der Kräfte. Erst wenn der Hai unter Kontrolle ist, aber noch tief unten wühlt, beginnt das „Pumpen". Keinesfalls darf man versuchen, den Fisch mit aller Gewalt hochzuzerren. Zügiges Auf und Ab der Rute mit jeweiligem Einrollen von Schnur bei der Abwärtsbewegung wird unsern Hai allmählich müde machen, wenngleich er oft noch ein paarmal wieder Tiefe gewinnt.

Bei einem Fisch von 200 bis 250 Kilogramm ist es wahrscheinlich, daß auch die vereinten Anstrengungen der Besatzung nicht ausreichen, ihn ins Boot zu kriegen. Dann läßt man ihn am besten im Wasser. Er wird in der Aftergegend gegafft, die Gaffstange ausgeklinkt, und mit dem am Haken befestigten Tau zieht man über eine am Mast sitzende Talje (kleiner Flaschenzug) den Schwanz des Haies so hoch, daß er frei über dem Wasser hängt. Ein zweites Gaff kann dann ins Maul gerissen und sein Tau am Bug festgezurrt werden. Wenn das Boot anfährt, gleitet der Fisch wie ein Beiboot über die Oberfläche. An Bord gebrachte kleinere Haie werden mit einer mehrere Pfund schweren Keule erschlagen. Überflüssig zu sagen, daß man sich vor ihren Zähnen vorsehen muß.

Allgemeines

Jedes Boot, das abends in den Hafen zurückfährt, hat an der Rahnock Wimpel gesetzt, die den Fang verkünden. Der Shark Angling Club von Großbritannien wurde von Brigadier CAUNTER im Jahre 1953 gegründet. Heute gilt dieser Klub als führend in Europa, und sein Vorsitzender ist als Weltautorität anerkannt. Die Mitglieder unterwerfen sich sehr strengen Satzungen. Diese basieren auf den Regeln der International Game Fish Association von Miami in Florida.

Um sich eine Vorstellung von der Größe und Kraft eines Haies zu machen, hier Kostproben aus der IGFA-Weltrekordliste 1976 in lbs (1 lbs = 453 g):

Blauhai	410 lbs
Hammerhai	703 lbs
Heringshai	430 lbs
Makohai	1061 lbs
Fuchshai	739 lbs
Tigerhai	1780 lbs
Weißer Hai	2664 lbs

Neben diesen Brocken nehmen sich die Haie vor der englischen Küste und erst recht die Hundshaie in deutschen Nordseegewässern recht bescheiden aus. Trotzdem ist das Hundshaiangeln im Seegebiet bei Helgoland ein aufregendes Abenteuer. „Fisch und Fang“ berichtete als erste Fachzeitschrift über bemerkenswerte Hundshaifänge im Seegebiet von Sylt. Eine Bootsfahrt vom Hörnumer Hafen zu den Haigründen in Höhe der sogenannten Thee-Knops-Rinne dauert etwa ¾ Stunden. Dort ertönte auf einigen

Privatkuttern in den letzten Jahren gar nicht so selten der Ruf: Hai, Hai! Hundshaie zwischen 120 und 170 cm gingen an den Köder. Obgleich das Seegebiet um Helgoland weiterhin das „klassische" bundesdeutsche Hairevier ist, werden auch bei Borkum-Riff Jahr für Jahr vom Angelkutter aus sehr viele Hundshaie gefangen. Nähere Auskünfte erteilt gern die Redaktion „Fisch und Fang".

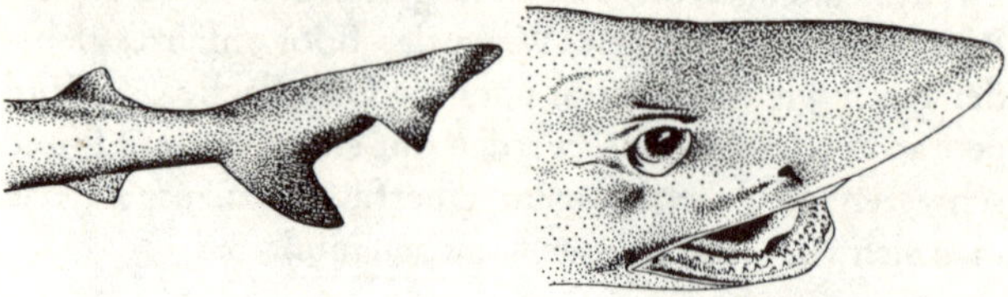

Hundshai. Schwanzflosse, Kiefer des weiblichen Tieres

Der Hundshai *(Galeorhinus galeus)* gehört zu der großen Klasse der Carchariniden.

Im Verhältnis zu seinen näheren Verwandten ist er kein besonders großer Fisch. Er erreicht Längen bis zu 2,40 m, aber wegen seiner Geschwindigkeit und Kampfkraft steht er in hoher Achtung bei den Meeresfischern, zumal sie auf ihn mit relativ leichtem Gerät angeln können. Er ist torpedoschlank, seine Farbe wechselt zwischen grau und rehbraun.

Sein charakteristisches Merkmal ist die eingekerbte Schwanzflosse. Hundshaie zwischen 20 und 25 kg gelten bei uns als ansehnlich. Jedes Jahr werden einige bis zu 30 kg schwere gemeldet. Sie sind weit verbreitet in den Ozeanen der Welt. In britischen Gewässern kommt der Hundshai im April oder Mai zu den Küsten. Die Wintermonate hat er in größeren Tiefen verbracht. Jetzt laicht er, und zwar werden die Jungen, zwanzig bis vierzig an der Zahl, lebendig geboren.

Dieser Hai gilt gewöhnlich als ein Grundfisch. Das ist gewiß richtig, denn er lebt vorwiegend von Plattfischen, doch hat man ihn schon in der Nähe der Oberfläche beobachtet, wo er auf Makrelen Jagd macht. Die üblichen Angelmethoden richten sich allerdings nach der Erfahrung, daß er überwiegend tief steht.

Köder

Der Hundshai nährt sich fast ausschließlich von Fischen, im allgemeinen sind daher frische Fische als Köder geeignet; in manchen Jahren aber auch Tintenfische, wenn sie in größeren Mengen hereinkommen.

Gerät

Wegen seiner Kampfkraft bietet er guten Sport, und dieser ist um so reizvoller, je leichter man das Gerät wählt. Als Tragkraft der Schnur genügen 7,5 kg für den erfahrenen Angler; der Neuling nehme sie allerdings lieber doppelt so stark. Für das Fischen von der Küste und vom Boot eignet sich am besten die Multirolle. Sie muß freilich genügend Schnur fassen. Ich selbst gehe niemals unter 300 m, und selbst darin liegt noch ein ziemliches Risiko. Einmal hat mir ein Hundshai die gesamte Länge von der Rolle gezogen, ohne daß ich ihn stoppen konnte.

Wer von der Küste aus angelt, greift am besten zu einer üblichen Brandungsrute. Mit 330 cm Länge ist sie auch noch im Boot brauchbar. Sie sei leicht, damit sie zur Schnur paßt. Hohlglas ist am besten. Wichtig sind nichtrostende Stahlringe und eine zuverlässige Schraubhalterung für die Rolle.

Wegen der scharfen Zähne unsres Fisches und seiner rauhen Haut ist ein Drahtvorfach unerläßlich. Es sollte nicht unter 120 cm lang sein. Bootsangler nehmen Vorfächer bis zu 6 Metern.

Das Blei sitzt frei beweglich auf der Schnur. Das ist wichtig, denn der Hundshai ist oft vorsichtig und läßt den Köder fallen, wenn er das Gewicht des Bleies spürt. Die Größe des Laufbleies, das durch einen Wirbel zwischen Schnur und Vorfach gestoppt wird, hängt natürlich von den Strömungen ab. Man nehme es so leicht wie möglich.

Der Haken muß zum Köder passen, d. h. er darf nicht größer sein, als der Köder erlaubt. Bei einem halben Hering genügt zum Beispiel ein Nr. 6/0 Einzelhaken.

Angelmethoden

Das Anködern ist sehr wichtig. Die meisten erfolgreichen Hundshaiangler glauben, der Haken müsse so unauffällig sein wie möglich. Ich selbst habe oft gemerkt, wie ein vorsichtiger Hai einen unvorsichtig montierten Köder fallen ließ. Deswegen sorge ich immer dafür, daß der Haken im Köder verborgen ist. Beim Fischen über Felsgrund ist das anders.

Nimmt der Hundshai den Köder, so spürt man gewöhnlich ein paar kleine Rucke, dann wandert die Schnur ab, und ein paar Meter werden von der Rolle gezogen. In diesem Augenblick anzuhauen, wäre verhängnisvoll. Jetzt hat er den Köder nämlich zwischen den Kiefern, aber noch nicht geschluckt. Nach einer

Pause, während der wir fürchten, der Fisch habe den Köder fahren lassen, rast die Schnur plötzlich wieder los, und nun können wir sie bremsen und anschlagen. Im Drill muß man dem Gegner zuerst Schnur geben und nicht zu scharf hemmen. Blockiert man ihn, so reißt die Schnur sofort, oder er wälzt sich wild an der Oberfläche und erzielt den gleichen Effekt. Wird seine Flucht langsamer, so gelingt es durch zunehmenden Daumendruck, ihn zu wenden. Nach einiger Erfahrung im Kampf mit Hundshaien bekommt man das Gefühl dafür, was man ihnen zumuten kann und wird mit wachsendem Selbstvertrauen bald Herr der Lage. Niemals sollte man den Hai zu „landen" versuchen, ehe er vollständig erschöpft ist. Man kann zum Gaff greifen, aber es ist auch möglich, ihn bei der Schwanzwurzel zu packen und – mit beiden Händen – an Bord zu heben oder an Land zu schleifen. Man muß ihn nur, wenn man nicht gebissen werden will, weit genug vom Körper abhalten.

Wo wir den Hundshai über felsigem Grund finden, ist das eben geschilderte Fischen mit der Grundangel nicht möglich, man verlöre dabei zuviel Geschirr. Auch empfiehlt es sich, mit bewegtem Köder zu arbeiten, denn an den Riffen jagt der Hundshai Pollack und Makrelen und kümmert sich nicht um das, was am Boden liegt. Jetzt fischen wir nicht mit dem Laufblei am Grunde, sondern mit einem Endblei, d. h. nach dem Paternostersystem. Wir lassen die Angel über Bord ins Wasser, bis das Blei aufsetzt. Dann holen wir ein paar Meter Schnur ein und klemmen ein Floß darauf. Angel und Boot treiben nun im Flutstrom über die Riffe hinweg. Beißt ein Hai, so wird sofort angeschlagen. Als Köder bevorzuge ich ein Stück Fischfleisch und lasse den Haken mit der Spitze herausstehen.

Allgemeines

Der englische Rekord-Hundshai wog knapp 34 kg. In Deutschland wird der Hundshai überwiegend von Booten aus gefangen, die mit Sportfischern an Bord in die Gewässer um Helgoland auslaufen, und das Interesse der Meerangler am Hundshaifischen wächst ständig. 1970 wurde vor Helgoland ein 43,5-kg-Hai gefangen. Ein großer Teil der Borkumer und Sylter Haie (S. 278) wog über 15 kg.

Kleinhaie

Zu den Kleinhaien, die in der Nordsee vorkommen und gelegentlich in größerer Zahl mit der Angel gefangen werden, gehören drei Arten. Der Kleingefleckte Katzenhai *(Scyliorhinus caniculus),* der Großgefleckte Katzenhai

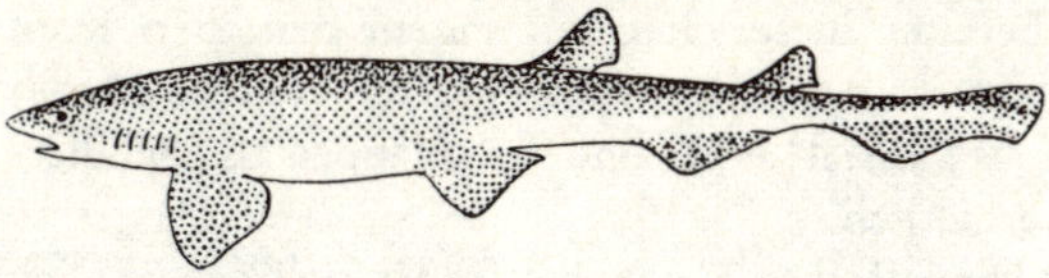

Katzenhai, kleingefleckter

(Scyliorhinus stellaris), und der Dornhai *(Squalus acanthias)*. Ihr Fang bietet keinen besonderen Sport, doch werden sie in manchen Küstengebieten so zahlreich erbeutet, wenn man auf andere Fische angelt, daß sie hier wenigstens erwähnt werden sollen.

Der Kleingefleckte Katzenhai hat eine Haut wie Sandpapier. Als kleiner Verwandter der größeren Haie hat er wie diese das charakteristische weit unterständige Maul, und zwar ist es bei ihm halbmondförmig. Die Haut ist gewöhnlich sandfarben und mit zahlreichen dunklen Flecken besät.

Katzenhai, großgefleckter

Der Großgefleckte Katzenhai ist eine schon eher lohnende Beute des Meeresanglers. Er ist gewöhnlich dunkler und gewichtiger, die Flecken sind, wie der Name andeutet, größer. Außerdem unterscheidet er sich von seinem kleingeflecktem Vetter durch die größeren lappenartigen Nasenklappen. Der bisher in englischen Gewässern gefangene schwerste Großgefleckte Katzenhai wog fast 10 kg.

Der Dornhai ist dunkelgrau oder braun mit weißem Leib. Er kämpft besser als die beiden Katzenhaie. An den „Dornen", d. h. Stacheln, die an der Vorderkante der beiden Rückenflossen sitzen, kann man sich unangenehm

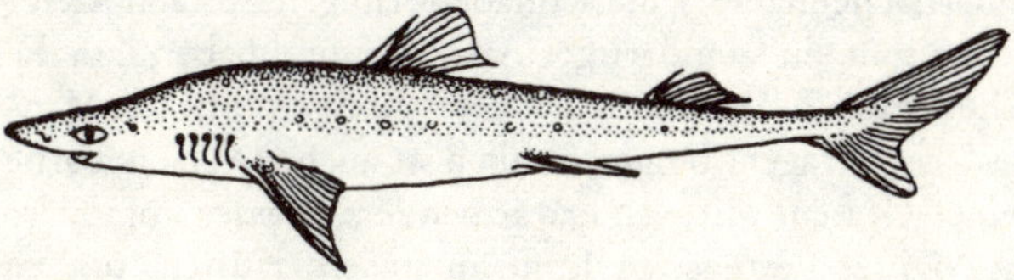

Dornhai

verletzen. Die Wunden entzünden sich leicht. Am besten preßt man den gefangenen Fisch auf den Boden, schlägt ihn auf den Kopf und kneift die Stacheln mit einer kräftigen Zange ab.

Man bereitet diese Haie zu, indem man den Kopf abschneidet und die Haut abzieht. Im Handel ist der Dornhai als „Seeaal“ und seine Bauchlappen als „Schillerlocken“ erhältlich.

Der Kleingefleckte Katzenhai findet sich gewöhnlich auf sandigen oder schlammigen Böden. Er sucht seine Nahrung am Grunde. Sie besteht aus Krebsen, Kleinfischen und Seesternen. Man fängt ihn eigentlich das ganze Jahr hindurch an den Küsten, in Deutschland vornehmlich auf den Hundshaigründen vor Helgoland.

Der Großgefleckte Katzenhai steht eher auf steinigen oder felsigen Gründen. Im übrigen verhält er sich ähnlich wie sein kleinerer Verwandter. An deutschen Küsten wird der Großgefleckte Katzenhai nicht erbeutet. Sein erstes Vorkommen nach Westen liegt im englischen Kanal. Der Dornhai dagegen wandert eher umher. Ihn fängt man im Sommer vom Boot aus, in Deutschland ebenfalls auf Helgoländer Haigründen.

Da nur wenige Angler ausdrücklich auf diese Kleinhaie fischen, werden sie an den sonst üblichen Grundködern erbeutet. Das heißt an Fetzen, Würmern, Muscheln und sonstigen nicht zu großen Happen.

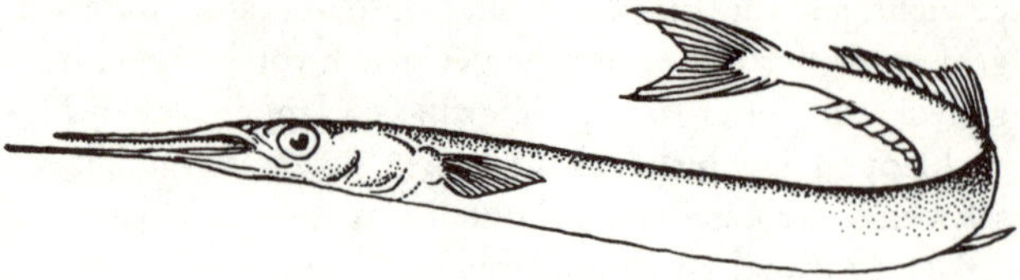

Hornfisch

Der Hornfisch, Hornhecht *(Belone belone)* oder örtlich vielfach anders genannt, ist ein silbergrüner sehr schlanker, langgestreckter Raubfisch. Er jagt vorwiegend in Oberflächennähe. Seine schnabelförmigen, spitzen Kiefer geben ihm ein fremdartiges Aussehen und haben ihm die scherzhafte Bezeichnung „Schwertfisch des kleinen Mannes“ eingetragen. Ungewöhnlich ist auch die grüne Farbe seiner Gräten. Mit sich erwärmendem Wasser kommt er im Mai, spätestens im Juni, an unsere Küsten, um zu laichen. Meistens Mitte September wird er wieder seltener. Vereinigt zu großen Schwärmen verlieren sich die Fische in den Weiten des Atlantischen Ozeans.

Der Hornhecht kommt häufig vor, in der Ostsee sogar reichlicher als die Makrele. An der leichten Angel liefert er lebhaften Sport. Man fängt ihn vom Strand, von Klippen, Molen, Wellenbrechern und auch vom Boot aus. Gute Fangplätze liegen überall dort, wo das Meer schon in Ufernähe verhältnismäßig tief ist. Viele Urlaubsangler kennen den Ellenbogen an der Nordspitze von Sylt als Hornhechtstelle. Hornhechte halten sich zwar gern in Ufernähe auf, scheuen aber merkwürdigerweise vor Uferverbauungen, Bootskörpern und Gegenständen, die ins oder über das Wasser ragen. Wegen ihrer eigenartigen Schattenscheu werden sie nur ganz selten unmittelbar am Boot oder an der Molenmauer gefangen. In 15–20 m Entfernung gelingen jedoch oft überraschend gute Fänge.

Köder

Der Hornhecht beißt gierig auf kleine Pilker und Spinner, kommt aber leicht wieder ab, denn die Haken fassen schlecht in dem harten, scharf bezahnten Schnabel. Auch bricht manchmal der Ober- oder Unterkiefer ab. Der wirkungsvollste Köder sind kleinfingerlange dünne Hautlappen aus der Flanke eines Herings, Sandspierlings oder, am allerfängigsten, eines frisch gefangenen Hornhechtes. Die Hautlappen werden fischförmig zugeschnitten und an einem Ende ganz dünn geschabt. Durch das dicke Ende sticht man den Haken.

Gerät und Angelmethoden

Den Fischhappen kriegen die Hornhechte auf zwei Arten vorgesetzt: als Spinnköder oder an der Gleitfloßangel wie für Makrelen, jedoch nur 1–3 m tief. Die Floßangel sei aber leichter als das Makrelen-Gerät. Der schlanke Schwimmer mit langer, weit sichtbarer Antenne sollte nur 10–15 g tragen.

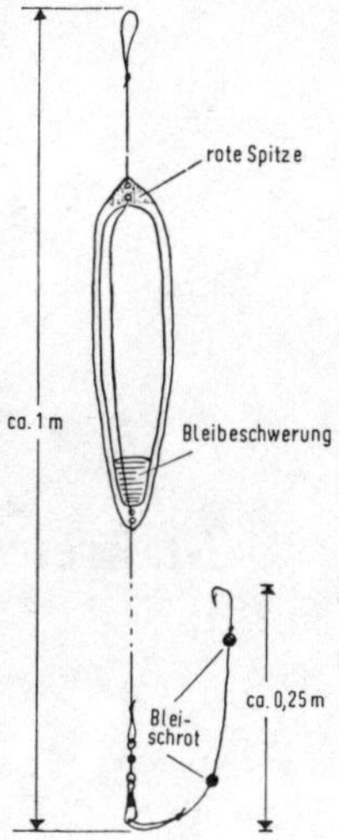

Buloval-Pose für Hornhechte

Besonders eignet sich aber zum Hornhechtfang die langgestreckte französische Buloval-Pose aus wasserklarem Kunststoff. Da durchsichtig, wirft sie kaum Schatten. Nur die oberste Spitze leuchtet als Blickfang rot. Die unten eingegossene Bleibeschwerung ermöglicht weite Würfe, so daß der Köder kaum zusätzlich beschwert werden muß und ganz natürlich nahe der Wasseroberfläche schwebt, dem Jagdrevier der Hornhechte. 40 g Posengewicht erlauben auch bei Gegenwind gute Wurfweiten. Namentlich bei ruhiger See beißt der Hornhecht manchmal zögernd. Der Schwimmer taucht nur halb unter, zieht hin und her oder legt sich flach wie beim Brassenbiß. Meist wird er aber stürmisch unter Wasser gerissen. Nach 5–10 Sekunden schlägt man an.

Der Hornfisch schluckt oft tief. Der Einhänge-Wirbel am Hauptschnurende fördert dann schnellen Vorfachwechsel. Langschenklige, nicht zu kleine Haken (Gr. 3–4) lassen sich besser lösen. Die Hakenlöseschere dafür darf der Hornhecht-Angler nie vergessen. Es ist schier unmöglich, den Haken mit bloßen Fingern aus dem knochigen scharf bezahnten Maul herauszupulen.

Zum Spinnen mit dem Fetzenköder setzt man etwa 50 cm oberhalb des Hakens eine 20–30 g schwere Bleikugel auf der Schnur fest. Die Angel wird weit ausgeworfen und ruckweise wieder eingeholt. Selbst bei langsamer Führung flattert das Schwanzende des Fetzens lebhaft, daher auch der Name Flatterköder. Ehe er entschlossen zupackt, faßt der Hornhecht zunächst den Köder nur mit der Schnabelspitze. Bei einem Biß gibt man daher sofort Schnur – verhält sich also genau umgekehrt wie sonst beim Spinnfischen – und setzt den Anhieb erst, wenn der Fisch, meist nach 5–10 Sek., mit der Beute abschwimmen will.

Fetzenspinnen ist sportlich reizvoller als Floßangeln und oft ergiebiger. Vom Boot aus ist auch die Treibangel erfolgreich. Leichte Rute, ca. 100 m Schnur von 2,5 kg Tragkraft, Haken Nr. 5 am etwas schwächeren Vorfach mit geringer Beschwerung genügen.

Der Hornhecht ist im Drill sehr wendig, tanzt auf der Oberfläche herum und schnellt oft hoch aus dem Wasser. Man lasse ihn ganz ermüden, ehe man ihn landet.

Allgemeines

Der Hornhecht wird bis zu 90 cm lang und 1 kg schwer. Den Rekord dürfte ein Exemplar aus der Kieler Bucht halten mit 100 cm Länge und 1,375 kg.

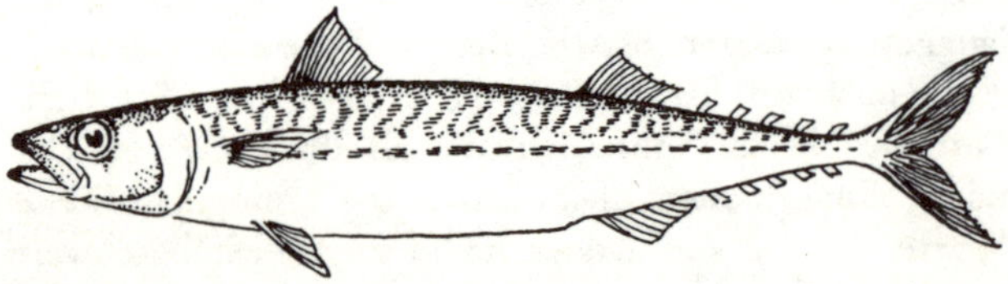

Makrele

Stromlinienförmig, irisierend, schnell und stark, gehört die Makrele *(Scomber scombrus)* zu den schönsten Meerfischen, und im Verhältnis zu ihrem Gewicht ist sie der schärfste Kämpfer. Leider wiegt sie durchschnittlich kaum mehr als ein Pfund; daher wird ihr nur feines Geschirr wirklich gerecht. Sie tritt in großen Schwärmen auf, und zwar erscheint sie im Sommer an fast allen Küsten. Sie liefert vielen Anglern großartigen Sport. Die Makrele ist dem Thunfisch nahe verwandt. Die Angelsai-

Flunder
Platichthys flesus

20–30 cm

30–40 cm

Scholle
Pleuronectes platessa

bis 1 m

Steinbutt
Scopthalmus maximus

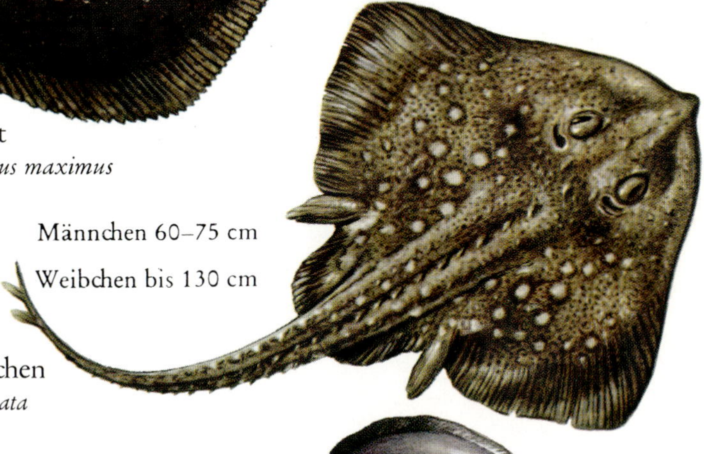

Männchen 60–75 cm
Weibchen bis 130 cm

Nagelrochen
Raja clavata

Conger
Conger conger

bis 2 m

son dauert an der Ostsee von Juli bis Mitte Oktober, an der Nordsee von Juni bis September.

Die Makrele ist leicht von andern Fischen zu unterscheiden. Gelegentlich kommen Varianten in der Färbung vor, aber das sind keine besonderen Arten.

Es ist ziemlich sicher, daß die kleine 18 bis 22 cm lange Herbstmakrele ein einjähriger Fisch ist. Die meisten geangelten Makrelen sind in ihrem zweiten Lebensjahr oder älter und wenig mehr als dreißig Zentimeter lang. Am schnellsten scheinen sie in den beiden ersten Jahren zu wachsen. G. A. STEVEN schreibt von einem dreißig Jahre alten Fisch, der kaum 50 cm lang war und etwas über zwei Pfund wog. Es gibt allerdings eine Makrelenart, die bis zu vier Pfund und mehr wiegt. Die Makrelen der Ostsee sind im Schnitt größer als die in der Deutschen Bucht.

Mit den Oktoberstürmen wandert die Makrele in tieferes Wasser. Dort überwintert sie, in großer Zahl zusammengedrängt, und frißt nur wenig. Die ersten Fische verlassen ihr Winterquartier im Januar und beginnen eine Wanderung, die mit dem Laichen endet. Die Laichzeit gipfelt in der Nordsee im Mai/Juni, im Kattegat im Juni/Juli. Danach wandern die Schwärme zu den flachen Küsten.

Leider hat sich die Makrele vor der deutschen Ostseeküste sehr rar gemacht. Früher war das Angeln um die Würde eines Makrelen-Königs ein Höhepunkt des Angeljahres, heute müssen diese Veranstaltungen meist abgeblasen werden, weil die Hauptbeteiligten, nämlich die Makrelen, nicht mitspielen. Vor der deutschen Nordseeküste kann man immer noch in einen silbernen Makrelenschwarm geraten und guten Sport erleben. Sehr gute Fänge werden auch von der holländischen Küste gemeldet.

Köder, Gerät und Angelmethoden

Verbreitet und kunstlos ist das Fischen auf Makrelen vom fahrenden Boot aus. Sommergäste, die das erste Mal im Meer fischen möchten, kriegen eine Schnur in die Hand, die mit schwerem Blei und einem Spinner armiert ist, und schleppen das Zeug hinter dem Boot her, bis sich eine Makrele selber dran fängt. Stoßen sie auf größere Schwärme, so holen sie eine nach der anderen heraus, und wenn sie schließlich aussteigen, wissen sie manchmal nicht, wohin mit der Massenbeute. Statt eines Spinners hängt man ihnen auch die „Feder“ an die Leine, eine sehr grob gebundene künstliche Fliege, die, hinterher geschleppt, einem kleinen Fisch ähnelt und ebenfalls reichlich fängt.

Solche Fangmethoden werden von Anglern fast nur praktiziert, wenn man Makrelen als Köder für den Fang größerer Fische braucht. Man fängt sie am geschleppten Spinner auf der Ausfahrt zu den Fischgründen. Wer das erforderliche schwere Blei scheut, greift zu einer Art Scherbrett, das um so tiefer taucht, je schneller der Zug ist, oder dem sog. Surfing-Paravan, der auf die gleiche Weise arbeitet. Wirksamer als Metall- sind die Federköder, hell eingefärbte Hühnerfedern am großen Fliegenhaken. Man schlauft einen ganzen Satz von sieben bis acht solcher Schleppfliegen in Abständen ins Vorfach, an dessen Ende ein hinreichend schweres Blei hängt, das die Köder auf Tiefe bringt. Man zuckt die Federn, d. h. man bewegt sie durch Heben und Senken der Rutenspitze im Fahren. Oft gelingt es, gerät man in einen Schwarm, an jeder „Feder" eine Makrele zu haken und ein „volles Haus" ins Boot zu bringen. Die Rute muß dementsprechend steif und widerstandsfähig sein.

Bei Vorfächern mit mehreren Haken ist Vorsicht geboten. Es kommt vor, daß das Blei unvermutet über Bord rutscht, während man das Vorfach noch in der Hand hält. Und schon hat man einen Haken im Finger sitzen! Und zwar mit dem Widerhaken. In einem solchen Fall knipst man das Öhr mit einer Zange ab und führt die Hakenspitze durch Haut oder Fleisch, bis man sie fassen und den Haken herausziehen kann.

Die Geräte-Industrie bietet ein gutes Sortiment an Makrelen-Fliegen aus Kunststoff und natürlichem Material an. Berufsfischer nehmen Haken ohne Widerhaken, wenn es viele Fische gibt, damit sie beim Lösen weniger Zeit verlieren.

Um Makrelenschwärme festzustellen, bedient man sich des Echolots. Aber auch Seevögel können ihre Gegenwart verraten, wenn sie in größerer Zahl über einer Stelle kreisen und tauchen.

Sportliches Fischen vom Boot aus

Wer Makrelen nicht nur als Köderfische fängt, sondern im Angeln auf sie einen Sport sieht, fischt gewöhnlich mit leichtem Geschirr in Küstennähe vom Boot aus. Zuerst heißt es die Fische finden. Das gelingt am besten, wenn man einen Spinner an einer Handleine schleppt, bis der erste gebissen hat. Ist es ein Schwarm, so kann man ihn zusammenhalten, wenn man einen Netzbeutel mit feingehacktem Fischfleisch ins Wasser läßt. Eine leichte Spinnrute und eine kleinere Stationärrolle mit Schnur von 2 kg Tragkraft ist die richtige Kombination für einen kleinen eigenschweren Devon-Blinker oder Pilker. Auch kleine fliegende Löffel sind recht wirksam.

Die Makrele beißt im allgemeinen kräftig zu. Man braucht kaum oder gar nicht anzuhauen; es genügt, den Fisch, der abdrehen will, ein bis zwei Sekunden zu halten. Manchmal ist so eine Makrele im Drill plötzlich ab, doch dagegen läßt sich nicht viel machen. Ein Landungsnetz empfiehlt sich, wenn die Rute nicht überanstrengt werden soll.

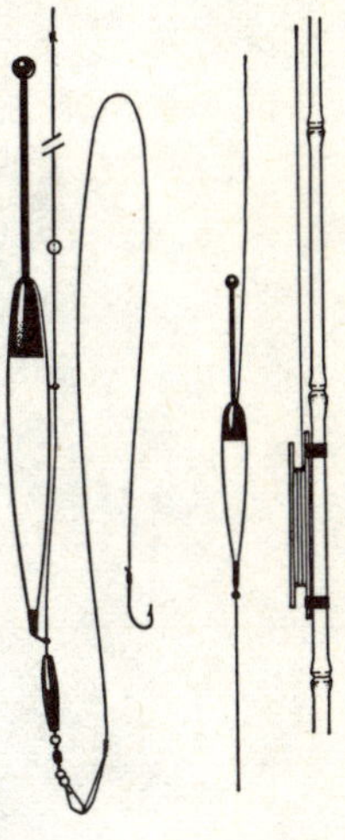

Schwimmerangel für Makrelen
a. Lauf-Schwimmer,
b. feststehender Schwimmer an Stockangel

Auch natürliche Köder lohnen beim Fischen vom Boot aus. In der Ostsee werden rund 90 % aller Fänge damit gemacht. Dafür verwenden wir gern ein Floß. Man füttert an und lockt und versammelt die Makrelen, und ich verstehe nicht, warum die meisten Meerangler diese Hilfe vernachlässigen. Das Floß wird so gestellt, daß der Köder zwischen der mittleren Wassertiefe und dem Grunde schwebt, die beste Stellung muß man dann ausprobieren. Ein 1/0 Haken ist etwa das Richtige, und das Floß sollte so leicht sein, wie es die Verhältnisse erlauben. Man sollte nicht zu große Makrelenposen nehmen; denn die schlauen Fische, gegen Ende der Saison scheu geworden, könnten „Anstoß" nehmen und sich empfehlen. Vorzügliche Köder sind Sandaale. Ein Stück Fischfleisch ist auch gut, vorzugsweise der irisierende Streifen von der Flanke einer gefangenen Makrele, vgl. Abb. S. 266. Man achte darauf, daß man den Streifen sauber und schmal schneidet und daß nicht ein ausgefetztes Stück Haut herunterhängt.

Wie es einem Mitglied der Thunfamilie geziemt, ist die Makrele, wie schon gesagt, ein prächtiger kleiner Gegner. Sie ist am Haken unglaublich wendig; eben schießt sie in die Tiefe, dann ändert sie im Nu den Kurs und stürmt an der Oberfläche davon. Der Drill ist womöglich härter und ganz sicher schneller als der einer Forelle gleicher Größe.

Hat man die Makrelen gefunden, wird es kaum schwierig sein, sie zum Biß zu bringen. Im Gegenteil: vom sportlichen Standpunkt gesehen sind sie zu leicht zu fangen.

Das Fischen von der Küste aus

Die Spinnangel. Makrelen, die sich in Wurfweite vom Ufer aufhalten und nach Nahrung suchen, verhalten sich oft recht unterschiedlich. An gewissen Stellen findet man zu bestimmten Flut- und Ebbezeiten in der Saison immer ein paar Makrelen. Felsgürtel, an denen sich die Flut bricht oder schneller strömt, gehören dazu. Solange das Wetter warm und beständig ist, wird der Angler, der sein Revier kennt, in der Lage sein, dort jederzeit etwas zu fangen, wenngleich es nicht immer viel sein muß. Das andere Verfahren spielt sich oft in einem Hafen oder einer Felsbucht ab. Dort erscheinen manchmal völlig überraschend zahllose Makrelen. Der Schwarm bleibt wohl ein paar Tage in der Gegend, dann wieder nur wenige Stunden zur günstigsten Flutzeit.

Standwetter ist in jedem der beiden Fälle wichtig. Aufkommender Sturm vertreibt die Makrelen, und sie kommen erst mit dem schönen Wetter wieder. Die beste Fangzeit ist abends, zumal wenn das Hochwasser mit der Dämmerung zusammenfällt. Schon immer waren mir ein halbes Dutzend Makrelen, aus kleinen Rudeln zwischen Felsriffen geholt, lieber als das Drei- und Vierfache aus Großschwärmen, wo sich die Fische gegenseitig aus dem Wasser drängen, um zwischen die Futterfische zu stürzen, die sie in einer Bucht blockieren.

Als Gerät verwenden wir die kurze leichte Glasfiberspinnrute und eine Stationärrolle.

Im Herbst stößt man gelegentlich auf kleine Rudel großer Makrelen und wird sie fangen, wenn man ihnen natürliche Köder auf Grund anbietet. Das habe ich das erste Mal erlebt, als ich vor ein paar Jahren auf den Hundshai an einer felsigen Küste angelte und spürte, wie ein Fisch den Köder aufnahm und ein paar Meter damit abzog. Der Anhieb ging fehl. Die Haken waren offensichtlich zu groß für das, was sich da unten mit meinem Angebot befaßte. Da der Hai ohnehin nicht wollte, montierte ich einen kleineren Haken und einen schmalen Streifen Heringsfilet. Der erste Fisch, den ich landete, war eine Makrele von über 1000 Gramm, ein Fisch, dem auch Anspruchsvolle das Prädikat gut gegeben hätten. Ich glaubte, diese Makrelen würden auch den Spinner nehmen, und so baute ich um und knüpfte einen kleinen Löffel an. Die Makrelen waren zwar neugierig genug, dem Spinner zu folgen, packten aber nicht zu. Nur der natürliche Fischfleischköder hatte Erfolg.

Seitdem habe ich auch von andern gehört, daß sie auf diese Weise große Makrelen gefangen haben.

Solche großen Herbstmakrelen findet man vermutlich vorwiegend in relativ größeren Tiefen (ca. 8 bis 10 Meter), und man kommt am besten von Klippen oder Felsen an sie heran, wo ein schneller Gezeitenstrom über Sandgrund zieht.

Zweifellos wäre ein Futtersack nützlich. Vor einiger Zeit kam ein konzentrierter Anfütterungsköder für das Meerfischen auf den Markt. Er wird aus Paniermehl und

Sardinenöl gemacht, und ich habe ihn besonders geeignet beim Fischen über Sandgrund auf Hai bei schwachem Gezeitenstrom gefunden. Sicher gilt das auch für Makrelen und andre Fischarten.

Allgemeines

Rekordfische sind eigentlich überall zu erwarten. Der englische Makrelenrekord steht bei 2,441 kg. Berufsfischer haben freilich schon größere gemeldet. In der Nordsee wurde 1978 die deutsche Rekordmakrele von 2,35 kg erbeutet.

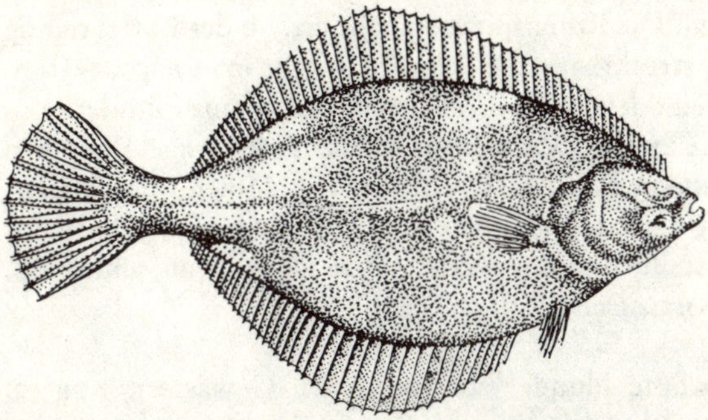

Plattfische
Flunder

Die Flunder *(Platichthys flesus)*, der Scholle ähnlich, aber etwas kleiner, an der Nordsee auch Butt oder Elbbutt genannt, schwimmt in den ersten Wochen ihres Lebens noch ganz normal senkrecht, aber dann neigt sie sich nach einer Seite, bis das eine Auge zum andern hinübergewandert ist. Der Fisch liegt nun meist platt auf dem Grund, wo er sich gern in den Sand kuschelt. Die Färbung der Flunder richtet sich nach ihrer Umgebung. Die Oberseite ist dunkel- bis hellbraun, und gelegentlich hat sie runde Flecke wie die Scholle. Die Unterseite ist fast immer weiß.

Die größten Flundern werden im Frühling vor der Laichzeit gefangen. Sie sind Küstenfische, und wir angeln daher von Molenköpfen und Hafenbecken aus, desgleichen in Flußmündungen. Da sie das Süßwasser schätzen, wandern sie oft weit in die Flüsse hinauf.

Köder, Gerät und Angelmethoden

Die Köderliste ist groß; auf ihr stehen alle Sorten Würmer, Tobiasfische, mieternde Krebse, Stücke von Sandaalen oder Sprotten. Wer vom Ufer aus fischt, warte mit dem Anhieb, denn die Flunder spielt gern eine Weile mit dem Köder, ehe sie ihn schluckt.

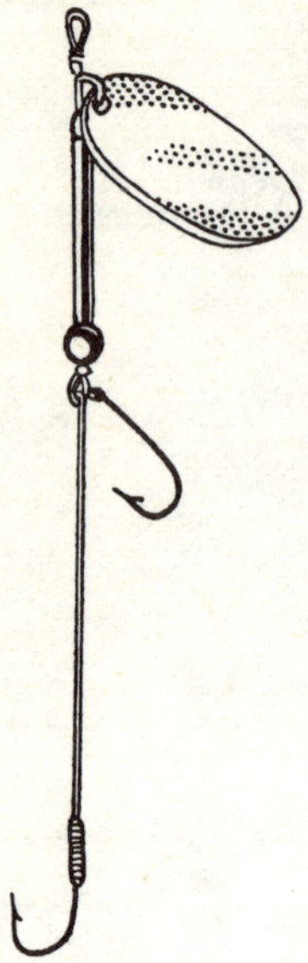

Rotierender Löffel mit Haken, die mit natürlichen Ködern bestückt werden (besonders für Flundern und Schollen geeignet)

Ein einzelner Haken genügt, das Vorfach sei lang genug, daß es Spielraum gibt, und das Grundblei nicht zu schwer. Da die Flunder sehr neugierig ist und alles untersucht, was sich am Grunde rührt, zieht man die Schnur in Abständen ruckweise näher, damit das Blei – oder mehrere kleine Zwischenbleie – den Sand aufmülmen. Das lockt sie an. Noch wirksamer ist ein kleiner rotierender Löffel, dessen Haken mit Ködern (z. B. einem Wattwurm) bestückt werden. Allerdings darf nur der Löffel rotieren, nicht hingegen der Happen am Haken. Vermutlich hält die Flunder den schnurrenden, blitzenden Löffel für einen Konkurrenten, dem sie die Beute abjagt. Diese Taktik gelingt am besten vom Boot aus. Die Rute hält man über das Heck hinaus und läßt das Boot treiben. Die Rutenspitze signalisiert, ob der Löffel richtig läuft; streckt sich die Schnur, so gibt man nach, wartet, und setzt den Anhieb. Vielleicht war es eine Flunder.

Eine zweite sportliche Methode ist das Angeln mit dem treibenden Floß. Das geht gut von Molen oder Hafenmauern aus, gelegentlich auch vom Boot. Das Floß wird so gestellt, daß der Köder, über den Grund schleifend, ihm voraustreibt.

Die größte Flunder aus englischen Gewässern wog ca. 2,6 kg und wurde 1956 mit Rute und Schnur gefangen. Im Jahre 1975 wurde in der Ostsee eine Flunder von 2,61 kg gefangen.

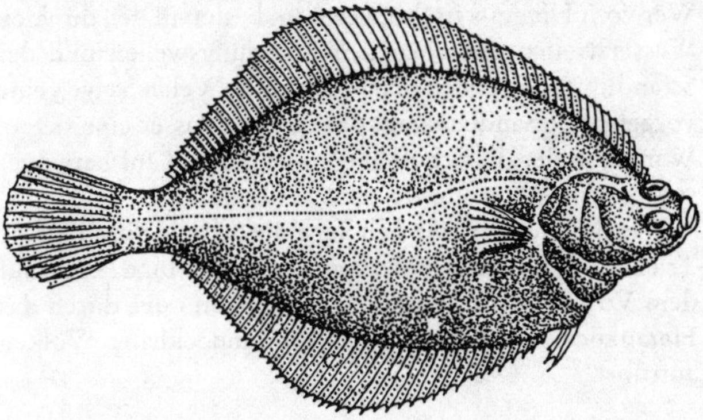

Scholle

Die Scholle *(Pleuronectes platessa)* ist ebenfalls ein Plattfisch, braun an der Oberseite, mit roten oder orangefarbenen Tupfen und an der Unterseite völlig weiß. Die Schollen werden nicht besonders groß; immerhin übertreffen sie die Flunder und wachsen bis zu 3,5 bis 4 kg heran.

Man fängt die Scholle über Sandgrund. Sie laicht in den ersten Monaten des Jahres, kommt zur Küste im April oder Mai, und wir fangen sie bis spät ins Jahr hinein, in Häfen oder Flußmündungen das ganze Jahr hindurch. Dort werden auch die größten Exemplare erbeutet. Ruhiges Wasser eignet sich besser als Wind und bewegte See.

Die Scholle sucht ihre Nahrung überwiegend am Grund. Dort liegt sie, in den Sand gegraben, ruhig auf der Lauer, doch kann sie rasch starten und schwimmt dann in senkrechter Lage.

Köder, Gerät und Angelmethoden

Der beliebteste Köder für Schollen sind Muscheln, was manche Angler nicht zu wissen scheinen. Dazu kommen die üblichen Würmer, Kleinfische, Mieterkrebse und sogar Sandaale.

Das Gerät halte man so leicht wie möglich. Die normale Grundangel mit Laufblei steht neben der Floßangel, die manche bevorzugen; wieder andere verwenden einen Paternoster. Mir scheint der einfache Haken Nr. 2 langschenklig am langen Nylonfaden (180 cm) und Laufblei am besten.

Es lohnt sich sehr, die Angelstelle anzufüttern. Fast jeder hat seine eigenen Mixturen; sie reichen von Fischfleischwürfeln über zerquetschte Krebse zu durchgedrehten Makrelen, mit Sprottenöl angerührt. Die Lockspeise kommt in einen feinmaschigen Netzbeutel, den wir über Bord hängen und hin und wieder auf und ab bewegen.

Wer vom Ufer aus fischt, werfe am besten in den dunklen Wasserstreifen zwischen den Brandungswellen und der Strandlinie. Die ersten sich brechenden Wellen zeigen eine vorgelagerte Sandbank an, das dunkle Wasser eine tiefere Wanne, in der die Schollen gern liegen und auf hereingeschwemmte Nahrung warten.

Wie die Flunder läßt sich auch die Scholle durch kleine Tricks zum Köder locken. Zum Beispiel farbige Perlen auf dem Vorfach, rote Wollfäden am Haken oder durch das Heranzucken der Angel, das im Sande kleine Wolken aufrührt.

Allgemeines

Die britische Rekordscholle war ein Fisch von etwa 4,62 kg.

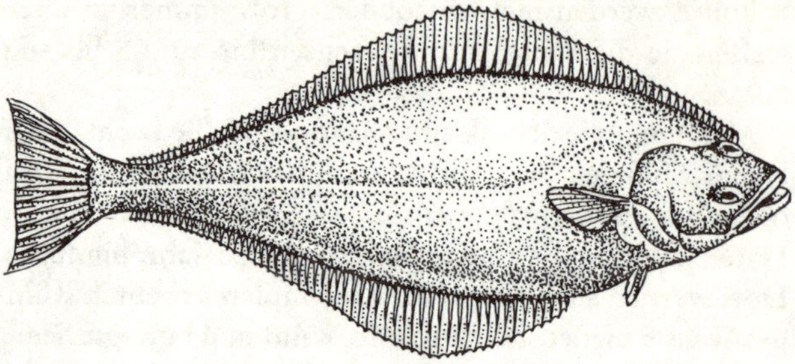

Heilbutt

Der Heilbutt, *halibut (Hippoglossus hippoglossus)* ist der größte aller Plattfische. Exemplare bis zu 2,25 m Länge und 145 kg Gewicht sind gefangen worden. Er hat glatte Haut, dunkel olivfarben und leicht marmoriert. Die Seitenlinie krümmt sich über den Brustflossen. Die Augen stehen an der rechten Seite. Man fängt nur selten größere Exemplare.

Der Heilbutt laicht im Frühsommer und ist im tiefen Wasser zu Hause, besonders um Island herum.

Köder, Gerät und Angelmethoden

Wie der Rochen muß der Heilbutt zur Oberfläche heraufgepumpt werden, und zwar mit entschlossener Gewalt. Deswegen braucht man sehr schwere Bootsruten, die im Spitzenring ein Stahlröllchen zur Schnurführung haben. Desgleichen große Meeresmultirollen mit geflochtenen Schnüren von 40 kg Tragkraft.

Normalerweise geht der Heilbutt nur an bewegte Köder. Bei Island nehmen die Berufsfischer besonders schwere, dem Pilker ähnliche Blinker, die über dem Grunde auf und ab bewegt werden.

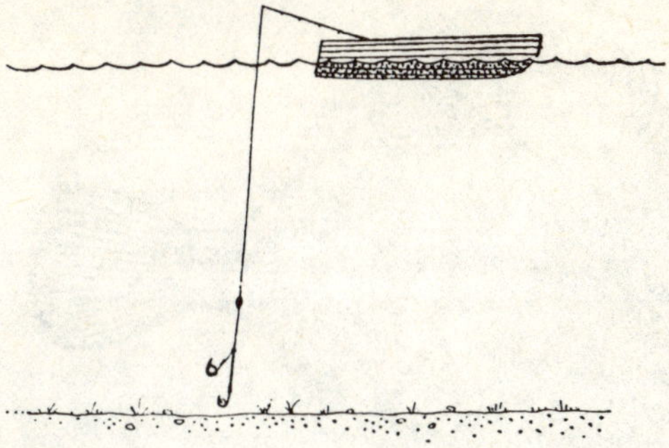

Schwere Treibangel auf Heilbutt

Auch die Treibfischerei hat Erfolg. Sie wird ähnlich wie die auf den Blauhai ausgeübt. Nur wird der Köder für den Heilbutt in Grundnähe geführt. Ein schweres Blei sorgt dafür.

Besonders beliebt sind frisch gefangene Wittlinge (Merlan) als Köder. Der Fisch steht – oder besser – liegt auf schlammigem oder sandigem Grund zwischen Felsen und Steinen und schnappt nur nach dem Köder, wenn dieser über ihm oder seitwärts von ihm vorbeizieht, d.h. er nimmt ihn von unten. Bei einem Biß glaubt man zuerst, das Blei wäre ab, weil der Fisch es nach oben mitnimmt. Doch dann taucht er wieder und bettet sich in den Sand. Erhebliche Zugkraft ist erforderlich, um größere Exemplare dort in Bewegung zu bringen.

Allgemeines

Jüngst wurde ein Heilbutt von 272 kg bei Dieppe angelandet, den ein französischer Fischdampfer aus den Gewässern bei Island gezogen hatte. Bei Island finden auch internationale Wettbewerbe statt, wo mehrere Heilbutte von Zentnerschwere an Rute und Schnur gefangen wurden. Köder: toter Hering vom treibenden Boot aus. Der englische Heilbuttrekord: 95,256 kg.

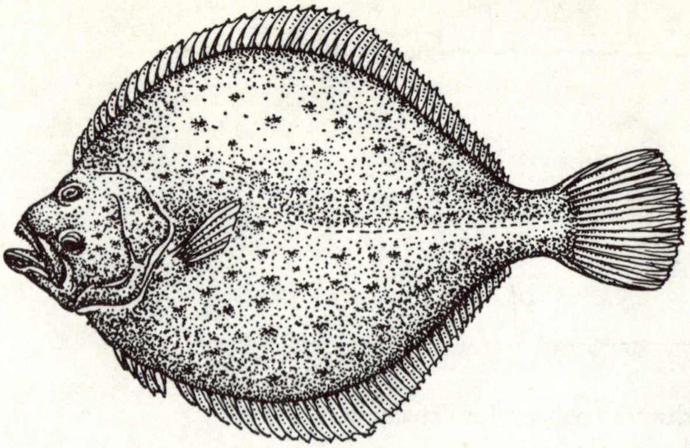

Steinbutt Der Steinbutt *(Scopthalmus maximus)* gehört ebenfalls zu den großen Plattfischen. Sein Körper ist etwas rautenförmig, die Haut ohne Schuppen, aber mit stumpfen, knochigen Auswüchsen bedeckt. Seine Oberseite ist braun gefleckt, die Unterseite weiß. Die Seitenlinie – wie beim Heilbutt – über den Brustflossen gekrümmt.

Der Steinbutt findet sich hautpsächlich in der Nähe von Bänken, also flacheren Stellen, wo er sich von den dort heimischen Fischschwärmen ernährt. Der beste Köder ist ein lebender Sandaal, den man an Ort und Stelle bei Niedrigwasser fängt. Auch Makrelen oder frische Heringe sind verwendbar. Man schneidet ihnen einen langen Streifen Haut und Fleisch aus der Flanke und spießt ihn so auf den Haken, daß er sich im Wasser wie ein Sandaal bewegt.

Gerät Es besteht aus einer mittelschweren Bootsrute, einer Rolle mit 150 m Schnur von 12,5 kg Tragkraft, gleitendem Senker, dessen Bleigewicht der Strömung entspricht, und 4 m langem Nylonvorfach. Hakengröße 4/0.

Methoden Am besten verankert man sein Boot auf der Stromseite einer Bank. Der Steinbutt liegt jeweils dort, wo der Grund in die Tiefe abfällt, und kommt hoch, um den im Ebb- oder im Flutstrom über die Bank hinwegspielenden Köder zu packen. Man lasse ihm dann viel Zeit, ehe man anschlägt. Ein großer Steinbutt in starker Strömung ist ein sehr widerstandsfähiger Gegner, und der Haken muß gut sitzen, wenn er nicht freikommen soll. Den Steinbutt gegen die Flut ans Boot zu bekommen, bedarf großer Kraft und erheblichen Geschicks. Manchmal muß man mehr Ankertau auslaufen lassen, um dem Fisch entgegenzukommen.

Allgemeines

Der gegenwärtige deutsche Rekord wird von einem Steinbutt gehalten, der 6,35 kg wog, in der Kieler Bucht gefangen. Englischer Rekord: 14,145 kg.

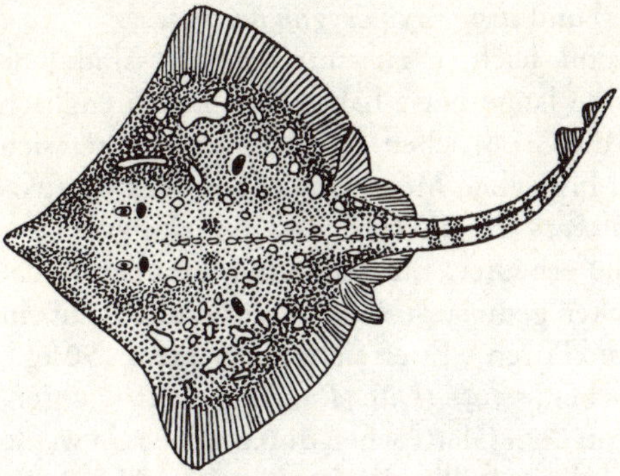

Rochen

In England unterscheidet man zwei Sorten Rochen, die man *skates* und *rays* nennt. Und zwar werden die kleineren mit *ray,* die größeren mit *skate* bezeichnet. Doch beide gehören der gleichen Familie, den *Rajiden,* an, und der Angler hat oft Schwierigkeiten, die einzelnen Arten auseinanderzuhalten.

Rochen sind platte Fische, aber keine Plattfische. Sie sind sozusagen von oben her flachgedrückt, so daß sie mit ihrem Leib nach unten schwimmen, und ihre Augen liegen symmetrisch auf beiden Seiten des Kopfes. Die Rochen sind Knorpelfische wie die Haie, d. h. sie haben keine knochige Wirbelsäule.

Sie sehen sehr merkwürdig aus. Charakteristisch sind ihre Flossen. Sie haben sich gewissermaßen zu Schwingen entwickelt. An dem scheibenförmigen Körper hängt ein langer, spitz zulaufender Schwanz. Das Maul liegt unter dem Kopf, sehr geeignet, Nahrung vom Grund aufzusaugen. Das beeinträchtigt die Mundatmung, und daher haben Rochen besondere Atmungsröhren hinter den Augen. Die Haut ist rauh und schuppenlos wie bei den andern Knorpelfischen, und viele haben scharfe Stacheln, besonders in der Schwanzspitze. Die Zähne sind vorwiegend stumpf und zum Zermalmen der Beute eingerichtet.

Der Nagelrochen, *thornback ray (Raja clavata)* ist der

am häufigsten in britischen Gewässern auftretende und gefangene Rochen. Der Name sagt, daß er mit scharfen Stacheln ausgerüstet ist, aber was ihn von andern stachelhäutigen Rochen unterscheidet, sind die langen „Nägel", die in der Mitte der „Flügel" sitzen. Seine Haut hat helle Flecken auf dunklem Grund. Fünf weitere kleinere Rochen werden von englischen Anglern gefangen. Hier ist eine kurze Liste: *Blond ray (Raja brachyura), spotted ray (Raja montagui), cuckoo ray (Raja naevus), sandy ray (Raja circularis)* und *sting ray (Trygon pastinaca).*

Bekannter und leichter zu unterscheiden sind jene Rochen, die eine lange Nase haben. Sie heißen englisch *skate* und sind die Großrochen. Drei von ihnen halten sich im Bereich der britischen Meeresangler auf. Der Glattrochen, *common skate (Raja batis),* wird am häufigsten mit Rute und Rolle erbeutet. Ein schmutzig-brauner Fisch, mit hellen Flecken gemustert. Unterseite gräulich, mit ein paar schwarzen „Poren". Er erreicht Gewichte bis 90 kg.

Der Weißrochen, *white skate (Raja marginata),* unterscheidet sich von dem Glattrochen durch seine rein weiße Unterseite und die auffällig flaschenförmige „Nase". Er ist der größte der britischen Rochen.

Der Langnase-Rochen, *long-nosed skate (Raja oxyrincus),* hat, wie der Name sagt, eine besonders lange Schnauze. Er ist beiderseits gräulich, mit Flecken und Streifen an der Oberseite.

Über das Wachstum der Rochen wissen wir nichts Zuverlässiges, doch meint man, sie wachsen relativ langsam. Auch sind sie nicht besonders fruchtbar. Ein Nagelrochen über 7,5 kg gilt schon als recht gut, der Rekord steht bei 17,25 kg.

Die Großrochen erreichen mächtige Formate. Sieht man vom Riesenhai ab, der für Angler uninteressant ist, sind sie die größten Bewohner unserer Meere, die wir mit der Angelrute erbeuten können. Der schwerste mit der Rute in englischen Gewässern gefangene Rochen wog 103,740 kg, aber Netzfischer haben doppelt so schwere erbeutet. Der weiße Rochen erreicht Gewichte bis weit über 200 kg. Der Langnase-Rochen bleibt kleiner.

Die Laichperiode der Rochen dehnt sich vermutlich über mehrere Monate aus. Der Fisch „legt" Eier in hornigen Hüllen und bettet sie in den Meeresgrund oder hängt sie in klebrigen Streifen an Steine etc. Der Jungrochen bleibt lange in der Kapsel.

Ob die einzelnen Rochenarten große Wanderungen machen, wissen wir nicht genau, doch weiß der Angler, daß sie zeitweise zahlreicher auftauchen und dann wieder verschwinden. Nagelrochen erscheinen besonders zwischen Mai und November.

Nicht selten fängt man Rochen auch in flachem Wasser, sogar vom Strande aus. Das gilt zumal für den Nagelrochen. Die Großrochen finden wir allerdings in Tiefen von 25 Metern und darüber, was nicht ausschließt, daß wir ihnen auch an flacheren Bänken begegnen.

Alle genannten Arten bevorzugen Schlamm-, Sand- oder steinige Gründe. Der große Glattrochen hält sich gern in der Nähe von tangbedeckten Steinbrocken auf. Die Riesenrochen fängt man vom Boot aus, weit draußen vor der Küste.

Köder

Die kleineren Rochen scheinen alles zu fressen; Nagelrochen sind besonders erpicht auf Sandaale, die daher auch die besten Rochenköder sind. Einsiedlerkrebse, Würmer, Krabben und kleine Grundfische eignen sich ebenfalls. Ein Filetstreifen von einem ölhaltigen Fisch (Makrele) kann sie gut ersetzen.

Die großen Rochen sind fast ausschließlich Fischfresser, und komplette Makrelen sind ihnen an der Angel nicht zu groß.

Geräte

Wer sich auf kleinere Rochen, zumeist den Nagelrochen, spezialisiert, verzichte auf die schweren Boots- und Molenruten und angle mit Brandungsruten. Der Nagelrochen kämpft interessant, er „flattert“ davon, bohrt sich in den Grund und ist beweglicher, als man es einem Fisch seiner Art zutraut, wenn ihm das leichtere Gerät eine Chance gibt.

Die Riesenrochen wetteifern mit dem Conger um den Ruhm, die zähesten aller Meeresfische zu sein. Wer auf sie angelt, sollte nicht das Mißfallen des Bootsmannes erregen und zu leichtes Geschirr mitbringen. Die massivste Bootsrute mit Rollwalzen in den Ringen ist erforderlich, und die Rolle sollte entweder eine Hochsee-Multi oder eine besonders große Achsenrolle mit geklöppelter (geflochtener) Schnur von 40 kg Tragkraft sein. Das Blei bringen wir beweglich über dem Vorfach an. Selbstverständlich muß es ein Drahtvorfach und ein äußerst starker Haken sein, denn die Mahlzähne eines Riesenrochen haben schon manch einen geknackt. Das Blei wird durch einen kräftigen Wirbel gestoppt.

Bei den kleineren Rochen, die sich im Drill auf dem Grund mit ihren Schwingen gewissermaßen festsaugen, braucht man die Rute nicht zu überanstrengen. Man faßt die Schnur über der Rolle und zerrt sie wie eine Säge hin und her. Das verfehlt selten seine Wirkung und bringt den Fisch wieder in Bewegung. Beim Landen Vorsicht mit den Stacheln!

Der Drill eines Großrochens erfordert Übung, Kraft, Ausdauer und, wie gesagt, das widerstandsfähigste Gerät. Der Köder gehört auf den Grund. Boot und Köder sollten festliegen. Es ist zwar richtig, daß Rochen keine langen Fluchten machen, aber mit Hilfe der riesigen Spannweite ihrer „Schwingen" lassen sie sich von der Strömung mitnehmen und entwickeln dann ungeahnte Kräfte.

Allgemeines

Nagelrochen sind ziemlich überall an den englischen Küsten zu finden, doch gibt es einige bevorzugte Stellen. Meistens trifft man sie ein paar hundert Meter vor Sandstränden. Zwar kommen auch an der deutschen Nordseeküste Rochen vor, bemerkenswerte Fänge werden jedoch nur aus dem Seegebiet um Helgoland gemeldet.

Nachwort

Mit den Rochen beschließen wir das Große ABC, wir sind aber noch lange nicht am Ende unseres „Lateins". Denn der passionierte Angler ist zwar immer ein gelehriger Schüler, aber er nimmt nicht alles kritiklos hin, sondern baut seine eigenen Erfahrungen und Methoden in das ABC der Meister ein. Erst daraus entwickelt sich die eigene, charakteristische Handschrift. Das ABC kann (und muß) man lernen; den eigenen Stil und damit die innere Zufriedenheit beim Angeln muß man selber finden. Das geht nicht ohne Krisen und Enttäuschungen ab. Und noch eines: Auch die Meister sind nicht auf allen Gebieten perfekt. Darum sollte die thematische Vielfalt dieses Buches den Leser nicht zu dem Versuch verleiten, ein „Allerweltsfischer" zu werden. Auch beim Angeln liegt die Weisheit in der freiwilligen Beschränkung.

Die Angelfischerei

Begr. von M. von dem Borne. 16., neubearbeitete Auflage. Unter Mitwirkung zahlreicher Mitarbeiter, hrsg. von W. Quint. 1981. 363 Seiten mit 425 Einzeldarstellungen in 282 Textabb. und 42 Tafeln mit 120 Abb., davon 70 farbig. Balacron geb. 48,– DM

Der sportgerechte Angler

Kurzleitfaden für die Sportfischerprüfung und für die Praxis der Sportfischerei einschl. Turniersport. Von M. Grünefeld. 9. Auflage, neubearb. und erweitert von A. Hutterer-Niedereder. 1979. 114 Seiten, 164 Abb., davon 64 farbig. Kartoniert 13,80 DM

Die Hohe Schule des Angelns

Mit Englands Meisterfischern am Wasser auf Aal, Barbe, Barsch, Blei, Döbel, Hecht, Karpfen, Rotauge und Schleie. Von J. Norman. Aus dem Engl. übersetzt und bearb. von M. Grünefeld. 6. Auflage, neubearb. von G. Peinemann. 1980. 153 Seiten mit 33 Abb. im Text und auf 4 Tafeln. Laminiert 24,– DM

Biß auf Biß

Erfolge mit meinen Angelmethoden. Von R. Sack. 6., verbesserte Auflage. 1981. 115 Seiten mit 54 Einzeldarstellungen in 41 Abb. und 7 Farbabb. auf 4 Tafeln. Laminiert 22,– DM

Große Fänge

Angelerfolge in See, Fluß und Meer. Von R. Sack. 2. Auflage. 1977. 114 Seiten mit 44 Abb. im Text und auf 1 Tafel. Laminiert 16,80 DM

Wettfischen

Gerät, Köder, Technik und Taktik. Von D. Berger und R. Schumacher. 1981. 102 Seiten mit 113 Einzeldarstellungen in 33 Textabb. und 8 Tafeln mit 26 Photos. Kartoniert 26,80 DM

Die Süßwasserfische Europas

bis zum Ural und Kaspischen Meer. Ein Bestimmungsbuch für Sport- und Berufsfischer, Biologen und Naturfreunde. Von W. Ladiges und D. Vogt. 2., neubearb. Auflage. 1979. 299 Seiten mit 443 Abb., davon 156 Verbreitungskarten. Balacron geb. 44,– DM

Preisstand: Frühjahr 1982.
Spätere Änderungen vorbehalten.

Farbatlas der Sportfische

Von E. Staub. 4. Aufl. 1979. 79 Seiten, 36 sechsfarbige Abb. von 36 Sportfischen. Querformat. Kartoniert 12,– DM

Was Sportangler fangen

Eine Farbtafel von E. Staub. 2., verbesserte Aufl. 1977. Festes Spezialpapier mit 40 farbigen Fischabbildungen. Format 57 × 58 cm. Mit Metallschiene oben und unten. 20,– DM

Hier steht der Fisch

Das Erkennen und Befischen erfolgversprechender Angelplätze in fließenden und stehenden Gewässern. Von E. Wiederholz. 2., bearb. und erweiterte Auflage. 1979. 144 Seiten, 105 Abb. im Text und auf 16 Tafeln. Laminiert 29,80 DM

Anglertricks

Ein Bildband mit über 200 Finessen erfolgreicher Sportfischer. Von E. Wiederholz. 3., bearb. Auflage. 1980. 141 Seiten mit 287 Photos und 19 Zeichnungen. Laminiert 24,80 DM

200 weitere Anglertricks

Ein Bildband aus dem unerschöpflichen Ideenreichtum erfahrener Sportfischer. Von E. Wiederholz. 1978. 158 Seiten mit 367 Photos und 16 Zeichnungen. Laminiert 29,80 DM

Angelpraxis in Bildern

Ein Leitfaden anhand von photographischen Darstellungen. Von E. Wiederholz. 3., neubearb. Auflage. 1982. Ca. 149 Seiten mit ca. 388 Abb.
Erscheint Mitte 1982

Die fangsichere Zusammenstellung von Angelgerät

Von E. Wiederholz. 2., neubearbeitete Auflage. 1978. 142 Seiten, 234 Abb. im Text und auf 17 Tafeln, davon 1 Farbtafel. Laminiert 29,80 DM

Angelwürmer

Beschaffung, Hälterung, Transport und Angeltechnik sowie Biologie und Vermehrung. Von E. Wiederholz. 1982. 112 Seiten mit 80 Einzeldarstellungen in 30 Zeichnungen und 59 Photos auf 16 Tafeln. Laminiert 32,– DM

VERLAG PAUL PAREY · HAMBURG UND BERLIN